U0164136

唐代貞觀法政思想及其當代意義

（下冊）

邱錦添 著

文史哲出版社總經銷

國家圖書館出版品預行編目資料

唐代貞觀法政思想及其當代意義 / 邱錦添著. --
初版. -- 臺北市：邱錦添出版：文史哲
總經銷 2014.04 下冊；　公分
ISBN 978-957-43-1227-6（全套：平裝）

1.中國法制史　2.中國政治制度　3.貞觀之治　4.唐代

580.924

唐代貞觀法政思想及其當代意義（下冊）

2014 年 4 月　初版第 1 刷

作　　　者　邱　錦　添
出　版　者　邱　錦　添
　　　　　　100 台北市羅斯福路二段 198 號 11 樓
　　　　　　電子信箱：ctchiu68@ms67.hinet.net
　　　　　　電話：886-2-23653636　傳真：886-2-23655533
　　　　　　郵政劃撥帳號：50027753
台灣總經銷　文史哲出版社
　　　　　　100 台北市羅斯福路一段 72 巷 4 號
　　　　　　電子信箱：lapen@ms74.hinet.net
　　　　　　電話：886-2-23511028　傳真：886-2-23965656
　　　　　　郵政劃撥帳號：16180175
定　　　價　新台幣 960 元

唐代貞觀法政思想及其當代意義

目　　次

（上冊）

（下冊）

第七章　《唐律》與儒家、法家治術之關係分析

第一節　儒家思想之內涵[1]

　　儒家的哲學並不是純哲理的，更不是出世的，一切的理論都是實踐的，以維持社會的政治秩序為最後之目的，所謂的仁義道德，並不是獨善其身的個人主義，而是社會化的，修身只是個人修養的基礎，以達到齊家治國平天下為目的。

　　「儒」本指專門從事教育和執掌禮儀的人，因此維護宗法倫理差別、封建階級次序，就成為儒家禮思想的中心。[2]

一、禮之起源

　　因物少人多，而且人都有貪念，若任其自然，必起爭亂，所以只有按一個人的社會地位來分配，才能杜絕爭端。且人有情感、有欲求，用禮來規制、約束。使人的情感欲望不致

---

1 李永興，《儒家「禮」、法家「法」與唐律之關係研究》，頁 77-91。
2 韋政通，《中國思想史》，頁 453。

驕縱，故聖王制禮以節之。

「禮起於何也？曰：人生而有欲，欲而不得，則不能無求。求而無度量分界，則不能不爭；爭則亂，亂則窮。先王惡其亂也，故制禮義以分之，以養人之欲，給人之求。」[3]

「人生而靜，天之性也，感於物而動，性之欲也，物至知知，然後好惡形焉，好惡無節於內，知誘於外，不能反躬，天理滅矣，夫物之感人無窮，而人之好惡無節，則是物至而人化物也，人化物也者，滅天理而窮人欲者也，於是有悖逆詐偽之心，有淫泆作亂之事，是故強者脅弱，眾者暴寡，知者詐愚，勇者苦怯，疾病不養，老幼孤獨不得其所，此大亂之道也，是故先王之制禮樂。」[4]

二、禮之概念

（一）行為之準則

禮為人提供一個有條理、井然有序的生活軌道，為行為之準則。各種良好的行為及道德，必須以禮為標準、為依據，才能顯現其應有之價值。禮為人立身處世的標準。適當地節制人的心志，使人的心志保持和諧狀態。因此人之行動，都要準乎禮。

「知及之，化能守之，莊以涖之，動之不以禮；未善也」

---

3 《荀子‧禮論》。
4 《禮記‧樂記》。

5、「非禮勿視，非禮勿聽，非禮勿言，非禮勿動」6、「其
交也以道，其接也以禮」7、「禮，身之干也」8、「禮，人
之幹也」9、「禮言是其行也」10、「樂由中出，禮自外作」11、
「禮也者，動於外者也」12、「手足不苟動，必依於禮」13。

（二）倫理之規範

　　儒家提倡孝道，希望通過道德的訓練，來維持親情。但
僅靠道德的教言，不易收到良效，而禮的影響極大，一旦孝
與禮結合，就會變得更加有力量。為人子女者，對父母從生
前到死後，都能依禮扶養、祭祀，這就是孝的基本目的。

　　孟懿子問孝。子曰：「無違。」樊遲御，子告之曰：「孟
孫問孝於我，我對曰，『無違。』」樊遲曰：「何謂也？」
子曰：「生，事之以禮；死，葬之以禮，祭之以禮。」14

　　孝並深入人心，在中國社會中，違反孝道之人，不管父
母之作為是否正確，都會被認為是萬惡不赦之徒，中國傳統
社會，重視人倫、男女之別。禮之功能，即在於區別人倫之
關係。孝是行禮的起點，人人都有父母，先從孝順父母做起。

5　《論語‧衛靈公》。
6　《論語‧顏淵》。
7　《孟子‧萬章下》。
8　《左傳‧成公十三年》。
9　《左傳‧昭公七年》。
10《荀子‧儒效》。
11《禮記‧樂記》。
12《禮記‧樂記》。
13《禮記‧祭統》。
14《論語‧為政》。

儒家之孝，尊長對於卑幼，具有絕對之優越地位，卑幼對於尊長，通常只能服從。而且心中，不能有絲毫之埋怨。對於長者之應對，必須很有禮節。

　　昭公元年，子產曰：「男女辨姓，禮之大司也。」[15]

　　淳于髡曰：「男女授受不親，禮與？」孟子曰：「禮也。」曰：「嫂溺則援之以手乎？」曰：「嫂溺不援，是豺狼也。男女授受不親，禮也；嫂溺援之以手者，權也。」[16]

　　「親迎之禮，父南向而立，子北面而跪。」[17]

　　「仁之實，事親是也；義之實，從兄是也」、「禮之實，節文斯二者是也。」[18]

　　「程以立數，禮以定倫。」[19]

　　「父母愛之，喜而不忘；父母惡之，懼而無怨；父母有過，諫而不逆；父母既歿，以哀，祀之加之；如此，謂禮終矣。」[20]

　　「謀於長者，必操几杖以從之，長者問，不辭讓而對，非禮也。」[21]儒家主張在司法方面，親屬之間應相容隱。相互指摘、責難，違反倫常。

　　葉公語孔子曰：「吾黨有直躬者：其父攘羊而子證之。」孔子曰：「吾黨之直者異於是：父為子隱，子為父隱，直在

---

15 《左傳·昭公元年》。
16 《孟子·離婁上》。
17 《荀子·大略》。
18 《孟子·離婁上》。
19 《荀子·致仕》。
20 《大戴禮記·曾子大孝》。
21 《禮記·曲禮上》。

其中矣。」[22]

「勢不行也。教者必以正；以正不行，繼之以怒；繼之以怒，則反夷矣。『夫子教我以正，夫子未出於正也。』則是父子相夷也。父子相夷，則惡矣。古者易子而教之。父子之間不責善。責善則離，離則不祥莫大焉。」[23]

「責善，朋友之道也；父子責善，賊恩之大者。」[24]

儒家認為父子之間，應該互相隱瞞犯罪，不應該互相告發。

（三）階級之次序

儒家認為「正名」是治國的起點，「正名」，要求人們依「名分」各立崗位，各司其職，各盡其責，超越「名分」為事，因已越於權責之外，事難以成功。

「名不正，則言不順；言不順，則事不成；事不成，則禮樂不興；禮樂不興，則刑罰不中；刑罰不中，則民無所措手足。」[25]

因此，「禮」就是依照各人所具有的身分地位（名分），區分職能、分工合作，使階級差別井然的一種制度。

不同的禮儀制度，正是用來表示階層複雜的社會結構。生活在社會結構中的成員，每個人皆有其獨特的身分與地位，也各有其所應遵循的社會規範，一個人如果其行為規範符合他的身份、地位所要求的，就是合禮，違反或是逾越合

---

22 《論語・子路》。
23 《孟子・離婁上》。
24 《孟子・離婁下》。
25 《論語・子路》。

其身份、地位的規範，就是失禮。利用複雜的禮儀制度，人際關係才得以和諧，社會秩序才得以維持。

　　或問：「然則管仲知禮乎？」曰：「邦君樹塞門，管氏亦樹塞門。邦君爲兩君之好，有反坫，管氏亦有反坫。管氏而知禮，孰不知禮？」[26]

　　「禮，朝廷不歷位而相與言，不踰階而相揖也。」[27]

　　萬章曰：「士之不託諸侯，何也？」孟子曰：「不敢也。諸侯失國，而後託於諸侯，禮也；士之託於諸侯，非禮也。」[28]

　　「莊公十八年春，虢公、晉侯朝王，王饗醴，命之宥，皆賜玉五瑴，馬三匹。非禮也，王命諸侯，名位不同，禮亦異數。」[29]

　　「祝嘏辭說，藏於宗祝巫史，非禮也，是謂幽國，醆斝及尸君，非禮也，是謂僭君，冕弁兵革，藏於私家，非禮也，是謂脅君大夫具官，祭器不假，聲樂皆具，非禮也。」[30]

　　「諸侯之宮縣，而祭以白牡，擊玉磬，朱干設錫，冕而舞大武，乘大路，諸侯之僭禮也，臺門而旅樹，反坫，繡黼丹朱中衣，大夫之僭禮也。」[31]

26　《論語・八佾》。
27　《孟子・離婁下》。
28　《孟子・萬章下》。
29　《左傳・莊公十八年》。
30　《禮記・禮運》。
31　《禮記・郊特牲》。

（四）禮由君主制定

儒家主張制禮的立法權，應歸於天子掌握。

「天下有道，則禮樂征伐，自天子出；天下無道，則禮樂征伐，自諸侯出；自諸侯出，蓋十世希不失矣；自大夫出，五世希不失矣；陪臣執國命，三世希不失矣。天下有道，則政不在大夫；天下有道，則庶人不議。」[32]

「君子者，禮義之始也。」[33]

「雖有其德，苟無其位，亦不敢作禮樂焉。」[34]

三、禮之性質

（一）分別性、差異性

禮的性質，定性爲「異」。爲了凸顯等級，故禮的主要作用是「別」，可見「禮」就是使高貴與低賤有等級，尊長與卑幼有區別，財產多少與之相適宜的制度。

禮的不同內容，主要在顯示行爲人的特殊名位，以加重貴賤尊卑長幼之別。

「夫禽獸有父子，而無父子之親，有牝牡而無男女之別。故人道莫不有辨。辨莫大於分，分莫大於禮」[35]、「樂合同，禮別異」[36]、「故先王案爲之制禮義以分之，使有貴賤之等，

---

32 《論語‧季氏》。
33 《荀子‧王制》。
34 《禮記‧中庸》。
35 《荀子‧非相》。
36 《荀子‧樂論》。

長幼之差，知愚能不能之分，皆使人載其事，而各得其宜」[37]、「樂者爲同，禮者爲異」[38]、「樂統同，禮辨異」[39]

（二）階級性

禮之精神，即能力不同，其所享有之待遇，也不相同。階級之地位不同，所享有之權利，負擔之義務，也不相同。

「禮者，貴賤有等；長幼有差，貧富輕重皆有稱者也。……德必稱位，位必稱祿，祿必稱用，由士以上則必以禮樂節之，衆庶百姓則必以法數制之。」[40]

四、禮之內涵

（一）仁

儒家爲了挽救禮的崩壞，於是以「仁」，作爲禮的內在精神，仁是禮的精神的實質，禮爲仁之外在表現。「仁」是最完美、最高的道德標準，是禮的核心、禮的靈魂。仁和禮互爲因果，只有具備了仁，其行爲才算合乎禮。

子曰：「人而不仁，如禮何？人而不仁，如樂何？」[41]

顏淵問「仁」。子曰：「克己復禮，爲仁。一日克己復禮，天下歸仁焉。爲仁由己，而由仁乎哉？」「禮節者，仁

---

37 《荀子・榮辱》。
38 《禮記・樂記》。
39 《禮記・樂記》。
40 《荀子・富國》。
41 《論語・八佾》。

之貌也。」[42]

（二）義

　　義是抽象概念，是禮的原理原則，禮是具體行爲，是義的行爲表現，義者宜也，故禮義二者，實是一物之表裡，禮爲義之指導，義爲人行爲之方向。人之行爲合理、適當，就是義。禮之制作，必須以義爲依據。

　　子曰：「君子義以爲質，禮以行之」[43]、「夫義，路也；禮，門也。惟君子能由是路，出入是門也」[44]、「非禮之禮，非義之義，大人弗爲」[45]、「故禮也者，義之實也」[46]、「義理，禮之文也」[47]。

（三）敬

　　儒家認爲在待人接物上，態度須恭敬，與人恭敬，則人亦敬之。統治者亦須敬之以禮。敬發於外謂之恭，恭立於內謂之敬，人與人之間的相處，是一種互動作用，有敬心，才會表現出具有道德意義的行爲。敬爲內發之心理狀態，故敬爲禮精神之核心。禮要求對任何人、任何事、任何物，都應該保持敬的心態。

　　有子曰：「恭近於禮，遠恥辱也」[48]、「居上不寬，爲

42　《禮記・儒行》。
43　《論語・衛靈公》。
44　《孟子・萬章下》。
45　《孟子・離婁下》。
46　《禮記・禮運》。
47　《禮記・禮器》。
48　《論語・學而》。

禮不敬，臨喪不哀，吾何以觀之哉？」[49]、「有禮者敬人」[50]、
「敬，禮之輿也」[51]、「恭敬，禮也」[52]、「禮，敬為大」[53]、
「不敬無禮」[54]。

（四）謙謹、辭讓

禮之表現，應謙卑辭讓。「讓」是禮的最基本德行。上
下不讓，互相爭善，只會帶給國家災難。故依禮而建立的人
際關係，是互謙、互讓真誠對待的關係。

子入大廟，每事問。或曰：「孰謂鄹人之子知禮乎？入
大廟，每事問。」子聞之，曰：「是禮也。」[55]

「辭讓之心，禮之端也。」[56]

管仲受下卿之禮而還。君子曰：「管氏之世祀也宜哉！
讓不忘其上。」[57]

（五）和

人與人之間的相處，包括君臣、親屬、朋友之間，均應
以「和」為貴。有子曰：「禮之用，和為貴。」[58]

---

49 《論語・八佾》。
50 《孟子・離婁下》。
51 《左傳・僖公十一年》。
52 《荀子・臣道》。
53 《大戴禮記・哀公問於孔子》。
54 《大戴禮記・勸學》。
55 《論語・八佾》。
56 《孟子・公孫丑上》。
57 《左傳・僖公十二年》。
58 《論語・學而》。

（六）忠 信

禮的特性，和忠信的關係相近，彼此結合起來，社會才能健全地發展。「忠信，禮之本也。」[59]

五、禮之作用

（一）立 身

儒家認為透過禮之規範，可以達到立身之目的。儒家把禮的重點，移轉到立身方面：

孔子曰：「不學禮，無以立！」鯉退而學禮。[60]

「興於詩，立於禮，成於樂」[61]、「不知禮，無以立也」[62]。

（二）修 身

儒家希望能建立一個安詳和諧的社會，但要建立這樣社會的起點，則在於個人之修養功夫，禮使人有自覺、自省之能力。缺少禮義，則易喪失自我之心性，禮起源於人與外界環境發生接觸而產生的心物感應，是人的感情、人的精神的一種表達。故人只有與禮結合，才能沿著正道出發。

「不仁、不智、無禮、無義，人役也」[63]、「故禮及身

---

59 《禮記‧禮器》。
60 《論語‧季氏》。
61 《論語‧泰伯》。
62 《論語‧堯曰》。
63 《孟子‧公孫丑上》。

而行脩」[64]、「自天子以至於庶人,壹是皆以脩身爲本」[65]、
「禮所以脩外也」[66]。

（三）定　分

禮的作用可以用來區別名分。「故禮達而分定。[67]」

（四）治　國

儒家主張以禮治國,禮爲政之本,主張以行禮爲治天下
之準則,據禮訂正法度、刑律,以禮爲施政的根本。所以禮
跟政治的關係,是相因相成。

「能以禮讓爲國乎,何有!不能以禮讓爲國,如禮何!」
[68]、「不信仁賢,則國空虛。無禮義,則上下亂」[69]、「禮,
政之輿也」[70]、「禮,國之幹也」[71]、「禮之於正國家也,如
權衡之於輕重也,如繩墨之於曲直也。故人無禮不生,事無
禮不成,國家無禮不寧」[72]、「禮者,政之輓也;爲政不以
禮,政不行矣」[73]、「爲政先禮,禮其政之本與」[74]、「禮之
所興,眾之所治也;禮之所廢,眾之所亂也」[75]。

64　《荀子·致仕》。
65　《禮記·大學》。
66　《禮記·文王世子》。
67　《禮記·禮運》。
68　《論語·里仁》。
69　《孟子·盡心下》。
70　《左傳·襄公二十一年》。
71　《左傳·僖公十一年》。
72　《荀子·大略》。
73　《荀子·大略》。
74　《大戴禮記·哀公問於孔子》、《禮記·哀公問》。
75　《禮記·仲尼燕居》。

儒家之以禮治國，表現在以下方面：

1、道德主義

（1）重道德

儒家的政治思想，為主觀之道德主義型態，把道德理想直接過渡到政治的領域上，所有政治的目的和手段，皆以道德為依歸，主張以德勝非以力勝。

「為政以德，譬如北辰居其所而眾星共之」[76]、「以力假仁者霸，霸必有大國，以德行仁者王，王不待大。湯以七十里，文王以百里。以力服人者，非心服也，力不贍也；以德服人者，中心悅而誠服也」[77]、「君子以德，小人以力；力者，德之役也」[78]、「凡兼人者有三術：有以德兼人者，有以力兼人者，有以富兼人者。彼貴我名聲，美我德行，欲為我民，故辟門除涂，以迎吾入。因其民，襲其處，而百姓皆安。立法施令，莫不順比。是故得地而權彌重，兼人而兵俞強：是以德兼人者也。……故曰：以德兼人者王，以力兼人者弱，以富兼人者貧」[79]、「君子好以道德，故其民歸道」[80]。

儒家主張「為政以德」，孟子將德治思想發展成為更完整的仁政學說。儒家極端推崇德治。儒家的「德」，在政治上要求統治者寬惠使民、實行仁政，認為「德」是治理國家，取得民心的方法。

---

76 《論語‧為政》。
77 《孟子‧公孫丑上》。
78 《荀子‧富國》。
79 《荀子‧議兵》。
80 《荀子‧堯問》。

（2）重教化

儒家認爲無論人性善惡，都可以道德教化的力量，收潛移默化之功，爲心理上的改造。所以一切的善行，都是教化所致。

孟子主性善，惻隱羞惡恭敬是非之心，人皆有之，只需加以教化誘導，就可以使人回復固有之善性。荀子雖主張性惡，亦不否認教化的力量。

「從人之性，順人之情，必出於爭奪，合於犯分，亂理而歸於暴，故必將有師法之化，禮義之道，然後出於辭讓，合於文理，而歸於治。」[81]

人民有過失，罪不在民，在於教化未施，或施而未徹底的緣故，其咎在上而不在下。

「不教而殺爲惡，不戒視成爲暴。」[82]

「鳥乎！上失之，下殺之，其可乎？不教其民而聽其獄，殺不辜也。三軍大敗，不可斬也，獄犴不治，不可刑也，罪不在民故也。」[83]

所以應教人民以禮義，矯正人的劣根性，杜絕爭亂。

「禮」是道德的展現與實踐，具有超越的取向；禮與教化相互依存，彼此交流，就形成上下共守的強制性行爲規範，此即謂「禮」。因此禮的形成，與道德的運作有關。這種特質，將儒家理想的道德意涵：純粹理性自覺的心性，轉化成一套以信仰爲中心的功利或善惡功過的行爲規範，藉此以解

81　《荀子‧性惡》。
82　《論語‧堯曰》。
83　《荀子‧宥坐篇》

決庶民現世生存與生活的困厄，這種道德運作非但受到廣大庶民的接受與歡迎，也的確達到儒家教化的目的。[84]

（3）輔刑罰

儒家未否定法律的作用，認爲刑罰仍有其重要性，禮以教化，法刑強制，儒家認爲可以用刑法來控制犯罪。並承認刑法在維持社會秩序上的特殊功能，不是禮義教化可以代替的。且不是所有的人都可以服從教化，所以不從教者，就須威之以刑。禮義、法度、刑律可以並行不悖，禮樂政刑，可以相提並論。

「治之經，禮與刑」[85]、「聽政之大分：以善至者待之以禮，以不善至者待之以刑」[86]、「明道而鈞分之，時使而誠愛之，下之和上也如影響，有不由令者，然後俟之以刑」[87]、「德盛則脩法，德不盛則飾政，法政而德不衰，故曰王也」[88]、「政以行之，刑以防之，禮樂刑政，四達而不悖，則王道備矣」[89]、「故禮以道其志，樂以和其聲，政以一其行，刑以防其姦，禮樂刑政，其極一也」[90]。

儒家雖認爲德和刑都是主要的統治方法，但仍應該以德爲主，刑罰只是德治的輔助。故應先以道德、禮義教化，再輔之以刑罰。禮不足之後，再以法、刑強制，但無論如何，

84　黃有志，〈淺析中國傳統禮俗中的道德教化運作〉，頁45。
85　《荀子・成相》。
86　《荀子・王制》。
87　《荀子・議兵》。
88　《大戴禮記・盛德》。
89　《禮記・樂記》。
90　《禮記・樂記》。

刑罰不是最主要的目的。

「厚德音以先之，明禮義以道之，致忠信以愛之，尚賢使
能以次之，爵服慶賞以申之，時其事，輕其任，以調齊之，長
養之，如保赤子。政令以定，風俗以一，有離俗不順其上，則
百姓莫不敦惡，莫不毒孽，若祓不祥；然後刑於是起矣。」[91]

尊德禮而卑刑罰，是儒家一致的信仰。刑罰無強人爲善
的力量，只能消極威嚇使人不敢爲惡，至多只能達到「苟免
而無恥」的程度。「有恥且格」絕不是政刑所能辦到的。

「道之以政，齊之以刑，民免而無恥；道之以德，齊之
以禮，有恥且格。」[92]

依儒家的見解，不管人性善與惡，都能以道德力量予以
教化，而收潛移默化之功效。此種教化力量，可以變化人心，
改進氣質，使人人向善，知恥而無姦邪之心，因此是最徹底
而積極的統治方法。反之，法律之功用斷無強迫人爲善的能
力，衹能消極地禁人爲惡。以威嚇的力量使人不敢爲惡。[93]

「故禮之教化也微，其止邪也於未形，使人日徙善遠罪
而不自知也」[94]、「凡人之知，能見已然，不能見將然。禮
者，禁於將然之前；而法者，禁於已然之後。是故法之用易
見，而禮之所爲生難知也」[95]、「然如曰禮云禮云，貴絕惡
於未萌、而起信於微眇，使民日徙善遠罪而不自知也」[96]、

91　《荀子‧議兵》。
92　《論語‧爲政》。
93　瞿同祖，《中國法律與中國社會》，頁386。
94　《禮記‧經解》。
95　《大戴禮記‧禮察》。
96　《大戴禮記‧禮察》。

「以禮義治之者積禮義，以刑罰治之者積刑罰；刑罰積而民怨倍，禮義積而民和親。故世主欲民之善同，而所以使民之善者異。或導之以德教，或歐之以法令。導之以德教者，德教行而民康樂；歐之以法令者，法令極而民哀戚」[97]。

（4）恤刑罰

儒家雖然注重道德教化的作用，亦未肯定刑罰的絕對性，但君子須要「懷德」，故依照道德之原則，對於犯罪行為應從寬處理。

「八十九十曰耄，七年曰悼，悼與耄，雖有罪，不加刑焉。」[98]

儒家重視道德，所以主張明德慎罰。道德的本身只是一種手段，目的在於防止和消滅犯罪。孔子以無訟為最後目的。相信善人為邦十年，便可以勝殘去殺。

「聽訟，吾猶人也。必也，使無訟乎！」[99]、「王者必世而後仁，善人為邦百年，可以勝殘去殺。」[100]。

荀子也認為教化既行，便無法律刑罰的需要。

「故上好禮義，尚賢使能，無貪利之心，則下亦將綦辭讓，致忠信，而謹於臣子矣。……故賞不用而民勸，罰不用而民服，有司不勞而事治，政令不煩而俗美，百姓莫敢不順上之法，象上之志，而勸上之事，而安樂之矣。」[101]

教化雖須相當時日，但只要人心已正，則可一勞永逸，

97　《大戴禮記·禮察》。
98　《禮記·曲禮上》。
99　《論語·顏淵》。
100　《論語·子路》。
101　《荀子·君道》。

垂之永遠，不像刑罰只能收短暫的功效。

　　季康子問政於孔子曰：「如殺無道，以就有道，何如？」孔子對曰：「子爲政，焉用殺？」[102]

　　戰國時期，各諸侯國相繼制定了嚴酷的刑罰，而商鞅等法家更提倡「輕罪重刑」的重刑主義。儒家認爲重刑濫殺都是「虐政」、「暴政」的表現。儒家認爲應慎重地運用刑罰。並審慎地對待死刑。

　　「不嗜殺人者能一之」[103]、「行一不義，殺一不辜，而得天下，皆不爲也」[104]、「行一不義，殺一無罪，而得天下，不爲也」[105]。

　　因爲刑罰的代價太大，荀子並主張廢除族刑。

　　「亂世則不然：刑罰怒罪，爵賞踰德，以族論罪，以世舉賢。故一人有罪，而三族皆夷，德雖如舜，不免刑均，是以族論罪也。……以族論罪，以世舉賢，雖欲無亂，得乎哉！」[106]

　　（5）人治思想

　　儒家認爲爲政的道理，須先正其身，從修身開始。儒家之所以重視修身，是因爲認爲修身後能正己，正己後能治人。所以儒家的修身，不是個人主義，《禮記・大學》所謂修身、齊家、治國、平天下的道理，是儒家一貫的主張，修身只是齊家、治國、平天下的基礎。

102　《論語・顏淵》。
103　《孟子・梁惠王下》。
104　《孟子・梁惠王下》。
105　《荀子・儒效》。
106　《荀子・君子》。

「君子修己以安人」「君子修己以安百姓」[107]、「君子之守,修其身而天下平」[108]、「古之欲明明德於天下者,先治其國,欲治其國者,先齊其家,欲齊其家者,先修其身,欲修其身者,先正其心,欲正其心者,先誠其意,欲誠其意者,先致其知,致知在格物,物格而後知至,知至而後意誠,意誠而後心正,心正而後身修,身修而後家齊,家齊而後國治,國治而後天下平」[109]。

修身具有政治的功能,為道德之本。道德主義有賴於道德高尚的統治者來感化人民,因此德治必導致「人治」。儒家把政治看成是道德的擴大,因此特別注重執政者在治國中的作用。堅信人心的善惡決定於教化,又堅信這種教化,屬於在位者一二人潛移默化之功,其之人格有絕大的感召力,所以儒家主張人治主義。人治偏重於道德者之本身,其人格為全國上下所欽仰,其行為為全國上下所模仿傚,為風俗善惡之所繫。

「君子之德風,小人之德草,草上之風必偃」[110]、「上好禮則民莫敢不敬,上好義則民莫敢不服,上好信則民莫敢不用情」[111]、「上有好者,下必有甚焉者矣」[112]、「上好羞則民闇飾,上好富則民死利」[113]。

---

107 《論語・憲問》。
108 《孟子・盡心下》。
109 《禮記・大學》。
110 《論語・顏淵》。
111 《論語・子路》。
112 《孟子・滕文公上》。
113 《荀子・大略篇》。

　　臣子的行為，只是君主行為的反應。

　　「聞修身未聞為國也。君者儀也。儀正而景正。君者槃也，槃圓而水圓。君者盂也，盂方而水方。君射則臣決。楚王好細腰，故朝有餓色。故聞修身未嘗聞為國也。」又曰：「君者民之原也，原清則流清，原濁則流濁。」[114]

　　周代的封建社會，有嚴格的身分區別，是一種階級分明的團體，所以統治者個人的道德修養，就顯的特別重要。儒家認為政治是一種上行下效的關係，國家之治亂，都取決於人，統治者以身作則，是國家治平的關鍵。君主個人品德的好壞，是國家的治亂的關鍵。君主的善惡決定著社會的治亂和國家的興亡。治人是治之原法律之制定與執行，離不開人，人起了決定性之作用，故儒家之禮思想，以人為先，以法為後。

　　「苟正其身矣，於從政乎何有？不能正其身，如正人何？」[115]、季康子問政於孔子，孔子對曰：「政者，正也，子帥以正，孰敢不正？」[116]、「其身正，不令而行；其身不正，雖令不從」[117]、「規矩，方圓之至也；聖人，人倫之至也」[118]、「君仁莫不仁，君義莫不義，君正莫不正。一正君而國定矣」[119]、「有亂君，無亂國；有治人，無治法，羿之法非亡也，而羿不世中；禹之法猶存，而夏不世王。故法不能獨立，類不能自行；得其人則存，失其人則亡。法者，治

114　《荀子‧君道篇》。
115　《論語‧子路》。
116　《論語‧顏淵》。
117　《論語‧子路》。
118　《孟子‧離婁上》。
119　《孟子‧離婁上》。

之端也；君子者，法之原也。故有君子，則法雖省，足以遍矣；無君子，則法雖具，失先後之施，不能應事之變，足以亂矣」[120]、「君子也者，道法之摠要也，不可少頃曠也。得之則治，失之則亂；得之則安，失之則危；得之則存，失之則亡，故有良法而亂者有之矣，有君子而亂者，自古及今，未嘗聞也。」[121]、「上者，民之表也。表正，則何物不正？是故君先立於仁，則大夫忠，而士信、民敦、工璞、商愨、女憧、婦空空」[122]、「爲政在人，取人以身，修身以道，修道以仁」[123]、「君仁莫不仁，君義莫不義，君正莫不正，一正君而國定矣」[124]、「子曰：文武之政，布在方策，其人存，則其政舉，其人亡，則其政息，……故爲政在人」[125]。

　　儒家堅信人心的善惡是決定於教化之功能，而該教化祇是在位之統治者，潛移默化之功效，其人格有絕大的感召力量。所以人治主義與德治主義、禮治主義具有極密切關係。人治偏重於德化者本身之修養而言。爲政者因其有極高的人格修養，所以爲全國上下所欽佩，而成爲全國上下仿效的對象，爲風俗善惡的所繫。

2、家族主義

　　中國古代在以分散的小農經濟爲基礎的宗法社會裡，「家」是最基本的生產單位和生活單位。宗法制度將家族和

---

120 《荀子・君道》。
121 《荀子・致仕》。
122 《大戴禮記・主言》。
123 《禮記・中庸》。
124 《禮記・哀公問》。
125 《禮記・中庸》。

國家組織結合起來，儒家對宗法制度全盤保留，並以禮貫穿之，把宗法視爲禮的主幹。因此儒家非常重視家族的內部關係，而處理家族內部關係的倫理原則，就成爲國家政治、法律的出發點，視「家」爲「安身立命」、「忠君報國」，負擔法定義務，實行法定權利的基本單位，同時賦予父系家長，支配家族財產、家族成員的絕對權力，保障父權、夫權成爲一個非常重要之原則。[126]

　　孝是以家族爲本位的思想，孝是對父系家長的絕對服從，雖然儒家也提倡父親要對子女仁愛，兄長要對弟妹友好，尊長要對卑幼和善，但家族的權力，仍集中在尊長、父親、兄長的手上。

　　「孝子之至，莫大乎尊親」[127]、「五刑之屬三千，而罪莫大於不孝」[128]、「有事弟子服其勞，有酒食先生饌。」「出必告，反必面」[129]、「今人飢見長而不敢先食者，將有所讓也，勞而不敢求息者，將有所代也。夫子之讓乎父，弟之代乎兄，……孝子之道，禮義之文也」[130]。

　　在家族的關係中，以輩分、年齡、親等、性別等爲條件，而形成尊卑長幼親疏男女的分野。親屬的尊卑長幼親疏男女關係，決定了每一個人在家族中的地位和行爲，家庭中的一切享受，以父母爲先，子女勞動。卑事尊、幼事長、女事男，權利和義務互不相同，二者之間，形成優越的從屬關係，於

126　瞿同祖，《中國法律與中國社會》，頁33。
127　《孟子・萬章上》。
128　《孝經・五刑章》。
129　《論語・鄉黨》。
130　《荀子・性惡》。

是有所謂的孝弟之道，婦妾之道。[131]

「事父母幾諫，見志不從，又敬不違，勞而不怨」[132]、「世俗所謂不孝者五：惰其四支，不顧父母之養，一不孝也；博弈好飲酒，不顧父母之養，二不孝也；好貨財，私妻子，不顧父母之養，三不孝也；從耳目之欲，以爲父母戮，四不孝也；好勇鬥很，以危父母，五不孝也」[133]、「不得乎親，不可以爲人，不順乎親，不可以爲人子」[134]、「惟順父母可以解憂」[135]、「事孰爲大？事親爲大」[136]、「不孝有三，無後爲大」[137]、「父母有過，下氣怡色，柔聲以諫，諫若不入，起敬起孝，說則復諫，不說，與其得罪於鄉黨州閭，寧孰諫，父母怒，不說，而撻之流血，不敢疾怨，起敬起孝」[138]、「凡爲人子之禮，冬溫而夏凊，昏定而晨省」[139]、「夫爲人子者，出必告，反必面」[140]、「凡父母在，子雖老不坐」[141]。

「孝」也是預防犯罪的最好手段：「其爲人也孝弟，而好犯上者，鮮矣；不好犯上，而好作亂者，未之有也」[142]，因此做到孝就一定能夠做到忠。

「人有恆言，皆曰『天下國家』。天下之本在國，國之

---

131 瞿同祖，《中國法律與中國社會》，頁35。
132 《論語·里仁》。
133 《孟子·離婁下》。
134 《孟子·離婁上》。
135 《孟子·萬章上》。
136 《孟子·離婁上》。
137 《孟子·離婁上》。
138 《禮記·內則》。
139 《禮記·曲禮上》。
140 《禮記·曲禮上》。
141 《禮記·內則》。
142 《論語·學而》。

本在家，家之本在身」《孟子・離婁上》、「人人親其親，長其長，而天下平」[143]，於是「孝」成爲直接的政治，這樣一來，家族被政治化、國家化之後，家族倫理就成爲中國古代的政治和法律中心。儒家擴大「孝」的功能和效果，將孝與政治結合，凸顯了「親親」在新的倫理歸範體系中的決定性地位，以家族、家庭爲依托，再輻射到君臣之義。[144]

　　子夏曰：「賢賢易色；事父母，能竭其力；事君，能致其身」《論語・學而》、「未有仁而遺其親者也，未有義而復其君者也」[145]，儒家將孝和禮結合起來，由孝親延伸到忠君，孝、忠相通，於是忠、孝也成爲儒家學說之核心，中國社會之特質。

3、階級主義

　　「忠」指對於君主的忠誠和服從，是孝的延伸和擴大，儒家強調家爲國本，君父一體，忠孝相通。儒家否定社會是整齊平一的。認爲人有智愚賢不肖之分，社會應該有分工，應該有貴賤上下的分野，勞心的士大夫和勞力的農工商賈，應該形成優越的從屬關係。[146]

　　「天下有道，大德役小德，大賢役小賢」[147]、「賤事貴，不肖事賢，是天下之通義」[148]、「物之不齊，物之情也」[149]、

143　《孟子・離婁上》。
144　瞿同祖，《中國法律與中國社會》，頁38。
145　《孟子・告子下》。
146　瞿同祖，《中國法律與中國社會》，頁261。
147　《孟子・離婁上》
148　《荀子・仲尼》
149　《荀子・榮辱》

「夫物之不齊，物之情也；或相倍蓰，或相什伯，或相千萬。子比而同之，是亂天下也」[150]、「或勞心，或勞力；勞心者治人，勞力者治於人；治於人者食人，治人者食於人：天下之通義也」[151]。

在儒家的心目中，貴賤不僅是勞心勞力職業上的劃分，同時也是才德智行的劃分，賢智必居上位，庸愚不肖必居下位，國家量能授官，班爵制祿，目的在使賢德者貴顯，能養尊處優的享受物質。

「德必稱位，位必稱祿，祿必稱用」[152]、「論德而定次，量能而授官，皆使人載其事而各得其宜。上賢使之爲三公，次賢使之爲諸侯，下賢使之爲大夫」[153]。

才德越高則爵越尊，祿越厚。賢者貴顯，庸愚不肖貧賤，如此才能使社會有秩序，政治才能臻於治平。貧賤是無德無能的表示。在正常的社會中，賢德應與富貴相連。

貴賤上下決定每一個人在社會上的行爲和地位。在儒家的心目中，人類社會是一個須嚴格區分上下等級的社會，身分地位高的人，應享有各種由禮法所規定的特權。「禮」階級主義的特徵就是等級越高的人，所享有特權越多，權力越大。

荀子更明確指出：「少事長，不肖事賢，是天下之通義。」[154]

辟雍八佾，是天子之禮，三家以卿行天子之禮，所以孔

---

150 《孟子·滕文公上》
151 《孟子·滕文公上》
152 《荀子·富國》
153 《荀子·君道》
154 《荀子·仲尼》

子不能容忍。樹塞門反坫是國君之禮，齊侯行之可，管仲則不行。

在禮：「天子山冕，諸侯玄冠，大夫裨冕，士韋弁。天子御斑，諸侯御茶，大夫服笏」、「天子彤弓，諸侯彤弓，大夫黑弓，皆禮也」[155]、「孔子與上大夫官侃侃如也，與下大夫言雁雁如也」[156]。

因地位不同，所以態度也不同。因此「禮」，也就成為用來區別和規定貴賤等級、上下次序的行為規範。人之資質能力不同，不能等齊而觀。人為群，眾多不可劃齊而一，故必有賢者、愚者、能者、庸者。

儒家以人性作為國家理論之基礎，國家為家族之擴大形態。國家的形成有層次性；由個人而家族，由家族而宗族，由宗族而國家。國家在形成的過程中，以家的組織為其核心。一家以家父長為領袖，其掌握經濟、宗教及規約大權。家族們基於血統聯繫與同居共財的關係，必能尊循尊長卑幼之倫常觀念，以孝順友愛之禮教，促進彼此的和睦與團結。維持家族最根本的禮教為五倫與五教。五倫即父子有親，君臣有義，夫婦有別，長幼有序及朋友有信。五教即父義、母慈、兄友、弟恭及子孝。儒家認定家為國之本，治國必先齊家。故家族間的倫常禮教，被推展而適用於國家，則成為社會所遵守的行為規範。其後天子取代家長之統攝權而以為天下王。於是人民各以同姓從宗，合族屬而統之於君。[157]

---

155 《荀子·大略》
156 《論語·鄉黨》
157 瞿同祖，《中國法律與中國社會》，頁374。

　　而儒家心目中的社會秩序，就是階級社會和家族倫理的
總和。貴賤尊卑長幼親疏男女無別，是儒家所反對的。

　　「人有三不祥，幼不肯事長，賤不肯事貴，不肖不肯事
賢，是人之三不祥也」[158]，禮就是維持這種社會差異的工具。

　　「禮者以財物為用，以貴賤為文，以多少為異，以隆殺
為要」[159]、「故為之雕琢刻鏤黼黻文章，使可以辨貴賤而已」
[160]、「名位不同，禮亦異數」[161]。

　　藉禮的不同內容，以顯示行為人的特殊名位，而加重貴
賤尊卑長幼男女之別。

　　每一個階層，都有不同的行為要求。所以貴有貴的禮、
賤有賤的禮、尊有尊的禮、卑有卑的禮、長有長的禮、幼有
幼的禮。禮之種類萬分，禮儀三百，繁雜萬分，不是可以茫
然隨意運用的。每一個人都必須按著他自己的社會地位去選
擇相當的禮，合乎則為禮，否則為非禮。

　　君君、臣臣、父父、子子、兄兄、弟弟、夫夫、婦婦是
儒家心目中的理想社會，所謂倫常綱紀，實是貴賤尊卑長幼
親疏男女的綱要。貴賤的關係複雜，以君臣概括之。家族之
尊卑關係，最重要的是父子、夫妻，子以父為尊，婦以夫為
天。[162]

　　「內則父子，外則君臣，人之大倫也」[163]，倫理之中，

---

158 《荀子‧非相》。
159 《荀子‧禮論》。
160 《荀子‧富國》。
161 《左傳‧莊公十八年臧宣叔語》。
162 瞿同祖，《中國法律與中國社會》，頁380。
163 《孟子‧盡心下》。

多數爲優越的從屬關係，而其中又以君臣、父子、夫婦最爲重要。倫常須禮完成。「君君、臣臣、父父、子子、兄兄、弟弟、夫夫、婦婦，父子有親、君臣有義、夫婦有別、長幼有序、朋友有信。」[164]

　　儒家一方面提出了五倫的美德，一方面又擬定了各種達到美德的行爲規範。

　　「君令，臣共，父慈，子孝，兄愛，弟敬，夫和，妻柔，姑慈，婦聽，禮也。君令而不違，臣共而不二，父慈而教，子孝而箴，兄愛而友，弟敬而順，夫和而義，妻柔而正，姑慈而從，婦聽而婉，禮之善物也」[165]、「貴貴、尊尊、賢賢、老老、長長、義之倫也。行之得其節，禮之序也」[166]、「爲人君止於仁，爲人臣止於敬，爲人子止於孝，爲人父止於慈」[167]、「請問爲人君？曰：以禮分施，均遍而不偏。請問爲人臣？曰：以禮侍君，忠順而不懈。請問爲人父？曰：寬惠而有禮。請問爲人子？曰：敬愛而致文。請問爲人兄？曰：慈愛而見友。請問爲人弟？曰：敬詘而不苟。請問爲人夫？曰：致功而不流，致臨而有辨。請問爲人妻？曰：夫有禮則柔從聽侍，夫無禮則恐懼而自竦也」[168]、「何謂人情？喜、怒、哀、懼、愛、惡、欲，七者弗學而能；何謂人義？父慈、子孝、兄良、弟弟、夫義、婦聽、長惠、幼順、君仁、臣忠，十者謂之人義。講信脩睦，謂之人利，爭奪相殺，謂之人患，

---

164 《孟子‧滕文公上》。
165 《左傳‧昭公二十六年》。
166 《荀子‧大略》。
167 《禮記‧禮運》。
168 《荀子‧君道》。

故聖人之所以治人七情、脩十義、講信脩睦、尚辭讓、去爭奪、舍禮何以治之」[169]。

　　君臣、父子、夫婦等三綱是儒家的思想中心，政治的最高目的。

　　齊景公問政於孔子，孔子以君君、臣臣、父父、子子對之，公曰：「善哉，信如君不君、臣不臣，父不父、子不子，雖有粟，吾得而食諸？」[170]、「禮義以爲紀，以正君臣，以篤父子，以睦兄弟，以和夫婦，以設制度，以立田里，以賢勇知」[171]、「君臣也、父子也、夫婦也、昆弟也、朋友之交也，五者天下之達道也」[172]、孔子對曰：「夫婦別，父子親，君臣嚴，三者正，則庶民從之矣」[173]。

　　禮使三綱條文化、制度化，成爲處理君與臣、父與子、夫與婦之間關係的行爲準則，用「禮」來確定「貴賤上下」，區分「尊長卑幼」，辨別「親疏男女」。於是三綱成爲禮的核心，也成爲最主要的道德規範。

　　中國人以禮義之邦爲傲，一切的行爲都要合乎禮節才算得體。禮的範圍十分廣大，舉凡國家政策、社會制度、人與人的相處、家庭的互動、個人的修爲等等，均要求合禮中節。周公制禮作樂以佐成王，西周的政治逐漸上軌道，但是，隨著後期局勢混亂，禮樂日益崩壞，到了東周時代，周天子的共主地位名存實亡，儒家憂心周文疲弊，僭禮踰矩之事頻傳，

169　《禮記・禮運》。
170　《論語・顏淵》。
171　《禮記・禮運》。
172　《禮記・中庸》。
173　《大戴禮記・哀公問於孔子》。

孔子呼籲實踐「正名」，就家庭倫理而言，正名就是父盡父責，子從子事。父子是人際關係最根本的倫理，對於強化父子倫的概念，儒家強調父子之間的互負雙向義務，父尊子卑，子女逆倫絕不寬貸。父對子有絕對的權威，在法律的允許範圍下，父母掌握子女的生殺權。[174]

　　孔子以仁、禮爲重，用「仁」充實「禮」。孟子以「仁義」爲重的取向，實質仍是孔子「仁禮」觀點的深化。從孔子到孟子，從「仁禮」的強調，發展成「仁義」的主張，屬於「禮」論的縱向發展，是先秦儒家禮法思想發展上的第一個重要歷程。至於荀子強調「禮義法度」的效果，重視「禮法」的客觀規範意義，他的「禮」論，屬於孔孟「禮」論的另類補充，是先秦儒家禮法思想發展上的第二個重要的歷程。[175]

　　孔子以「仁」補充「禮」，突顯了禮的倫理性；孟子使「禮治」與「仁政」結合，凸顯了政治的內容，荀子以法入禮，「禮者，法之大分，類之綱紀也。」，「禮義生而制法度」，使「禮」成爲國家政策和制度。

　　「國之命在禮」[176]、「禮，政之輓，爲政不以禮，政不行矣」[177]、「人無禮則不生，事無禮則不成，國家無禮則不寧」[178]。

　　禮與治國的關係，密不可分。國家之治亂，全繫於禮之興廢。

---

174 高婉瑜，〈兩周時代父子倫的遞擅〉，頁 243。
175 楊秀宮，〈先秦儒家禮法思想的演變與發展〉，頁 122。
176 《荀子‧彊國、天論》。
177 《荀子‧大略》。
178 《荀子‧修身》。

　　禮是處理人際關係的道德準則，法是制約人們言行的強制規定。「禮」理論化、系統化、制度化之後，一躍而成為法律的綱紀和指導原則。儒家熔三綱與法律於一爐。儒家的禮，包括了國家政治、社會組織、法律制度。禮的地位有如現代的憲法。[179]

　　「道德仁義，非禮不成，教訓正俗，非禮不備，分爭辨訟，非禮不決，君臣、上下、父子、兄弟，非禮不定，宦學事師，非禮不親，班朝治軍，涖官行法，非禮威嚴不行，禱祠、祭祀、供給鬼神，非禮不誠不莊。」[180]

　　儒家的禮思想，強調以道德主義為本位、家族主義為中心、階級主義為秩序，這些觀點，在秦漢之後，成為中國歷代的法律制度。

第二節　法家思想之內涵[181]

　　法家是戰國時期主張「變法」和「以法治國」的學派。

　　法家主張建立君王集權的政治制度，用法律強制手段和兼併戰爭來維持霸權，並進行統一全國。因為加強君權，所以得到各國國君的支持。他們十分自信，雄心勃勃，將主張制定成為統一的法令，並予以公布，以刑罰為制裁自上而下強制推行。

　　法家多由當時的政治家、軍事家和思想家所組成。法家

---

179 楊鶴皋主編，《中國法律思想史》，頁 54。
180 《禮記‧曲禮上》。
181 李永興，〈儒家「禮」、法家「法」與唐律之關係研究〉，頁 148-165。

沒有明確的派別，其主要之代表人物多數是先學習其他學派的學說，後來才形成法家思想家的。但是法家人物都強調「法」的重要性，以「好利惡害」的人性論作爲論法的理論基礎，認爲人的一切行爲規範，都應該用法律的形式明確規定，主張有法必依、賞罰嚴明。法家都注重實力，倡導務農、獎勵參戰，以富國強兵。法家都鼓吹君主集權，把行政、立法、司法等權力統一在專制君王的手中。

　　「法治」是法家提出的口號，主張以「法」作爲治國和統一天下的主要方法，所謂「以法治國」、「垂法而治」、「緣法而治」，「法治」成爲法家法律思想的核心。[182]

一、法之起源

　　法家通過對歷史演進的敘述和古今社會的對比，論證「法治」的現實可能性。他們認爲歷史不斷地變化，社會是逐漸向前發展的，而歷史之變遷方向則爲進化而非退化。初民處於無組織狀態，愛私而爭亂，於是立官、立君，國家興起，於是爲之法制度量。[183]

　　「古者未有君臣上下之時，民亂而不治。是以聖人別貴賤，制爵位，立名號，以別君臣上下之義。地廣，民眾，萬物多，故分五官而守之。民眾而姦邪生，故立法制爲度量以禁之。」[184]

182　楊鶴皋主編，《中國法律思想史》，頁 156。
183　楊鶴皋主編，《中國法律思想史》，頁 158。
184　《商君書‧君臣》。

「古者未有君臣上下之別，未有夫婦妃匹之合，獸處群居，以力相征，於是智者詐愚，彊者凌弱，老幼孤獨，不得其所。故智者假眾力以禁強虐，而暴人止。為民興利除害，正民之德。而民師之。是故道術德行，出於賢人。其從義理，兆形於民心，則民反道矣。名物處違是非之分，則賞罰行矣。」[185]

古今爲治之所有異，全在於各時代生活條件之不同，以及人口多寡，財物羨絀，基於其能解決當日之共同問題而爲人群所擁立，爲針對實際需求而善爲之處理，所以建法立制。

「天地設，而民生之。當此之時也，民知其母而不知其父，其道親親而愛私。親親則別，愛私則險，民眾而以別險爲務，則民亂。當此時也，民務勝而力征，務勝則爭，力征則訟，訟而無正，則莫得其性也。故賢者立中正，設無私，而民說仁。當此時也，親親廢，上賢立矣。凡仁者以愛利爲務，而賢者以相出爲道。民眾而無制，久而相出爲道，則有亂。故聖人承之，作爲土地貨財男女之分。分定而無制，不可，故立禁。」[186]

自然的財富短缺，人多物少導致了人與人的爭奪和國家制度的出現。

「古者丈夫不耕，草木之實足食也；婦人不織，禽獸之皮足衣也。不事力而養足，人民少而財有餘，故民不爭。是以厚賞不行，重罰不用而民自治。今人有五子不爲多，子又有五子，大父未死而有二十五孫，是以人民眾而貨財寡，事

---

185 《管子・君臣下》。
186 《商君書・開塞》。

力勞而供養薄，故民爭，雖倍賞累罰而不免於亂。」[187]

　　可見法家在論述法的起源時，緊密地與國家的起源關係聯繫在一起，即「君臣」、「五官」等國家權力機構，與「法制」是在同樣的社會條件下產生的。他們認爲人類社會之初並沒有國家和法，把國家與法視爲社會發展到一定的階段才出現的。

二、法之意義

（一）客觀之標準

　　法之意義，與客觀衡量物品之器物同。法是治理國家的客觀標準，法律就是國家的秤和尺，治理國家不能靠個人的主觀的想法和喜好。法有其客觀性。因其客觀，故可作爲天下人共守之標準。如蓍龜、權衡、書契、度量，法就如規矩、繩墨、鏡、衡一般。

　　「尺寸也、繩墨也、規矩也、衡石也、斗斛也、角量也、謂之法。」[188]

　　「夫釋權衡而斷輕重，廢尺寸而意長短，雖察，商賈不用，爲其不必也。故法者，國之權衡也。」[189]

　　「有權衡者，不可欺以輕重，有尺寸者，不可差以長短，有法度者，不可巧以詐僞。」[190]

187　《韓非子・五蠹》。
188　《管子・七法》。
189　《商君書・修權》。
190　《慎子・逸文》。

「無規矩之法,繩墨之端,雖王爾不能以成方圓。」[191]

尹文子將法分爲四種:其一,不變之法乃規律君臣上下關係;其二,齊俗之法係能適用於各不同地區之習慣法;其三,法眾之法乃刑賞用之法律,偏重於公法,尤其刑法;其四,平準之法爲規律度量衡的技術法,偏重於商法。

「法有四呈,一曰命物之名,方圓白黑是也;二曰毀譽之名,善惡貴賤是也;三曰況謂之名,賢愚愛憎是也。一曰不變之法,君臣上下是也;二曰齊俗之法,能鄙同異是也;三曰治眾之法,慶賞刑罰是也;四曰平準之法,律度權量是也。」[192]

(二) 刑 罰

法指以賞罰爲主體的法令,但偏向於刑罰的部分,具有制裁之意義。

「殺僇禁誅謂之法」[193]、「賞誅之法,不失其義。」[194]

三、法之概念

(一) 行為之準則

法家釋法,總是與「民」、「天下」、「百姓」聯繫在一起。

---

191 《韓非子·姦劫弑臣》。
192 《尹文子·大道上》。
193 《管子·心術上》。
194 《商君書·修權》。

「法者，所以齊天下之動，至公大定之制也。」[195]所以法爲規範和統一天下所有人民行動的一種制度。

「法者，民之命」[196]、「法者，天下之儀也，所以決疑而明是非也，百姓所縣命也」[197]，說明法所規範的主要是民眾的行爲，每一個人都應該遵從法律行事。

「法律政令者，吏民規矩繩墨也」[198]、「法度者，萬民之儀表也」[199]。

（二）國家之制度

法是國家之典章制度，可以建制立官、區分職守。如「人主立其度量，陳其分職。」[200]

四、法之制定

（一）君主制定

法家主張立法大權應該由君主集中掌握，爲由主權者基於其權威所制定之客觀行爲規範。人爲法乃君之所出，君爲國之元首，法爲國之基本，則君爲權力之代稱。

「人主立其度量，陳其分職，明其法式」[201]、「以道變

---

195 《慎子·逸文》。
196 《商君書·定分》。
197 《管子·禁藏》。
198 《管子·七主七臣》。
199 《管子·形勢解》。
200 《管子·形勢解》。
201 《管子·形勢解》。

法者君長也」[202]。

（二）合民心、應風俗

法家認為法不是天造地設的神物，而是人性民情的反應。這種「人心」是法令存在的基本依據，也是治理國家的出發點。

「法立而民樂之，令出而民銜之，法令之合於民心，如符節之相得也」[203]、「故聖人之為國也，觀俗立法則治，察國事本則宜。不觀時俗，不察國本，則其法立而民亂」[204]、「法非從天下，非從地出，發於人間，合乎人心而已」[205]。

法之內容若合於民心、民情，政令才容易推行。法律規定事項應適合國情時俗之需要，若與今所欲治之政，背道而馳，則易法立而民亂。

「凡治天下，必因人情」、「法通乎人情，關乎治理」[206]

（三）量可能、務適當

立法時要考慮實行的可能性。君主不可憑一己之私心，任意為之，而必以人性為標準。人之能力有一定之限度，須考慮人性因素及法之可行性。「明主度量人力之所能為，而後使焉；故令於人之所能為，則令行；使於人之所能為，則事成。亂主不量人力，令於人之所不能為，故其令廢；使於

人之所不能爲，故其事敗。」[207]

　　法令適當，君主才能尊顯，而姦邪不生。「其法令明，而賞罰之所立者當，則主尊顯而姦不生；其法令逆，而賞罰之所立者不當，則群臣立私而壅塞之，朋黨而劫殺之。」[208]

　　政治家制定法令來治國，主要目的在於維繫社會的安定，並非強民所難，故意陷人於罪。因此，立法務求平實，易於了解，易於實踐。法令制定必得適應一般大眾的需求。「明主立可爲之賞，設可避之罰。故賢者勸賞而不見子胥之禍，不肖者少罪而不見僵剖背，……如此，則上下之恩結矣。……明主之表易見，故約立；其教易知，故言用；其法易爲，故令行」[209]、「察士然後能知之，不可以爲令，夫民不盡察。賢者然後能行之，不可以爲法，夫民不盡賢。」[210]

（四）文字明白、用語明確

　　法令一定要明白易知。要求法令應文字明白易知和用語明確。法令的內容明確，人民才知道如何遵守，法令之用語，應淺顯、簡單易懂。法令淺顯易懂，人人能知法，才會具有效率。講求明確，人民才知所進退，過於深奧，則人無法知曉明白。

　　「憲律制度必法道，號令必著明」[211]、「國無明法，則

207　《管子‧形勢解》。
208　《管子‧明法解》。
209　《韓非子‧用人》。
210　《韓非子‧八說》。
211　《管子‧法法》。

百姓輕爲非」[212]、「故夫智者而後能知之，不可以爲法，民不盡智。賢者而後知之，不可以爲法，民不盡賢。故聖人爲法，必使之明白易知。名正，愚智遍能知之」[213]、「善爲國者，官法明」[214]、「微妙之言，上智之所難知也。今爲眾人法，而以上智之所難知，則民無從識矣」[215]、「其治國也，正明法」[216]。

　　法令明白易知之目的有二，一是「爲置法官吏爲之師以道之知，萬民皆知所避就，避禍就福，而皆以自治也。[217]」能夠以法律自戒；二是防止官吏以權謀私或者罪行擅斷，同時防止罪犯法外求情。

　　「吏民欲知法令者，皆問法官，故天下之吏民，無不知法者。吏明知民知法令也，故吏不敢以非法遇民，民不敢犯法以干法官也。」[218]

　　法家還主張「以法爲教」，官吏和人民都必須學習法律。

　　「爲置法官，置主法之吏，以爲天下師。」[219]「爲法令置官置吏樸足以知法令之謂，以爲天下正者，則奏天子；天子名，則主法令之民，皆降受命發官。各主法令之民，敢忘行主法令之所謂之名，各以其所忘之法令名，罪之。」[220]

212　《管子・明法解》。
213　《商君書・定分》。
214　《商君書・農戰》。
215　《韓非子・五蠹》。
216　《韓非子・姦劫弒臣》。
217　《商君書・定分》。
218　《商君書・定分》。
219　《韓非子・五蠹》。
220　《商君書・定分》。

（五）上下統一、新舊一致

統一，包括三方面：統一立法權、統一法令的內容、統一人們的思想。法家反對政出多門，認為立法大權必須全部收歸君主。全國的法令應統一，法令不一致容易形成全國的大混亂。「一」，就是統一、一致；法不多歧，才能達到齊民的目的。也不會使人民產生僥倖的心理。也不容許兩種不同質的法律並存。

「國法不一，則有國者不祥」[221]、「晉之故法未息，而韓之新法又生；先君之令未收，而後君之令又下。申不害不擅其法，不一其憲令則姦多故。利在故法前令則道之，利在新法後令則道之，利在故新相反，前後相勃。」[222]

必須使人民的思想統一到法令上。「禁奸之法，太上禁其心，其次禁其言，其次禁其事」[223]、「言行不軌於法令者必禁」[224]。

（六）求穩定、隨時變

其次必須保持法律內部的穩定，反對朝令夕改。法令若不穩定，則不具公信力，執法者可以上下其手，任意援用；則守法者將無所遵從，甚而觀望取巧。

治世之道，則為因應社會情況之需要而生，並隨時勢變遷而異。其治法亦應隨之變化，隨著時代而進步。

221　《管子・任法》。
222　《韓非子・定法》。
223　《韓非子・說疑》。
224　《韓非子・問辯》。

「法者，不可不恆也」[225]、「號令已出，又易之。禮義已行，又止之。度量已制，又頡之。刑法已錯，又移之；如是，則慶賞雖重，民不勸也。殺戮雖繁，民不畏也」[226]、「法禁變易，號令數下者，可亡也」[227]、「凡法令更則利害易，利害易則民務變，務變之謂變業。治大國而數變法，則民苦之。是以有道之君貴靜，不重變法」[228]、「其設賞有薄有厚，其立禁有輕有重，跡行不必同，非故相反也，皆隨時而變，因俗而動。」[229]

法家政治理論，最講究因應制宜，以進化歷史觀來說，時代變更，法制自然該隨著改易，立法要適應時代的要求和社會的實際。法家一致認為「法」是時代的產物。立法應隨時而變，因俗而動，否則將無法適應時代之需要。

「三代不同禮而王，五霸不同法而霸，故知者作法，而愚者制焉；賢者更禮，而不肖者拘焉。拘禮之人，不足與言事；制法之人，不足與論變」[230]、「聖人之為國也，不法古，不修今，因世而為之治」[231]、「今有構木鑽燧於夏后氏之世者，必為鯀、禹笑矣。有決瀆於殷、周之世者，必為湯、武笑矣。然則今有美堯、舜、湯、武、禹之道於當今之世者，必為新聖笑矣。是以聖人不期脩古，不法常可，論世之事，

225　《管子‧任法》。
226　《管子‧法法》。
227　《韓非子‧亡徵》。
228　《韓非子‧解老》。
229　《管子‧正世》。
230　《商君書‧更法》。
231　《商君書‧壹言》。

因爲之備」[232]、「法與時轉則治，治與世宜則有功。故民樸、而禁之以名則治，世知、維之以刑則從。時移而治不易者亂，能治眾而禁不變者削。故聖人之治民也，法與時移而禁與能變」[233]。

（七）成文、公布

　　法律在法家心目中，是必須成文公佈的。強調法是一種成文的制度，君主制定出之後，由國家機構掌握並公布予百姓知曉。法爲成文法。無條文可據者，不得稱之爲法。有條文以爲據，則標準確定。所以法是由國家制定和公布的成文命令。

　　法不僅不該秘密，且宜充分傳播，使人人都能知道條文的內容。並應該公開宣布，讓百姓了解何事可行，行則有賞；何事該避，避則免罰。

　　「凡將舉事，令必先出，曰事將爲」[234]、「令未布而民或爲之，而賞從之，則是上妄予也；上妄予，則功臣怨。功臣怨，而愚民操事於妄作。愚民操事於妄作，則大亂之本也。令未布而罰及之，則是上妄誅也；上妄誅則民輕生，民輕生則暴人興，曹黨起而亂賊作矣」[235]、「法者，編著之圖籍，設之於官府，而布之於百姓者也。……故法莫如顯，……是以明主言法，則境內卑賤莫不聞知也，不獨滿於堂」[236]。

232　《韓非子・五蠹》。
233　《韓非子・心度》。
234　《管子・立政》。
235　《管子・法法》。
236　《韓非子・難三》。

五、法之性質

（一）客觀性、公正性

法家吸取了墨子論「天志」，荀子論禮、法的方式，也用度量衡來比喻法，揭示法的客觀性。「尺寸也、繩墨也、規矩也、衡石也、斗斛也、角量也、謂之法。」[237]

這些器具在被使用中，並不隨使用者的意願而改變，而「法」也具有這種客觀性。「有權衡者，不可欺以輕重，有尺寸者，不可差以長短，有法度者，不可巧以詐偽。」[238]

這些器具對於任何被衡量的事物，也都公正對待，因此公正，也是法的主要屬性。法家視法為「公」、「正」的同義詞。法若是不公正，則人民不會聽命行事，國家也會形成大混亂。「有法不正，有度不直，則治辟，治辟則國亂。」[239]

（二）國家性、優先性

「公法」指的是國家之利益，人民的福祉。以天下之人民為「公」，至於商鞅、韓非則以君主之勢代表國家的公權力。所有的利益只歸君主一人，而不免犧牲人民之利益，所以韓非子所認為之「公」，偏向於君王之利。「故善為政者，田疇墾而國邑實，朝廷閒而官府治，公法行而私曲止」[240]、「法

---

237 《管子・七法》。
238 《慎子・逸文》。
239 《管子・版法解》。
240 《管子・五輔》。

制禮籍，所以立公義也」[241]、「故當今之時，能去私曲就公法者，民安而國治；能去私行行公法者，則兵強而敵弱。」[242]

因爲法具有國家性，故優先於一切。「不爲重寶輕號令」[243]、「不爲愛人枉其法」[244]、「故明王慎之，不爲親戚故貴易其法……故主上視法嚴於親戚」[245]、「不爲君欲變其令，令尊於君」[246]。

（三）公平性、平等性

法律具有絕對的權威，任何人都要依法律辦事。包括君臣共守、刑無等級。法家主張各級官吏守法。商鞅是第一個提出「刑無等級」原則的人。若顧慮貴賤尊卑長幼親疏的因素，則違背法的公平性。「聖人之爲法也，所以平不夷、矮不直也。」[247]

又法律應建立於平等之基礎之上，不能因人而異，平等爲行法之原動力，故須一賞一罰，應賞即賞，應罰即罰。絕不夾雜人爲的私情，故在法律之前，不分親疏貴賤，人人平等。無論貴者、智者、勇者、大臣、匹夫，皆應該受到法律的制裁。「不知親疏遠近貴賤美惡，以度量斷之。」[248]

法適用時不分等級親疏。消滅特權，雖爲貴族，若無功，

---

241 《慎子・威德》。
242 《韓非子・有度》。
243 《管子・法法》。
244 《管子・七法》。
245 《管子・禁藏》。
246 《管子・法法》。
247 《韓非子・外儲說右下》。
248 《管子・任法》。

也不能獲得任何爵賞。「法」具有至高無上的權威，任何人皆不得背法而爲。

「刑無等級。自卿相將軍以至大夫庶人，有不從王令，犯國禁，亂上制者，罪死不赦。有功於前，有敗於後，不爲損刑。有善於前，有過於後，不爲虧法。忠臣孝子有過，必以其數斷。守法守職之吏，有不行王法者，罪死不赦，刑及三族。」[249]

「法者，所以齊天下之動，至公大定之制也。故智者不得越法而肆謀，辯者不得越法而肆議，士不得背法而有名，臣不得背法而有功。我喜可抑，我忿可窒，我法不可離也。骨肉可刑，親戚可滅，至法不可闕也。」[250]

「法不阿貴，繩不撓曲。法之所加，智者弗能辭，勇者不敢爭。刑過不避大臣，賞善不遺匹夫。」[251]

「當世之行事都丞之下徵令者，不避尊貴，不就卑賤，故行之而法者，雖巷伯信乎卿相，行之而非法者，雖大吏詘乎民萌。」[252]

「故明君無偸賞，無赦罰。賞偸則功臣墮其業，赦罰則姦臣易爲非。是故誠有功則雖疏賤必賞，誠有過則雖近愛必誅。近愛必誅，則疏賤者不怠，而近愛者不驕也。」[253]

---

[249]　《商君書・賞刑》。
[250]　《慎子・逸文》。
[251]　《韓非子・有度》。
[252]　《韓非子・難一》。
[253]　《韓非子・主道》。

六、法之執行 ── 強制執行

「法」表現不是引導式的教育,而是懲罰性的禁令,法家常將「法」與「令」同義使用,如:「爲法令以罪之」[254]、「法立令行」[255]、「明法禁之令」[256]。

「令」規定人們應該做什麼,不應該做什麼,「法」則主要規定對於違令者的懲罰。由此可見「法」與「令」都從消極面進行強制。

法令在強制性上的表現爲嚴厲的制裁,否則就不具效力。「憲既布,有不行憲者,謂之不從令,罪死不赦」[257]、「求必欲得,禁必欲止,令必欲行」[258]、「夫令必行,禁必止,人主之公義也」[259]。

七、法之精神 ── 尚公去私

所謂「公」,是指公眾之利益,而「私」,則否容易妨害法之公正性,所以應禁止任「以私害公」之行爲。法家將「公」、「法」聯合在一起,使法律具有國家性和公益性,使用中國之法律具有「公法」之概念。而一切之行爲,均應

254　《商君書‧開塞》。
255　《管子‧正世》。
256　《管子‧法法》。
257　《管子‧立政》。
258　《管子‧法法》。
259　《韓非子‧飾邪》。

以公法爲優先。在法家之前,「公」一般指正直或者公有,「私」一般指利己或者私有,多爲道德意義或財產占有之使用。及至法家,公、私才成爲專門的政治和法律術語,用來表示國家與個人的區別。「公」是所有人都應該遵守和維護的準則;「私」是違背這種共同準則的行爲,表現爲對法令的破壞,「法」最大的作用和目的,就在於「尚公去私」。[260]

　　「任公而不任私,……舍公而好私,故民離法而妄行」[261]、「故善爲政者,田疇墾而國邑實,朝廷閒而官府治,公法行而私曲止」[262]、「蓍龜,所以立公識也,權衡,所以立公正也,書契,所以立公信也,度量,所以立公審也,法制禮籍,所以立公義也。凡立公,所以棄私也。故欲不得干時‧愛不得犯法」[263]、「古者世治之民,奉公法,廢私術,專意一行,具以待任」[264]、「能去私曲就公法者,民安而國治;能去私行行公法者,則兵強而敵弱」[265]、「釋公行,行私術,比周以相爲也」[266]、「君寵臣,臣愛君,公法廢,私欲行,亂國也」[267]。

260　姚蒸民,《法家哲學》,頁 14,台北:怡樂堂叢刊,1984 年 5 月。
261　《管子‧任法》。
262　《管子‧五輔》。
263　《慎子‧威德》。
264　《韓非子‧有度》。
265　《韓非子‧有度》。
266　《韓非子‧有度》。
267　《尹文子‧大道下》。

八、法之作用

法家曾從法的作用的角度來定義法：「法者，所以興功懼暴也；律者，所以定分止爭也；令者，所以今人事也；法律政命者，吏民規矩繩墨也。」[268]

但法家認爲法主要之作用如下：

（一）定　分

「名」指名稱、概念、名位；「分」指界限、職責。有一定的名位就享受一定的待遇，占有一定的財產和權力。因此古代的「名分」，在法律上爲權利的界限和範圍，儒家主張用「禮」來確定「名分」；法家則主張以「法」來確定「名分」，包括：「定賞分財必由法」[269]、「法之所加，各以其分」[270]、「上有法制，下有分職」[271]。

社會的安定，有賴於等級名分的確定，「定分」即表示該份額已歸屬於一定主體，他人對於該權利負有不侵害的義務，如有違背，國家將予以制裁。「定分」，是指確定各種職責、行爲、權利和義務的界限。

「故聖人必爲法令置官也，置吏也，爲天下師，所以定名分也」[272]、「一兔走，百人逐之，非以兔也。夫賣者滿市，

---

268 《管子‧七臣七主》。
269 《愼子‧君人》。
270 《愼子‧君人》。
271 《管子‧君臣上》。
272 《商君書‧定分》。

而盜不敢取，由名分已定也。……今法令不明，其名不定，天下之人得議之，其議人異而無定。人主爲法於上，下民議之於下，是法令不定，以下爲上也。此所謂名分之不定也」[273]、「一兔走街，百人追之，貪人具存，人莫之非者，以兔爲未定分也。積兔滿市，過而不顧，非不欲兔也，分定之後，雖鄙不爭」[274]、「法之所加，各以其分」[275]、「名定則物不競，分明則私不行，物不競，非無心，由名定，故無所措其心，私不行，非無欲，由分明，故無所措其欲，然則心欲人人有之，而得同于無心無欲者，制之有道也，……彭蒙曰，雉兔在野，眾人逐之，分未定也，雞豕滿市，莫有志者，分定故也，物奢則仁智相屈，分定則貪鄙不爭」[276]、「慶賞刑罰，君事也，守職效能，臣業也，君科功黜陟，故有慶賞刑罰，臣各慎所務，故有守職效能，君不可與臣業，臣不可侵君事，上下不相侵與，謂之名正，名正而法順也」[277]。

由上可見，法家對於「定分」的舉例，都很類似。

（二）一民、齊民

法是客觀之標準，可以決疑明非，所以是一民、齊民之良好工具。法家之法治，主要在於求人民之「同」，所以法之作用，在於一民、齊民。

---

273 《商君書·定分》。
274 《慎子·逸文》。
275 《慎子·君人》。
276 《尹文子·大道上》。
277 《尹文子·大道上》。

「制法儀，出號令，然後可以一眾治民」[278]、「夫法者，上之所以一民使下也。故聖君置儀設法而固守之」[279]、「矯上之失，詰下之邪，治亂決繆，絀羨齊非，一民之軌，莫如法」[280]、「設法度以齊民」[281]、「是以聖人，任道以夷其險，立法以理其差，使賢愚不相棄，能鄙不相遺」[282]、「法以齊之……法者，所以齊眾異」[283]。

（三）治　國

法律是全國上下共守的唯一客觀之行為規範，但為了使國家強盛，所以注重實力而不重道德。故法家皆以法為禮，以刑為用，以農戰為本，以治強為務。

又法家認為國家若要治安富強，就必須注重耕戰，以力服人。實力決定國家的命運，而國家的實力只能來自於農戰。以內求統一，外求發展。因而凡無益於耕戰之學說或事項，皆為無用之物，皆在反對之列。

法家把全體人民劃為兩種，一種是勞動的農夫，一種是作戰的戰士。勞動人民和戰士是最具價值最受尊重的身份；耕戰以外的一切活動，對國家的富強都沒有益處。於是「法」成為統一人民的言行，驅使人民致力於農業生產和兼併戰爭的方法。透過法令，以迫使人民從事耕戰。

278　《管子‧兵法》。
279　《管子‧任法》。
280　《韓非子‧有度》。
281　《韓非子‧八經》。
282　《尹文子‧大道上》。
283　《尹文子‧大道下》。

「使民之所苦者無耕，危者無戰。二者，孝子難以為其親，忠臣難以為其君。今欲歐其眾民，與之孝子忠臣之所難，臣以為非劫以刑，而毆以賞莫可。……故吾教令民之欲利者，非耕不得；避害者，非戰不免。境內之民，莫不先務耕戰而得其所樂。」[284]

這就是法家的「以法勝民」，認為「勝民之本在制民」《商君書・畫策》，而「制民」的根本手段就是「法」。

「故治國者，其摶力也，以富國彊兵也；其殺力也，以事敵勸農也」[285]、「官行法則浮萌趨於耕農，而游士危於戰陳」[286]。

法家認定國家富強之本，在於農戰。力農則可以厚植國家之經濟力，尚戰則可以壯大國家之戰鬥力。然至此二者，則非法不為功。

故法家以法治國之方法如下：

1、任 法

法家認為法是治理國家的客觀標準，治理國家不能靠個人的主觀的想法和喜好。君臣上下，一切皆應依法行事。排除一切之私見，百度皆準於法。按照法令之規定辦事，是治理國家唯一正確的途徑。君、臣、民之行事，皆應事斷於法。

又賢君可遇而不可求，固執等待賢君治國，其實不濟急用；倒不如讓中等資材的君屬守定法制去治理國家。只須抱定法度，根據群臣的能力而任使，讓臣下分層負責，國君便

284 《商君書・慎法》。
285 《商君書・壹言》。
286 《韓非子・和氏》。

可以虛靜以待，獨享其成。

「萬物百事非在法之中者不能動也」[287]、「是故先王之
治國也，不淫意於法之外。不爲惠於法之內也。動無非法者，
所以禁過而外私也」[288]、「故明主慎法制。言不中法者，不
聽也；行不中法者，不高也；事不中法者，不爲也」[289]、「明
王之治天下也，緣法而治」[290]、「大君任法而弗躬，則事斷
於法矣」[291]、「故明主之國，無書簡之文，以法爲教：……
是境內之民，其言談者必軌於法」[292]、「故治民無常，唯治
爲法」[293]、「堯、舜、桀、紂千世而一出，是比肩隨踵而生
也，世之治者不絕於中。吾所以爲言勢者，中也。中者，上
不及堯、舜，而下亦不爲桀、紂。抱法處勢則治，背法去勢
則亂。今廢勢背法而待堯、舜，堯、舜至乃治，是千世亂而
一治也。抱法處勢而待桀、紂，桀、紂至乃亂，是千世治而
一亂也」[294]、「使中主守法術，拙匠守規矩尺寸，則萬不失
矣」[295]、「明主之國，令者，言最貴者也，法者，事最適者
也。言無二貴，法不兩適，故言行而不軌於法令者必禁」[296]、
「故人以度審長短，以量受多少，以衡平輕重，以律均清濁，

287　《管子·任法》。
288　《管子·明法》。
289　《商君書·君臣》。
290　《商君書·君臣》。
291　《慎子·君人》。
292　《韓非子·五蠹》。
293　《韓非子·心度》。
294　《韓非子·難勢》。
295　《韓非子·用人》。
296　《韓非子·問辯》。

以名稽虛實，以法定治亂，以簡治煩惑，以易御險難；以萬事皆歸于一，百度皆準於法，歸一者，簡之至，準法者，易之極」[297]、「無食以聚之則亂，治國無法則亂，有法而不能用則亂，有食以聚民，有法而能行，國不治，未之有也」[298]。

　　管仲從嚴守法制的角度替「法治」下了一個較為完整的定義：「夫生法者，君也；守法者，臣也；法於法者，民也。君臣上下貴賤皆從法，此之謂大治」[299]，從而得出「任法而不任智，任數而不任說，任公而不任私，任大道而不任小物」[300]。

　　法家要求君主牢牢地掌握法令，把法作為察言、觀行、考功、任事的標準。「為人君者不多聽，據法倚數，以觀得失，無法之言，不聽於耳，無法之勞，不圖於功，無勞之親，不任於官，官不私親，法不遺愛，上下無事，唯法所在。」[301]

2、以法賞罰

　　人類行為勢必趨利避害，具有利己的本性。人類常為現實生活所困，而表現自我中心之本性：一個政治的工具上；又主張國君的統治和政治的應用與道德無關，因此法家對人性的了解勢必歸於性惡之說。反過來看，性惡說又實是法術統治一個必要的支點。

　　為了滿足個人慾望與情愫，凡對自己有利，無論有形無形，均為生活追求的目標，甚難抗拒。又以生存享樂最為歡迎，因此法家認為民之性是權利畏罰、好祿惡刑。法家認為人

297　《尹文子‧大道上》。
298　《尹文子‧大道上》。
299　《管子‧法法》。
300　《管子‧任法》。
301　《慎子‧君臣》。

性自利，只要利之所在，往往甘冒危險，不辭勞苦去做。

「民之情莫不欲生而惡死，莫不欲利而惡害」[302]、「其商人通賈，倍道兼行，夜以續日，千里而不遠者，利在前也。漁人之入海，海深萬仞，就波逆流，乘危百里，宿夜不出者，利在水也。故利之所在，雖千仞之山，無所不上，深源之下，無所不入焉」[303]、「夫民之情，樸則生勞而易力，窮則生知而權利。易力則輕死而樂用，權利則畏罰而易苦。易苦則地力盡，樂用則兵力盡」[304]、「羞辱勞苦者，民之所惡也；顯榮佚樂者，民之所務也」[305]、「匠人成棺，不憎人死，利之所在，忘其醜也」[306]、「家富則疏族聚，家貧則兄弟離，非不相愛，利不足相容也」[307]、「能辭萬鐘之祿於朝陛，不能不拾一金於無人之地，能謹百節之禮於廟宇，不能不弛一容於獨居之餘，蓋人情每狃於所私故也」[308]、「醫善吮人之傷，含人之血，非骨肉之親也，利所加也。故輿人成輿則欲人之富貴，匠人成棺則欲人之夭死也，非輿人仁而匠人賊也，人不貴則輿不售，人不死則棺不買，情非憎人也，利在人之死也」[309]、「夫民之性，惡勞而樂佚，佚則荒，荒則不治，不治則亂，而賞刑不行於天下，者必塞」[310]。

302　《管子‧形勢解》。
303　《管子‧禁藏》。
304　《商君書‧算地》。
305　《商君書‧算地》。
306　《慎子‧逸文》。
307　《慎子‧逸文》。
308　《慎子‧逸文》。
309　《韓非子‧備內》。
310　《韓非子‧心度》。

　　因此法家認為可以依民之本性，用賞罰之方式，使人民能勸善遠罪。用「法」作為確定罪功、實行賞罰最好的方法。賞罰之目的，在於勸與禁，而其最大之效果，則以賞罰一決於法。法家反對私下賞罰，也不贊成隨君主好惡胡亂賞罰，應循名責實來論功罪，依據功罪來決定賞罰。此外，政治上的賞罰與社會上的毀譽也必須一致。至於何種行為應賞，何種行為應罰，完全取決於客觀的標準。

　　法家認為國之所以治，端在賞罰，一以勸善，一以止姦，且人民之思想觀念、社會輿論要與法律賞罰相一致。法家主張人們的認識與法律的當罰要相吻合。

　　「是故先王之治國也，……使法量功，不自度也」[311]、「明主雖心之所愛，而無功者不賞也；雖心之所憎，而無罪者弗罰也；案法式而驗得失，非法度不留意焉」[312]、「故明主之治也，當於法者賞之，違於法者誅之，故以法誅罪，則民就死而不怨。以法量功，則民受賞而無德也」[313]、「不以法論知能賢不肖者，惟堯，而世不盡為堯，是故先王知自議譽私之不可任也，故立法明分，中程者賞之，毀公者誅之」[314]、「定賞分財必由法」[315]、「故明主使法擇人，不自舉也；使法量功，不自度也。能者不可弊，敗者不可飾，譽者不能進，非者弗能退」[316]。

311　《管子‧明法》。
312　《管子‧明法解》。
313　《管子‧明法解》。
314　《商君書‧修權》。
315　《慎子‧威德》。
316　《韓非子‧有度》。

3、信賞必罰

　　法家在賞罰之部分，同時又突顯一個「信」字，強調一個「必」字，要求有法必依，執法必信。一是一定要使法定的賞罰兌現，在數量上符合賞施的標準和刑罰的等級；二是賞罰要公平，不論親疏貴賤，一視同仁；賞罰爲法治之動力。故賞罰須信而必，人民方會服從。

　　信賞必罰一示民大利，一則示人以大患，兩者兼施，方收到懲惡勸善的效果。

　　「用賞者貴誠，用刑者貴必，刑賞信必於耳目之所見，則其所不見莫不闇化矣」[317]、「國之所以治者三：……二曰信，……信者，君臣之所共立也；……民信其賞則事功成，信其刑則姦無端。惟明主愛權重信，而不以私害法。故上多惠官而剋其賞，則下不用；數加嚴令而不致其刑，則民傲罪。凡賞者，文也；利者，武也。文武者，法之約也。……故賞厚而利，刑重而必」[318]、「設民所欲以求其功，故爲爵祿以勸之；設民所惡以禁其姦，故爲刑罰以威之。慶賞信而刑罰必，故君舉功於臣，而姦不用於上」[319]、「是以賞莫如厚而信，使民利之；罰莫如重而必，使民畏之」[320]。

4、重刑主義

　　在法家的論述中，「法」與「賞罰」緊密聯繫，不可分割。常將法稱爲：「賞誅之法」[321]、「賞罰之法」[322]。

317　《管子‧九守》。
318　《商君書‧修權》。
319　《韓非子‧難一》。
320　《韓非子‧五蠹》。
321　《商君書‧修權》。

賞即賞施爵祿，罰即刑罰制裁。在賞罰之中，法家偏重於刑罰，認為賞附屬於刑，是刑罰的輔助，因此法家又經常將「刑」作為法的中心內容：「國皆有禁奸邪、刑盜賊之法」[323]、「殺戮禁誅謂之法」[324]。

法律可以有效地禁止臣民犯罪，維持統治秩序，這是法的首要作用。「懸重賞而民不敢爭，行罰而民不敢怨者，法也」[325]、「治國使眾莫如法，禁淫止暴莫如刑」[326]。

法家的「重刑」主義是建立在抽象「性惡論」的基礎上，法家注意的不是少數的善人，而是那些惡人及刻意為惡的人。所以法家主張治國以姦民為對象。重刑以督民。重刑可以使姦人不敢輕易試法，善良的百姓也可心生警惕。企盼百姓能奮勉圖強，以謀長治久安。重刑使人民畏懼，而不敢違法，所有的人都不敢違法，則可至於無刑。

「行令在乎嚴罰；罰嚴令行，則百吏皆恐；罰不嚴，令不行」[327]、「罰重，爵尊；賞輕，刑威」[328]、「夫嚴刑者，民之所畏也；重罰者，民之所惡也。故聖人陳其所畏以禁其邪，設其所惡以防其姦。是以國安而暴亂不起。吾以是明仁義愛惠之不足用，而嚴刑重罰之可以治國也」[329]、「重一姦之罪而止境內之邪，此所以為治也。重罰者，盜賊也；而悼

322 《韓非子·姦劫弒臣》。
323 《商君書·開塞》。
324 《管子·心術上》。
325 《商君書·畫策》。
326 《管子·明法解》。
327 《管子·重令》。
328 《商君書·說民》。
329 《韓非子·姦劫弒臣》。

懼者，良民也；欲治者奚疑於重刑！若夫厚賞者，非獨賞功也，又勸一國。受賞者甘利，未賞者慕業，是報一人之功而勸境內之眾也，欲治者何疑於厚賞！今不知治者，皆曰重刑傷民，輕刑可以止姦，何必於重哉？此不察於治者也。夫以重止者，未必以輕止也；以輕止者，必以重止矣。是以上設重刑者而姦盡止！」[330]

　　法家主張刑九賞一、刑多賞少、輕罪重刑。「王者刑九賞一，強國刑七賞三，削國刑五賞五」[331]、「治國刑多而賞少，亂國賞多而刑少。故王者刑九而賞一，削國賞九而刑一」[332]、「行罰，重其輕者，輕者不至，重者不來，此謂以刑去刑，刑去事成。罪重刑輕，刑至事生，此謂以刑致刑，其國必削」[333]、「重刑少賞，上愛民，民死賞。多賞輕刑，上不愛民，民不死賞」[334]。

　　法家反對宥赦，而獎勵告姦、罰匿罪、實施連坐。「凡赦者，小利而大害者也，故久而不勝其禍。毋赦者，小害而大利者也，故久而不勝其福」[335]、「不告姦者，腰斬；告姦者，與斬敵首者同賞」[336]、「匿罪之罰重，而告姦之賞厚也。此亦使天下必爲己視聽之道也。至治之法術已明矣」[337]、「告

330 《韓非子・六反》。
331 《商君書・去彊》。
332 《商君書・開塞》。
333 《商君書・靳令》。
334 《韓非子・飭令》。
335 《管子・法法》。
336 《商君書・禁使》。
337 《韓非子・姦劫弒臣》。

過者免罪受賞，失姦者必誅連刑」[338]、「不赦死，不宥刑，赦死宥刑，是謂威淫，社稷將危，國家偏威」[339]、「守法守職之吏，有不行王法者，罪死不赦，刑及三族」[340]。

法家採重刑主義，尚希望透過重刑，使人民不敢違法犯錯，並期以重刑至於無刑。

「行罰，重其輕者，輕者不至，重者不來，此謂以刑去刑，刑去事成」[341]、「以刑去刑，國治；以刑致刑，國亂」[342]、「行刑，重其輕者，輕者不至，重者不來，此謂以刑去刑。罪重而刑輕，刑輕則事生，此謂以刑致刑，其國必削」[343]。

5、任　勢

法家認爲「勢」是統治國家，建立功業不可缺少的權力。勢有唯一性、最高性。勢必須無所匹敵。超越其他權力，因此君主若失勢，將爲臣下所制。君主不可將權勢下放於人臣。

「勢」之意義，兼含主權及統治權而言。法之所以能行，政之所以能舉，與政治領袖之個人條件關係不大，而係基於政治權力之作用。國君如不能握有絕對的權力，法不過是徒具形式，因此法家認爲國之所以治者，在於法行，而法之所以能行，則爲統治權力運用之結果。

法家主張的勢治是尊君卑臣、令行禁止的集權政治。這個統治權必須由國君親自掌握，絕不可輕易假手他人。勢可

---

338 《韓非子‧制分》。
339 《韓非子‧愛臣》。
340 《商君書‧賞刑》。
341 《商君書‧靳令》。
342 《商君書‧去彊》。
343 《韓非子‧飭令》。

以說是國君治國安民的最有力的憑藉。有勢，國君才有威權，
地位才能鞏固。

「凡人君之所以爲君者，勢也；故人君失勢，則臣制之
矣。勢在下，則君制於臣矣；勢在上，則臣制於君矣；故君
臣之易位，勢在下也。」[344]

「凡知道者，勢數也。故先王不恃其彊，而恃其勢；不
恃其信，而恃其數。今夫飛蓬，遇飄風而行千里，乘風之勢
也。探淵者知千仞之深，縣繩之數也。故託其勢者，雖遠必至；
守其數者，雖深必得。……故先王貴勢。故先王貴勢。」[345]

「騰蛇遊霧，飛龍來雲，雲罷霧霽，與蚯蚓同，則失其
所乘也。故賢而屈於不肖者，權輕也；不肖而服於賢者，位
尊也。堯爲匹夫，不能使其鄰家，至南面而王。則令行禁止。
由此觀之，賢不足以服不肖，而勢位足以屈賢矣。故無名而
斷者，權重也，弩弱而矰高者，乘於風也，身不肖而令行者，
得助於眾也，故舉重越高者，不慢於藥，愛赤子者，不慢於
保，絕險歷遠者，不慢於御，此得助則成，釋助則廢矣。」[346]

「魯哀公，下主也，南面君國，境內之民莫敢不臣。民
者固服於勢，誠易以服人，故仲尼反爲臣，而哀公顧爲君。
仲尼非懷其義，服其勢也。故以義則仲尼不服於哀公，乘勢
則哀公臣仲尼。」[347]

「夫有材而無勢，雖賢不能制不肖。故立尺材於高山之

344　《管子‧法法》。
345　《商君書‧禁使》。
346　《慎子‧威德》。
347　《韓非子‧五蠹》。

上，則臨千仞之谿，材非長也，位高也。桀爲天子，能制天下，非賢也，勢重也；堯爲匹夫，不能正三家，非不肖也，位卑也。千鈞得船則浮，錙銖失船則沈，非千鈞輕錙銖重也，有勢之與無勢也。故短之臨高也以位，不肖之制賢也以勢。」[348]

「萬乘之主、千乘之君所以制天下而征諸侯者，以其威勢也。威勢者，人主之筋力也。今大臣得威，左右擅勢，是人主失力，人主失力而能有國者，千無一人。虎豹之所以能勝人執百獸者，以其爪牙也，當使虎豹失其爪牙，則人必制之矣。今勢重者，人主之爪牙也，君人而失其爪牙，虎豹之類也。」[349]

6、重　權

權指君主的權柄，權應集中於君主一人身上。法家認爲惟有憑藉權力，乃可使臣民居於服從地位，而維持國家之統一與秩序。惟有在統治權充分運用之下，始能令行禁止。故君主必須掌握實權。君主憑此權力，以強制臣民服從。

「國之所以治者三：……三曰權。……權者，君之所獨制也。人主失守，則危；……權制獨斷於君，則威；惟明主愛權重信」[350]、「權勢不可以借人，上失其一，臣以爲百。故臣得借則力多，力多則內外爲用，內外爲用則人主壅。」[351]

7、用　術

法家之法爲一切治術準則之總稱，君有所令，民無不從。

348　《韓非子·功名》。

349　《韓非子·人主》。

350　《商君書·修權》

351　《韓非子·內儲說下一六微》

但如何使民樂於服從或必然服從，則不能無術。法是公開的
原則，由臣民奉行；術是私密的權謀，由君主專擅。法家認
為作為一國之主，必須綜合運用，一則有公布周知的律文，
責令臣民奉守，一則有暗藏胸中的機智，可以私下督課群臣，
兩樣相輔相成，才能達到治安富強的願望。又術是國君用來
暗中督課群臣的密術，所以越是莫測高深越好。國君務必用
術，才能杜防人臣營私舞弊，進而督責群臣盡忠職守。而術
之最高境界，則為勢與術之結合。

　　「主無術數，則群臣易欺之」[352]、「主操名利之柄，而
能致功名者，數也。聖人審權以操柄，審數以使民。數者臣
主之術，而國之要也。故萬乘失數而不危，臣主失術而不亂
者，未之有也」[353]、「術者，藏之於胸中，以偶眾端而潛御
群臣者也。……術不欲見。……用術，則親愛近習莫之得聞
也，不得滿室」[354]、「術者，因任而授官，循名而責實，操
殺生之柄，課群臣之能者也，此人主之所執也。……君無術
則弊於上」[355]、「今身使佚，且寄載，有德於人者，有術而
御之也。故國者君之車也，勢者君之馬也，無術以御之，身
雖勞猶不免亂，有術以御之，身處佚樂之地，又致帝王之功
也」[356]、「術者，人君之所密用，群下不可妄窺，勢者，制
法之利器，群下不可妄為，人君有術，而使群下得窺非術之

352　《管子‧明法解》
353　《商君書‧算地》
354　《韓非子‧難三》
355　《韓非子‧定法》
356　《韓非子‧外儲說右下》。

奧者,有勢,使群下得爲非勢之重者」[357]。

法家認爲國君如不能握有絕對的權力,法不過是徒具形式,術亦無所施其技。因此法家理想的統治,法、術、勢必須三位一體,然後足以充分發揮其功能。

8、反仁義

法家因重視農戰,所以捨國家道德而不言,而唯論國家實力社會。於是主張取締一切不利於農戰的思想和言論,而認爲仁義不足以治天下。

「仁者能仁於人,而不能使人仁;義者能愛於人,而不能使人愛。是以知仁義之不足以治天下也」[358]、「法者,所以愛民也;禮者,所以便事也。是以聖人苟可以強國,不法其故;苟可以利民,不循其禮」[359]。

法家主張以法律貫徹國策,對姦僞無益之言論,設法壓抑,進而徹底消除,只有如此,才能儘速達到富強的目標,故重視功利而輕蔑文明。

法家認爲國與國間,僅存有利害關係。仁義之道只適用於古代,不適用於當時,仁政,有如慈母之溺愛,必姑息養姦。仁義道德極其迂闊,不如法禁之有效。

「故存國者,非仁義也。仁者,慈惠而輕財者也;……慈惠則不忍,輕財則好與。……不忍則罰多宥赦,好與則賞多無功。……故仁人在位,下肆而輕犯禁法。」[360]

---

357 《尹文子·大道上》。
358 《商君書·賞刑》。
359 《商君書·更法》。
360 《韓非子·八說》。

「毛嫱、西施之美，無益吾面，用脂澤粉黛則倍其初。言先王之仁義，無益於治，明吾法度，必吾賞罰者亦國之脂澤粉黛也。故明主急其助而緩其頌，故不道仁義。」[361]

「夫垂泣不欲刑者仁也，然而不可不刑者法也，先王勝其法不聽其泣，則仁之不可以爲治亦明矣。」[362]

「今家人之治產也，相忍以飢寒，相強以勞苦，雖犯軍旅之難，饑饉之患，溫衣美食者，必是家也；相憐以衣食，相惠以佚樂，天饑歲荒，嫁妻賣子者，必是家也。法之爲道，前苦而長利；仁之爲道，偷樂而後窮。」[363]

至於管子則十分重視「禮」在治國中的地位和作用，禮具有理智之意義。管子認爲人之天性，仍有知禮節知榮辱之美質，所以想要成功立事、國定民安，必須順於禮義。

「國有四維，一維絕則傾，二維絕則危，三維絕則覆，四維絕則滅。傾可正也，危可安也，覆可起也，滅不可復錯也。何謂四維？一曰禮、二曰義、三曰廉、四曰恥。禮不踰節，義不自進。廉不蔽惡，恥不從枉。」[364]

「曰：民知義矣，而未知禮，然後飾八經以導之禮。所謂八經者何？曰：上下有義，貴賤有分，長幼有等，貧富有度，凡此八者，禮之經也。故上下無義則亂，貴賤無分則爭，長幼無等則倍，貧富無度則失。上下亂，貴賤爭，長幼倍，貧富失，而國不亂者，未之嘗聞也。是故聖王飭此八禮，以

---

361 《韓非子‧顯學》。
362 《韓非子‧五蠹》。
363 《韓非子‧六反》。
364 《管子‧牧民》。

導其民；八者各得其義，則爲人君者，中正而無私。爲人臣者，忠信而不黨。爲人父者，慈惠以教。爲人子者，孝悌以肅。爲人兄者，寬裕以誨。爲人弟者，比順以敬。爲人夫者，敦懞以固。爲人妻者，勸勉以貞。夫然則下不倍上，臣不殺君，賤不踰貴，少不陵長，遠不閒親，新不閒舊，小不加大，淫不破義，凡此八者，禮之經也。夫人必知禮然後恭敬，恭敬然後尊讓，尊讓然後少長貴賤不相踰越，少長貴賤不相踰越，故亂不生而患不作，故曰禮不可不謹也。」[365]

9、反人治

　　法家否認社會可以藉德化力量的改造，更不相信可以憑一二人的力量，移轉社會風氣。故堅決反對人治。反對「任賢」、「任智」、「心治」，而主張「任法」，因爲依人之好惡來定賞罰，則會損害法之公平性及公正性。

　　法家認爲政治之成敗，決之於政事之興廢得失；故無論設政施治，量功課能，明賞決罰，均應有既定之軌跡可循。若悉憑執政者個人一時之主見而爲之，則治道必因人而異。而人之情性，賢智者少；即使得人，亦有人亡政息之虞，而賢智者未必無私。因此恃人爲治多危。

　　「道私者亂，道法者治。上無其道，則智者有私詞，賢者有私意。上有私惠，下有私欲，聖智成群，造言作辭，以非法措於上。上不禁塞，又從而尊之，是教下不聽上、不從法也。」[366]

　　「君人者，舍法而以身治，則誅賞予奪，從君心出矣。

365　《管子·五輔》。
366　《韓非子·詭使》。

然則受賞者雖當，望多無窮，受罰者雖當，望輕無已，君舍法，而以心裁輕重，則同功殊賞，同罪殊罰矣，怨之所由生也。」[367]

「是廢常上賢則亂，舍法任智則危。故曰：上法而不上賢。」[368]

「釋法術而任心治，堯不能正一國。去規矩而妄意度，奚仲不能成一輪。廢尺寸而差短長，王爾不能半中。」[369]

「重人者，能行私者也。夫行私者，繩之外也；而疑之所言，法之內也。繩之外與法之內，讎也，不相受也。」[370]

法家的「法」是指以刑為核心的，按照民情的要求，符合時代的需要，具客觀公正、具強制力的行為規範。確定人們之財產與社會地位，由君主或官府制定、執行，為所有民眾都必須遵守的成文行為規範。[371]

在法家的理想中，人民的教化、行動、言談……都要依據法令。法家認為是非善惡決定了一個人的行為價值，如果是非善惡也能用法來規定，則人的行為必定會在法的範圍之內。因此必須使法令成為君主治國、官吏盡職、判斷所有人言行是非、行賞施罰的唯一準則。

法家認為「法」能夠有效地禁止犯罪，統一言行，消除混亂，駕馭官吏，保持君主極權專制，因此必須「以法治國」，

---

367 《慎子・君人》。
368 《韓非子・忠孝》。
369 《韓非子・用人》。
370 《韓非子・外儲說右上》。
371 謝文琪，〈先秦法家法政思想衍變之探析〉，頁62。

「法雖不善，猶愈於無法」[372]。

可知法家走的是現實主義的路線。他們主張擺脫傳統的一切束縛，不尚空談，不講道德，甚至拋棄智能，把重心放在國君的身上，使國君獨攬大權，為了維護國君的權利，可以完全不顧民心的向背，法、術、勢並施，法以控制人民，術以領導眾臣，勢以駕馭臣民，嚴賞罰、重農戰、務實力，以求富國強兵。[373]

第三節　禮與法之同異

在先秦各家中，對原始的宗教傳統和周文傳統採取徹底否定態度的是法家，法家演進的動力之一，就在向周文傳統不斷的爭鬥，其中的關鍵，是欲以新法代替舊禮。禮代表儒家人文運動的核心之一，代表變法運動的法家，自始至終一直與人文運動立於完全對立的地位。[374]

法家之「法治」是針對儒家「禮治」所維持的宗法制度而提出的，「禮」是按照宗法血緣關係實行的一套等級制度和習慣，而「法」則是按照政治權力的從屬關係實行的一套等級制度和規定。儒家以「禮」為核心形成家族宗法的法律觀，而法家則以「法」形成君主專制的法律觀。[375]

---

372 《慎子‧威德》。
373 韋政通，《中國思想史》，頁 352。
374 韋政通，《中國思想史》，頁 352。
375 楊鶴皋主編，《中國法律思想史》，頁 163。

儒家不只是道德教育家，也是政治家，有政治上的企圖，且其道一以貫之，修身、教人、治國的道理是相同的，欲以道德教育家的道理，應用在政治上，以禮樂仁義風化天下。事實上他們在政治上的確相當有勢力，他們的主張在有些國裡，也的確可以實行，於是法家和儒家在政治上發生衝突，立於極端相反的立場。法家認定傳統、封建禮制是變法的大障礙，所以法家一再強調「不法其故」，「不法古，「不循其禮。」反禮、反傳統，遂亦成為法家思想最明顯的一個特色。但禮與法仍有許多相同之處。[376]

一、相　同

（一）客觀之標準

　　荀子、《禮記》接受前期法家之觀點，用稱重之衡、明直之繩、畫方圓之規矩，表示禮屬於一種客觀之標準。「故繩墨誠陳矣，則不可欺以曲直；衡誠縣矣，則不可欺以輕重；規矩誠設矣，則不可欺以方圓；君子審於禮，則不可欺以詐偽」[377]、「禮之所以正國也，譬之：猶衡之於輕重也，猶繩墨之於曲直也，猶規矩之於方圓也」[378]、「禮之於正國也，猶衡之於輕重也，繩墨之於曲直也，規矩之於方圓也」[379]。

　　法之意義，與客觀衡量物品之器物同，法律就是國家的

376 韋政通，《中國思想史》，頁 353。
377 《荀子・禮論》。
378 《荀子・王霸》。
379 《禮記・經解》。

秤和尺。「尺寸也、繩墨也、規矩也、衡石也、斗斛也、角量也、謂之法」[380]、「有權衡者，不可欺以輕重，有尺寸者，不可差以長短，有法度者，不可巧以詐僞」[381]。

（二）行為之準則

禮爲人提供一個有條理、井然有序的生活軌道，爲行爲之準則。「非禮勿視，非禮勿聽，非禮勿言，非禮勿動」[382]、「禮言是其行也」[383]、「手足不苟動，必依於禮」[384]。

法家釋法，總是與「民」、「天下」、「百姓」聯繫在一起。所以法爲規範和統一天下所有人民行動的一種制度。「法律政令者，吏民規矩繩墨也」[385]、「法度者，萬民之儀表也」[386]。

（三）國家之制度

禮和法都是國家之典章制度，可以建制立官、區分職守。「故國有禮，官有御，事有職」[387]、「人主立其度量，陳其分職」[388]。

380　《管子·七法》。
381　《慎子·逸文》。
382　《論語·顏淵》。
383　《荀子·儒效》。
384　《禮記·祭統》。
385　《管子·七主七臣》。
386　《管子·形勢解》。
387　《禮記·禮運》。
388　《管子·形勢解》。

（四）君主制定

儒家和法家都主張立法權，應歸於天子掌握。「天下有道，則禮樂征伐，自天子出；天下無道，則禮樂征伐，自諸侯出」[389]、「雖有其德，苟無其位，亦不敢作禮樂焉」[390]、「人主立其度量，陳其分職，明其法式」[391]、「以道變法者君長也」[392]。

（五）定　分

禮和法的作用都可以用來區別名分。「名」指名稱、概念、名位；「分」指界限、職責。有一定的名位就享受一定的待遇，占有一定的財產和權力。「故禮達而分定」[393]、「定賞分財必由法」[394]、「法之所加，各以其分」[395]、「故聖人必為法令置官也，置吏也，為天下師，所以定名分也」[396]、「名定則物不競，分明則私不行，物不競，非無心，由名定，故無所措其心，私不行，非無欲，由分明，故無所措其欲，然則心欲人人有之，而得同于無心無欲者，制之有道也，……彭蒙曰，雉兔在野，眾人逐之，分未定也，雞豚滿市，莫有

---

389 《論語・季氏》。
390 《禮記・中庸》。
391 《管子・形勢解》。
392 《慎子・逸文》。
393 《禮記・禮運》。
394 《慎子・君人》。
395 《慎子・君人》。
396 《商君書・定分》。

志者，分定故也，物奢則仁智相屈，分定則貪鄙不爭」[397]。

（六）治　國

儒家主張以禮治國，法家主張以法治國。「禮，政之輿也」[398]、「禮，國之幹也」[399]、「禮之於正國家也，如權衡之於輕重也，如繩墨之於曲直也。故人無禮不生，事無禮不成，國家無禮不寧」[400]、「為政先禮，禮其政之本與」[401]、「是故先王之治國也，不淫意於法之外。不為惠於法之內也。動無非法者，所以禁過而外私也」[402]、「無食以聚之則亂，治國無法則亂，有法而不能用則亂，有食以聚民，有法而能行，國不治，未之有也」[403]。

二、相　異

（一）差異與齊一

禮的性質，定性為「異」。為了凸顯等級，故禮的主要作用是「別」。「樂合同，禮別異」[404]、「故先王案為之制禮義以分之，使有貴賤之等，長幼之差，知愚能不能之分，

---

397 《尹文子・大道上》。
398 《左傳・襄公二十一年》。
399 《左傳・僖公十一年》。
400 《荀子・大略》。
401 《大戴禮記・哀公問於孔子》、《禮記・哀公問》。
402 《管子・明法》。
403 《尹文子・大道上》。
404 《荀子・樂論》

皆使人載其事,而各得其宜」[405]、「樂者爲同,禮者爲異」[406]。

法是一民、齊民之良好工具。法家之法治,主要在於求人民之「同」。「制法儀,出號令,然後可以一眾治民」[407]、「夫法者,上之所以一民使下也。故聖君置儀設法而固守之」[408]、「矯上之失,詰下之邪,治亂決繆,絀羨齊非,一民之軌,莫如法」[409]、「設法度以齊民」[410]、「法以齊之……法者,所以齊眾異」[411]、「法者,所以齊天下之動,至公大定之制也」[412]。

法的要求「齊」,與禮的要求「異」,有著強烈的對抗性。

(二) 階級與平等

禮之精神,能力不同,其所享有之待遇,也不相同。階級之地位不同,所享有之權利,負擔之義務,也不相同。

「禮者,貴賤有等;長幼有差,貧富輕重皆有稱者也。……德必稱位,位必稱祿,祿必稱用,由士以上則必以禮樂節之,眾庶百姓則必以法數制之」[413]、「祝嘏辭說,藏於宗祝巫史,非禮也,是謂幽國,醆斝及尸君,非禮也,是謂僭君,冕弁兵革,藏於私家,非禮也,是謂脅君大夫具官,祭器不假,

---

405 《荀子・榮辱》
406 《禮記・樂記》
407 《管子・兵法》
408 《管子・任法》
409 《韓非子・有度》
410 《韓非子・八經》
411 《尹文子・大道下》
412 《慎子・逸文》
413 《荀子・富國》。

聲樂皆具，非禮也。」[414]

　　法家主張各級官吏守法，法律應建立於平等之基礎之上，不能因人而異，在法律之前，不分親疏貴賤，人人平等。

　　「不知親疏遠近貴賤美惡，以度量斷之」[415]、「刑無等級。自卿相將軍以至大夫庶人，有不從王令，犯國禁，亂上制者，罪死不赦。有功於前，有敗於後，不爲損刑。有善於前，有過於後，不爲虧法。忠臣孝子有過，必以其數斷。守法守職之吏，有不行王法者，罪死不赦，刑及三族」[416]、「法者，所以齊天下之動，至公大定之制也。故智者不得越法而肆謀，辯者不得越法而肆議，士不得背法而有名，臣不得背法而有功。我喜可抑，我忿可窒，我法不可離也。骨肉可刑，親戚可滅，至法不可闕也」[417]、「法不阿貴，繩不撓曲。法之所加，智者弗能辭，勇者弗敢爭。刑過不避大臣，賞善不遺匹夫」[418]、「故明君無偷賞，無赦罰。賞偷則功臣墮其業，赦罰則姦臣易爲非。是故誠有功則雖疏賤鈴賞，誠有過則雖近愛必誅。近愛必誅，則疏賤者不怠，而近愛者不驕也」[419]。

（三）教化與強制

　　儒家認爲無論人性善惡，都可以道德教化的力量，收潛移默化之功。「從人之性，順人之情，必出於爭奪，合於犯

414　《禮記‧禮運》。

415　《管子‧任法》。

416　《商君書‧賞刑》。

417　《慎子‧逸文》。

418　《韓非子‧有度》。

419　《韓非子‧主道》。

分，亂理而歸於暴，故必將有師法之化，禮義之道，然後出於辭讓，合於文理，而歸於治」[420]、「不教而殺爲惡，不戒視成爲暴」[421]。

「法」的表現則是懲罰性的禁令，法家常將「法」與「令」同義使用，「法」與「令」都從消極面進行強制。「憲既布，有不行憲者，謂之不從令，罪死不赦」[422]、「求必欲得，禁必欲止，令必欲行」[423]、「夫令必行，禁必止，人主之公義也」[424]。

我國傳統思想，從來以爲君主緣於天降聖哲、作君作師、撫育萬民、其管教養衛，以儒家之禮樂仁義思想爲主，而法家則以禁令刑賞，所形成之君主政治爲主，使受治者於一定制作、干涉、範圍下活動。[425]

（四）道德與刑罰

儒家的政治思想，爲主觀之道德主義型態，把道德理想直接過渡到政治的領域上，所有政治的目的和手段，皆以道德爲依歸，主張以德勝非以力勝。

「爲政以德，譬如北辰居其所而眾星共之」[426]、「以力假化者霸，霸必有大國，以德行仁者王，王不待大。湯以七

420　《荀子・性惡》。
421　《論語・堯曰》。
422　《管子・立政》。
423　《管子・法法》。
424　《韓非子・飾邪》。
425　封思毅，〈道家思想對應君主政治之遞變 —— 復古說、虛君說、無君說〉，頁 40。
426　《論語・爲政》。

十里，文王以百里。以力服人者，非心服也，力不贍也；以德服人者，中心悅而誠服也」[427]、「凡兼人者有三術：有以德兼人者，有以力兼人者，有以富兼人者。彼貴我名聲，美我德行，欲爲我民，故辟門除涂，以迎吾入。因其民，襲其處，而百姓皆安。立法施令，莫不順比。是故得地而權彌重，兼人而兵俞強：是以德兼人者也。……故曰：以德兼人者王，以力兼人者弱，以富兼人者貧」[428]。

　　法家因重視農戰，所以捨國家道德而不言，而唯論國家實力社會。於是主張取締一切不利於農戰的思想和言論，而認爲仁義不足以治天下。

　　「仁者能仁於人，而不能使人仁；義者能愛於人，而不能使人愛。是以知仁義之不足以治天下也」[429]、「法者，所以愛民也；禮者，所以便事也。是以聖人苟可以強國，不法其故；苟可以利民，不循其禮」[430]、「毛嬙、西施之美，無益吾面，用脂澤粉黛則倍其初。言先王之仁義，無益於治，明吾法度，必吾賞罰者亦國之脂澤粉黛也。故明主急其助而緩其頌，故不道仁義」[431]、「夫垂泣不欲刑者仁也，然而不可不刑者法也，先王勝其法不聽其泣，則仁之不可以爲治亦明矣」[432]。

　　法以賞罰爲主體，偏向刑罰，具有制裁之意義。「殺僇

---

427 《孟子・公孫丑上》。
428 《荀子・議兵》。
429 《商君書・賞刑》。
430 《商君書・更法》。
431 《韓非子・顯學》。
432 《韓非子・五蠹》。

禁誅謂之法」[433]、「賞誅之法，不失其義」[434]。

（五）恤刑與重刑

儒家注重道德教化的作用，故對於犯罪行為從寬處理。儒家認為重刑濫殺都是「暴政」的表現，故應慎重地運用刑罰。

「八十九十曰耄，七年曰悼，悼與耄，雖有罪，不加刑焉」[435]、「王者必世而後仁，善人為邦百年，可以勝殘去殺」[436]、「不嗜殺人者能一之」[437]、「行一不義，殺一無罪，而得天下，不為也」[438]。

賞即賞施爵祿，罰即刑罰制裁。在賞罰之中，法家偏重於刑罰，認為賞附屬於刑，是刑罰的輔助，因此法家又經常將「刑」作為法的中心內容。

法家注意的不是少數的善人，而是那些惡人及刻意為惡的人，所以法家主張治國以姦民為對象。重刑以督民。

「行令在乎嚴罰；罰嚴令行，則百吏皆恐；罰不嚴，令不行」[439]、「罰重，爵尊；賞輕，刑威」[440]、「夫嚴刑者，民之所畏也；重罰者，民之所惡也。故聖人陳其所畏以禁其邪，設其所惡以防其姦。是以國安而暴亂不起。吾以是明仁

433 《管子·心術上》。
434 《商君書·修權》。
435 《禮記·曲禮上》。
436 《論語·子路》。
437 《孟子·梁惠王下》。
438 《荀子·儒效》。
439 《管子·重令》。
440 《商君書·說民》。

義愛惠之不足用,而嚴刑重罰之可以治國也」[441]、「重一姦之罪而止境內之邪,此所以為治也。重罰者,盜賊也;而悼懼者,良民也;欲治者奚疑於重刑!若夫厚賞者,非獨賞功也,又勸一國。受賞者甘利,未賞者慕業,是報一人之功而勸境內之眾也,欲治者何疑於厚賞!今不知治者,皆曰重刑傷民,輕刑可以止姦,何必於重哉?此不察於治者也。夫以重止者,未必以輕止也;以輕止者,必以重止矣。是以上設重刑者而姦盡止!」[442]

(六) 人治與法治

儒家主張道德主義,而道德主義有賴於高尚的統治者來感化人民,因此儒家主張「人治」。

季康子問政於孔子,孔子對曰:「政者,正也,子帥以正,孰敢不正?」[443]、「其身正,不令而行;其身不正,雖令不從」[444]、「君仁莫不仁,君義莫不義,君正莫不正。一正君而國定矣」[445]、「有亂君,無亂國;有治人,無治法,羿之法非亡也,而羿不世中;禹之法猶存,而夏不世王。故法不能獨立,類不能自行;得其人則存,失其人則亡。法者,治之端也;君子者,法之原也。故有君子,則法雖省,足以遍矣;無君子,則法雖具,失先後之施,不能應事之變,足

---

441 《韓非子・姦劫弒臣》。
442 《韓非子・六反》。
443 《論語・顏淵》。
444 《論語・子路》。
445 《孟子・離婁上》。

以亂矣」[446]、「君子也者，道法之摠要也，不可少頃曠也。
得之則治，失之則亂；得之則安，失之則危；得之則存，失
之則亡，故有良法而亂者有之矣，有君子而亂者，自古及今，
未嘗聞也」[447]、「子曰：文武之政，布在方策，其人存，則其
政舉，其人亡，則其政息，……故爲政在人」[448]。

　　中國傳統禮治與人治、法治有著不同的內涵；它有其當
時代的獨特的社會政治功用；規範、教化與道德自覺是其內
在機制；禮治與法治之間是有一定的互補性的。揭示禮治思
想的合理內涵，對於當今現代文明社會的進程是有所裨益
的。[449]

　　儒家把治理國家的責任和希望寄放在「聖賢」及其個人
的道德才能上，法家則認爲治國的關鍵是「法」，有了好的
法令，一般能力的「中主」或才能低下的「庸主」，也能治
理好國家。而依人之好惡來定賞罰，則會損害法之公平性及
公正性。

　　「君人者，捨法而以身治，則誅賞予奪，從君心出矣。
然則受賞者雖當，望多無窮，受罰者雖當，望輕無已，君捨
法，而以心裁輕重，則同功殊賞，同罪殊罰矣，怨之所由生
也」[450]、「是廢常上賢則亂，捨法任智則危。故曰：上法而
不上賢」[451]、「釋法術而任心治，堯不能正一國。去規矩而

446　《荀子・君道》。
447　《荀子・致仕》。
448　《禮記・中庸》。
449　俞秀玲，〈儒家禮治思想的合理內涵及其現代義蘊〉，頁 26。
450　《慎子・君人》。
451　《韓非子・忠孝》。

妄意度，奚仲不能成一輪。廢尺寸而差短長，王爾不能半中」[452]、「重人者，能行私者也。夫行私者，繩之外也；而疑之所言，法之內也。繩之外與法之內，讎也，不相受也」[453]。

法家否認社會可以藉德化力量的改造，故堅決反對人治，而主張「任法」。

「故明主慎法制。言不中法者，不聽也；行不中法者，不高也；事不中法者，不為也」[454]、「明王之治天下也，緣法而治」[455]、「明主之國，令者，言最貴者也，法者，事最適者也。言無二貴，法不兩適，故言行而不軌於法令者必禁」[456]、「故人以度審長短，以量受多少，以衡平輕重，以律均清濁，以名稽虛實，以法定治亂，以簡治煩惑，以易御險難；以萬事皆歸於一，百度皆準於法，歸一者，簡之至，準法者，易之極」[457]、「為人君者不多聽，據法倚數，以觀得失，無法之言，不聽於耳，無法之勞，不圖於功，無勞之親，不任於官，官不私親，法不遺愛，上下無事，唯法所在」[458]。

廣義之法律是人類行為的規範，凡屬侵害社會生活的行為都不許去做，凡屬現實生活或發展生活的行為都應該作為，也就是為所應為，毋行不義。此乃是人類行為規範之基礎，儒家所稱之禮，具備廣義法之特色。

452　《韓非子‧用人》。
453　《韓非子‧外儲說右上》。
454　《商君書‧君臣》。
455　《商君書‧君臣》。
456　《韓非子‧問辯》。
457　《尹文子‧大道上》。
458　《慎子‧君臣》。

在中國社會，儒家認爲維持國家秩序的主體不是法，而是禮；反之，法家強調維持國家秩序是法，卻不是禮。儒家對於法家所稱之法雖不排斥，但無好感，禮淵源於世代相襲之倫常，不待國家之立法，即存在社會生活。法家對於儒家所稱之禮，則不認爲是社會之強制，但卻承認是道德規範，人民是否願受其拘束，委由自己良知決定。法乃國家統治主權，基於其權威所制定之成文法，人民有一體遵守之義務。禮如要成爲有效的社會規範，須由統治者以規定，否則人民無遵守之義務。

法係指一切抽象普遍的法律規範。所謂興功係國家爲積極施政建設而所釐定的政策或制度上之原則性規範，此包括管、教、養三項要政。所謂懼暴乃國家消極防止作姦犯科而維持治安的法規範。爲達到該目的，國家有必要預先將犯罪構成要件及其處罰之刑度加以明定，期以威嚇人民，勿以身試法。

儒家所稱之禮，除爲所應爲，毋行不義之原理外，尚兼具社會生活應行遵循之規範，尤其應配合身分、地位及其他因素而有所不同之內容。儒家所稱規律外部行動的禮，可以說具有指導性與預防性之法律功能，但因缺乏強制之制裁力，而與法家所稱之法爲刑法有所不同。

法家以明文及強制性的法爲其出發點；儒家以道德性與倫理性的禮爲其基礎。禮一方面表現人類與生具有普遍性之道德原理，另一方面，爲配合各人身分或地位之具體規定而爲社會統制的手段。儒家視人類社會爲相敬如賓的社會，故主張以「禮」來勸善改過；法家視人類社會爲自私自利，而

非以法律強制統治不可。

　　儒家以人性的良善爲其思想之基礎，其思想之最終目標在達到大同世界。有鑑於該完美的理想境界，人民的行爲準則，不在於合法，而在於合禮。國家雖制定成文法律，但在具體適用時，法對於禮則退居於後，而先由禮予以評價。禮不待國家的制定公佈，已普遍存在於人心而有拘束力。所以禮屬於自我拘束，而非外在的強制，儒家認爲國家法對於社會秩序的效力，遠不如禮，因爲禮在事前的預防，而法爲事後的補救。[459]

　　法是強制性的，禮是漸近性的；法施用於特出的行爲，禮則彌綸於全面的生活。法的作用是消極的。禮的作用是積極的。

　　法家不依個人主觀之認定，而賴外物與客觀制度之意義，禮則是個人與群體之修養與依持，較含主觀性。在禮中，含有仁義；在法中，含有理智。

　　禮就狹義而言，爲儀禮，法就狹義而言，乃刑罰。但禮、法之廣義皆可涵蓋一切社會之典章制度與政治制度，但禮治重教化，以刑罰爲輔，而法治以刑罰之威來維持制度的推行。

　　儒家以教爲政，其目的在於兼善天下。所以儒家以個人道德之發展，爲爲政的最高理想，有時雖禮法並用，但終究以禮義爲主。儒家倡家齊而後國治，法家則倡國治而後家齊。[460]

459 戴東雄，《管子的法律思想》，頁 78-109。
460 魏元珪，《荀子哲學思想研究》，頁 230。

第四節　禮與法思想在《唐律》中之體現[461]

　　唐朝的統治者十分重視立法。唐高祖李淵建國以後，命令裴寂、蕭瑀等人，參照隋《開皇律》，制訂《武德律》十二篇，共五百條。《武德律》充分體現了李淵「務在寬簡，取便於時」的立法思想。唐太宗李世民位之後，力圖完善《武德律》，於是在貞觀元年時，任命長孫無忌、房玄齡和一批「學士法官」修改法律，「斟酌古今，除煩去弊」，經過十年的努力，於637年制定成《貞觀律》，仍爲十二編，五百條。

　　唐高宗李治登基後，又命長孫無忌、李勣、于志寧等，以《武德律》、《貞觀律》爲基礎，編纂《永徽律》十二篇，共五百〇二條。

　　爲了闡明《永徽律》的實質精神，並對律文進行統一的解釋，唐高宗又命長孫無忌等十九人，對《永徽律》逐條逐句作出註解，稱爲「律疏」，經高宗批准後，於永徽四年頒行，附於律文之下，與律文具有同等之效力。疏與律統稱爲《永徽律疏》。

　　唐之律令格式，除其殘簡近年由西域發見者外，只以《唐律疏議》而流傳的開元二十五年律爲完本。此書係官撰註譯本，原名爲「律疏」，但由於文中稱「疏議曰」之故，所以誤稱爲《唐律疏議》，後世沿用稱爲《唐律疏議》。即今之

461　李永興，〈儒家「禮」、法家「法」與唐律之關係研究〉，頁220-268；本節通篇參考自戴炎輝，《中國法制史》。

《唐律》。《唐律》共十二篇，篇名及其次第，除改隋之盜賊律爲賊盜律之外，其餘仍爲隋開皇律之舊。其條數本應爲五百條，但今傳《唐律》，則有五百零二條。

　　《唐律》繼前開往，居於領導之地位，爲中華法系之先鋒，體大思精，蔚然爲一部縝密的刑事法典，與羅馬法系東西相輝映，同爲世界法制史上之瑰寶。

　　中國古代法律之基本精神，皆出於儒家學說。《唐律·名例律》卷首疏曰：「德禮爲政教之本，刑罰爲政教之用。」因此，《唐律》的最大特色，即禮教的法律觀。所以，《唐律》之精神，在儒家「禮」思想方面，表現在道德主義、家族主義、階級主義。[462]

一、儒家「禮」思想之道德主義在《唐律》中之體現

　　儒家重視道德主義，如：「爲政以德，譬如北辰居其所而眾星共之」[463]、「以力假仁者霸，霸必有大國，以德行仁者王，王不待大。湯以七十里，文王以百里。以力服人者，非心服也，力不贍也；以德服人者，中心悅而誠服也」[464]、「君子以德，小人以力；力者，德之役也」[465]、「凡兼人者有三術：有以德兼人者，有以力兼人者，有以富兼人者。彼貴我名聲，美我德行，欲爲我民，故辟門除涂，以迎吾入。因其民，襲其處，而百姓皆安。立法施令，莫不順比。是故

---

462 楊鶴皋主編，《中國法律思想史》，頁 358-359。
463 《論語·爲政》。
464 《孟子·公孫丑上》。
465 《荀子·富國》。

得地而權彌重，兼人而兵俞強：是以德兼人者也。……故曰：
以德兼人者王，以力兼人者弱，以富兼人者貧」[466]。

　　《唐律》因受儒家思想影響之緣故，所以其道德概念濃
厚。並不以威嚇、報復為刑罰的基礎，而以道義、教化為罪
刑之依據。

（一）道德概念

1、概括之道德概念

　　不應得為：「諸不應得為而為之者，笞四十。事理重者，
杖八十。」[467]

　　「不應得為」是指「律令無條，理不可為者」，此乃遵
循儒教「以德禮坊民」之意，為戒僥倖之民而設。疏議說：
「雜犯輕罪，觸類弘多，金科玉條，包羅難盡。其有在律在
令，無有正條，若不輕重相明，無文可以比附，臨時處斷，
量情為罪，庶補遺闕，故立此條。」

　　因比附[468]有其界限，又不便臨時頒制時，最後只好用不
應為條而斷罪。

　　「不應為」條為概括的罪條，某行為縱使不具有形式的
違法性[469]，但實質違法時，則依此條論罪。若法吏的學養好，
尚具功效，否則開擅斷之門，人權終無保障。

466　《荀子‧議兵》。
467　《唐律疏議‧雜律》第六十二條「不應得為」。
468　指法官斷罪時，因律令無相當的正條，於是以類似的罪條以定其刑。荀
　　子曰：「有法以法行，無法者以類舉。」此其意也。
469　違反罪條及令文。

2、個別之道德概念

（1）孝

儒家重視孝，如：「孝子之至，莫大乎尊親」[470]、「五刑之屬三千，而罪莫大於不孝」[471]。

因此在《唐律》中，父母可以不孝的罪名呈控子孫，不孝的罪名極重，所以懲處亦重。《唐律》對於不孝的罪名，在名例律（總則）第六條「十惡」之七上一一列舉，包括：

①告言、詛罵祖父母、父母。

②祖父母、父母在，別籍異財，或供養有闕。

③居父母喪，身自嫁娶，若作樂，釋服從吉。

④聞祖父母、父母喪，匿不舉哀。

⑤詐稱祖父母、父母死。

其中除告言、詛罵祖父母父母處死（絞）外，其他皆不至死。

（2）道　德

《唐律疏議・名例律》第六條「十惡」之五列舉「不道」，包括：

①殺一家非死罪三人，及支解人。

支解是支解活人的身體。

②造畜蠱毒、厭魅。

造畜蠱毒是將各種毒蟲放在罈內，養成一個最毒的蠱害人，厭魅是暗中用一種邪門的怪異風俗害人。

---

470 《孟子・萬章上》。
471 《孝經・五刑章》。

（3）睦

儒家重視家族倫常中之和睦，如：有子曰：「禮之用，和為貴」[472]。

古代家族以九族為親屬範圍，故敦睦和諧是維持親屬團體團結必要的條件，是倫理上的積極要求。所以《唐律》有不睦罪。為十惡之一。包括[473]：

①謀殺及賣緦麻以上親。

②毆、告夫及大功以上尊長、小功尊屬。

（4）義

義是禮的原理原則，禮是義的具體行為。子曰：「君子義以為質，禮以行之」[474]、「夫義，路也；禮，門也。惟君子能由是路，出入是門也」[475]、「故禮也者，義之實也」[476]。

《唐律》中之不義包括[477]：

①殺本屬府主、刺使、縣令、見受業師。

②吏卒殺本部五品以上長官。

③聞夫喪，匿不舉哀，若作樂，釋服從吉，及改嫁。

（5）敬

敬是禮的核心價值，所以在待人接物上，儒家主張待人要恭敬。有子曰：「恭近於禮，遠恥辱也」[478]、「有禮者敬

472　《論語‧學而》。
473　《唐律疏議‧名例律》六、「十惡」之八。
474　《論語‧衛靈公》。
475　《孟子‧萬章下》。
476　《禮記‧禮運》。
477　《唐律疏議‧名例律》六、「十惡」之九。
478　《論語‧學而》。

人」[479]、「敬，禮之輿也」[480]、「恭敬，禮也」[481]、「不敬無禮」[482]。

至於《唐律》之敬，則專對皇帝而言，其大不敬包括[483]：

①盜大祀神御之物、乘輿、服御物。

②盜及偽造御寶；合和御藥，誤不如本方，及封題誤。

③若造御膳，誤犯食禁。

④御幸舟船，誤不牢固。

⑤指斥乘輿，情理切害。

⑥對捍制使而無人臣之禮。

（二）恤刑主義

儒家重視道德之教化作用，所以認為對於犯罪行為應從寬處理，如：「八十九十曰耄，七年曰悼，悼與耄，雖有罪，不加刑焉。」[484]

而《唐律疏議》名例卷首曰：「輕刑明威，大禮崇敬。」「懲其未犯，而防其未然；平其徽纆，而存乎博愛。蓋聖王不獲已而用之。」

《尚書·大禹謨》：「汝作士，明於五刑，以弼五教，期于予治，刑期于無刑，民協于中。」指刑罰並無自己之目的，為輔助教化者，其之目的在警戒犯罪者以外之人，而不

---

479 《孟子·離婁下》。
480 《左傳·僖公十一年》。
481 《荀子·臣道》。
482 《大戴禮記·勸學》。
483 《唐律疏議·名例律》六、「十惡」。
484 《禮記·曲禮上》。

是在教化犯人。

　　儒家的刑罰觀，採教育刑主義，屬一般預防主義，而非特別預防主義。而法家之刑罰觀則採重刑，屬威嚇刑主義，完全威嚇、警戒百姓。《唐律》大體遵從儒家思想。

1、刑之加減

　　（1）加重

　　①刑之加重者，就重次，加者數滿乃坐，不得加至於死。但本條加入死者，依本條。死刑加重至絞者，不加至斬。

　　②死刑只絞及斬，減少死罪，而以加役流代替。

　　③準某罪論者，原則上罪止流三千里；反坐、罪之、坐之、與同罪者，止絞而已。以某罪論者，若某罪至死刑，則大多免死而代以加役流或減一等。慎殺是恤刑之大者。《唐律》既慎殺又戒斬。

　　（2）減輕[485]

　　①刑之減輕者，就輕次，唯二死（斬、絞）、三流（加役流、反逆緣坐流、會赦猶流），各同為一減。蓋為恤刑而設。

　　②其罪止有半年徒，若應加杖者，杖一百。應減者，以杖九十為次。

2、從輕法

　　（1）輕重相舉

　　諸斷罪而無正條，其應出罪者，則舉重以明輕。其應入罪者，則舉輕以明重。[486]

　　此為論理解釋，古來視為比附的一種，但《唐律》有「輕

485　《唐律疏議・名例律》五六、「稱加者就重」。
486　《唐律疏議・名例律》五十、「斷罪無正條」。

重相舉」，而無「比附」的律目。比附有時難免超出法條的正當範圍，故律有時禁止比附，如《唐律疏議・斷獄律》第二十條「赦前斷罪不當」：「赦書定罪名，合從輕者，又不得引律比附入重。違者，各以故失論。」

所謂「出罪」，包括不罰及從輕法，但若「入罪」，則包括處罰及從重法。

（2）抽象的事實錯誤[487]

《疏議》舉例說：「本應重者，如叔姪素不相識，姪打傷叔，則依凡人鬥法。

本應輕者，如父不識子，主不識奴，而打傷之，則依打子、打奴之法，不可以凡鬥論。」

（3）赦前斷罪不當

亦從輕法。《唐律疏議・斷獄律》二十、「赦前斷罪不當」：「諸赦前斷罪不當者，若處輕為重，宜改從輕。處重為輕，即依輕法。其常赦所不免者（謂雖會赦，猶處死及流，若除名、免所居官，及移鄉者。）依常律。

（4）數　罪

①數罪俱發

諸二罪以上俱發，以重者論。等者從一。若一罪先發，已經論決，餘罪後發，其輕若等（主刑相等），勿論。重者更論之，通計前罪，以充後數。[488]

此係數罪同時發覺，數罪的刑有輕重時，從一重科其主

487　《唐律疏議・名例律》四九、「本條有別制」曰：「其本應重而犯時不知者，依凡論。本應輕者，聽從本。」。

488　《唐律疏議・名例律》四五、「二罪從重」。

刑；若主刑相等，則從其一科刑。若罪之發覺有先後時，後發罪的行為時，在先發罪發覺時之前，仍依數罪俱發之例。後發罪之刑比先發罪為重者，則以後一重之刑為準，更論其刑（更正其刑）。但若先發之罪已經論決（已執行其刑的一部分），則將其扣算，而以後一重之刑為準，執行其剩刑。

數罪俱發原係數罪，本應併科其刑或予加重，但為恤刑起見，關於主刑，採吸收主義而從一重科處。主刑以外的處罰，如從刑及特別處分，仍予併科。罪止最高刑。

②二罪從重

「本條有別制」曰：「諸本條別有制，與例不同者，依本條。當條雖有罪名，所為重者，自從重。」[489]

此為法條競合的一種，乃特別法優先普通法。

③更　犯

犯罪已發，及已配，而更為罪者，各重其事。重犯流者，依留住法決杖（如再犯流刑二千里，易以杖一百，流二千五百里，易以杖一百三十。），於配所加役三年（即以加杖並加役三年為後流之易刑）。若已至配所而更犯者，亦準此。即累流、徒應役者，不得過四年。若更犯流、徒罪者，準加杖例。其杖罪以下，亦各依數決之。累決笞、杖者，不得過二百。其應加杖者，亦如之。[490]

（5）特定身分人

①責任能力人

《周禮‧秋官》有三赦：「幼弱、老旄、意憨。」又

---

489 《唐律疏議‧名例律》四九。
490 《唐律疏議‧名例律》二九、「犯罪已發」。

曰：「凡有爵者，與七十者，與未齓者，皆不爲奴。」

《唐律》之所以對老小疾病設特例者，「爲矜老小及疾，或老疾不堪受刑」、「赦憨愚，爲其識見淺劣者」。故責任能力包括受刑能力及辨別能力。

Ⅰ、一級老小（年七十以上、十五以下）及廢疾[491]：

（Ⅰ）犯流罪以下，收贖。但犯死罪、加役流、反逆緣坐流、會赦猶流者，不在此限。

（Ⅱ）年七十以上，十五以下，及廢疾者，並不合拷訊，皆據眾定罪。

Ⅱ、二級老小（年八十以上、十歲以下）及篤疾

（Ⅰ）犯反逆、殺人應死者，上請。盜及傷人者，亦收贖。其餘犯罪，皆勿論。

（Ⅱ）造畜者雖會赦，並同居家口，及教令人，亦流三千里。八十以上、十歲以下及篤疾，無家口同流者，放免[492]。

（Ⅲ）年八十以上，十歲以下，及篤疾者，聽告謀反、逆、叛、子孫不孝、及同居之內爲人侵犯者。餘並不得爲告。

「因所告之事非實情，或禁止告訴之事，若告訴，將受處罰。」[493]

（Ⅳ）年八十以上，十歲以下，及篤疾，皆不得令其爲證。

「因證人若不言情實，須受處罰。上二項，可稱爲限制

491　《唐律疏議・斷獄律》六、「八議請減老小」。
492　《唐律疏議・賊盜律》十五、「造畜蠱毒」。
493　《唐律疏議・鬥訟律》五一、「囚不得告舉他事」。

責任能力人」。[494]

　　Ⅲ、三級老小（年九十以上、七歲以下）：

　　（Ⅰ）雖有死罪，亦不加刑；但七歲以下之人，緣坐應配沒者，不在此限。爲無責任能力人。[495]

　　（Ⅱ）應徵正贓及贖，無財者，准銅二斤，各加杖十。若老小及廢疾，不合加杖，無財者放免。[496]

　　老小疾病之時際法：諸犯罪時雖未老疾，而事發時老疾者，依老疾論。若在徒年限內老疾，亦如之。犯罪時幼小，事發時長大，依幼小論。[497]

　　②婦女：

　　Ⅰ、婦人犯死罪，懷孕當決者，聽產後一百日，乃行刑。若未產而決者，徒二年。產訖，限未滿而決者，徒一年。[498]

　　Ⅱ、孕婦未產或產後一百日內，不得拷訊。[499]

　　Ⅲ、同伍保內，在家有犯，知而不糾者，死罪徒一年，流罪杖一百，徒罪杖七十。其家唯有婦女，及年十五以下者，皆勿論。[500]

　　③因罪人而致罪者

　　如緣坐家口雖已配沒，罪人得免者，其家口亦免。又因罪人以致罪（連累致罪），而罪人自死者，聽減本罪二等。

494　《唐律疏議‧斷獄律》六、「八議請減老小」。
495　《唐律疏議‧名例律》三十、「老小疾廢」。
496　《唐律疏議‧名例律》四七、「官戶部曲」之三。
497　《唐律疏議‧名例律》三一、「犯時未老疾」。
498　《唐律疏議‧斷獄律》二六、「婦人懷孕犯死罪」。
499　《唐律疏議‧斷獄律》二七、「拷決孕婦」。
500　《唐律疏議‧鬥訟律》六十、「監臨知犯法」。

罪人自首及遇赦原減者,致罪人亦準罪人原減法;其應加杖及贖者,致罪人各依杖贖法。男夫年八十及篤疾,婦人年六十及廢疾,並免緣坐。

　　④被告之拷訊

　　Ⅰ、拷訊:應訊囚者,必先以情,審察辭理,反覆參驗,猶未能決,事須訊問者,立案同判,然後拷訊。……已經赦,雖須追究,並不合拷。(謂會赦移鄉,及免除之類。)[501]

　　Ⅱ、病囚未癒前,不得行拷訊。[502]

　　Ⅲ、拷訊方法之限制:

　　(Ⅰ)拷囚不得過三度,數不得過二百。

　　(Ⅱ)杖罪以下,不得過所犯之數。

　　(Ⅲ)拷滿(已到限度)不承,取保釋放。

　　(Ⅳ)每訊相去二十日。

　　(Ⅴ)拷訊所用之囚杖,其麤細、長短,應依獄官令所定,不得以他法拷掠,亦不得用規格以外之杖拷之。[503]

(三)以道德觀念強定之犯罪

1、身分犯

　　《唐律》以行為人有一定之身分為犯罪之構成要件,稱為真正身分犯。具有該身分,才能成立犯罪。如具有公務員之身分,才能成立瀆職罪。以道德觀念強定之身分犯有:

---

501 《唐律疏議‧斷獄律》八、「訊囚察辭理」。
502 《唐律疏議‧斷獄律》九、「拷囚不得過度」。
503 《唐律疏議‧斷獄律》九、「拷囚不得過度」。

（1）居父母及夫喪而嫁娶者，徒三年。[504]

（2）居父母喪，生子，徒一年。[505]

（3）居父母喪，與應嫁娶人主婚者，杖一百。[506]

（4）祖父母、父母被囚禁而嫁娶者，死罪徒一年半，流罪減一等，徒罪杖一百。[507]

（5）祖父母、父母及夫，犯死罪被囚禁，而作樂者，徒一年半。[508]

（6）祖父母、父母及夫，為人所殺，私和者，流二千里。[509]

2、不能犯

造畜蠱毒（謂造合成蠱，堪以害人者。）及教令者，絞，造畜者同居家口雖不知情，皆流三千里。又造厭魅、符書，欲以殺人者，以謀殺論。[510]

於現代社會觀念，這些行為均屬不能犯[511]。

3、不作為犯

不作為犯通常用「應作為而不為」、「應為而違限（限定之時日）」等文字，但亦有只用「不」字者。不作為犯如：宮殿作罷不出，御膳不品嘗，決死刑違限，犯義絕違而不離，於人民應別立戶而官司不聽別，負債違契不償，官司知有人

---

504 《唐律疏議‧戶婚律》三十、「居父母夫喪嫁娶」。
505 《唐律疏議‧戶婚律》七、「居父母喪生子」。
506 《唐律疏議‧戶婚律》三二、「居父母喪主婚」。
507 《唐律疏議‧戶婚律》三一、「父母囚禁嫁娶」。
508 《唐律疏議‧職制律》三一、「府號官稱犯名」。
509 《唐律疏議‧賊盜律》十三、「祖父母夫為人殺」。
510 《唐律疏議‧賊盜律》十五、「造畜蠱毒」。
511 迷信犯，指無法造成犯罪結果之行為。

犯罪而故縱或聽行⋯⋯。作爲犯須有違法性始能成立。

以道德觀念強定之不作爲犯有：

（1）追捕罪人而力不能制，告道路行人。其行人，力能助之而不助者，杖八十。[512]

（2）鄰里被強盜及殺人，告而不救助者，杖一百。聞而不救助者，減一等。[513]

（3）見火起，應告不告，應救不救，減失火罪二等。[514]

4、民事犯

在《唐律》中，有一些法律事件，在現代法學來看，純粹的民事關係，但是仍須規定一個刑罰。《唐律》受道德之薰染，現代民事之債務不履行、物之瑕疵擔保，亦被認爲是犯罪行爲，但因其違背道德較淺，所以刑罰亦較輕。刑事與民事在訴訟上的差別，非訴訟標的本質上的差異，只是犯罪色彩之濃淡而已。

（1）債務不履行

諸負債，違契不償，一疋以上，違二十日笞二十，二十日加一等，罪止杖六十。三十疋，加二等。百疋，又加三等。各令備償（賠償）。[515]

違約就是無信，無信就是違背了五常之一，情況嚴重。

（2）物之瑕疵擔保

諸買奴婢、馬牛、駝騾驢，已過價，⋯⋯之後，有舊病

---

512 《唐律疏議・捕亡律》四、「道路行人捕罪人」。
513 《唐律疏議・捕亡律》六、「鄰里被強盜」。
514 《唐律疏議・雜律》四五、「見火起不告救」。
515 《唐律疏議・雜律》十、「負債違契不償」

者，三日內聽悔；無病欺者，市如法。違者，笞四十。[516]

這是奴婢、家畜買賣的瑕疵擔保。若有瑕疵（舊病），三日內，買受人得解除契約。

諸造器用之物，及絹布之屬，有行濫（不牢謂之行，不真謂之濫）、短狹（指絹匹不充四十尺，布端不滿五十尺，幅闊不充一尺八寸之屬。）而賣者，各杖一百。[517]

行濫指物不具應有之性質，短狹則為數量不足。

（四）違法性

犯罪為可罰之行為，行為人應負刑事責任。行為人若有合致構成要件的行為，且無違法阻卻之事由，則犯罪成立。

《唐律》以道義為本，則犯罪的違法性亦是違反道義。構成要件所規定的行為，推定具有違法性，但有特殊事由時，則違法性被阻卻，犯罪不成立。《唐律》用「勿論」、「不坐」或「無罪」等文字。

1、緊急行為

緊急行為包括正當防衛、緊急避難、放任行為。《周禮·秋官朝士》曰：「盜賊軍，鄉邑及家人殺之，無罪。」

（1）防衛父祖

祖父母、父母為人所毆擊，子孫即毆擊之，非折傷者，勿論。[518]

（2）夜間防衛

516　《唐律疏議·雜律》三四、「買奴婢牛馬立卷」
517　《唐律疏議·雜律》三十、「器用絹布行濫」
518　《唐律疏議·鬥訟律》三四、「祖父母為人毆擊」。

夜無故入人家者，笞四十。主人登時殺者，勿論。[519]

2、正當行為

（1）言議政事乖失，干涉乘輿（皇帝）者，上請。

（2）恐喝以求備償，事有因緣之類者，非（不構成恐喝罪）。

（3）於城內街巷，及人眾中，無故走車馬者，笞五十。但若有公私要速而走者，不坐。[520]

二、儒家「禮」思想之家族主義在《唐律》中之體現

周代的宗法組織消失以後，起而代之的是家和族。家指以父子、祖孫、兄弟或叔姪及其妻妾等為中心，同居營共同生活的協同團體，通常包括二個或三個世代的人口。家在公法上，尤其在戶籍上，稱為「戶」。家是一經濟單位，為一共同生活的團體。

族是家的綜合體，由族長統治。族長負有宗教的功能，為族祭的主祭人。族長為宗規、族約的執行人。族人有恭敬、服從族長的義務。

中國傳統的宗教意識，全以家族為基石，以祭祖為中心，使血親團體兼具經濟、社會、政治的意義，故家族可說是中國社會最初級的政治、司法單位。[521]

儒家之「禮」思想重視家族主義，孝為家族之本位思想，

---

519 《唐律疏議·賊盜律》二二、「夜無故入人家」。
520 《唐律疏議·雜律》四、「城內街巷走車馬」。
521 瞿同祖，《中國法律與中國社會》，頁3。

要求卑幼對尊長須絕對之服從，如：「事父母幾諫，見志不從，又敬不違，勞而不怨」[522]、「世俗所謂不孝者五：惰其四支，不顧父母之養，一不孝也；博弈好飲酒，不顧父母之養，二不孝也；好貨財，私妻子，不顧父母之養，三不孝也；從耳目之欲，以爲父母戮，四不孝也；好勇鬥很，以危父母，五不孝也」[523]、「不得乎親，不可以爲人，不順乎親，不可以爲人子」[524]、「惟順父母可以解憂」[525]、「事孰爲大？事親爲大」[526]、「父母有過，下氣怡色，柔聲以諫，諫若不入，起敬起孝，說則復諫，不說，與其得罪於鄉黨州閭，寧孰諫，父母怒，不說，而撻之流血，不敢疾怨，起敬起孝」[527]、「凡爲人子之禮，冬溫而夏清，昏定而晨省」[528]、「夫爲人子者，出必告，反必面」[529]、「凡父母在，子雖老不坐」[530]。

而這些概念，在《唐律》中，也表露無遺。

（一）親屬的種類及範圍

1、種　類

古代喪服依其式樣與材料之精粗（粗者爲重服，精者爲輕服），大約可將親屬分爲五等：

---

522 《論語・里仁》。
523 《孟子・離婁下》。
524 《孟子・離婁上》。
525 《孟子・萬章上》。
526 《孟子・離婁上》。
527 《禮記・內則》。
528 《禮記・曲禮上》。
529 《禮記・曲禮上》。
530 《禮記・內則》。

（1）直系血親

①斬衰三年：父、嫡子、妻妾。

②齊衰：

Ⅰ、不杖期（簡稱爲期）：祖父、眾子、嫡孫。

Ⅱ、杖期：夫。

Ⅲ、五月：曾祖父。

Ⅳ、三月：高祖父。

③大功：庶孫。

④緦麻：曾孫、玄孫。

夫妻對夫服斬衰三年，夫對於妻服杖期，對於妾，則無服。

（2）旁系血親

①期：伯叔父、兄弟、兄弟之子。

②大功：從兄弟。

③小功：從祖祖父、從祖父、再從兄弟、從兄弟之子。

④緦麻：族曾祖父、族祖父、族父、三從兄弟、再從兄弟之子、從兄弟之孫、兄弟之曾孫。

⑤袒（露左臂）免（去冠括髮）：高祖父之兄弟、曾祖父之從兄弟、祖父之再從兄弟、父之三從兄弟、四從兄弟、三從兄弟之子、再從兄弟之孫、從兄弟之曾孫、兄弟之玄孫。

袒免親在狹義上，指比緦麻親疏遠一等的親屬，在廣義上，則指五服親以外之親屬。

廣義的親屬，可分爲狹義親屬、夫妻妾、同居親屬（即家屬）等三類。狹義親屬，大體上即指上述之五服親。

（3）姻親（配偶之血親及其配偶）

母親的親屬稱爲外親，僅推及一世，上溯至母親的父母，

旁推至母親的兄弟姊妹，下推至母親兄弟姊妹之子，即外祖父母、舅父、姨母、舅表兄弟及姨表兄弟，過此即無服。《唐律》，重視內親而輕外親，因此母親之祖父母、堂兄弟姊妹、姪孫，與我們無親屬關係。外親的服制極輕，外祖父母服不過小功，舅姨等同堂伯叔父母、堂姑，亦只小功，母舅、兩姨之子，僅服緦麻。外祖父母及外孫在服制上，雖為小功，但在《唐律》上，外祖父母常與期親尊屬並列，外孫常與期親卑幼同刑。

2、親屬範圍

　　《禮記·喪服小記》：「親親，以三為五，以五為九。上殺，下殺，旁殺，而親畢矣。」以自己為中心，上有父，下有子，是為三代；由父而祖，由子而孫，是以三為五；由祖而曾祖、高祖，由孫而曾孫、玄孫，是以五為九。上殺，指對上輩的親情由父親而上依次遞減至玄孫而止；旁殺，指對和上述直系親人同輩的親屬，親情只限於高祖的後裔，同樣也是由近而遠依次遞減。表現在喪服上，就是斬衰、齊衰、大功、小功、緦麻依次遞減直至無服。

　　以父宗而論，凡是同一始祖的男系後裔，都屬於同一之家族團體。親屬範圍包括高祖、曾祖、祖父、父、己、子、孫、曾孫、玄孫等九個世代，是謂九族。由斬衰至緦麻，即五等服制親屬。所謂親屬團體，以上下四世為限，緦麻服為斷。服制的範圍即親屬的範圍，服制的輕重，亦為親屬親疏遠近的標準。

　　姑雖屬本宗，但嫁後歸於異宗，於是降服，其子女與我們服只緦麻。

輩分中，父輩以上爲尊屬，子輩以下爲卑屬。同一輩內，又分長幼。尊屬、卑屬，多與直系、旁系連用，又與長幼並稱，如尊長、卑幼等。

親屬的範圍，《唐律》設有通律，抽象的限定法，職制律「役使所監臨」條本注說：「親屬，謂緦麻以上，及大功以上婚姻之家。餘條親屬，準此。」但各本條不依此例者不少。尚有其他之特別規定，故《唐律》仍併用具體的限定法。中國的家族是父系的，親屬關係只從父親方面計算。

《唐律》重視直系血親，故直系血親間在《唐律》上不用服制，而直言父母、祖父母、孫。

祖父母在《唐律》上之地位，大致上與父母同。曾、高祖父母與祖父母、期親同。曾、玄孫與孫同。嫡孫繼承祖者，與父母同。《唐律》稱子者，男女同。夫妻間亦不從服制，而直言爲夫妻。

血族指男系之自然血親，無此關係之人，有時亦視同血族，如非同宗之養子（異姓及同姓不同宗）。

《唐律》上，嫡母（己爲妾所生，而以父之正室爲嫡母）、繼母（親母已亡，父再娶者）、慈母（妾子之無母者，而父母命爲母者），其之地位與親母同。現行民法上之直系姻親，如繼父母子女，即所謂嫡母庶子，在《唐律》上爲法定血親。[531]

毆傷繼父者（謂曾經同居、今異者），與緦麻尊同；同居者，加一等。[532]

收養指將非親生子女擬制爲有親生子女關係之制，即將

---

531 《唐律疏議·名例律》五二、「稱期親祖父母」。
532 《唐律疏議·鬥訟律》三二、「毆妻前夫子」。

無自然親子關係之人，作為自己之子女。養子須為男子，養父養子須為同宗（違者徒一年）、同身分。凡收養違律者，縱經恩赦，亦不因收養而成立父子關係，仍予「正之」（改正），屬收養無效。如良賤相養、異宗相養（收養棄兒除外）。

養父母在《唐律》上，視同親生父母，故養子對於所養父母無子而捨去者，徒二年。[533]

（二）家長權

指在家內部，家長本人以尊長資格，對其卑幼，個別的、相對的，所行使之權力。中國的家族是父權家長制，父祖是統治者，統理全家，握有宗教、財產、法律、主婚等權力。中國家族以祖先崇拜為中心，因此家長權因家族祭司（主祭人）的身分而更加神聖化，法律對其之統治權亦承認和支持。子孫縱使成年，也無法獲得自主權。

家長權只能說是父權，而不能說是母權，母權是得之於父的，因居於父之妻之身分而得。「不為伋也妻是，不為白也母」[534]。於治家，母居於輔從的地位。所以當母權與父權衝突時，則父權高於母權，夫權高於妻權。

但在家之內部，並無統一的、絕對的，卑幼得行使的家長權，即卑幼縱為家長，對其之祖母、母、伯叔父母、兄等尊長，並不得行使家長權。

《唐律》之親子關係，以侍奉父母、家及宗族為中心。子女負有無限量孝順父母之義務。古代以農為本，家及宗族

533　《唐律疏議・戶婚律》八、「養子捨去」。
534　《禮記・檀弓》。

需要男子，才不易遭受他家及他宗之欺侮，所以親子關係的重點在於為父母盡其對祖先所負傳宗接代之義務，侍奉家及宗族。

家族中以男子為中心，男子在傳家、傳宗上，至為重要，享有許多的特權。在經濟上、社會地位上，亦較女子為高。

父，說文：「矩也，家長率教者，從又舉杖。」子孫違反父的意志，父親可行使教令權及懲戒權。

儒家之禮教，提倡孝道，主張以孝治天下，子女應孝敬父母，父對於子，有絕對之統治權，兒子必須絕對服從父親。父母的意志，可為子女婚姻成立或撤銷的條件：

諸卑幼在外，尊長後為定婚，而卑幼自娶妻，已成者婚如法；未成者從尊長。違者，杖一百。[535]

亦可命令子孫與媳婦離婚。子孫之孝順成為儒家最高之道德規範。

《唐律》「一準乎禮」，因此「父為子綱」在《唐律》中的反映最全面，最具體。凡屬違犯「善事父母」者，均為不孝。因此「不孝」在法律上成為極重之罪名，處罰極重。齊、隋以後，將「不孝」列為「十惡」之一。

《唐律》「十惡」之不孝，包括：「告言、詛罳祖父母、父母；及祖父母、父母在，別籍異財，若供養有闕：居父母喪，身自嫁娶，若作樂，釋服從吉；聞祖父母、父母喪，匿不舉哀；詐稱祖父母、父母死。」[536]

對於不孝的懲治，《唐律》皆採加重主義。

---

535 《唐律疏議‧戶婚律》三九、「尊長與卑幼定婚」。
536 《唐律疏議‧名例律》六、「十惡」之七。

家長在公法上具有多義務，多爲行政上之義務，如戶婚律中之申報戶口、增減年狀（謂廢疾、篤疾、老中小之類）、相冒合戶、賣口分田、輸納租課、不使田疇荒蕪。

脫戶者，家長徒三年。無課役者，減二等。女戶，又減三等。脫口，及增減年狀，以免課役者，一口徒一年，二口加一等，罪止徒三年。[537]

以上處罰，皆獨坐家長。家長爲婦女時，仍坐男子次尊長。

（三）親屬間之犯罪

爲真正的身分犯（指具親屬身分才能成立之犯罪。）如：

①聞父母、期親尊長之喪，匿不舉哀，喪制未終，釋服從吉，忘哀作樂，雜戲，遇樂而聽，參預吉席。[538]

②居父母喪，生子。[539]

③居父母夫喪而嫁娶。[540]

④居父母喪，與應嫁娶人主婚。[541]

⑤祖父母、父母，犯死罪被囚禁，而作樂。[542]

⑥祖父母、父母被囚禁而嫁娶。[543]

⑦祖父母、父母爲人所殺，而私和。[544]

⑧府號、官稱，犯祖、父名而冒榮居之；祖父母、父母

537 《唐律疏議・戶婚律》一、「脫戶」。
538 《唐律疏議・職制律》三十、「匿父母夫喪」。
539 《唐律疏議・戶婚律》七、「居父母喪生子」。
540 《唐律疏議・戶婚律》三十、「居父母夫喪嫁娶」。
541 《唐律疏議・戶婚律》三二、「居父母喪主婚」。
542 《唐律疏議・職制律》三一、「府號官稱犯名」。
543 《唐律疏議・戶婚律》三一、「父母囚禁嫁娶」。
544 《唐律疏議・賊盜律》十三、「祖父母夫爲人殺」。

老疾而侍,委親之官;妄增年狀,以求入侍;及冒哀求仕。[545]

⑨祖父母、父母在而別籍異財,子孫違反教令或供養有關……。

《唐律》關於身分關係者,多是傳統道德與習慣的明文化。

1、親屬相犯

（1）相侵身犯

指侵害生命、身體、名譽等之犯罪。侵身犯之特質是道德人倫性濃厚,且大率入「十惡」。如「惡逆」,指毆及謀殺祖父母、父母,殺伯叔父母、姑、兄姊、外祖父母、夫、夫之祖父母父母者。[546]

親屬相侵身犯之種類有:

①詈

詈兄姊者,杖一百。伯叔父母、姑、外祖父母,各加一等。詈祖父母、父母者,絞。

②毆

毆緦麻兄姊,杖一百。小功、大功,各遞加一等。尊屬者,又各加一等。

毆兄姊者,徒二年半。

毆從父兄姊,準凡鬥應流三千里,絞。

毆祖父母、父母者,斬。

③毆傷

毆緦麻兄姊、小功、大功、尊屬,各遞加凡鬥傷一等。

毆傷兄姊者,徒三年。

---

545 《唐律疏議‧職制律》三一、「府號官稱犯名」。
546 《唐律疏議‧名例律》六、「十惡」之四。

④毆傷重

毆兄姊折傷者，流三千里。刃傷及折支，若瞎其一目者，絞。

尊長毆卑幼，折傷者，緦麻減凡人一等。小功、大功，遞減一等。死者，絞。

⑤毆致死

毆緦麻兄姊、小功、大功、尊屬致死者，斬。

毆兄姊致死者，皆斬。

毆殺弟妹、及兄弟之子孫、外孫者，徒三年。以刃及故殺者，流二千里。

毆殺從父弟妹、及從父兄弟之子孫者，流三千里。若以刃、及故殺者，絞。

尊長毆卑幼，致死者，絞。

子孫違反教令，而祖父母、父母毆殺者，徒一年半；以刃殺者，徒二年。故殺者，各加一等。嫡繼慈養殺者，又加一等。

⑥謀殺

謀殺緦麻以上尊長者，流二千里。已傷者，絞。已殺者，斬。

謀殺期親尊長、外祖父母、皆斬。

⑦過失殺

過失殺傷者，兄姊、伯叔父母、姑、外祖父母者，各減本殺傷罪二等。過失殺祖父母、父母者，流三千里。過失傷者，徒三年。

過失殺弟妹、及兄弟之子孫、外孫者，各勿論。

子孫違反教令，而祖父母、父母過失殺者，各勿論。

⑧戲殺傷

戲殺傷人者（謂以力共戲，至死和同者。），減鬥殺傷二等。於期親尊長、外祖父母、夫、夫之祖父母，雖和，並不得為戲，各從鬥殺傷法。[547]

可知，《唐律》對於尊長及夫，係採絕對保護主義，尊長之身體，可說是神聖不可侵犯。

《唐律》不問理由如何，殺死子孫皆處徒罪，毆殺徒一年半，刃殺徒二年。子孫違犯教令而殺之，也只能以故殺罪減一等。可見法律把生殺權操縱在國家機構及君王之手中。

⑨刑之加減

《唐律》，本乎禮教，出於倫理，所以關於親屬間相侵犯的規定，完全以服制上親疏尊卑的次序為依據。直系尊親屬最親，期親尊長在旁系尊親屬中最親，故期親尊長次之，大功又次之，小功再次之，緦麻是邊際親屬，最疏。

親屬相犯中，作為加減刑的基準有四種：

（1）尊卑（2）長幼（3）親疏（4）罵、毆、傷、殺。一至三為主客體，四為行為（包括結果）。

親屬相犯，因尊長對卑幼有處分權，故採取雙向加減（即下犯上加重，上犯下減輕。）尊長犯卑幼者減免，卑幼犯尊長者，加重或始予處罰。又依親疏而有差等，親疏關係越親，刑等的加減數就越多。

毆殺直系尊親屬罪最重，期親尊長次之，大功、小功、

總麻，以次遞減。《唐律》罵兄姊者杖一百，罵伯叔父母及姑者，又加一等，徒一年。至於尊長毆卑幼，非折傷以上不論，折傷以上的罪，其刑則按親疏關係遞減，總麻減凡人一等，小功減二等，大功減三等。而常人折傷，輕則滿杖，重則徒流。

　　尊長犯卑幼，不分尊與長；卑幼犯尊長，則區別尊與長，而異其效果。如相毆傷重者，尊長犯卑幼，總麻減凡一等，小功、大功，遞減一等；期親尊長以上，不坐。幼犯長，總麻加凡一等，小功、大功，遞加一等；期幼期長至折傷，加凡七等，刃傷以上，則處絞。

　　如《唐律》無常人相罵之條，但子孫對祖父母、父母，罵者，絞，毆、傷致死者，皆斬，過失殺者，流三千里，過失傷者，徒三年。子孫違反教令，而祖父母、父母對子孫毆殺，徒一年半，刃殺徒二年，故殺各加一等，過失殺者，勿論。

　　家族身分關係，在刑法上的效果，固不止於刑之加減，甚至於出罪、入罪。親屬相犯時，於侵身犯，尊長犯卑幼，勿論或減輕；卑幼犯尊長，則始坐之或加重。故親屬在刑法上之加減，其一般原則為：「親屬關係越親，尊長卑幼相犯之加減等數之差度越懸殊。」加減至極端，則尊長犯卑幼不坐，而卑幼犯尊長始坐。

　　常人過失殺傷人可以收贖，過失（謂耳目所不及，思慮所不到，如共舉重物，力所不制，若乘高、履危足跌，及因

擊禽獸，以致殺傷之類。）殺傷人者，各依其狀，以贖論。[548]

但子孫就算是無心誤傷、誤殺，也與故意殺害同罪，子孫過失傷父母，者徒三年，過失殺者流三千里。此說明父母的身體，絕對不可侵犯。

謀殺罪為毆殺罪之加重型態，若在五服之內，亦較常人加重。因蓄意殺人，惡性重大，故其加減等數的刑幅較小，加減的因素較少。

謀殺期親尊長、外祖父母、夫、夫之祖父母、父母的罪最重，皆入於十惡之「惡逆」，《唐律》論以斬刑，斬刑是《唐律》最重之刑。謀殺緦麻以上尊長者，流二千里。已傷者，絞。已殺者，斬。而尊長謀殺卑幼者，則依故殺罪減二等。已傷者，減一等。已殺者，依故殺法。[549]

表 2：親屬相毆傷殺刑之加減表

親屬種類	主客體	詈	毆	傷	傷重	致死
緦麻兄姊	主體	X	X	X	折傷始坐，減凡一等。	從父兄弟之孫，流三千里，餘者絞。
	客體		杖一百	杖一百	加凡一等	斬
小功兄姊	主體	X	X	X	折傷始坐，減凡二等。	從父兄弟之子，流三千里，餘者絞。
	客體	X	徒一年（加一等）	徒一年（加一等）	加凡二等	斬
大功兄姊	主體	X	X	X	折傷始坐，減凡三等。	從父兄弟妹，流三千里，餘者絞。
	客體	X	徒一年半（加二等）	徒一年半（加二等）	加凡三等	斬

---

548 《唐律疏議·鬥訟律》三八、「過失殺傷人」
549 《唐律疏議·賊盜律》六、「謀殺期親尊長」；《唐律疏議·鬥訟律》二六、「毆緦麻兄姊」；二七、「毆兄姊」；二八、「毆詈祖父母父母」。

期親兄姊	主體	X	X	X	折傷不坐	毆殺徒三年，刃殺及故殺流三千里。
	客體	杖一百	徒二年半（加四等）	徒三年（加五等）	折傷流三千里（加凡七等），刃傷以上絞。	皆斬
祖父母、父母	主體	X	X	X	X	毆殺徒一年半，刃殺徒二年，故殺各加一等。
	客體	絞	皆斬（加十等）	皆斬	皆斬	皆斬

「傷重」部分，自緦麻至大功長幼之相犯，遞加減一等。此為規則加減。

（2）相侵財犯

指親屬間互相侵害財物之犯罪。

《儀禮・喪服傳》曰：「父子一體也、夫婦一體也，昆弟一體也。……而同財，有餘則歸之宗，不足則資之宗。」

共有財產的管理權，總攝於家長，卑幼不得擅自使用、收益或處分。妻亦應得夫之同意，不得違背夫意而擅行。

「父母存，不許友以死，不有私財」[550]、「子婦無私貨，無私畜，無私器，不敢私假，不敢私與」[551]、「父母在不敢有其身，不敢私其財」[552]。

《唐律》對於同居卑幼未得家長的許可，而私自擅用家財，依照所動用的價值而決定身體刑的輕重，十疋笞十，十疋加一等，罪止杖一百。即同居應分，不均平者，計所侵，坐贓論減三等。[553]

550　《禮記・曲禮》。
551　《禮記・內則》。
552　《禮記・坊記》。
553　《唐律疏議・戶婚律》十三、「卑幼私輒用財」。

因家產係家屬之公同共有，父母在而別立戶籍，分異財產，有虧待養之道，且大傷父母之心，故祖父母、父母在，而子孫別籍異財，及者供養有闕，《唐律》認為「不孝」，列入十惡。[554]

又祖父母、父母去世，喪服未滿，兄弟不得別籍異財，否則處徒刑一年。立法原意是惡其有忘親之心，可證明父祖對於財產權的所有權及支配權，在父祖死時才消滅。子孫在父祖未死以前，縱使已成年、已結婚、或已生有子女、已有職業、已獲得公民或政治上的權利，子女依然不能保有私人的財產，或別立一新的戶籍。家財是屬於父或家長的，子孫也是財產，父親是子女的所有者。[555]

親屬間的竊盜罪不同於凡人相盜，罪名與親等成反比例，關係越親，則罪刑越輕，關係越疏，則罪刑越重。盜緦麻、小功財物者，減凡人一等，大功，減二等，期親減三等。[556]

親屬如係家屬（共財親），卑幼縱令私輒用家財，亦只科以輕刑；非共財親相盜，視親疏而遞減凡盜，且不分尊卑。尊長犯卑幼，亦依親屬相盜之例。何以侵財犯，處以輕刑，又不分尊卑？

立法原因主在維護家族的和睦與親愛。親屬本以親愛和睦為主，所以親屬間禁鬥毆，但若從經濟的關來看，親屬間在道義上，有患難相扶助之義務，於是親屬關係越近，互相救濟的義務則越重，且親屬相互間，有同居共財之關係，故

---

554 《唐律疏議·名例律》六、「十惡」之七。
555 《唐律疏議·戶婚律》七、「居父母喪生子」。
556 《唐律疏議·賊盜律》四十、「盜緦麻小功財物」。

爲之減輕。

2、親屬共犯

（1）必要共犯

指二親屬之共同行爲始成立之犯罪。如親屬相婚、同姓爲婚。

此種共犯，因非侵害對方，乃是侵害社會公益或善良風俗，故不分尊卑，不論首從。但結婚人之一方，有主婚人時，則可有首從。

例如，親屬相姦。性的禁忌在父系家族團體，是非常嚴格的。親屬相姦，惡其無別，行同禽獸，故從凡姦上加重。凡姦罪，常人相姦，《唐律》處徒刑。但亂倫罪，此共犯仍視其親疏，而加重其等數。親屬之關係越親，則所家之刑罰越重。

親屬間的殺傷罪，尊卑長幼的處分不同。但在姦非罪，則不分尊卑長幼，犯姦的雙方，其處分皆相同。此因親屬間的性禁忌，家族中的每一個分子，都有遵守的義務，除強姦外，男女雙方皆同坐。

若姦小功以上之親，則罪入十惡之內亂罪。父祖之妾，雖非親屬配偶，但與之通姦，亦成立內亂罪。內亂（謂姦小功以上親、父祖妾，及與和者）[557]

（2）任意共犯

指親屬共同侵害他人法益之犯罪。原則上只坐尊長，但侵害個人法益（如毆傷殺、盜詐、恐喝、誣告），則依首從論。

---

[557]《唐律疏議・名例律》六、「十惡」之十。

　　若屬侵害國家法益之行政、民事犯性質之犯罪，如家人相冒度關、脫漏戶口、私入道。止坐家長，卑幼無罪。尊長謂男夫，婦女爲尊長時，仍坐男卑幼。[558]

3、違法阻卻事由

　　《唐律》有時因家族倫理之觀念，而爲違法阻卻之事由。如：

　　（1）正當防衛

　　祖父母、父母爲人所毆擊，子孫即毆擊之，非折傷者，勿論。[559]

　　（2）依法令之行爲

　　《唐律》承認父祖對子孫有懲戒權。

　　子孫違反教令（謂可從而違），而祖父母、父母過失殺者，各勿論。[560]

4、親屬處罰上之特例

　　（1）緣坐及連坐

　　《唐律》基於家族主義及親屬一體之觀念，己身雖未犯罪，但由於與正犯有一定之身分關係，於是受到處罰。古律稱爲「族刑」，《唐律》稱爲「緣坐」。

　　緣坐指正犯的親屬或家屬亦被處罰，而連坐指正犯的同職或伍保負連帶責任。

　　①緣坐

　　Ⅰ、應緣坐之犯罪

---

558 《唐律疏議·名例律》四二、「共犯罪造意爲首」。
559 《唐律疏議·鬥訟律》三四、「祖父母爲人毆擊」。
560 《唐律疏議·鬥訟律》二八、「毆詈祖父母父母」。

（Ⅰ）謀反及大逆：《唐律疏議》曰：「謀反、大逆，罪極誅夷，污其室家，除惡務本。」謀反及大逆者，皆斬。父、子年十六以上，皆絞。十五以下，及母女、妻妾、祖孫、兄弟姊妹、老部曲、資財、田宅，並沒官。伯叔父母、兄弟之子，皆流三千里，不限籍之同異。即雖謀反，詞理不能動眾，威力不足率人者，亦皆斬。父子、母女、妻妾，並流三千里。資財不在沒限。[561]

（Ⅱ）謀叛已上道：謀叛者，絞。已上道者，皆斬。妻子流二千里。若率眾百人以上，父母、妻子，流三千里。亡命山澤，不從追喚者，以謀叛論。其抗拒將吏者，以已上道論。[562]

（Ⅲ）征討告賊消息：諸密有征討，而告賊消息者，斬。妻子流二千里。[563]

（Ⅳ）殺一家非死罪三人及支解人：諸殺一家非死罪三人，及支解人者，皆斬。妻子流二千里。[564]

（Ⅴ）造畜蠱毒：諸造畜蠱毒（謂造合成蠱，堪以害人者。）及教令者，絞。

造畜者同居家口雖不知情，皆流三千里。造畜者雖會赦，並同居家口，及教令人，亦流三千里。[565]

其中以謀反及大逆，緣坐人之範圍最廣，包括父母、子女、祖孫、兄弟姊妹、妻妾、子之妻妾、伯叔父、兄弟之子。

561 《唐律疏議·賊盜律》一、「謀反大逆」。
562 《唐律疏議·賊盜律》四、「謀叛」。
563 《唐律疏議·擅興律》九、「征討告賊消息」。
564 《唐律疏議·賊盜律》十二、「殺一家三人」。
565 《唐律疏議·賊盜律》十五、「造畜蠱毒」。

緣坐家口，雖已配沒，罪人得免者，亦免。[566]

緣坐非同居者，其資財、田宅不在沒限。

Ⅱ、緣坐人之屬性

（Ⅰ）已嫁者：歸夫，不從父或兄弟。

（Ⅱ）出養者：從養家，不從本生家。

（Ⅲ）聘妻未成者、入道、婚姻及收養無效者，均不追坐。

（Ⅳ）女子限於謀反、大逆，始予緣坐。婦人犯反逆者，止坐其身，其親屬不緣坐。[567]

Ⅲ、緣坐之刑

有絞、沒官及流。

②連坐

Ⅰ、同居卑幼將引他人，盜己家財物，若他人殺傷人者，卑幼縱不知情，亦依殺傷尊長卑幼律，從重論。

Ⅱ、犯姦而姦人殺其夫，所姦妻妾，雖不知情，亦與姦人同罪。

（2）責任阻卻事由

指犯罪已完全成立，且具有可罰性，行為人應負刑事責任。行為人若有合致構成要件的行為，且無違法阻卻之事由，則犯罪成立。但若有特殊事由（犯罪人行為以外的事實，犯罪時或犯罪後之情況，或犯罪人或犯罪行為本身之情由），從刑事政策之立場來看，亦可阻卻責任（免除其刑）。《唐律》多用「免罪」、「除罪」，或直言「免死」、「免流」、「免緣坐」，亦用「不坐」、「勿論」等字樣。

566　《唐律疏議・名例律》三二、「彼此俱罪之贓」。

567　《唐律疏議・賊盜律》二、「緣坐非同居」。

①親屬相容隱

葉公語孔子曰：「吾黨有直躬者：其父攘羊而子證之。」孔子曰：「吾黨之直者異於是：父為子隱，子為父隱，直在其中矣。」[568]

桃應問曰：「舜為天子，皋陶為士，瞽瞍殺人，則如之何？」孟子曰：「執之而已矣。」「然則舜不禁與？」曰：「夫舜惡得而禁之？夫有所受之也。」「然則舜如之何？」曰：「舜視棄天下，猶棄敝蹝也。竊負而逃，遵海濱而處，終身訢然，樂而忘天下。」[569]

儒家提倡父為子隱，子為父隱。孟子瞽瞍殺人，皋陶為法官，必依法處理，可是舜一定會棄天下竊父而逃。

中國立法受儒家思想之影響，政治上又標榜以孝治天下，寧可為孝而屈法，所以歷代法律都承認親屬相容隱的原則。《唐律》容隱的範圍很大，包括直系親屬、配偶，同居大功以上親屬，外祖父母、外孫、孫之婦、夫之兄弟、兄弟之妻。

相容隱的正面內容，係不坐罪或減刑。

《唐律疏議·名例律》第四六條「同居相為隱」曰：「諸同居，若大功以上親、及外祖父母、外孫，若孫之婦、夫之兄弟、及兄弟妻，有罪相為隱；皆勿論。即漏露其事，及替語消息，亦不坐。其小功以下相隱，減凡人三等。」

但親屬相容隱對於謀反、謀大逆、謀叛等重罪，是不適用的。可見當家族與國家、孝與忠，互相衝突而不能兩全時，

---

568 《論語·子路》。
569 《孟子·盡心上》。

《唐律》以國爲重、以君爲重、以忠爲重。

相容隱人之其他權利：

Ⅰ、代自首

犯罪未發而自首者，原其罪。即遣人代首，若於法得相容隱者爲首，及相告言者，各聽如罪人身自首法。[570]

Ⅱ、代捕罪人

捕罪人，有漏露其事，令得逃亡者，減罪人罪一等。未斷之間，能自捕得，除其罪。相容隱者爲捕得，亦同。[571]

Ⅲ、不得爲證人

《唐律》既許親屬相容隱，同時也就規定依律得相容隱的親屬，皆不得令其法庭上做證，因親屬之間，難免爲親人隱瞞，而作僞證，將受刑罰，故《唐律》禁其爲證人。此爲親屬一體觀念之體現。違者的官吏杖八十。[572]

②尊長侵犯卑幼

毆子孫之婦，過失殺者，各勿論。[573]

毆殺弟妹、及兄弟之子孫、外孫，過失殺者，各勿論。[574]

誣告子孫、外孫、子孫之婦妾及己之妾者，各勿論。[575]

③卑幼奉尊長之命

祖父母、父母令子孫別籍者，子孫不坐。[576]

570　《唐律疏議・名例律》三七、「犯罪未發自首」。
571　《唐律疏議・捕亡律》五、「捕罪人漏露其事」。
572　《唐律疏議・斷獄律》六、「八議請減老小」。
573　《唐律疏議・鬥訟律》二九、「妻妾毆詈夫父母」。
574　《唐律疏議・鬥訟律》二七、「毆兄姊」。
575　《唐律疏議・鬥訟律》四六、「告緦麻卑幼」。
576　《唐律疏議・戶婚律》六、「子孫不得別籍」。

④保安處分 —— 移鄉

「父之讎,弗與共戴天;兄弟之讎,不反兵」[577]、「凡和難,父之讎,辟諸海外;兄弟之讎,辟諸千里之外;從父兄弟之讎,不同國。」[578]

《唐律》不承認子孫報父讎,但實際上有報讎者,因此殺人應死而會赦免死者,移鄉千里之外,以避被殺家之報讎。但死者無期以上親,或先相去千里外者,則不予移鄉。移鄉論其性質,為會赦免死時之特別處分。會赦猶移鄉,屬常赦所不原的一種。其執行方法,準用流刑之法(移配、隨移),官司違者(應移鄉而不移,不應移鄉而移),亦予處罰。[579]

《唐律》另有親屬被殺而私和或不告官之罪。所以《唐律》禁止私人以實力報讎,但課以親屬「報讎義務」,必須請求公權力加以懲罰。

祖父母、父母及夫,為人所殺,私和者,流二千里。期親,徒二年半。大功以下,遞減一等。受財重者,各準盜論。雖不私和,知殺期以上親,經三十日不告者,各減二等。[580]

⑤免 刑

父祖老疾(存留養親):《唐律》規定,犯死罪非十惡,即非謀反以下,內亂以上的死罪,而祖父母父母年八十以上,老疾應侍,家無期親成丁者,得上請,由皇帝裁決。[581]

⑥緩 刑

---

577 《禮記·曲禮》。
578 《周禮·地官調人》。
579 《唐律疏議·賊盜律》十八、「殺人移鄉」。
580 《唐律疏議·賊盜律》十三、「祖父母夫為人殺」。
581 《唐律疏議·名例律》二六、「犯死罪非十惡」。

指犯罪已告確定，但因其情節，或可矜憫，或屬輕微，對於刑之執行，予以寬緩。

權留養親：犯流罪者，權留養親，不在赦例（非會赦猶流者），課調依舊。若家有進丁，及親終期年者，則從流。[582]

此係流刑之「緩配」或「緩役」，而為有家族身分人在刑罰上之特例，其要件極寬，以使子孫能盡其孝道。

⑦易　刑

指刑之易科，依現代法理言之，指裁判宣告之刑，有時因特殊事由，不能執行，或以不執行為宜，而別另定其執行刑，或以之為執行之代替，如易科罰金、易服勞役、易以訓誡。

單丁犯徒：犯徒應役，家無兼丁者，恐其家困窮，故易以加杖刑。徒一年，加杖一百二十，不居作，一等加二十。家無兼丁者，指犯罪人以外，別無他丁之謂。他丁弱係殘疾、征防或被囚禁者，亦屬無兼丁。盜及傷人者，不用此律。[583]

5、訴訟法上之效果

《唐律》實體法（刑法）、程序法（刑事訴訟法）不分。

（1）訴追條件

指犯罪已成立，且具有可罰性，但須被害人告訴，始予追訴。《唐律》中如親屬之「坐乃告」，亦即現代法律上之「告訴乃論」。

《唐律》重人倫，息訟止爭，原為維持家族秩序所必要，對簿公堂，尤為親親恩義所不取，故親屬間之犯罪，若事屬輕微，或一時疏失，則須具備訴訟要件，官府才會審理。如：

582 《唐律疏議·名例律》二六、「犯死罪非十惡」。
583 《唐律疏議·名例律》二七、「犯徒應役」。

①子孫違反教令，及供養有闕者，須祖父母、父母告乃坐。584

②夫毆傷妻，妻毆殺傷妾者，皆須妻妾告乃坐。585

③妻毆夫，須夫告乃坐。586

④妻妾詈夫之祖父母、父母者，須舅姑告乃坐。587

（2）告訴之禁止

相容隱的正面內容，係不坐罪或減刑。反面內容，則為告親屬者，科以告言罪。

因親屬一體，故五服親之間禁止相告。如：

①告祖父母、父母者，絞。（謂非緣坐之罪及謀叛以上罪而故告者）並列為「十惡」不孝之一。588

②告期親尊長、外祖父母、夫、夫之祖父母，雖得實，徒二年。其告事重者，減所告罪一等。所告雖不合論，告之者猶坐。589

③告緦麻、小功卑幼，雖得實，杖八十；大功以上，遞減一等。590

但惡性重大之犯罪，如謀反、大逆、謀叛罪，嫡繼慈母殺其父，養父母殺其本生父母，侵害財物、身體，而自理訴者（被祖父母、父母侵損者除外），則不在此限。

---

584 《唐律疏議・鬥訟律》四七、「子孫違反教令」。
585 《唐律疏議・鬥訟律》二四、「毆傷妻妾」。
586 《唐律疏議・鬥訟律》二五、「妻毆詈夫」。
587 《唐律疏議・鬥訟律》二九、「妻妾毆詈夫父母」。
588 《唐律疏議・鬥訟律》四四、「告祖父母父母絞」。
589 《唐律疏議・鬥訟律》四五、「告期親尊長」。
590 《唐律疏議・鬥訟律》四六、「告緦麻卑幼」。

（3）代訴

①代告官

強盜及殺人賊發，被害之家及同伍，即告其主司。若家人、同伍單弱，比伍爲告。當告而不告，一日杖六十。[591]

②邀車駕撾鼓訴事

邀車駕，及撾登聞鼓，若上表，以身事自理訴而不實者，杖八十。……親屬相爲訴者，與自訴同。[592]

此係非常告訴程序，親屬代訴之效力，與原告自訴同。

（四）夫　婦

1、婚　姻

婚姻的目的只在於宗族的延續和祖先的祭祀，完全以家族爲中心，不是個人的，也不是社會的，而祖先的祭祀爲最重要的目的。所以結婚具有宗教性，獨身和無嗣被認爲是一種不孝的行爲，孟子說：「不孝有三，無後爲大。」[593]

直系尊親屬，尤其是男性的直系尊親屬，有絕對的主婚權。父母的同意，在法律上成爲婚姻成立的要件。子女成年以後，縱使仕宦買賣在外，也沒有婚姻的自主權。如果自行在外訂有婚約，而父母或其他有主婚權的尊長在家裡又爲其定親，後者之成立雖晚於前者，只要前者尚未成婚，前者便屬無效，違者杖一百。[594]

---

591 《唐律疏議・鬥訟律》五九、「強盜殺人」。
592 《唐律疏議・鬥訟律》五七、「邀車駕撾鼓訴事」。
593 《孟子・離婁上》。
594 《唐律疏議・戶婚律》三九、「尊長與卑幼定婚」。

（1）婚姻成立之要件

①須非禁婚親

Ⅰ、同宗親及其妻妾：同宗親因具有血統關係，故不得
結婚，不論其有服與無服，而且不得與其妻妾結婚。《唐律》
上重者以親屬相姦論，刑重至絞刑。在民事上，予以離異（無
效）。縱爲無服親的妻妾，其被離或改嫁者，亦不得與之結
婚，且不問輩分是否相同。

Ⅱ、外姻親：外姓姻親尊卑失序者，不得結婚，不論其
爲直系或旁系，有服或無服。重者以親屬相姦論，輕者杖一
百。在民事上，予以離異。

Ⅲ、同母異父姊妹、妻前夫之女：若結婚，以親屬相姦
論，並予以離異。

②須非同姓

同姓不婚，是一個很久的傳統。

「夫昏禮，萬世之始也，取於異姓，所以附遠，厚別也」
[595]、「娶妻不娶同姓」[596]、「娶妻不娶同姓，以厚別也」[597]。

同姓未必同宗，但爲避免婦女之不育，故禁之。否則各
徒二年。並予以離異。[598]

③須非居喪

男女居父母喪而嫁娶者，徒三年。各離之。居期喪而嫁
娶者，杖一百。[599]

---

595 《禮記‧郊特牲》。
596 《禮記‧曲禮》。
597 《禮記‧坊記》。
598 《唐律疏議‧戶婚律》三三、「同姓爲婚」。
599 《唐律疏議‧戶婚律》三十、「居父母夫喪嫁娶」。

④須非祖父母、父母被囚禁中

凡祖父母、父母被囚禁，不問其所犯之罪如何，均禁止結婚。[600]

⑤責任阻卻事由

Ⅰ、諸嫁娶違律，祖父母、父母主婚者，獨坐主婚。其男女被逼，若男年十八以下，及在室之女，亦主婚獨坐。[601]

因男女婚姻，理不自由，又子孫卑幼不得違反教令，奉尊長之命，故阻卻其責任。

Ⅱ、祖父母、父母被囚禁，子孫嫁娶，若奉其命者，勿論。[602]

2、婚姻之效力（夫妻關係）

「夫爲妻綱」在《唐律》中，具有明確之反映。

「婦人從人者也，幼從父兄，嫁從夫，夫死從子。」[603]

女子出嫁時，父母戒之曰：「必敬必戒，無違夫子。」[604]

家庭分工，「男不言內，女不言外。」[605]

「男者，任也；男子者，言任天地之道，如長萬物之義也。故謂之「丈夫」。丈者，長也；夫者，扶也；言長萬物也。知可爲者，知不可爲者；知可言者，知不可官者；知可行者，知不可行者。是故，審倫而明其別，謂之知，所以正夫德者。女者，如也，女子者，言如男子之教而長其義理者

---

600 《唐律疏議·戶婚律》三一、「父母囚禁嫁娶」。
601 《唐律疏議·戶婚律》四六、「嫁娶違律」。
602 《唐律疏議·戶婚律》三一、「父母囚禁嫁娶」。
603 《禮記·郊特牲》。
604 《孟子》。
605 《禮記·內則》。

也。故謂之婦人。婦人，伏於人也。是故無專制之義，有三
從之道 —— 在家從父，適人從夫，夫死從子，無所敢自遂也。
教令不出閨門，事在饋食之閒而正矣，是故女及日乎閨門之
內，不百里而奔喪，事無獨爲，行無獨成之道。參之而後動，
可驗而後言，所以正婦德也。」[606]

「男尊女卑」，女子在三從主義之下，自生至死，可說
是皆處於從屬的地位。

在婚姻家庭上，《唐律》確定夫權的統治地位，妻應服
從夫，夫對妻有命令及懲戒權。懲戒如不逾適當範圍，夫不
坐罪，但致傷、致死者，則應處罰。反之，妻妾詈罵夫，即
加以處罰。有殺傷等行爲時，加凡人犯。與卑幼犯尊長同。

《唐律》上夫的地位如尊長，而妻的地位如卑幼。

夫妻妾相互間，以夫妻爲重，妾屬附隨之地位。夫優越
於妻妾（教令與服從），妻優越於妾。夫的地位獨立，妻妾
爲附屬於夫，夫妻妾的服制，與父子同，在夫宗則從夫（於
尊長降夫一等，於卑幼與夫同），妻妾爲夫服斬衰三年，但
夫爲妻只服期，夫於妾無服。夫妻於服喪違法或居喪嫁娶，
從喪服而科。（夫同父母，妻同期幼）夫蔭及於妻，妻妾從
夫緣坐，妻妾須隨夫移流。

夫妻與他方親屬間的身分關係，在刑事法上，仍以夫宗
爲重要，夫對於妻親及母族，只以外祖父母比較重要。

3、夫妻妾相犯

（1）夫妻相犯

---

606 《大戴禮記・本命》。

①謀殺，夫或妻被殺：夫犯時妻同期幼，妻犯時夫同父母。

②夫妻相毆者：夫毆傷妻者，妻略同於小功幼，減凡人二等。死者，以凡人論；妻毆夫，徒一年，毆傷夫時，夫同大功長，若毆傷重者，加凡鬥傷三等。死者，斬。妾犯者，各加一等。妾詈夫者，杖八十。（須夫妻妾告乃坐）

③告及誣告：夫犯妻時，妻同期幼；妻犯夫時，夫同期尊。

④夫妾相犯：夫犯妾時，比夫犯妻為輕，毆妾折傷以上，減妻二等；妾犯夫時，同妻犯夫。

⑤夫過失殺妻妾者，皆勿論。妻妾過失殺傷夫者，各減毆罪二等。

（2）妻妾相犯：大致與夫妻相犯同[607]

夫妻妾相犯。因夫對妻妾有處分權，故採雙向加減（妻妾犯夫向上加重，夫犯妻妾向下減輕）。

（3）妻妾與夫之親屬相犯

①妻妾與夫的父祖相犯：妻妾犯夫的父祖，大率同於犯期尊及夫。夫之父祖犯子孫婦，比父祖犯子孫者為重。

②妻妾與夫的期至緦麻尊長相犯：妻犯夫之尊長者，各減夫犯一等；因妻為夫宗尊長服喪，故降夫一等。妾犯者不減，因妾地位較低之故。

③妻妾與夫宗卑屬相犯：妻毆夫宗卑屬，與夫毆同，因妻為夫宗卑屬服喪。

④妻妾與夫宗幼屬相犯：毆兄妻，及毆夫之弟妹，各加凡人一等；妾犯者，又加一等。毆弟婦，減凡人一等。因女

---

607 《唐律疏議・鬥訟律》二四、「毆傷妻妾」；《唐律疏議・鬥訟律》二五、「妻毆詈夫」。

人之社會地位較低。[608]

4、夫妻妾處罰上的特例

表示夫之優越性、獨立性，妻妾之低劣性、附屬性。

（1）十惡[609]

①殺夫爲惡逆，殺妻只是不睦（妾則否）。

②賣妻入不睦（妾則否），但無妻賣夫者。

③妻妾毆及告夫，入不睦，夫犯妻則否。

④聞夫喪，匿不舉哀，若作樂，釋服從吉，及改嫁者，入不義，夫犯妻則否。《唐律疏議・名例律》六、「十惡」

（2）緣坐

夫犯緣坐之罪者，妻妾緣坐；妻妾犯者，止坐其身，夫不緣坐。

（3）流移

夫犯流應配、殺人應死而會赦免移鄉，妻妾從夫。妻犯流者，通常不獨流，而易以「留住、決杖、役三年」。婦女殺人應死而會赦免者，不予移鄉。故夫無隨妻移鄉之可能。[610]

（4）家人共犯

婦女體力弱，受制於男人，缺乏獨立性，在非侵損於人的犯罪，獨坐尊長時，婦女雖是尊長，因對外不爲家之代表，故仍獨坐男卑幼。

（5）責　付

---

608 《唐律疏議・鬥訟律》二九、「妻妾毆詈夫父母」；三一、「毆兄妻夫弟妹」；三三、「毆詈夫期親尊長」。

609 《唐律疏議・名例律》六、「十惡」。

610 《唐律疏議・名例律》二四、「犯流應役」；《唐律疏議・賊盜律》十八、「殺人移鄉」；《唐律疏議・名例律》二八、「工樂雜戶」。

責付只對婦人適用。婦人犯罪，除犯姦及死罪收禁外，其餘雜犯，責付本夫收管。如無夫者，責付有服親屬、鄰里保管，隨衙聽候，不許一概監禁。

5、離　異

（1）婚姻無效

《唐律疏議・戶婚律》第四五條「違律爲婚離正」曰：「諸違律爲婚，當條稱離之、正之者，雖會赦猶離之、正之。」

《唐律》婚姻猶離之、正之者：①父母及夫喪而嫁娶②同姓及親屬相婚③嘗爲祖免親之妻而嫁娶④強嫁守志婦。

其結果是不發生夫妻關係。

不離之者：①居期親喪而嫁娶②祖父母、父母被囚禁而嫁娶③卑幼自娶妻。

（2）婚姻之解消 ── 離婚

①七出

婚姻的目的以祖宗嗣續爲重，而無子顯然與婚姻最主要的目的相違背。《大戴禮記・本命》曰：「婦人七出，不順父母，爲其逆德也；無子，爲其絕世也；淫，爲其亂族也；妒，爲其亂家也；有惡疾，爲其不可與共粢盛也；口多言，爲其離親也；竊盜，爲其反義也。」

歷代禮法都有婦人七出的規定，但法律上規定的七出，和禮書上記載的七出，排列的次序稍有不同。《唐律》規定的婦人七出，第一出是無子。男子結婚的目的是爲「繼後世」，娶的妻室沒有生子，不但無法達成「繼後世」的目的，而且還有無後的後果。婦人無子是離婚的絕對條件。妻的年齡在五十以上，無子，才會受到七出的拘束；第二出淫佚，因淫

亂會紊亂家庭的血統，爲夫家所不容；第三是不事舅姑。這一規定完全繫於舅姑的認定；第四是多言。在古代大家庭中，言多必失，爲了維持大家庭的次序，防止家族在意見上發生衝突，通常禁止婦人多言；第五是盜竊；第六是妒嫉；第七出是惡疾。

　　三不出包括（Ⅰ）曾經和丈夫共守過公婆的三年之喪，這是爲了保全孝道而立法。（Ⅱ）糟糠之妻不去，也就是結婚貧困，發達以後就不能出她。（Ⅲ）被出的妻的家庭已經沒有人，出妻無家可歸，也不准出。

　　　「婦有三不去：有所取無所歸，不去；與更三年喪，不去；前貧賤後富貴，不去。」[611]

　　《唐律》七出的次序爲：無子、淫佚、不事舅姑、口舌、竊盜、妬忌、惡疾。妻年五十以上無子，才可被出，否則夫若出之者，徒一年半。

　　妻雖犯七出，有三不去（有所取無所歸，不去；與更三年喪，不去；前貧賤後富貴，不去。）而夫出之者，杖一百。追還合。[612]

　　②義絕

　　指夫妻的情義乖離，法律上必須離妻。

　　義絕含夫對妻族、妻對夫族的毆殺罪、姦非罪，及妻對夫的謀殺罪。

　　Ⅰ、夫

　　（Ⅰ）毆妻之祖父母、父母

611　《大戴禮記・本命》。
612　《唐律疏議・戶婚律》四十、「妻無七出」。

（Ⅱ）殺妻之外祖父母、伯叔父母、兄弟、姑、姊妹

（Ⅲ）與妻母姦。

Ⅱ、妻

（Ⅰ）毆、詈夫之祖父母、父母

（Ⅱ）毆、傷夫之外祖父母、伯叔父母、兄弟、姑、姊妹

（Ⅲ）與夫之緦麻以上親姦

（Ⅳ）夫妻之祖父母、父母、外祖父母、伯叔父母、兄弟、姑、姊妹自相殺。

有義絕之事由，經判應離而不離者，即予處罰。義絕屬強制離婚。

妻犯義絕者，離之。違者，徒一年。[613]

妻無義絕之狀而出之者，徒一年半。[614]

（3）和離（兩願離婚）

指夫妻不相安諧而和離者，法律上不處罰。[615]

（4）再嫁

夫死亡後，妻可自由改嫁，但須待夫喪期滿。「諸居父母及夫喪而嫁娶者，徒三年。妾減三等。各離之。知而共為婚姻者，減五等；不知者，不坐。」[616]

（五）繼　承

《禮記・曲禮》稱「支子不祭」、「祭必告於宗子」。

613　《唐律疏議・戶婚律》四一、「義絕離之」。
614　《唐律疏議・戶婚律》四十、「妻無七出」。
615　《唐律疏議・戶婚律》四一、「義絕離之」。
616　《唐律疏議・戶婚律》三十、「居父母夫喪嫁娶」。

所謂支子，即係庶子，宗子即係嫡子，在常例支子不能主祭，惟宗子有疾，支子方可代攝，但須告知宗子。

關於繼承，《唐律》採嫡長主義，以嫡長子爲唯一之繼承人。立嫡違法者，徒一年。嫡妻年五十以上，無子者，才得立庶以長。不以長者，亦如之。[617]

非正嫡，不應襲爵而詐承襲者，徒二年。[618]

嫡子通常指正妻所生的男子而言，而庶子則指妾所生之男子。但有時嫡子只指嫡妻之長子而言，庶子則爲嫡長子之眾弟（包括妾子）之總稱。

《唐律》基於禮教倫常之立法，故其家族主義思想濃厚。十惡中，親屬相犯占其三：惡逆、不孝、不睦，又妻妾犯夫爲不義，親屬相姦爲內亂。五流內，有不孝流及子孫犯過失流，不准減贖，除名、配流如法。

三、儒家「禮」思想之階級主義在《唐律》中之體現

儒家之「禮」思想主張階級主義，不同身分地位的人，有不同的權利義務，而階級、身分地位越高的人，所享有之特權就越多。

「少事長，不肖事賢，是天下之通義。」[619]「天子山冕，諸侯玄冠，大夫裨冕，士韋弁。天子御琬，諸侯御荼，大夫

617　《唐律疏議・戶婚律》九、「立嫡違法」。
618　《唐律疏議・詐僞律》十、「非正嫡詐承襲」。
619　《荀子・仲尼》。

服笏」、「天子彤弓，諸侯彤弓，大夫黑弓，皆禮也」[620]。
「名位不同，禮亦異數」[621]

　　《唐律》中之階級主義，則表現在皇帝、官人、良賤、主賤等方面：

（一）皇　帝

　　「禁忌思想」是指對某種人物應「敬而遠之」，否則易罹患災禍，世界上不論何種民族都有這種思想，但在《唐律》上，對皇室的禁忌則最為嚴厲。

1、侵犯皇帝、皇權

　　在古代王朝專制的政體中，皇帝是國家最高的權威，其之權力至高無上，其之意志就是法律，臣子只是他執行法律的工具。為了確保皇室的權力和地位，《唐律》作了嚴格的規定。凡屬違反「君為臣綱」，危害皇帝地位的犯罪，均屬罪大惡極，處以最嚴厲的刑罰。

　　（1）謀反、謀大逆

　　謀反指謀危社稷，謀大逆指謀毀宗廟、山陵及宮闕。[622]

　　謀反就是謀危社稷，與現行刑法分則第一章內亂罪的「圖謀顛覆政府」，和懲治叛亂條例的叛亂犯相當。宗廟是皇帝的祠堂，山陵是皇帝阻祖先的陵墓，官闕是皇帝上廟、辦公和居住的處所。《唐律》認為死去皇帝的陵廟，也是神聖不可侵犯的。

620　《荀子・大略》。
621　《左傳・莊公十八年臧宣叔語》。
622　《唐律疏議・名例律》六、「十惡」。

謀反及大逆者，皆斬。父、子年十六以上，皆絞。十五以下，及母女、妻妾、祖孫、兄弟姊妹，若部曲、資財、田宅，並沒官。男夫年八十及篤疾，婦人年六十及廢疾者，並免。伯叔父母、兄弟之子，皆流三千里，不限籍之同異。

即雖謀反，詞理不能動眾，威力不足率人者，亦皆斬。父子、母女、妻妾，並流三千里。資財不在沒限。其謀大逆者，絞。[623]

（2）謀　叛

指謀背國從僞[624]。

謀叛者，絞。已上道者，皆斬。妻子流二千里。若率眾百人以上，父母、妻子，流三千里。即亡命山澤，不從追喚者，以謀叛論。其抗拒將吏者，以已上道論。[625]

謀叛與現行刑法分則第二章的外患罪相當。

（3）大不敬[626]

（4）盜大祀神御之物、乘輿、服御物

①盜大祀神御之物者（謂供神御者，帷帳，几杖亦同。），流二千五百里。[627]

②盜乘輿、服御物者（謂供奉乘輿之物、服通、衾茵之屬，真、副等；皆須監當之官，部分擬進，乃爲御物），流二千五百里。[628]

《唐律疏議・賊盜律》一、「謀反大逆」。
624 《唐律疏議・名例律》六、「十惡」。
625 《唐律疏議・賊盜律》四、「謀叛」。
626 《唐律疏議・名例律》六、「十惡」之六。
627 《唐律疏議・賊盜律》二三、「盜大祀神御物」。
628 《唐律疏議・賊盜律》二四、「盜御寶」。

（5）盜及偽造御寶

①盜御寶者，絞。[629]

②偽造皇帝八寶者，斬。太皇太后、皇太后、皇后、皇太子寶者，絞。皇太子妃寶，流三千里。[630]

（6）合和御藥，誤不如本方，及封題誤

合和御藥，誤不如本方，及封題誤者，醫絞。料理、揀擇不精者，徒一年。[631]

（7）若造御膳，誤犯食禁

造御膳，誤犯食禁者，主食絞。若穢惡之物，在飲食中，徒二年。[632]

（8）御幸舟船，誤不牢固

請御幸舟船，誤不牢固，工匠絞。若不整飾，及闕少者，徒二年。[633]

（9）指斥乘輿，情理切害

指斥乘輿，情理切害者，斬。非切害者，徒二年。[634]

（10）對捍制使而無人臣之禮

對捍制使，而無人臣之禮者，絞。[635]

（11）上書奏事犯諱

諸上書若奏事，誤犯宗廟諱者，杖八十。口誤，及餘文

629　《唐律疏議‧賊盜律》二四、「盜御寶」。
630　《唐律疏議‧詐偽律》一、「偽造皇帝寶」。
631　《唐律疏議‧職制律》十二、「合和御藥」。
632　《唐律疏議‧職制律》十三、「造御膳犯食禁」。
633　《唐律疏議‧職制律》十四、「御幸舟船」。
634　《唐律疏議‧職制律》三二、「指斥乘輿」。
635　《唐律疏議‧職制律》三二、「指斥乘輿」。

書誤犯者，笞五十。即為名字觸犯者，徒三年。[636]

（12）告發之義務

《唐律》不論民案與刑案，大率由當事人訴追。第三人亦得告發刑案。而特殊之犯罪，一般人則具有告發之義務，屬「公眾的訴追」，如知謀反及大逆者，應密告隨近官司。不告者，絞。知謀大逆、謀叛不告者，流二千里。知指斥乘輿及妖言不告者，各減本罪五等。[637]

（13）特殊之犯罪型態

①危險犯

《唐律》採客觀、實害主義，故犯罪原則上以發生結果為要件（實質犯），但事關皇帝或官府，以及行政犯，則以有侵害發生之虞為其內容（危險犯），以有行為即可。如闌入太廟門及山陵兆域門者，徒二年。[638]

闌入宮門者，徒二年；殿門，徒二年半，持仗者各加二等。[639]

②陰謀犯

指未達預備之行為階段。如口陳欲反之言，心無真實之計，而無狀可尋者，流二千里。[640]

③預備犯

預備，指未著手的行為階段，《唐律》通常用「謀」字，如謀大逆、謀反、謀叛。《唐律》原則上不處罰預備犯。

---

636 《唐律疏議·職制律》二五、「上書奏事犯諱」。
637 《唐律疏議·鬥訟律》三九、「密告謀反大逆」。
638 《唐律疏議·衛禁律》一「闌入太廟門」。
639 《唐律疏議·衛禁律》二、「闌入宮門」。
640 《唐律疏議·賊盜律》三、「口陳欲反之言」。

④過失犯

過失犯處罰之根據，因行爲人違反注意義務。《唐律》過失殺傷人條本注：「耳目所不及，思慮所不到。」

《唐律》處罰過失犯，尤其是對皇帝、三后及皇太子的誤犯。且不准贖。而凡人犯過失罪，向來可以銅贖。

⑤未遂犯

《唐律》大率冠以「未」或「不」來表示未遂犯，《唐律》主要處罰實害犯，甚少處罰未遂犯，但侵犯皇家時，過失犯有時亦處罰未遂，如合和御藥誤不如本方、造御膳誤犯食禁、御幸舟船誤不牢固，而過失殺傷凡人，須有死傷之結果乃坐。

⑥共　犯

《唐律》之共犯罪，採「擴張的正犯概念」，指凡對實現構成要件的結果，爲共同行爲者，即爲共犯。共犯罪分首從，以造意者爲首（非教令，指共同犯罪而唱首先言，並分擔實行行爲之人），隨者爲從。首犯一人坐全形，餘人並減一等。但謀反、謀大逆、謀叛（未上道者除外）不分首從。

2、恩　赦

指皇帝以其恩赦權，原免或降刑之制。在國家有慶典（如登極、改元、冊立皇太子），或有災異時，頒詔而施行。

（1）種類

①赦

包括應予免減的罪名、赦免或降刑。

②常赦

恩赦又有一般與特別之分。特赦，如先請或八議人犯死

罪；八十以上、十歲以下及篤疾者，犯謀反、大逆，殺人應死者，俱上請而聽敕裁（大率因此而免死）。

恩赦有時限於某地方施行者，稱爲曲赦，但通常是赦天下。恩赦，唐稱爲「會赦降」或「遇恩」。

（2）內容

已經赦免者，不得以赦前之事相告言。以赦前事相告言者，以其罪罪之；官司受理者，以故入人罪論。至死者，各加役流。[641]

赦前斷罪不當者，若處輕爲重，宜改從輕。處重爲輕，即依輕法。其常赦所不免者（謂雖會赦，猶處死及流，如除名、免所居官，及移鄉者。）依常律。即赦書定罪名，合從輕者，又不得引律比附入重。違者，各以故失論。[642]

聞知恩赦而故犯，及犯惡逆，若部曲、奴婢毆及謀殺若強姦主者，皆不得以赦原。即殺小功尊主、從父兄姊，及謀反、大逆者，身雖會赦，猶流二千里。[643]

官司聞知有恩赦，而故論決者，以故入人罪論；其常赦所不原者，不在此限。[644]

（3）常赦所不原

恩赦雖對一般犯罪爲之，但惡性重大之犯罪，則不予赦原。其型態：

①刑

---

641 《唐律疏議‧鬥訟律》五三、「以赦前事相告」。
642 《唐律疏議‧斷獄律》二十、「赦前斷罪不當」。
643 《唐律疏議‧斷獄律》二一、「聞知恩赦故犯」。
644 《唐律疏議‧斷獄律》十九、「官司出入人罪」。

Ⅰ、犯惡逆，部曲、奴婢毆及謀殺或強姦主者，會赦猶處死。

Ⅱ、殺小功尊主、從父兄姊，及謀反、大逆者，身雖會赦，猶流二千里。

Ⅲ、造畜蠱毒者，雖會赦，並同居家口及教令人，猶流三千里。

②從刑

Ⅰ、犯十惡、故殺人、反逆緣坐，獄成者，雖會赦猶除名。

Ⅱ、監臨主守於所監守內，犯姦、盜、略人，或受財而枉法者，本應除名，但獄成而會赦者，仍免所居官。

③易以保安處分

殺人應死，會赦免者，則移鄉千里之外。

④改正、徵收

會赦應改正、徵收，經責簿帳而不改正、徵收者，各論如本犯律。[645]

3、侵犯皇家親屬

毆傷殺皇家祖免以上親者，視其親疏，從凡人犯上加重。傷害皇家親屬，不可輕犯，若加毆殺，《唐律》採加重主義，按被殺或被傷害的皇家親屬與皇帝的親疏關係來治罪。服制越親，則加重的程度則越重。毆皇家祖免親者，雖無傷，亦徒一年，有傷，徒二年，重傷者，加凡鬥二等，若為緦麻、小功、大功、期親，又各遞加一等，死者斬。[646]

皇家親屬處罰上之特例：《唐律》富於道德，重視名分，

---

645 《唐律疏議·名例律》三六、「會赦改正徵收」。
646 《唐律疏議·鬥訟律》十四、「皇家祖免以上親」。

故依犯人之特別身分，而用不同之刑罰；皇帝、太皇太后及皇后一定範圍的親屬，郡主、縣主之夫及子，品官之妻及子孫，在《唐律》上享有各種的恩典，《唐律》稱為「蔭」。即指犯罪之人，因與某類人有親屬關係，遂得減輕其刑，階級之地位越高，所能蔭親屬的範圍就越廣，蔭的內容也就越優厚。

皇家和官吏在法律上是特權階級，他們的家屬也在他們的庇蔭之下，也獲得高於平民的法律地位。所以在刑罰上，有著許多之特例。

（1）議者

八議之「議親」，包括皇帝袒免以上親，太皇太后、皇太后緦麻以上親，皇后小功以上親。

皇帝袒免以上親，太皇太后、皇太后緦麻以上親，皇后小功以上親，犯死罪，皆條所坐及應議之狀，先奏請議，議定，奏裁。流罪以下，減一等。

但其犯十惡者，不用此律。[647]

（2）請者

皇太子妃大功以上親，犯死罪者，上請。但其犯十惡，反逆緣坐，殺人，監守內姦、盜、略人，受財枉法者，不用此律。[648]

（3）減者

皇帝袒免以上親，太皇太后、皇太后緦麻以上親，皇后

647 《唐律疏議‧名例律》八、「八議者」。
648 《唐律疏議‧名例律》九、「皇太子妃」。

小功以上親、皇太子妃大功以上親，犯流罪以下，減一等。[649]

（4）贖者

諸應議、請、減者犯流罪以下，聽贖。[650]

此係因一定家族身分關係而得易刑，即流罪以下，易為贖銅。

（5）拷訊之禁止

諸應議、請、減，並不合拷訊，皆據眾定罪。違者，以故失論。[651]

（二）官人（官吏）

官人分為官職與官品，一定的官職須有一定官品，但有官品之人，未必皆有一定之職守。職事官分為監臨主守與非監臨。監臨官係統攝、案驗之官；主守者，為躬親保典之官。官品於官人相犯與處罰，有其用處。官職則於官人特有之犯罪、瀆職罪、官人相犯、共犯及處罰，有其意義。

1、官人犯罪

官人犯罪區別為公罪與私罪。《唐律》，同職分為四等官：長官、通判官、判官及主典，同職內有人犯公罪者，各以所由為首，其餘之官，節級減一等，連署官連坐；同職有私，連坐之官，不知情者，以失論。[652]

諸公事失錯，自覺舉者，原其罪。應連坐者，一人自覺

649　《唐律疏議‧名例律》八、「八議者」。
650　《唐律疏議‧名例律》一一、「應議請減」。
651　《唐律疏議‧斷獄律》六、「八議請減老小」。
652　《唐律疏議‧名例律》四十、「同職犯公坐」。

舉者，餘人亦原之。[653]

官吏犯公罪者，大致刑比較輕，且處罰上亦有特例。《唐律》之官當，一官次當徒刑之年數，公罪比私罪多。

（1）官人相犯

行為主體及於庶人（部民），客體及於職官的一定親屬。

①職官[654]

分為吏卒、佐職、官長三級。其相毆殺，下犯上者加凡人罪，上犯下者則不減輕（單向加重，只向一邊加重，通常以最下級犯上級者，為其之基準，節級加重其刑；反之，上級犯下級，則不減輕。故又可稱為向上加重）。

官人相犯，由於敬上，且上官對下官（及於庶人）並無處分權（支配權）。故只向上加重，且為規則加重。

Ⅰ、官長中，刺使、縣令，為親民官，若部民犯之，加重凡人犯。

Ⅱ、奉制出使而所在官吏毆制使者，同毆地方長官之法。

Ⅲ、謀殺制使、地方長官，吏卒謀殺本部五品以上長官者，從凡人謀殺加重。

Ⅳ、對捍制使而無人臣之禮者，入十惡（大不敬）。

Ⅴ、殺地方長官者，列入十惡（不義）。

Ⅵ、部民毆傷刺使、縣令之祖父母、父母、妻子時，同「吏卒毆傷佐職」之法。

②品官

分為議貴（文武職事官三品以上、散官二品以上、爵一

653　《唐律疏議・名例律》四一、「公事失錯」。
654　《唐律疏議・鬥訟律》第十一至十八條。

品者）、五品以上（自五品至非議貴）、九品以上（自六品至九品）、流外官以下（勳品以下及於庶人）四級。同級相犯者，各同凡鬥論；下級犯上級者，每一級原則上遞加二等（規則加重）

　　毆擊官吏，不可輕恕，《唐律》亦採加重主義，毆擊之官品越高，所加之刑則越重。下級犯上級者，加凡毆傷；而上級犯下級者，不予減輕（單向加重），上官係品官且為職官者，予以累加。

　　（2）官人及其親屬處罰上之特例

　　官人原則上不科以真刑（刑不上大夫），而予以各種恩典（官典），且及於其親屬（蔭典）之懲戒處分（有犯以禮責之）。

　　真刑指決死、奴役（真配、真役，即流、徒）及苦其身（杖、笞）之刑，即對生命、身體、自由所加之刑。

　　贖刑指以財產（銅）或名譽（官爵）如官當贖真刑。官人及於其親屬按其高低，受議、請、減、贖等四級不同的恩典，以以官或銅贖主刑以代替真刑。

　　《唐律》不分刑事與行政裁判，行政仍具刑事之性質。相當於現代之行政懲戒處分者，有官當與除免，通常為從刑。

　　有官而應除免官當者，仍從除免官當法。處以除名、免官或免所居官之從刑，官人犯徒、流罪時，若合於官當的條件，原則上以官當罪，但杖、笞刑准贖。

　　①議者

　　《周禮·秋官》有八辟之制，而《唐律》有八議之制。

八議在官人之部分包括[655]：

　Ⅰ、議故：謂故舊，宿得侍見，特蒙接遇歷久者。

　Ⅱ、議賢：謂有大德行，賢人君子，言行可爲法則者。

　Ⅲ、議能：謂有大才業，能整軍旅、莅政事，鹽梅帝道，師範人倫者。

　Ⅳ、議功：謂有大功勳，能斬將搴旗、摧鋒萬里，或率眾歸化，寧濟一時，匡救艱難，銘功太常者。

　Ⅴ、議貴：謂職事官三品以上，散官二品以上，及爵一品以上。

　Ⅵ、議勤：謂有大勤勞，大將吏恪居官次，夙夜在公，若遠使絕域，經涉險難者。

　Ⅶ、議賓：謂承先代之後，爲國賓者。

　諸八議者，犯死罪，皆條所坐及應議之狀，先奏請議，議定，奏裁。其犯十惡者，不用此律。[656]

　②請者

　應議者期以上親及子孫，若官爵五品以上，犯死罪者，上請。其犯十惡者，反逆緣坐，殺人，監守內姦、盜、略人，受財枉法者，不用此律。[657]

　這些特權階級，不受司法機構及普通法律程序的拘束，法司不能依法逮捕他、審問他，更不能判決他的罪名。這些人只受最高主權－皇帝的命令，只有他才能命令他的法官審問他，宣判其罪名。這種辦法是非常富於彈性的，懲罰與否，

655　《唐律疏議・名例律》七、「八議」。
656　《唐律疏議・名例律》八、「八議者」。
657　《唐律疏議・名例律》九、「皇太子妃」。

都取決於皇帝個人的意志。

③減者

八議者，應議者期以上親及子孫，若官爵五品以上，犯流罪以下，減一等。七品以上之官，及官爵得請之祖父母、父母、兄弟姊妹、妻子、孫，犯流罪以下，各從減一等之例。[658]

④贖者

諸應議、請、減及九品以上之官，若官品得減之祖父母、父母、兄弟姊妹、妻子、孫，犯流罪以下，聽贖。若應以官當者，自從官當法。五品以上妾，犯非十惡者，流罪以下，聽以贖論。犯五流（加役流、反逆緣坐流、子孫犯過失流、不孝流、會赦猶流）者，各不得減贖，除名，配流如法。[659]

於期以上尊長、外祖父母、夫、夫之祖父母，犯過失殺傷應徒者，故毆人至廢疾而流者，男夫犯盜、婦人犯姦者，不得減贖，有官爵者，仍從除免當贖法。[660]

（3）官當

《唐律》，品官犯刑為徒流之罪，可以官爵折抵罪刑，官爵越高，所折抵的刑就越多。

官當指以官當徒、流行，一年後降先品一等敘官（降一等，停用一年），為從刑。

官當為普通法，除免為特別法。所以應除名、免官或免所居官者，不論主刑為杖、笞、徒、流，皆應無條件予以除免。

①官當之機能

---

658 《唐律疏議・名例律》十、「七品以上之官」。
659 《唐律疏議・名例律》一一「應議請減」。
660 《唐律疏議・名例律》一三、「五品以上妾有犯」。

Ⅰ、以官贖刑

Ⅱ、施以懲戒處分。

②官當徒刑之年數

Ⅰ、私罪：五品以上官，以一官當徒二年；九品以上官，當徒一年。

Ⅱ、公罪：依照私罪各加一年當。三流同比徒四年。公罪所能折抵的刑期較長，因公罪之道德性、家族性、階級性之色彩，較為淡薄。

③以官當流刑者，三流同比徒四年。

④官當之順序

官人有二種官時，先以職事官、散官、衛官等高者官當，後以勳官當。若有餘罪及更犯者，聽以歷任官當罪。

⑤罪輕不盡其官

則留官收贖，如五品官犯私罪徒二年，但依律減一等為徒一年半，但五品官得以官當徒二年，故得留官而以銅贖徒一年半。

（4）官少不盡其罪

則餘罪收贖，如八品官犯私罪徒一年半，因只能當徒一年，故除去官外，須以銅贖半年徒。[661]

（5）除免

為除名、免官、免所居官之總稱。除名罪最重，其次免官，免所居官最輕。除免係褫奪其官，性質上屬名譽刑（懲戒處分），為從刑。官人犯除免之罪者，仍論其主刑，但官

---

[661]　《唐律疏議・名例律》十七、「以官當徒」；《唐律疏議・名例律》二二、「以官當徒不盡」。

人原則上不科真流徒刑，而得以官或銅贖罪。刑輕而得以官當盡，則僅予除免；刑重而不能以官當盡，則就其當不盡之刑，以銅收贖。故除免係爲官當及贖銅之補充處罰。應予除免的犯罪：

①除名

除名指官爵悉除，比徒三年，六年後依出生法聽敍，其罪名與內容[662]：

Ⅰ、十惡、故殺人、反逆緣坐，獄成者，雖會赦，猶除名。

Ⅱ、反逆緣坐流、不孝流、會赦猶流，此三流雖會赦猶除名。

Ⅲ、監臨主守，於所監守內犯姦、盜、略人及受財而枉法者，亦除名。獄成會赦者，免所居官。會降者，同免官法。

Ⅳ、雜犯死罪，縱在禁身死，若免死別配，及背死逃亡者，並除名。

Ⅴ、除名者，官爵悉除，課役從本色；六載之後聽敍，依出生法。

②免官

免官指免其二種官（職散官與勳官），爵不除，比徒二年，三年後，降先品二等敍官。其罪名與內容[663]：

Ⅰ、犯姦、盜、略人及受財而不枉法。

Ⅱ、犯流、徒、獄成逃走。

662　《唐律疏議‧名例律》十八、「十惡反逆緣坐」；《唐律疏議‧名例律》二一、「除名者」。

663　《唐律疏議‧名例律》十九、「姦盜略人受財」；《唐律疏議‧名例律》二一、「除名者」。

Ⅲ、祖父母、父母犯死罪被囚禁，而作樂及婚娶者。

Ⅳ、免官者，三載之後，降先品二等敘。

③免所居官

指若居二種官，則免其職散官；只居一種官，則免該官，即免所居之一種官，爵不除，比徒一年，一年後，降先品一等敘官。其罪名與內容[664]：

Ⅰ、府號、官稱，犯父祖名而冒榮居之。

Ⅱ、祖父母、父母，老疾無侍，委親之官。

Ⅲ、在父母喪，生子及娶妾，兄弟別籍異財及冒哀求仕者。

Ⅳ、免所居官，期年之後，降先品一等敘。若官盡未敘，更犯流以下罪者，聽以贖論。

2、禁止拷訊

諸應議、請、減，並不合拷訊，皆據眾定罪。違者，以故失論。[665]

3、「蔭」典之例外

官吏可以蔭及親屬，原是國法對於特殊階級的一種推恩，基於骨肉慈孝之心，所以推恩是一種家族主義的具體表現。但若弟子藉尊長（祖父母、父母、伯叔父母、姑、兄姊）之蔭而犯所蔭之尊長，或藉旁系親屬之蔭而犯旁系親屬之祖父母、父母，或毆、告大功尊長、小功尊屬者，如此，則與蔭的立法原意完全相反，有失慈孝之心，因此，在此情況之

664　《唐律疏議・名例律》二十、「府號官稱」；《唐律疏議・名例律》二一、「除名者」；《唐律疏議・名例律》二三、「除名比徒三年」。

665　《唐律疏議・斷獄律》六、「八議請減老小」。

下，則不得爲蔭。[666]

　　《唐律》之立法對於家族主義及倫常反覆注意，一方面體念骨肉孝慈之恩，使家屬得到庇蔭，一方面又能顧慮到利用蔭的漏洞，可能造成違反倫常的行爲，可見《唐律》的立法，非常周到且精密。

（三）賤　民

　　《唐律》有賤民、良民階級之分。賤民分爲官賤與私賤二種。

　　①官賤：有奴婢、官戶、雜戶、工樂戶、太常音聲人五種。

　　②私賤：有奴婢、部曲二種。

　　奴婢對於主人具有完全的人身依附關係，可以買賣、轉讓，每一個人奴婢都有一張具有法律效力的契券，作爲賣身的契約掌握在主人手裏，主人握有它，就擁有了對該奴婢的所有權。主僕之間總是尊卑分明。主人和奴婢屬於兩個不同的社會等級，主人高貴，奴婢卑賤，前者是後者的所有者，後者是前者的私有財產。部曲就是軍隊中的編制。在西漢，大將的車營共分五部，部下有曲，曲下有屯。唐代的部曲比奴婢只高一級，這是由於法律上部曲不是資財的緣故，地位比漢人低。

　　官私奴婢及官戶，係半人半物。其具人格之一面者，如良民傷殺賤民時，亦予處罰；侵害其財務，誣告或匿名告賤民，同凡人法。強盜殺傷人者，奴婢亦同良人。諸官戶、部

曲、官私奴婢有犯，本條無正文者，各准良人。[667]

　　為物之一面，《唐律》大率以奴婢視同資產或畜產（如反逆沒官）；略和誘奴婢，視同強竊盜；妄認或錯認奴婢，視同妄認或錯認他人財物；殺一家非死罪三人（入不道），部曲、奴婢不在其內；買賣及質債奴婢，不為罪。

　　諸以私財物、奴婢、畜產之類，餘條不別言奴婢者，與畜產、財物同。[668]

1、良賤及主賤相犯

　　（1）良賤相犯

　　①侵身犯

　　良賤相毆，分為三級：由上至下分別為良民、部曲及官戶、官私奴婢。下犯上遞加凡人一等，上犯下遞減凡人一等。（雙向、規則加減）侵身犯與人格有關，故分階級而加減。

　　奴婢毆良人傷重（折跌支體，及瞎其一目）者，絞。死者，各斬。但良人只故意殺部曲時，才處絞刑；若殺奴婢，亦只流三千里。[669]

　　②侵財犯

　　除竊盜、強盜、詐欺、恐喝（恐嚇）等，皆同凡人法，無階級之分。

　　（2）官賤犯本部官人

　　官賤中工樂戶、官戶、奴婢，謀殺本司五品以上長官，加凡人謀殺罪。其毆傷長官及佐職，亦加凡人罪。罵長官者，

667　《唐律疏議·名例律》四十七、「官戶部曲」。
668　《唐律疏議·賊盜律》四十三、「私財奴婢貿易官物」。
669　《唐律疏議·鬥訟律》十九、「部曲奴婢良人相毆」。

亦予處罰。長官、佐職謀殺、毆傷官戶、奴婢者，減一、二等。

（3）家賤與主及其有服親相犯

①主賤相毆傷殺

Ⅰ、現主賤相毆傷殺

《唐律》上，凡同籍良口以上而合有財分者，並皆為主。主賤關係，因具有支配服從關係之而成立。主賤相親身犯，原則上同父祖子孫相侵身之例。部曲、奴婢，嘗傷及主者，流；過失殺主者，絞；謀殺者，皆斬。奴婢有罪，其主不請官司而殺者，杖一百。無罪而殺者，徒一年。主毆部曲至死者，徒一年。故殺者，加一等。

主賤相犯，因主賤之階級地位懸殊，家主對家賤有處分權及懲戒權，故採取雙向加減。

Ⅱ、舊主賤相毆傷殺

主賤關係延長至被解放之後，《唐律》有「舊主、部曲奴婢」關係。部曲、奴婢經原主放為良，及自贖免賤者，稱其原主為舊主。舊私賤對於舊主，因「顧有宿恩」，仍具主賤關係，故其相毆，亦加減凡人法，但其等數比主賤相毆少。但部曲、奴婢若被轉賣或自理訴而脫離賤民身分者，其恩義已絕，不為舊主賤，其相犯，則依凡人法。

部曲、奴婢嘗舊主者，徒二年。過失殺傷者，依凡論。毆者，流二千里。傷者，絞。殺者，皆斬。

而主毆舊部曲，奴婢折傷（重傷）以上，部曲減凡人二等，奴婢又減二等。

②主之親屬與家賤之相毆傷殺

主賤關係擴及於主之親屬，故家賤與主之親屬之相毆傷

殺，亦視主與其親屬的親疏，節級加減，但加減的等數，比主賤相犯少。

毆主之緦麻親，徒一年；傷重者，各加凡人一年。小功、大功，遞加一等。

詈主之期親及外祖父母者，徒二年。毆及謀殺者，絞。已傷者，皆斬。過失殺者，減毆罪二等；傷者，又減一等。

奴婢有罪，其主之期親及外祖父母不請官司而殺者，杖一百。無罪而殺者，徒一年。毆部曲至死者，徒一年。故殺者，加一等。其有愆犯，決罰致死，及過失殺者，各勿論。

毆緦麻、小功親部曲、奴婢，折傷以上，各減殺凡人部曲、奴婢二等。大功，又減一等。

③責任阻卻事由[670]

Ⅰ、奴婢、部曲有愆犯，主及其之期親及外祖父母決罰致死，及過失殺者，各勿論。

Ⅱ、主過失殺舊奴婢、部曲者，各勿論。

Ⅲ、以過失殺緦麻、小功親部曲、奴婢者，各勿論。

2、良賤、主賤共犯

《唐律》禁止良賤結婚、收養，通姦則加減凡姦罪。此係為維持階級制度而設。良賤共犯為必要共犯。

（1）良賤相婚

①良賤不得相婚

---

670 《唐律疏議・賊盜律》七、「部曲奴婢殺主」；《唐律疏議・鬥訟律》二十、「主殺有罪奴婢」；《唐律疏議・鬥訟律》二一、「毆部曲死決罰」；《唐律疏議・鬥訟律》二二、「部曲奴婢過失殺主」；《唐律疏議・鬥訟律》二三、「毆緦麻親部曲奴婢」；《唐律疏議・鬥訟律》三六、「部曲奴婢詈舊主」。

雜戶與良人爲婚，官戶娶良人女者，均杖一百。良人娶官戶女者，加二等。以奴婢私嫁女，與良人爲妻妾者，準盜論。均予以離異、改正。[671]

與奴娶良人女爲妻者，徒一年半。女家，減一等。離之。其奴自娶者，亦如之。妄以奴婢爲良人，而與良人爲夫妻者，徒二年。奴婢自妄者，亦同。各還正之。[672]

②官吏不得娶部民

監臨之官，娶所監臨女爲妾，或爲親屬娶者，均杖一百。其在官非監臨者，減一等。女家，不坐。各離之。[673]

（2）良賤相養

養親與養子須同其身分，爲《唐律》收養成立要件之一。《唐律》禁止良民收養雜戶、部曲、客女或奴婢。[674]

①良民養雜戶男者，徒一年半；養女，杖一百。

②良民養部曲及奴，杖一百。

③良民養官戶男，徒二年；養女，徒一年。

以上各項皆改正。但無主及主自養者，則聽從良。（3）賤、主賤相姦

①良賤相姦

部曲、雜戶、官戶姦良女，徒二年，有夫者，徒二年半（加凡姦一等）；官私奴姦良女，徒二年半（加凡二等）。而良男姦官私婢者，杖九十。姦他人之部曲妻、雜戶、官戶

---

671 《唐律疏議·戶婚律》四三、「雜戶不得娶良人」。
672 《唐律疏議·戶婚律》四二、「奴娶良人爲妻」。
673 《唐律疏議·戶婚律》三七、「監臨娶所監臨女」。
674 《唐律疏議·戶婚律》十、「養雜戶爲子孫」。

婦女，杖一百（減凡姦二等或三等）

②主賤相姦

部曲及奴，姦主及主之期親，或主期親之妻者，絞。婦女，減一等。強者，斬。姦主之緦麻以上親，及緦麻以上親之妻者，流。強者，絞。主姦其部曲妻、客女及婢，各不坐。主之期親姦者，亦同。姦父祖所幸婢，減二等。[675]

3、賤民處罰上之特例

（1）相容隱

犯罪成立之後，若有特殊事由（犯罪人行為以外的事實），亦可阻卻處罰（責任）犯罪人得不坐罪或減刑。如家賤為主隱。部曲、奴婢為主隱，皆勿論。即漏露其事，及替語消息，亦不坐。但犯謀叛以上之罪者，不在此限。[676]

家賤為相容隱人時之其他權利：

①代自首

犯罪未發而自首者，原其罪。即遣人代首，若於法得相容隱者為首，及相告言者，各聽如罪人身自首法。[677]

②代捕罪人

捕罪人，有漏露其事，令得逃亡者，減罪人罪一等。未斷之間，能自捕得，除其罪。相容隱者為捕得，亦同。[678]

③不得為證人

---

675 《唐律疏議·雜律》二二、「姦徒一年半」；《唐律疏議·雜律》二五、「姦父祖妾」；《唐律疏議·雜律》二六、「奴姦良人」。
676 《唐律疏議·名例律》四六、「同居相為隱」。
677 《唐律疏議·名例律》三七、「犯罪未發自首」。
678 《唐律疏議·捕亡律》五、「捕罪人漏露其事」。

其於律得相容隱，不得令其爲證。[679]因作僞證會被處罰。

家賤爲主隱、首罪、代捕罪人、不爲證人，但主皆得不爲家賤爲之。代表主之地位獨立，而家賤之地位係附從於主。

（2）緣坐

家賤之主犯反逆時，家賤沒官；部曲、官私奴婢、工樂、官戶犯反逆時，止坐其身，主不緣坐。[680]

（3）移鄉

殺他人部曲、奴婢，會赦時不移鄉；部曲或奴婢殺良民者，會赦時則出賣或配事千里外之人。[681]

（4）決死刑

奴婢、部曲殺主者，決死刑不待時；決死刑前，唯一覆奏（在良人，則三覆奏或五覆奏）。

部曲、奴婢，毆、謀殺及強姦主者，不得以赦原。

（5）十惡

殺一家非死罪三人，及支解人，其客體爲奴婢、部曲者，不入「不道」。但工樂、官戶、奴婢殺本部五品以上長官，則入「不義」。

4.告訴之禁止

部曲、奴婢禁止告主及其五服親。惟謀反、大逆、謀叛、主已放其爲良而仍壓爲賤者，則不在此限。

部曲、奴婢告主，非謀反、逆、叛者，皆絞。告主之期親及外祖父母者，流；大功以下親，徒一年。誣告重者，總

679　《唐律疏議・斷獄律》六、「八議請減老小」。
680　《唐律疏議・賊盜律》二、「緣坐非同居」。
681　《唐律疏議・賊盜律》十八、「殺人移鄉」。

麻加凡人一等；大功、小功，遞加一等。即奴婢訴良，妄稱
主壓者，徒三年。部曲，減一等。[682]

四、法家「法」思想在《唐律》中之體現

《唐律》雖以儒家之「禮」思想為中心精神，但也加入
了許多的法家的「法」思想，表現在以下方面：

（一）罪刑法定主義

無離法之罪，語出《韓非子‧大體篇》：「使人無離法
之罪，魚無失水之禍」。「無離法之罪」正等於「無法律則
無犯罪，無法律則無刑罰」（Nullum crimen, nulla peonu sine
lege），即現代法律思想中的罪刑法定主義。

「罪刑法定主義」是現代民主國家法律政策的基本精
神。所謂罪刑法定主義，即罪、刑須由法律規定，法無明文
則不為罪，法無規定則無刑罰。如此法律才能保障人權。中
華民國刑法第一條：「行為之處罰，以行為時法律有明文規
定者為限。」就是根據此一主義制定的。

罪刑法定主義在思想上，最早出現於一二一五年英國《大
憲章》罪刑法定主義成為一種制度，則始終一七八九年法國
的《人權宣言》（Declaration of the Right of Man）。《人權
宣言》特別強調不得「無法律加人罪名及處罰人」，並且禁
止法的「溯及既往」。

682　《唐律疏議‧鬥訟律》四八、「部曲奴婢告主」

　　中國歷史上，從未實施罪刑法定主義的制度。但罪刑法定主義的思想，則出現在法家的典籍之中。

　　《管子・法法篇》曰：「令未布而民或為之，而賞從之，則是上妄予也。」又說：「令未布而罰及之，則是上妄誅也。」「令未布」就是無法律。無法律而行賞罰，所以說「妄予」、「妄誅」。〈法法篇〉已表現了罪刑法定主義的有公佈之成文法及「不溯及既往」兩項原則。韓非說：「法者編著之圖籍，設之於官府，而布之於百姓者也。」

　　罪刑法定主義還有一項重要原則，就是「禁止適用類推解釋」。觸犯何罪，便處以何刑，設法無明文規定，就不能用「想當然耳」來類推解釋，比附援引，故入人罪。《慎子》佚文及〈大體篇〉都說：「古文全大體者，不引繩（法）之外，不推繩之內，不急法之外，不緩法之內。」引外、推內、急外、緩內，即不可類推援引。《管子・明法篇》說：「先王之治國也，不淫意於法之外，不為惠於法之內，動無非法者，所以禁過而外私也。」《韓非子・有度篇》也說：「明主使其群臣，不遊意於法之外，不為惠於法之內，動無非法。」〈難二篇〉說的：「遇於法則行，不遇於法則止。」[683]

　　近代罪刑法定主義，在政治上，是為人民爭取民權，以樹立法治主義而被提倡；在刑法上，乃是為壓抑擅斷以保障民權而被確立。所謂法定，指經國會通過的法律，犯罪的成立及其刑罰，須根據成文法律，不得依據習慣及法理，又不准類推解釋。

---

683 王讚源，《中國法家哲學》，頁 75-76。

　　罪刑法定主義為法家所主張，法家認為法律自有其獨立的、內在的價值，非附屬於禮教。《慎子・逸文》：「有權衡者，不可欺以輕重，有尺寸者，不可差以長短，有法度者，不可巧以詐偽。」《韓非子・用人》：「釋法術而心治，堯不能正一國；去規矩而妄意度，奚仲不能成一輪。」見解為罪刑法定主義。

　　其用意為：一用以威嚇人民（一般預防）；二防止官司的擅斷，以保障民權而利於統治（因法律注重明確性與安定性）。

　　《唐律疏議・斷獄律》第十六條「斷罪引律令格式」曰：「諸斷罪，皆須具引律令格式正文。違者，笞三十。若數事共條，止引所犯罪者，聽。」第十八條「制敕斷罪」曰：「諸制、敕斷罪，臨時處分，不為永格者，不得引為後比。若輒引，致罪有出入者，以故失論。」

　　唐代的法典共分律、令、格、式四種：律是定罪定刑的，含有禁止與懲戒的坐作用。令是國家的制度，含有行政命令的性質。格是百官主管的事項，就是將皇帝平日下的敕書彙編在一起，律令需要修正時，就用格敕來變更它的內容。式是一般的常法，又是律令的施行細則。

　　律令為國家之根本大法，但因實際之需要，而以敕加以修補，敕中有可行用於將來者，即編成法典，這就是格。唐六典說：「律以正刑定罪，令以設範立制，格以禁違正邪，式以軌物程事。」在傳統上，格為律之比附法，但真正之意義應為：「量時立制」。式為律令的施行細則，亦包括命令及刑罰之規定。式之編纂，大率與律令格同時制定。

依上文而觀，須永久之法，才可爲正法；官司斷罪，須具引正文，否則予以處罰（形式的違法）。若因而出入人罪，則分別其由於故意或過失，而從重處罰（實質的違法）。故罪刑法定主義，《唐律》以處罰法官的方式而被維持。

《唐律》爲了取信於民，防範官司之擅斷，原則上採取罪刑法定主義。但因律文許多甚爲個別和具體，所以不得不運用解釋的方法（合理解釋及比附），或另設概括、抽象的規定，使律能比較有彈性。如設違令條。

諸違令者，笞五十。別式，減一等。[684]

違令條爲所謂「空白處罰規定」，律對應予處罰的行爲，不自定其具體內容，而一任於令，令既多，又常變動，且大率爲行政、民事的事項，故違令條予以處罰的行爲極廣。因此對人權之保障，亦較薄弱。但《唐律》爲古代法律，立法技術較爲不足，亦事屬必然。

（二）客觀具體主義

法家認爲法之意義爲客觀之標準，如：「尺寸也、繩墨也、規矩也、衡石也、斗斛也、角量也、謂之法」[685]、「夫釋權街而斷輕重，廢尺寸而意長短，雖察，商賈不用，爲其不必也。故法者，國之權衡也」[686]、「有權衡者，不可欺以輕重，有尺寸者，不可差以長短，有法度者，不可巧以詐僞」

684　《唐律疏議‧雜律》六一、「違令」。
685　《管子‧七法》。
686　《商君書‧修權》。

[687]、「無規矩之法，繩墨之端，雖王爾不能以成方圓」[688]。

故《唐律》對犯罪的處罰，不從主觀的、概括的主義，而採取客觀的、具體的態度。因由於罪刑法定主義的要求，對罪刑採取絕對刑主義，依各種情況而嚴定其刑。不准法官酌情量刑，罪刑行影相隨。以防止官司的擅斷。故同一罪質的犯罪，依其主體、客體、方法、犯意、處所、數量（日數、人數、贓數）及其他情況，而另立罪名，各異其刑。如闌入及其他犯罪，視其為宮、殿、上閣內、御在所，以及宮城、皇城、諸處守當等，各立罪名，亦異其刑；盜罪之刑，亦視其客體而異。於毆傷殺，則視傷害程度及方法、主體、客體及責任形式（謀、故、鬥、戲、過失等），其刑互異。

（三）法律之明確性

法家要求法律之文字及用語，皆應該明確，人民才知如何遵守，如：「憲律制度必法道，號令必著明」[689]、「國無明法，則百姓輕為非」[690]、「善為國者，官法明」[691]、「其治國也，正明法」[692]。

《唐律》在法的明確性上，表現在以下方面：

1、法律之範圍

（1）人的範圍

---

687 《慎子·逸文》。
688 《韓非子·姦劫弒臣》。
689 《管子·法法》。
690 《管子·明法解》。
691 《商君書·農戰》。
692 《韓非子·姦劫弒臣》。

　　《唐律疏議‧名例律》第四十八條「化外人相犯」曰：「化外人同類，自相犯者，各依本俗法。」即一外國人與同國籍的另一外國人相犯者，依其本國法，此爲屬人法主義（凡屬本國人，無論在國內、外犯罪，均應依本國之法律制裁）。至於中國人與外國人相犯，則依中國法。因爲事之必然，故《唐律》未言之。

　　《唐律》上的化外人就是外國人，一種不與同中國而在中國有往來的人，如西域人、北方國或東方國的人等是，共包括蕃夷、外審人、胡人、蕃人等。唐代的化外人許可與當地各級衙門相互通商或貿易，化外人與唐代商人也許可互市，並相互簽訂商務上的契約。

　　（2）地的範圍

　　《唐律疏議‧名例律》第四十八條曰：「異類相犯者，以法律論。」即甲國外國人與乙國外國人相犯者，依中國法處斷，此爲屬地法主義（指凡在本國領域內犯罪者，不問其國籍爲何，均應受本國法律之制裁）。

2、法律之用語[693]

　　（1）稱日者，以百刻。計功庸者，從朝至暮。

　　（2）稱年者，以三百六十日。

　　（3）稱人年者，以籍爲定。

　　（4）稱眾者，三人以上。

　　（5）稱謀者，二人以上。

3、刑之輕重及贖刑

693　《唐律疏議‧名例律》五五、「稱日者以百刻」。

《唐律》之刑，共分五種，自輕而重分別爲：

（1）笞刑

凡五等，十至五十（以十爲差）。贖銅一至五斤。

（2）杖刑

凡五等，六十至一百（以十爲差）。贖銅六至十斤。

（3）徒刑

凡五等，一年至三年（以半年爲差）。贖銅二十至六十斤。

（4）流刑

凡三等，二千里至三千里（以五百里爲差）。贖銅八十至一百斤。

（5）死刑

凡二等，絞及斬。贖銅一百二十斤。

刑之等數共二十等次，以笞十最輕，斬首最重。

4、被告之拷訊[694]

（1）拷囚不得過三度，數不得過三百。

（2）每訊相去二十日。

（3）拷訊所用之囚杖，其麤細、長短，應依獄官令所定，不得以他法拷掠，亦不得用規格以外之杖。

5、告訴之程式

告訴亦稱告言、控告，或單稱爲告或控。告人罪，以用文書爲原則，皆須明註年、月，指陳實事，不得稱疑，違者，笞五十。縱被殺、被盜及水火損敗者，亦不得稱疑。告言人

694　《唐律疏議・斷獄律》九、「拷囚不得過度」；《唐律疏議・斷獄律》十四、「決罰不如法」。

罪，非謀叛以上，皆令三審。[695]

6、不告不理原則

案件原則上依原告的控告及被告的自首而開始。被告之控訴，不能超出告狀之範圍以外，《唐律》已有不告不理之原則：

諸鞫獄者，皆須依所告狀鞫之。若於本狀之外，別求他罪者，以故入人罪論。[696]

（四）公私罪

法家是第一個提出公與私概念的思想學派，如：「任公而不任私，……舍公而好私，故民離法而妄行」[697]、「故善為政者，田疇墾而國邑實，朝廷閒而官府治，公法行而私曲止」[698]、「蓍龜，所以立公識也，權衡，所以立公正也，書契，所以立公信也，度量，所以立公審也，法制禮籍，所以立公義也。凡立公，所以棄私也。故欲不得干時·愛不得犯法」[699]、「能去私曲就公法者，民安而國治；能去私行行公法者，則兵強而敵弱」[700]、「君寵臣，臣愛君，公法廢，私欲行，亂國也」[701]。

在《唐律》，官人犯罪之部分，則區分公罪與私罪。同

695　《唐律疏議·鬥訟律》五四、「告人罪須明注年月」。
696　《唐律疏議·斷獄律》十二、「依告狀鞫獄」。
697　《管子·任法》。
698　《管子·五輔》。
699　《慎子·威德》。
700　《韓非子·有度》。
701　《尹文子·大道下》。

職犯公罪者，連署官連坐；犯私罪則否。《唐律疏議》：「公罪謂緣公事致罪而無私曲者；私罪謂不緣公事，私自犯及對制詐不以實，受請枉法之類。雖緣公事，意涉阿曲，亦同私罪。」

故私罪指：1、非行政犯；2、雖與公務有關，但有私曲者。

公罪相當於行政犯，私罪相當於刑事犯。公私罪的區別，限於官吏犯。官吏犯公罪者，大致刑比較輕，且處罰上亦有特例。《唐律》之官當，一官次當徒刑之年數，公罪比私罪多。公罪之道德性、家族性、階級性之色彩較爲淡薄。

長官、通判官、判官及主典，同職內有人犯公罪（私罪則否），各以所由爲首，其餘之官，節級減一等。《唐律》處罰過失犯，於行政犯（公罪）特多。[702]

（五）違法阻卻事由

犯罪爲可罰之行爲，行爲人應負刑事責任。行爲人若有合致構成要件的行爲，但具違法阻卻之事由時，其犯罪仍不成立。依法令之行爲得阻卻違法，如：

1、決罰有愆部曲奴婢

部曲、奴婢有愆犯，主決罰致死，及過失殺者，各勿論。[703]

2、子孫違反教令

父祖因子孫違反教令，而依法決罰，邂逅致死者，無罪。若子孫違反教令，而祖父母、父母過失殺者，各勿論。[704]

---

702 《唐律疏議・名例律》四十、「同職犯公罪」。
703 《唐律疏議・鬥訟律》二一、「毆部曲死決罰」。
704 《唐律疏議・鬥訟律》二八、「毆詈祖父母父母」。

《唐律》承認父祖對子孫之刑罰權，故可視為依法令之正當行為。

3、罪人持仗拒捍

諸捕罪人，而罪人持仗拒捍，其捕者格殺之；逃走，逐而殺；若迸窘而自殺者，皆勿論。[705]

4、逮　捕

諸被人毆擊折傷以上，若盜及強姦，雖傍人，皆得捕繫，以送官司。[706]

5、拷　決

依法拷決，而邂逅致死者，勿論。[707]

（六）司法組織

商君為推行法治，所以設立三級之司法組織，分別為中央（殿中、御史、丞相）、諸侯、郡縣皆設置法官。

「天子置三法官；殿中置一法官，御史置一法官及吏，丞相置一法官，諸侯郡縣皆各為置一法官及吏。」[708]

在《唐律》中，皇帝為統治機構的頂點，由其命官授職。司法機構只是整個統治機構的一部分。皇帝為最高之行政機關，亦是最高之司法機關。唐朝之司法組織，可以區分如下：

1、中央司法機關

（1）刑部尚書、侍郎

---

705 《唐律疏議‧捕亡律》二、「罪人持仗拒捍」。
706 《唐律疏議‧捕亡律》三、「被毆擊姦盜捕法」。
707 《唐律疏議‧斷獄律》九、「拷囚不得過度」。
708 《商君書‧定分》。

掌律令、刑法、徒隸，按覆讞禁之政。刑部仍干預裁判，居大理寺之上。

（2）大理寺

爲裁判機關，其官職如下：

①卿、少卿：掌折獄、詳刑。

②正：掌議獄、正科條。

③丞：掌分判寺事，正刑之輕重。

④司直、評事：掌出使推按。

⑤御史台：負責糾察百官。其官職：

⑥大夫：掌刑法典章，糾百官之罪惡。

⑦侍御史：掌糾舉百寮，推鞫獄訟。

⑧監察御史：掌分察百寮，巡按州縣獄訟。

2、地方司法機關

（1）府（京兆、河南、太原）

其職官中，尹、小尹，爲佐貳官。戶曹、法曹各參軍事，從事獄訟。典獄、問事，分別掌防守囚繫及行罰。

（2）都督府、都護府

其職官中，戶曹、法曹各參軍事，從事獄訟。

（3）州

其職官中，別駕、長史、司馬，爲佐貳官。司戶、司法各參軍事。典獄、問事，分別掌防守囚繫及行罰。

（4）縣

有司戶佐、司法佐。

（5）里、坊

各有正，檢察非違、監督姦非。

3、審級裁判

《唐律》並無純粹之訴訟法，而採制裁法規的形式，規定於律中。另外有「令」作為教令法，規定行政、司法的準則。

《唐律》鬥訟律之後半，係關於「訟」，為告人罪之實體法，亦有違反告訴程序之意味。捕亡律之前半，為關於捕罪人的實體法，但同時為程序法。至於斷獄律，雖採取制裁法規的形式，但論其實質，為收禁、裁判及執行的準則。

地方各級裁判機關，以所轄之行政區域為其管轄區域，即土地管轄。通常地方長官兼掌行政與司法，並無裁判機關之特別管轄。

第一級之裁判機關，得受理一切之民、刑案。《唐律》採裁判申覆制，對徒以上罪，下級機關不能自理，須招解於上級機關。

第二級以上之裁判機關，並不以特定事件為其管轄，故無所謂的事件管轄。

各級裁判機關，由於權限的分配，視犯罪的輕重，下級受上級的監督。下級須審解於上級，該上級亦視犯罪的輕重，自行批結或再審解於更上級。

上級裁判機關，依其審級，保留其確定的裁判權。

定案權指確定裁判權，依案件的輕重（大率以笞杖、徒、流、死而分），各級裁判機關，皆有其定案權。案件之審結，視公事之大中小，各定有程限，獄案的程限是三十日。

下級機關有定案權，但仍因被告的上控，而受上級機關的覆審。較重的犯罪，下級機關只有定擬權而無定案權。案

件自動受上級機關的覆審（即轉審），故復審有上控的覆審及轉審的覆審。

　　唐代裁判機關原則上分爲五級：縣、州、大理寺、刑部、皇帝。

　　（1）縣

　　笞、杖之罪，由縣自決。徒以上罪，縣斷定後，送州覆審。

　　（2）州

　　由縣審解的徒罪及流罪，而應加杖或應贖者，由州自決配、徵贖。真流、死罪及應除免、官當者，由州斷定後申省。

　　（3）大理寺、京兆府、河南府

　　笞、杖罪，寺、府自決。斷徒、官人罪及後有雪減者，申省。

　　唐獄官令：「州府有疑獄不決者，讞大理寺。若大理仍疑，申尙書省。」

　　（4）刑部（省）

　　由州及大理寺、京兆府、河南府申送的案件，刑部予以案覆，流、死罪，由刑部覆審後，申奏聽裁；但行決前，須覆奏。奏報應決者，聽三日乃行刑。

　　（5）皇帝

　　皇帝爲最高之裁判機關，裁判刑部申奏之案件。

　　裁判機關因有審級管轄，故訴訟必須經下級審，依序審轉或上訴，不得越級告訴或上訴。越訴及官司受理者，各笞四十。[709]

709　《唐律疏議・鬥訟律》五八、「越訴」。

　　直訴為越訴的一種，直訴於皇帝，源自於周禮所載之路鼓及肺石。《唐律》鬥訟律「邀車駕撾鼓訴事」條有撾登聞鼓、邀車駕及上表訴事。

　　《唐律》處罰越訴，但直訴只處罰不實者，理由表示皇帝關切民瘼，故開直訴之路，以警戒司法。[710]

　　司法事務本具有行政的性質，故就司法事務而言，上下級司法機關之間，有指揮服從之關係，並無司法獨立可言。

　　故《唐律》裁判之程序係依罪之輕重，輕者，下級機關的自結，重案則須申解於上級覆審。下級機關自結的案件，罪人不服者，原機關須再予審詳，仍不服者，則給予不理狀（謂訴人非理）。訴人持不理狀上訴於上級機關。上級機關不理者，依同一程序，再上訴於京師機關，由尚書省三司（中書省、門下省、御史台），再上表皇帝。以至撾登聞鼓直訴於皇帝而終結。

（七）法官之責任

　　商鞅為了使人民能夠知法，所以在中央及地方，皆設置法官，為了使任何人皆能知法，所以商鞅賦予法官許多責任，如：

1、學　法

　　各級官吏必須認真學習法令。

　　「天子置三法官，……并學問所謂。」[711]

2、知　法

　　法官應熟悉法令，否則會違犯以下之罪名：

710　《唐律疏議・鬥訟律》五七、「邀車駕撾鼓訴事」。
711　《商君書・定分》。

（1）忘法令之名

法官負責解答其他官吏或民眾關於法令的詢問，若忘法令之名，則以其所忘之法令名罪之。

「各主法令之民，敢忘行主法令之所謂之名，各以其所忘之法令名，罪之。」[712]

（2）遷徙物故，學者不中程

「主法令之吏有遷徙物故，輒使學者讀法令所謂，為之程式，使數日而知法令之所謂；不中程，為法令以罪之。」[713]

（3）損益法令

法官不得損益法令。

「有敢剟定法令，損益一字以上，罪死不赦。」[714]

（4）不告吏民所問法令之所謂

廣佈法律知識，可使郡縣之吏不敢以非法遇民。商鞅置法官法吏，以解答法令內容及疑義，其竄改條文作答，或有問而不答者，皆科以罪。

「諸官吏及民有問法令之所謂於主法令之吏，皆各以其故所欲問之法令明告之。各為尺六寸之符，書明年月日時所問法令之名，以告吏民。主法令之吏，不告吏民之所問法令之所謂，皆以吏民之所問法令之罪，各罪主法令之吏。」[715]

3、法官責任制

在《唐律》中，也要求法官在法律上，須負擔許多責任，

712　《商君書・定分》。
713　《商君書・定分》。
714　《商君書・定分》。
715　《商君書・定分》。

否則會觸犯以下之罪名：

（1）不告不理

諸鞫獄者，皆須依所告狀鞫之。若於本狀之外，別求罪者，以故入人罪論。[716]

（2）違令爲證

其於律得相容隱，即年八十以上，十歲以下，及篤疾，皆不得令其爲證。違者，減罪人罪三等。[717]

（3）拷囚限滿不首

諸拷囚，限滿而不首者，反拷告人。其被殺、被盜家人及親屬告者，不反拷。拷滿不首，取保並放。違者，以故失論。[718]

（4）移　囚

諸鞫獄官，囚徒伴在他所者，聽移送先繫處併論之。違者，杖一百。若違法移囚，即令當處受而推之，申所管屬推劾。若囚至不受，及受而不申者，亦與移囚罪同。[719]

（5）疑　罪

疑罪（疑謂虛實之證，或事涉疑似，傍無見證，或傍有聞證，事非疑似之類），各依所犯，以贖論。即疑獄，法官執見不同者，得爲異議，議不得過三。[720]

（6）擬　律

法官斷罪之時，除取被告的招認外，應就犯罪事實，具

---

716 《唐律疏議・斷獄律》十二、「依告狀鞫獄」。
717 《唐律疏議・斷獄律》六、「八議請減老小」。
718 《唐律疏議・斷獄律》十、「拷囚限滿不首」。
719 《唐律疏議・斷獄律》十三、「囚徒伴移送併論」。
720 《唐律疏議・斷獄律》三四、「疑罪」。

引其所合致的律令。《唐律》係採絕對法定刑主義，法官無量刑之餘地，法官只能就個別案件，認定其犯罪事實，查其所合致的罪條，便可求其應得之刑罰。惟擬律時，既可比附援引，又可引違令、不應爲條而斷罪。

（7）斷罪引律令格式

斷罪，皆須具引律令格式正文。違者，笞三十。[721]

（8）制敕斷罪

制、敕斷罪，臨時處分，不爲永格者，不得引爲後比。若輒引，致罪有出入者，以故失論。[722]

（9）宣　判

獄結竟，徒以上，各呼囚及其家屬，具告罪名，仍取囚服辯辯。若不服者，聽其自理，更爲審詳。違者，笞五十；死罪，杖一百。[723]

（10）赦前斷罪不當

赦前斷罪不當者，若處輕爲重，宜改從輕。處重爲輕，即依輕法。其常赦所不免者（謂雖會赦，猶處死及流，若除名、免所居官，及移鄉者。）依常律。即赦書定罪名，合從輕者，又不得引律比附入重。違者，各以故失論。[724]

（11）決罰不如法

決罰不如法，笞三十。以故致死，徒一年。即杖麤細、長短，不依法者，罪亦如之。[725]

---

721 《唐律疏議・斷獄律》十六、「斷罪引律令格式」。
722 《唐律疏議・斷獄律》十八、「制敕斷罪」。
723 《唐律疏議・斷獄律》二二、「獄結竟取服辯」。
724 《唐律疏議・斷獄律》二十、「赦前斷罪不當」。
725 《唐律疏議・斷獄律》十四、「決罰不如法」。

（12）出入人罪

官司出入人罪者，（謂故增減情狀，足以動事者，若聞有恩赦，而故論決；及示導，令失實辭之類。）若入全罪，以全罪論。從輕入重，以所剩論。刑名易者，從笞入杖，從徒入流，亦以所剩論。從笞杖入徒流，從徒流入死罪，亦以全罪論。其出罪者，各如之。即斷罪失於入者，各減三等。失於出者，各減五等。若未決放，及放而還獲，若囚自死，各聽減一等。即別使推事，通狀失情者，各又減二等。所司已承誤斷訖，即從失出入法。雖有出入，於決罰不異者，勿論。[726]

（13）應言上而不言

斷罪，應言上而不言上，應待報而不待報，輒自決斷者，各減故失三等。[727]

（14）應緣坐沒官放之

緣坐，應沒官而放之，及非應沒官而沒之者，各以流罪故失論。[728]

（15）應決配而收贖

斷罪，應決配之而聽收贖，應收贖而決配之，若應官當而不以官當，及不應官當而以官當者，各依本罪減故失一等。[729]

（16）應絞而斬

斷罪，應絞而斬，應斬而絞，徒一年。自盡，亦如之。

---

726 《唐律疏議・斷獄律》十九、「官司出入人罪」。
727 《唐律疏議・斷獄律》十七、「應言上而不言」。
728 《唐律疏議・斷獄律》二三、「緣坐沒官放之」。
729 《唐律疏議・斷獄律》三十、「斷罪應決配而收贖」。

失者，減二等。[730]

（17）出入人罪

官司出入人罪者，（謂故增減情狀，足以動事者，若聞有恩赦，而故論決；及示導，令失實辭之類。）若入全罪，以全罪論。從輕入重，以所剩論。刑名易者，從笞入杖，從徒入流，亦以所剩論。從笞杖入徒流，從徒流入死罪，亦以全罪論。其出罪者，各如之。即斷罪失於入者，各減三等。失於出者，各減五等。若未決放，及放而還獲，若囚自死，各聽減一等。即別使推事，通狀失情者，各又減二等。所司已承誤斷訖，即從失出入法。雖有出入，於決罰不異者，勿論。[731]

（18）死囚覆奏

死罪囚，不待覆奏報下而決者，流二千里。即奏報應決者，聽三日乃行刑。若限未滿而行刑者，徒一年。即過限，違一日杖一百。二日加一等。[732]

（19）決死刑不時

立春以後，秋分以前，決死刑者，徒一年。其所犯雖不待時，若於斷屠月，及禁殺日而決者，各杖六十。待時而違者，加二等。[733]

人倫本於天，法律亦同，故刑罰權亦源於天。道德為天理的具體表現，而道德的基本，則在於父子、兄弟的倫理。

730　《唐律疏議・斷獄律》三一、「斷罪應絞而斬」。
731　《唐律疏議・斷獄律》十九、「官司出入人罪」。
732　《唐律疏議・斷獄律》二九、「死囚覆奏報決」。
733　《唐律疏議・斷獄律》二八、「立春後不決死刑」。

尤其父爲子之天，移於夫妻，則夫爲妻之天。子曰：「君子之事親孝，故忠可移於君。事兄悌，故順可移於長。居家理，故治可移於官。」[734]即以父子、兄弟之倫理，推及於國家社會。天子與父祖的權威是絕對的，爲臣爲子，只能唯命是從。

　　家族之名分極嚴，於父祖子孫尤甚。家族中以直系尊屬最爲重要，其次爲期親、大功、小功，以至緦麻尊長。尊長權的一般內容，卑幼應服從、尊敬尊長。尊長具有主婚權、教令權、懲戒權，尊長卑幼的相侵身犯，卑幼犯者加重凡人犯，卑殺尊者，入十惡（不義）。而尊長犯者，則不罰或予減輕；夫妻妾之名分，大致視同父子。推及於主賤，仍從父子之例。

　　家族名分又擴及於家外，以天子爲首而擴及於三后、皇太子及其他親屬。官視爲「民之父母」，官之尊貴，及於其之親屬，侵犯之者，加重凡人罪。道僧的師主、弟子關係，視同期親（伯叔父母與兄弟之子）。

　　《唐律疏議》曰：「五刑之中，十惡尤切，虧損名教，毀列冠冕，特標篇首，以爲明誡。」

　　十惡的律目，始於隋代的開皇律。包括謀反、謀大逆、謀叛、惡逆、不道、大不敬、不孝、不睦、不義、內亂。十惡在處罰上，除去許多之特例，如官人及其親屬，不得享受恩典，不准議請減；遇常赦不原，官爵仍除名；犯十惡死罪之人，不得以父祖老疾而上請。

　　《唐律》富於階級、人倫色彩。十惡之中，只有不道是

734　《孝經・廣揚名章》。

違犯一般道德，謀反、謀大逆、謀叛、大不敬是對天子及其宗室的侵犯，而惡逆、不孝、不睦、不義（妻犯夫）、內亂，則是違背親屬倫理。

《唐律》重視名分。身分對犯罪的成否及刑的加減，有很大的影響。身分在廣義上，包括人一切之特殊地位，如男女、老小疾病、單丁、八議人、道冠僧尼、特殊職業。在狹義上，則分為官人、親屬、夫妻妾、良賤、主賤五種。

《唐律》依犯人之特別身分或屬性，而用不同之刑罰。這些身分，於刑罰上，與常人不同。或將應得的本刑，易科以他刑；或除主刑外，再處以從刑。如議請減贖、官當除免、權留養親、徒應役無兼丁（單丁）、緣坐、連坐、相容隱；古代裁判，重視被告的招認，法官的定讞，本其自由心證，但對於特殊身分之人，則須據眾證定罪。各種身分關係，常常有階級差別之分，而按其階級差別加重或減輕凡人犯。

《唐律》也收納了許多的法家「法」思想，表現在罪刑法定主義、法的客觀具體性、區分公罪與私罪之不同，再容納了商鞅的司法組織構想和法官之責任要求，《唐律》可說是儒家「禮」思想、法家「法」思想之綜合，但仍以「禮」思想佔較多之比例，較重要之地位。

長孫無忌在《唐律疏議序》中說：「德禮為政教之本，刑罰為政教之用，猶昏曉陽秋相須而成者也。」禮與法就如四時一般，相輔相成。

統觀《唐律》，禮的精神已經完全融化在律文之中，禮之所許，律亦不禁，禮之所禁，律亦不容。「尊卑貴賤，等

數不同，刑名輕重，燦然有別。」[735]

　　於是在《唐律》中，禮法結合已十分完備，表示中國古代儒家「禮治」的法律化，已接近完成。

---

735 《唐律疏議，盜賊律》注文。

第八章　唐太宗之任賢政治分析

　　唐太宗李世民（599-649），出身於隴西貴族，乃唐高祖李淵次子。他文韜武略，爲建立唐王朝立下過赫赫戰功，因功勳卓著被封爲秦王。後於玄武門發動政變，迫使李淵交權，即皇帝位，次年改年號爲貞觀。其在位期間勵精圖治、政治清明、百姓富足、國家強盛，被稱爲「貞觀之治」。《貞觀政要》全書共十卷四十篇，由唐吳兢編撰，記載唐太宗在位二十三年中君臣之間討論國家政事。此書一經問世即被唐皇室列爲必讀經典，唐以後的歷代王朝也都十分重視、推崇備至。書中記錄唐太宗豐富的政治與行政管理思想[1]。

　　所謂「貞觀之治」。從某種意義上而言，就是任賢政治。王船山說：「唐多能臣，前有漢，後有宋，皆所不逮。」[2]高度評價貞觀時期人才濟濟之盛況。貞觀能臣爲「貞觀之治」貢獻了自己之聰明才智，其中唐太宗之卓越人才觀與用人政策發揮重大作用。

1　程向輝，〈《貞觀政要》中唐太宗治國與用人思想研究〉，頁 14-16。
2　《讀通鑑論》卷二〇。

第一節　兼明善惡、捨短取長[3]

人才能否可以施展才能，關鍵在於選用者之識拔能力，世人稱太宗明於知人，善於用人，徵諸史實，殆非虛語。貞觀晚年，太宗總結自己的用人經驗，即「知人要兼明善惡，用人要捨短取長」。知人難，用人更難，但太宗卻能知人善任，主要係因他的用人政策具有辯證思想。

一、知人須兼明善惡

知人難，難在不易盡知。「己之所謂賢，未必盡善；眾之所謂毀，未必全惡」，指出主觀認識與客觀實際間之矛盾，好壞善惡自有其客觀標準，本人與他人之看法難免摻雜主觀成分，因此要解決知人問題之主觀與客觀之矛盾，需有辯證思想，對人言要區別對待，既不可不信，又不可全信。作為羅致人才之君主，必須全面分析，而太宗正是如此，其對輔佐大臣之才幹得失，總是區分優劣、全面衡量者，如太宗評價長孫無忌「善避嫌疑，應對敏速，…而總兵攻戰，非所長也；又評高士廉「涉獵古今，心術聰悟，臨難既不改節，為官亦無朋黨；所少者骨鯁規諫耳。」[4]這些評價亦無不恰到、中肯，如此正式太宗明辨長短、兼知優劣之表現。

---

3 趙克堯、許道勛，《唐太宗傳》，頁 139-144。
4 《舊唐書·長孫無忌傳》。

　　對太宗而言，兼明優劣僅是知人之其一要件，另一要件則是「知能不舉，則爲失材；知惡不黜，則爲禍始」。人有才能，就得舉用，舉用之後，發現劣跡，不得姑息，而須斥退。可見，太宗之知人之明包括了解人才二個階段，而二者間存在著辯證關係。亦即於瞭解之前提下使用，在使用之過程中透過考察加以深入了解。又「使用」何以爲「了解」之次個階段，係因「以僞裝惑人，製造賢才之假象，遂造成知人之難，因此藉由「使用」之過程，並加以考察，實爲補救主觀上了解人才難免不夠全面之舉措。對此，魏徵強調：「知人之事，自古爲難，故考績黜陟，察其善惡。」[5]

　　太宗不僅具有知人之辯證認識，且認真付諸實現，即位之初，其就只是尙書右僕射封德彝舉薦賢才，幾月未見動靜。太宗難掩求賢之急切心情，斥責封德彝失職。由於太宗認爲，人才不會沒有，關鍵在於物色，如不去發掘人才，也就不能發現人才，必不知人。此外，太宗相當重視於使用中考察官員之才行，以加強了解，加深知人。太宗曾對魏徵說道：「用得正人，爲善者皆勸；誤用惡人，不善者競進。」賢才能起表率作用，不肖則敗壞吏治，故其對「在官如有善事」之良吏，具列姓名於屛風之上，對「百姓已受其弊」之「惡跡始彰」之官員，則決不寬貸，必加「刑戮」[6]。

5　《貞觀政要・擇官第七》。
6　《貞觀政要・擇官第七》。

二、用人要捨短取長

　　知人固難，用人更難，難在善任，若說知人是善任之前提，那麼善任則是知人之結果，要使任人各得其所，必須理解「人才有長短，不必兼通」之道理，對此，太宗深有認識，太宗於《金鏡》中總結了「捨短取長，然後爲美」之用人經驗，太宗解釋用人必須「捨短取長」時，作了「用人如器」之比喻，乃十分貼切，正如器物不能兼具各種用途一樣，人也不可能兼備全才。金無足赤，人無完人。所謂人才，自然會有自己之短處與毛病，若用求全責備之目光看人，就會有眼不識人才；唐太宗於用人過程中，遵循「捨短取長」之方針是十分成功者，太宗用房玄齡、杜如晦、戴冑等人，就是捨短取長之範例，房、杜之短處是不善於理獄與處置雜務瑣事，長處是多謀善斷，太宗揚長避短，充分發揮其相才。

　　由於唐太宗懂得人無完人之道理，故能充分發揮各人所長，出現貞觀一代「茂績殊勳，冠冕列辟」之盛況，有的「材推棟樑，謀猷經遠，綢繆帷帳，經綸霸圖」；有的「學綜經籍，德範光茂，隱犯同致，忠讜日聞」；有的「竭力義旗，委質潘邸，一心表節，百戰標奇」[7]，各種各樣之人才，從政治、文化、軍事等各方面效力唐室，這正是太宗「用人如器」、「捨短取長」之方針收到實效之生動體現。

---

7 《舊唐書・長孫無忌傳》。

三、馭人要人盡其才

知人難，難在未易盡知；用人難，難在才非所用。但將用人難與盡其才之難相比，前者之難度仍顯然小於後者。因此歐陽修認為：「王者用人非難，盡其才之為難。觀太宗之責任也，謀斯從，言斯聽，才斯奮…。」[8]意旨太宗不僅知人善任，且能「盡其才」。「盡其才」或者說「才斯奮」之前提乃是「謀斯從，言斯聽」，對賢才們之優謀、嘉言得以言聽計從，也就是事臣以禮之意，這對賢臣施展才能將是最大之鞭策與保證；如魏徵所言：「陛下導臣使言，臣所以敢言。」[9]指出唐太宗之「斯謀從，言斯聽」是促使他「才斯奮」即「盡其才」之保證。

由於唐太宗知人善任與言聽計從，而充分調動大臣「盡其才」之積極性，貞觀能臣無不竭其智、盡期能、畢其力。如房玄齡「繼任總百司，虔恭夙夜，盡心竭節，不欲一物失所」。甚至病危之際，仍臥床作表諫止遠征，唐太宗深受感動，對其兒媳合浦公主說：「此人危慇如此，尚能憂我國家。」[10]真是鞠躬盡瘁，死而後已。自謙「濫荷寵榮」之岑文本，被唐太宗任為中書令後，「夙夜勤力，躬自料配，籌、筆不去手，精神耗竭」，直到最後遇暴疾而死。被唐太宗破格提拔之馬周，因得重用，大顯身手而「盡其才」。魏徵「亦喜

8　《新唐書·王珪》、《新唐書·薛收》、《新唐書·馬周》、《新唐書·韋挺傳》。
9　《貞觀政要·任賢第三》。
10　《舊唐書·房玄齡傳》。

逢知己之王，竭其力用」[11]。對此唐太宗讚揚道：「朕能任公，公能稱所任，則其功豈獨在朕乎！」[12]這雖是稱譽魏徵之話，擴而大之，亦是對所以大臣「盡其才」之禮讚。

唐初撥亂反正之實現，是君臣共同努力之結果，歐陽修曾以馬周之發跡爲例說：「跡夫帝銳於立事，而周所建皆切一時，以明佐聖，故君宰間不膠漆而固，恨相得晚，宜矣。」[13]貞觀十一年，唐太宗面對隆盛之功業，緬懷過去，無限感慨地說：「於茲十有餘年，斯蓋股肱馨帷幄之謀，爪牙竭熊羆力，協德同心，以致於此。」[14]由於貞觀能臣有與太宗一致之政治抱負，所以才會「負志業則咸盡其才」。

第二節　廣開才路、善於驅駕[15]

唐太宗有句名言：「爲人君者，驅駕英材，推新待士」[16]。「驅駕英材」是唐太宗用人政策另一成功經驗，其包括廣開才路與善於驅駕人才之二方面。

一、廣開才路

「不以卑而不用，不以辱而不尊」[17]，是唐太宗擴大用人

11　《貞觀政要・任賢第三》。
12　《資治通鑑》卷一九三。
13　《新唐書・馬周傳》。
14　《貞觀政要・公平第十六》。
15　趙克堯、許道勛，《唐太宗傳》，頁 144-152。
16　《舊唐書・蕭瑀傳》。
17　《帝範》卷一，《求賢》。

範圍之思想基礎，而為了廣開才路，其採取了以下幾項措施：

（一）士庶並舉

　　君主選用士族地主，魏晉以來殊為多見，甚至形成士族壟斷政權之局面，以致成為禁錮人才發覺之一項弊政。唐太宗力拯前朝用人之失，匡正為得，把眼光望向廣大之庶族地主，同時也把握有才能之士族地主，採取士庶並舉之策略，就如太宗還在藩府時，已注意物色有才能之庶族地主房玄齡、張亮、侯君集等人；同時也信用士族地主高士廉、長孫無忌、杜如晦等人。即位後，羅致士庶地主之條件更為優越，王珪、韋挺、魏徵、馬周等皆為傑出人才之代表；此外，唐太宗另擴大科舉制，使更多有才能之庶族地主進入仕途，同時也不排斥使用有才能之士族地主，包括山東士族地主，如崔敦禮源出博陵崔氏第二房，「世為山東注姓」，唐太宗按才頻加超擢，由左衛郎將、中書舍人、兵部侍郎、靈州都督直至兵部尚書。由於他「深悉蕃情，凡所奏請，事多允會」[18]。盧承慶源出范陽盧氏，父祖均任隋官，本人參與晉陽首義，貞觀中任民部侍郎與兵部侍郎並兼選舉，承慶自辭「越局」，太宗不允曰：「朕今信卿，卿何不自信也。」[19]李玄道源出後魏隴西李寶家族，後「世居鄭州」，「遂為山東冠族」，貞觀年間擢為常州刺史，「在職常簡，百姓安之，太宗下詔褒美。」[20]綜合上述可知，唐太宗既選用庶族地主，也選用

18　《舊唐書・崔敦禮傳》。
19　《舊唐書・盧承慶傳》。
20　《舊唐書・李玄道傳》。

士族地主。

（二）官民同申

　　帝王從宮中選官，並不罕見，但把網羅人才轉向民間，則為數不多，唐太宗即是其中之一。貞觀三年，太宗下詔：「白屋之內，閭閻之人，但有文武材能，灼然可取；或言行忠謹，堪理時務，⋯亦錄名狀與官人同申。」[21]馬周之選拔雖非官府從民間錄狀而進，但他是太宗從布衣中超擢之奇士。貞觀三年，唐太宗鼓勵百官上書直言政事得失，中郎將常何不善文墨，乃請家客馬周代草奏事二十餘條，常何上奏後，竟條條默合旨意。太宗感到蹊蹺，因常何乃一介武夫、不通文墨，何至神來之筆及如許卓識，遂追問原委，常何據實相告，太宗感到此人乃一有才之士，隨即宣旨召見，虛懷以待，當馬周遲遲未至時，太宗又「四度遣使催促」[22]，顯示太宗對此素未謀面之落魄文人乃何等之思賢若渴；接見交談後，深為喜愛，立即授官門下省，最後累官至中書令。馬周之發跡可謂奇矣，馬周既無裙帶關係可資攀附，又無資蔭關係可藉恩賜，全因唐太宗求賢心切，慧眼識英，始發現一代奇才。若無太宗自認伯樂，馬周這匹良驥也就淹沒無聞。歐陽修對此論到：「周之於太宗，顧不異哉！由一介草茅言天下事，若素宦對朝、明習憲章者，非王佐才，疇以及茲？」[23]不深了解，馬周之發跡似乎顯得奇特、偶然，但經仔細推

21　《唐大詔令集》卷八○，《賜孝義高年粟帛詔》。
22　《貞觀政要・任賢第三》。
23　《新唐書・馬周傳》。

敲，由於他有「王佐」之才，適逢「驅駕英材」之唐太宗，因此馬周乃由一介草茅而一鳴驚人。

（三）新故同進

　　帝王使用故舊，不足為奇，能兼而信用新進則為數不多；唐太宗信用新進才士不亞於心腹故舊，尤難能可貴，其中被歷代史家傳為美談者即為「昔仇」魏徵，魏徵早年落魄，隋末風雲變幻，曾數易其主，後為建成收用，獻過早除秦王之秘策；玄武門之變，魏徵成為階下囚，唐太宗慕其出眾之才華，不報私怨，出以公心，從治國之大局出發，反日漸親重，出授諫議大夫，後擢侍中，不到七年時間，魏徵由仇虜而位及人臣，如此落落大度，在封建帝王中乃極為罕見者，唐太宗對魏徵之信任不亞於房玄齡、杜如晦，不時召入寢宮，請教治國方略，魏徵亦不負太宗厚望，頻加忠諫，勸以從善，不許為非，治國才華得到最大限度之發揮，唐太宗讚揚魏徵「隨時諫正，多中朕失，如明鏡鑑形，美惡必見」[24]；貞觀六年，唐太宗舉行賞月夜宴，乘酒意酣暢，面對群臣得意地說：「我能棄怨用才，無羞古人。」[25]

　　太宗即位之初，使用了一批秦府有才能之故舊，但並不授職其中之庸才低能者，有人建議對此些故舊一概授以武職，宿衛宮廷；唐太宗反對地說：「朕以天下為家，不能私於一物，唯有才行是任，豈以新舊為差？」[26]排除此中溢美

24　《貞觀政要‧求諫第四》。
25　《舊唐書‧魏徵傳》。
26　《貞觀政要‧公平第十六》。

之辭之渲染，仍可窺見太宗不以新舊劃線、唯才德是舉之用人思想，這些故舊碰壁後，並未學得聰明，反滿腹牢騷，口出怨言，唐太宗並不遷就，而曉之以理：「今所擇賢才者，蓋為求安百姓也。用人但問堪否，豈以新舊異情？…才若不堪，亦豈以舊人而先用？今不論其能不能，而直言其嗟怨，豈是至公之道耶？」[27]宋代進步思想學家陳亮對唐太宗新故同進之成功經驗，大加讚揚，其認為太宗不以「先後新故」劃線而禁錮人才，而是德才並舉，新故同進，確實是唐太宗廣開才路之一個成功經驗。

（四）漢夷並用

古來帝王無不重漢輕夷，唐太宗則針砭古人皆貴中華之偏向，匡正為不賤夷狄之政策，雖然唐太宗沒有放棄以大漢族為主，但他不甚歧視夷族仍堪稱帝王典範。而史實證明，太宗對漢族名將之信用不乏其例，難得的乃太宗對夷族名將亦傾心信用，他根據夷將之功勳與智勇，分任朝廷高級將領與地方都督之職，經常帶兵出征或宿衛。如突厥人阿史那社爾「以勇智聞」，深為太宗器重，貞觀十四年，出征高昌，太宗以他為「交河道行軍總管，戰畢，美其廉」[28]，阿史那忠，「所歷皆以清謹見稱，時人比之金日磾」[29]，鐵勒族酋長契苾何力內付後，太宗授職左領軍將軍。貞觀九年平吐谷渾，唐軍漢將被圍，「何力馳壯騎，冒圍奮擊，虜披靡去」，

27 《貞觀政要·公平第十六》。
28 《新唐書·阿史那杜爾傳》。
29 《舊唐書·阿史那忠傳》。

太宗擢爲北門宿衞[30]。以上事證，說明太宗對夷族將領之使用，像漢人將領一樣是任人唯賢，此又爲太宗廣開才路之成功經驗。

（五）小　結

唐太宗由上述四個方面廣開才路，網羅不少人才，造就唐初閒人在位眾多之局面[31]，貞觀一代可謂人才輩出；圖畫於凌煙閣之二十四功臣，就是其中之佼佼者，即長孫無忌、房玄齡、杜如晦、魏徵、尉遲敬德、李孝恭、高士廉、李靖、蕭瑀、段志玄、劉弘基、屈突通、殷開山、柴紹、長孫順德、張亮、侯君集、張公謹、程知節、虞世南、劉政會、唐儉、李勣、秦叔寶等。此外，有著名文學之士姚思廉、陸德明、孔穎達、顏師古等，有卓越之書法家和畫家如歐陽詢、褚遂良、閻立德、閻立本等，另有傑出少數民族將領如阿史那社爾、契苾何力、執失思力等，這些謀臣猛將、文人學士，都在貞觀之治中貢獻自身之智勇才幹。

二、善於驅駕

唐太宗廣開才路羅致了廣泛之謀臣猛將後，面臨如何驅駕之問題，總結起來有下述幾點成功之作法：

30　《新唐書·契苾何力傳》。
31　《新唐書·隱逸傳》。

（一）信任賢才，動然不疑

歐陽修在《新唐書》之傳論提到，唐太宗馭臣之作法之一乃是「洞然不疑」[32]，也就是他對蕭瑀所說之：「推心待士」，對任用之人才要推心置腹，這點相當重要；若不「推心待士」，又豈能「駕馭英才」。唐太宗鑒於隋文帝用人「多疑」之弊病，深感「儻臣君相疑，不能備盡肝膈，實爲國之大害也」之教訓[33]，而採取「洞然不疑」之作法。

首先，唐太宗對親者遭讒，不信讒言，貞觀十七年，蕭瑀以己不受重用，嫉忌房玄齡，妄言房玄齡「朋黨比周，無至心奉上」，還進而讒毀「此輩相與執權，有同膠漆，陛下不細諳知，但未反耳」[34]，唐太宗嚴厲駁斥了蕭瑀之誹謗。

再者，唐太宗對任用之疏者，甚至「昔仇」也「洞然不疑」。武德年間，他收降劉武周大將尉遲敬德不久，敬德手下之二個將領叛逃，有人猜測敬德必叛，不經請示，囚於軍中，力勸秦王盡快殺之；而他非但未殺，反將敬德釋放，並召入臥室，溫與相慰，使之寬心，臨別時還贈送金寶。敬德受太宗之赤誠相見感動至深，誓言「以身圖報」[35]，此後過然爲李唐王朝打天下、爲秦王奪位立下汗馬功勞。

32　《新唐書・王珪》、《新唐書・薛收》、《新唐書・馬周》、《新唐書・韋挺傳》。
33　《貞觀政要・政體第二》。
34　《舊唐書・蕭瑀傳》。
35　《舊唐書・尉遲敬德傳》。

（二）用人司職，委任責成

唐太宗即位之初，仰慕景州錄事參軍張玄素之賢名，親自召見，問以治道。張玄素建議唐太宗「謹擇群臣而分任以事，高拱穆清而考其成敗以施刑賞，何憂不治。」[36]張玄素建議之重點在於「分任以事」，即在知人之基礎上，捨短取長，各司其職，君主不必事必躬親，僅在上監督官員是否稱職，賞罰分明，即能治理天下。唐太宗十分讚賞張玄素之建議，隨即付諸實施。

貞觀四年，太宗對大臣說：「朕方選天下之才，為天下之務，委任責成，備盡其用，庶幾於理也。」[37]實踐他「委任責成」之重大舉措是改革中書省與門下省之封、駁制度，使宰相及其屬員有職有權，各謀其政，以便收到互相監督、反覆詰難、務使政事便於施行之效果，目的在於調動封、駁官員之辦事責任感。

（三）保全功臣，未嘗黜責

一般而言，歷代帝王於創業階段信任功臣，並不足以為奇，在守成時期不忌功臣，殊不多見。可貴的是太宗在守成階段也能保全功臣，鑑於歷史教訓，太宗強調：「朕覽漢史，見漢祖功臣獲全者少，意常尤人。及居大位以來，常欲保全功臣，令子孫無絕。」[38]為此，唐太宗於貞觀十一年時特頒

---

36 《資治通鑑》卷一九二。
37 《舊唐書‧太宗本紀》。
38 《舊唐書‧尉遲敬德傳》。

詔令，對「義深舟樹」、「謀定帷幄」、「身摧行陣」之佐命功臣，由於他們昔日同舟共濟、共創基業之功勞，表明了自己「何日忘之」[39]之心意，貞觀十七年二月，唐太宗照命畫家徒刑二十四位功臣於凌煙閣，閣內中隔三層，由內而外，分別爲功高宰輔、勞重侯王、大小功臣。唐太宗在圖像之詔書中表示：「自古皇王，襄崇勳德，既勒銘於鐘鼎，又圖形於丹青，是以甘露良佐，麟閣著其美；建武功臣，雲台紀其跡。」[40]他緬懷故實，追蹤前史，仿照漢武、光武畫像功臣之史蹟，遂有凌煙閣二十四功臣之寫實。晚年唐太宗總結自己不枉殺人時說：「人主多惡正直，陰誅顯戮，無代無之。朕踐祚以來，正直之士，比肩於朝，未嘗黜責一人。」[41]對照唐太宗處世行事，基本相符，在二十四位功臣中，除張亮、侯君集涉及「謀反」被誅外，其他功臣皆得善終。

（四）斥遠群小，不受讒言

不爲群小之輩所讒，此乃唐太宗保證「廣任賢良」之重要措施，唐初政治清明，並無朋黨之爭，但也間有群小之徒，利用廣開言路之機，誹謗君子，讒言賢君。唐太宗深知，善惡、忠奸如冰炭之不可同器，近君子必遠小人；反之，近小人必遠君子。晚年，太宗在《金鏡》中提到君所好，臣必趨之之歷史經驗：「予思三代以來，君好仁，人不從之。在上留心台榭，奇巧之人必至，…塞切直之路，爲忠者必少；開

39　《舊唐書・太宗本紀》。
40　《舊唐書・長孫無忌傳》。
41　《資治通鑑》卷一九八。

諂諛之道，爲佞者必多。」爲防佞杜讒，決定對誹謗、誣陷者「以讒人之罪罪之」。如貞觀三年，監察御史陳師合上《拔士論》，「誹謗」房玄齡、杜如晦「思慮有限」，想排斥防、杜之宰相職位。唐太宗與房、杜相處頗長，對他們之爲人與才能瞭如指掌。貞觀前，他們運籌帷幄；貞觀初，他們施展宏才，均力能勝任，從而識破了陳師合之彈劾是「妄事誹謗」，於是對陳師合採取法律制裁，「流於嶺外」[42]；從而維護了房、杜之聲譽，使真正之賢士良才安心任事，充分發揮其治國之才華。

　　上述四個措施，乃唐太宗馭臣之成功經驗，他有效地調動大臣辦事之機動性，大臣們除「盡其才」外，另提高了辦事效率。貞觀十一年，劉洎上疏讚揚貞觀初戴胄、魏徵於尚書省任內之辦事高效率說：「貞觀之初，未有令、僕，於時省務繁雜，倍多於今。而左丞戴胄，右丞魏徵，並曉達吏方，質性平直，事應彈舉，無所迴避，陛下又假以恩慈，自然肅物。百司匪懈，抑此之由。」[43]尚書省爲全國最高行政機關，下轄六部，政務繁忙可想而知，當時不置尚書令，連左、右僕射也暫缺，全國公文及職事僅由戴、魏二人處理，他倆若遇棘手問題並不繞道而走，其辦事效率之高自不待言；且另帶動一批「百司匪懈」，即指在戴胄、魏徵之影響下，尚書省所屬機構之官員也勤於職守，效率也大大提升。

　　辦事效率高，意味著少數精幹官員，可以辦大量之公事，此爲太宗精簡機構、裁減冗創造了條件。貞觀元年，中央職

42　《貞觀政要・杜讒佞第二三》。
43　《貞觀政要・擇官第七》。

官二千餘人，命房玄齡裁減，僅留用六百四十三人。鑑於武德年間州縣數多，「民少吏多，思革其弊」，命所司「大加併省」，為精簡地方官員做足準備。唐太宗對機構之改革，乃建立在「官在得人，不在員多」[44]，即少而精之基礎上，也就是講究辦事效率之基礎上，也說明太宗對用人之數量與質量關係具有辯證思想。貞觀中期以來，辦事效率雖有下降之趨，但唐太宗能知過思改，遂有裁汰老弱、制定安置退休官員之舉措。如貞觀十一年，劉洎上疏指出：「年老及耄，或積病智昏」之官員，如久在任所，必妨賢路。年老多病、精力衰退、智力低下之官員在位，不僅降低辦事效率，亦妨礙新進之引用。劉洎建議「既無意於時宜，當置之以閑逸」，乃不無道理，他另主張皇親勳臣不宜於官者，應「優其禮秩」，即在政治待遇與生活待遇從優處置之基礎下，讓其退處林野。這些建議皆帶有妥善安置退休官員之涵義，「尋以洎為尚書左丞」[45]，表示太宗接受劉洎之建議，並予以施行貫徹。

第三節　才行俱兼，任賢政治[46]

舉賢任能之帝王，唐太宗算是史上有名者，從《全唐文》記載，太宗所下之求賢舉人詔，就有多達五次[47]，可見太宗

44　《資治通鑑》卷一九二。
45　《貞觀政要・擇官第七》。
46　趙克堯、許道勛，《唐太宗傳》，頁152-156。
47　《全唐文》卷五《薦舉賢能詔》、卷六《令河北淮南諸州舉人詔》、《求訪賢良限來年二月集泰山詔》、卷七《令州縣舉孝廉茂才詔》、卷八《令天下諸州舉人手詔》。

渴望求得賢才之深，甚至對歷史上之賢臣因慕其盛名，猶想見其人，太宗曾說：「朕比見隋代遺老，咸稱高穎善爲相者，遂觀其本傳，可謂公平正直，尤識治體。…何嘗不想見其人，廢書歎嘆。」[48]至於當代賢才，慕名想見其人更是不在話下。對此魏徵曾讚許道：「貞觀之初，求賢如渴，善人所舉，信而任之」[49]。貞觀中晚期太宗求賢熱忱雖不如前，但也未嘗懈怠。貞觀十三年，他對侍臣說：「朕聞太平後必有大亂，大亂後必有太平。大亂之後，即是太平之運也。…公等既不知賢，朕又不可徧識。日復一日，無得人之理。」[50]求賢急切之心情仍然隱約可見。

一、才行俱兼

　　唐太宗求賢舉能，乃爲任賢，所謂「任官惟賢才」[51]。「賢才」乃指才德兼備之人，也就是魏徵所說之：「太平之時，必須才行俱兼，始可任用。」[52]唐太宗堅持如此之標準，若才行不至，絕不濫用。有次，他令諸州舉人，諸州上舉十一人，太宗欣喜異常，引入內殿，和顏悅色地詢以政道，但舉子皆「莫能對揚，相顧結舌」。唐太宗以爲他們初入宮闕，未睹皇家盛大氣象，心懷驚懼，有礙辭令暢達。於是下令移至尚書省內，改爲筆試，但這些舉子「構思彌日，終不答問

48　《全唐文》卷一○，《諸葛亮高穎爲相公直論》。
49　《貞觀政要‧慎終第四十》。
50　《貞觀政要‧擇官第七》。
51　《貞觀政要‧擇官第七》。
52　《貞觀政要‧擇官第七》。

旨，理既乖違，詞亦庸陋」，太宗不禁大失所望，將所舉之士「宜並放還，各從本色」；對失職之舉主「以舉非其人，罪論仍加一等」[53]。從中可見，加重懲處辦事馬虎之官員，反映了太宗對職官嚴格要求；放還舉子、維持原來之身分與職任，反映了他堅持選人之嚴格標準，親自主持口試與筆試，說明太宗重視舉子之真才實學；唐太宗雖然重才，但也重德，他強調選擇不能缺德，如貞觀十一年，踏宗下詔求賢說：「或識達公方，學綜今古，廉潔正直，可以經國佐時；或孝悌惇篤，節義昭顯，始終不移，可以敦風勵俗；或儒術通明，學堪師範；或文章秀異，才足著述。並宜薦舉，具以名聞。」[54]此之「廉潔正直」、「孝悌惇篤」、「節義昭顯」、「學堪師範」等皆爲堅持封建政治標準之提法。

貞觀一代，唐太宗始終遵循才德兼備之標準去衡量人才、選拔人才。不論是至親、勳舊，亦或疏遠、昔仇，只要「才行俱兼」，就及時予以任用。他重用曾爲疏、仇之魏徵、馬周，此乃著眼於才德兼備此一標準，對於至親、勳舊，若是才德兼備者，自然加以重用。貞觀七年，唐太宗冊封國舅長孫無忌爲司空，有人散佈「私親之誚」，唐太宗聲稱：「朕若以無忌后兄之愛，當多遺子女金帛，何須委以重官，蓋是取其才行耳。」[55]反之，若「才行不至」，疏、仇自然不會任用，即使親如貴戚，亦不虛授。正如他自己表白說道：「朕

---

53 《全唐文》卷五《薦舉賢能詔》。
54 《全唐文》卷六《求訪賢良限來年二月集泰山詔》。
55 《舊唐書‧長孫無忌傳》。

於宗親以及勳舊無行能者，終不任之。」[56]徵之史實，基本
相符。武德九年九月，太宗記功行賞，叔父李神通被排除一
等功臣之外，位居房、杜之下，位此表示不服，就以宗親之
貴與太原首義之勳同房玄齡爭功。唐太宗公正無偏，歷數其
叔「山東未定，受委專征，建德南征，全軍陷沒。及劉黑闥
翻動，叔父望風而破（膽）。」[57]既無將才，又無功於國，
焉能挾親邀求官賞，駁得李神通面紅耳赤，無言以對，只得
乖乖位列房、杜之下，僅受閑職而已，不久，而無宗親之貴
但才德兼備之房、杜，則被擢為宰相。

　　才德兼備，係指財與德之統一並兼而有之，唐太宗任賢
就是堅持此一高標準，他認為，有德乏才或有才乏德均不為
美，都不會予以重用。如楊恭仁在隋已有清廉政聲，入堂更
是謹慎有加，謙恭下士，可謂譽稱德義，但其人才學不顯，
武德初一度以資歷遙授宰相，貞觀出貶為外官，唐太宗蓋以
其無有相才故也，因此終其任內不見超擢[58]。此外，對於「才
優行薄」者，即使親如故舊，亦不輕易予以重任。許敬宗終
貞觀一代未至高位重用即為一顯例。劉昫指出：「許高陽（即
許敬宗）武德之際，以為文皇入館之賓，垂三十年，位不過
列曹尹、而馬周、劉洎起羈旅徒步，六七年間，皆登宰執，
考其行實，則高陽之文學宏奧，周、洎無以過之，然而太宗
任遇相殊者，良以高陽才優而行薄故也。」[59]這個史論，從

56　《舊唐書·杜正倫傳》。
57　《舊唐書·宗室·淮安王李神通傳》。
58　參建新、舊《唐書，楊恭仁傳》。
59　《舊唐書·許敬宗傳》、《史臣曰》。

正反二方面揭示了唐太宗任賢乃全面堅持才德兼備之標準。

　　爲了貫徹「才行俱兼」之任賢標準，唐太宗制定了「考課之法」。考課之依據有「四善」、「二十七最」。「四善」指「一曰德義有聞，二曰清慎明著，三曰公平可稱，四曰恪勤匪懈」。「二十七最」指二十七個機構官員辦事稱職之準則，如「選司之最」是指「銓衡人物，擢盡才良」等。據官善與官最，唐太宗把官員考第分爲九等，凡屬「四善」與「一最」者爲上上，以下依次遞降，其「居官諂詐，貪濁有狀」者爲下下[60]。這些考核措施雖然不可能全面貫徹，但卻能反映出唐太宗堅持「才行俱兼」之任賢信念。

二、任賢致治

　　唐太宗堅持用人之才德兼備之標準，目的係爲了任賢致治。太宗即位不久，經過著明之「理政得失」之辯論，確立了大治天下之建國方略，緊接著就把求賢致治提到議事日程，認爲「致安之本，惟在得人」[61]。貞觀元年，他對杜正倫說：「朕今令舉行能之人，非朕獨私於行能者，以其能益於百姓也。」[62]「益於百姓」，不免溢美，益於治道是比較切合實際地。貞觀二年，他對侍臣說：「朕居深宮之中，視聽不能及遠，所委者惟都督、刺史，此輩實治亂所繫，尤須

60　《唐六典》卷二，《吏部尚書，考功郎中》。
61　《貞觀政要・擇官第七》。
62　《舊唐書・杜正倫傳》。

得人。」[63]把「治亂」與「得人」相聯繫，就是把任賢作爲致治之手段，致治作爲任賢之目的；貞觀十一年，他在頒發之求賢詔中指出：「嗣守鴻基，實資多士」[64]，不久，又頒詔云：「博訪邱園，搜持英俊，弼成王道，臻於大化焉。」[65]把求賢爲了致治之關係說得很清楚。貞觀十三年，他再次指出：「能安天下者，惟在用得賢才」。[66]貞觀晚年，他總結了大治天下收到成效之三條經驗，其中第二條就是「進善人，共成政道」[67]。爲了教誡太子李治能吸取這個任賢致治之成功經驗，他在《金鏡》一文中做出結論：「亂未嘗不任不肖，至未嘗不任忠賢。任忠賢則享天下之福，任不肖則受天下之禍。」[68]對此，他還以隋代名相高熲之進退爲例說：「高熲有經國大才，爲隋文帝贊成霸業，知國政者二十餘載，天下賴以安寧，…即爲煬帝所殺，刑政由是衰壞。」[69]把宰相之作用誇大到繫天下安危於一身之高度，顯然墮入了唯心史觀，但從中也可窺見他十分強調與與重視賢臣執政。因此他對於那些獻身於「貞觀之治」之賢才們，或仇或疏，或恩或親，均視同一體，予以使用，以求賢致治。劉昫對此感觸至深，曾作了高度之評價：「臣觀文皇帝，發迹多奇，聰明神武。拔人物則不私於黨，負志業則咸盡其才，所以屈突（通）、

63　《貞觀政要‧擇官第七》。
64　《全唐文》卷六，《令河北淮南諸州舉人詔》。
65　《全唐文》卷八，《令天下諸州舉人手詔》。
66　《貞觀政要‧擇官第七》。
67　《新唐書‧褚遂良傳》。
68　《全唐文》卷一；《唐語林》卷三。
69　《貞觀政要‧杜讒佞第二三》。

尉遲（敬德），由仇敵而願傾心膂；馬周、劉洎，自疏遠而卒委鈞衡。終平泰階，諒由斯道。」所謂「終平泰階，諒由斯道」[70]，是指最終打下太平之基，實現「貞觀之治」，是由於他不拘一格、不私於黨之任賢致治之用人政策所致。劉昫在別處另有類似之史評，同樣也說明這個道理：「所謂猛將謀臣，知機識變。有唐之盛，斯實賴焉。」[71]「得人者昌，…唐之昌也，不亦宜乎！」[72]並以太宗任用魏徵爲例說：「鄭公達節，才周經濟。太宗用之，子孫長世。」[73]指出唐之昌盛與人才之得乃密切相關者，「貞觀之治」於某種意義上而言可謂求賢致治。

第四節　唐太宗之君臣關係[74]

　　治理國家，關係到每一個全民的切身利益，關係到每一個階層的利益，而要協調均衡發展，僅靠某一個人或某幾個人是不行的，需要集中眾人的智慧，透過政府官員來治理。唐太宗李世民在《帝範》中表示：「夫六合曠道，大寶重任，曠道不可以偏制，故與人共治之；重任不可以獨居，故與人共守之。」[75]

---

70 《舊唐書·太宗本紀》、《史臣曰》。
71 《舊唐書》卷六八《史臣曰》。
72 《舊唐書》卷六一《史臣曰》。
73 《舊唐書·魏徵傳》。
74 楊琪，《《貞觀政要》治道研究》，頁 251-302。
75 李世民《帝範·建親篇》。

　　君和臣是中國傳統政治中最重要的關係之一，常常決定著國家的命運前途，同時也決定著君和臣各自的未來。如何看待和處理這對關係，一直是傳統政治理論與實踐的核心問題，歷代均不乏論述。統計，《貞觀政要》中有八十五章探討或論述了君臣關係，占到總章數近三分之一，其中篇幅最長的是魏徵的《君臣契合疏》，達兩千餘字。太宗君臣透過分析歷代君臣關係的案例，提出深刻且全面關於和諧君臣關係的具體措施與機制。

　　太宗君臣提到的君臣關係處理得比較好的案例有齊桓公與漢光武帝。齊桓公很信任鮑叔牙、管仲等大臣，君臣關係處理非常好。魏徵曾經引用齊桓公的事例與太宗共勉：昔齊桓公與管仲、鮑叔牙、寧戚四人飲，桓公謂叔牙曰：「盍起為寡人壽乎？」叔牙奉觴而起曰：「願公無忘出而在莒時，使管仲無忘束縛於魯時，使寧戚無忘飯牛車下時。」桓公避席再拜曰：「寡人與二大夫能無忘夫子之言，則社稷不危矣！」[76]

　　馬周亦云：「昔漢光武不任功臣以吏事，所以終全其世者，良由得其術也。」[77]

　　歷代開國之君冊封功臣，以圖共治天下，但是凡以武功得天下之勛臣，往往擁有兵權或在課獲軍人，所以不乏有因君權受到威脅而大誅功臣之例。所謂「飛鳥盡，良弓藏；狡兔死，走狗烹」。漢高祖劉邦誅殺韓信、彭越、英布，即是如此。後漢光武帝劉秀吸取歷史教訓即與功臣互相保全。

　　《後漢書》載：「初，帝在兵間久，厭武事，且知天下

76　《貞觀政要·君臣鑒戒第六》。
77　《貞觀政要·論封建第八》。

疲耗，思樂息肩。自隴、蜀平後，非儆急，未嘗復言軍旅。……雖身濟大業，兢兢如不及，故能明慎政體，總攬權綱，量時度力，舉無過事。退功臣而進文吏，載弓矢而散馬牛，雖道未方古，斯亦止戈之武焉。」[78]

另一方面，太宗君臣經常提到的君臣關係處理得不好的案例有：桀誅關龍逄、紂誅王子比干、周幽王烽火戲諸侯而致使身死犬戎、秦二世偏信趙高而身死國滅、漢景帝誅晁錯、隋煬帝殘暴自賢等例。

貞觀六年，太宗謂侍臣曰：「古人云：『危而不持，顛而不扶，焉用彼相？』君臣之義，得不盡忠匡救乎？朕嘗讀書，見桀殺關龍逄，漢誅晁錯，未嘗不廢書嘆息。公等但能正詞直諫，裨益政教，終不以犯顏忤旨，妄有誅責。朕比來臨朝斷決，亦有乖於律令者。公等以為小事，遂不執言。凡大事皆起於小事，小事不論，大事又將不可救，社稷傾危，莫不由此。隋主殘暴，身死匹夫之手，率土蒼生，罕聞嗟痛。公等為朕思隋氏滅亡之事，朕為公等思龍逄、晁錯之誅，君臣保全，豈不美哉！」[79]

在暴君統治下，諸臣懼怕因言嫁禍，均禁駕不敢言，最後君主自己也身死匹夫之手，沒有人憐惜他。桀、紂、隋煬帝都是這樣的典型。漢景帝與晁錯之間的君臣關係相對複雜一些，晁錯提出削弱諸侯國的勢力，結果招來了七國之亂，漢景帝不分是非，聽信竇嬰和袁盎的話，以為斬了晁錯就可以讓七國退兵，就令晁錯衣朝衣斬於東市，可是誅殺了正直

78　《後漢書・光武帝紀第一下》。
79　《貞觀政要・政體第二》。

的官員卻沒有換來和平。

　　君王即使不暴虐，大臣也不好當。因爲君權與相權之間，君尊臣卑，大臣處於不利的地位，此所謂伴君如伴虎。漢代就有數位丞相被誅殺，大臣們懼怕當丞相。

　　《漢書·公孫弘傳》記載：（公孫弘）凡爲丞相御史六歲，年八十，終丞相位。其後李蔡、嚴青翟、趙周、石慶、公孫賀、劉屈氂繼踵爲丞相。自蔡至慶，丞相府客館丘虛而已，至賀、屈氂時壞以爲馬廄車庫奴婢室矣。唯慶以敦謹，復終相位，其餘盡伏誅云。[80]

　　太宗君臣在反覆思考歷代君臣關係的案例中分析並總結了歷代關於君臣關係方面的政治智慧。經整理，《貞觀政要》中所引用的唐以前典籍中有關君臣關係的重要觀點主要來自儒家經書以及史書，以下列出了主要觀點及其出處（表3）。

表3：《貞觀政要》中君臣關係觀點引用情況表[81]

章節	原文	出處	次	引用人
2.12－17	臣聞上之所好，下必從之。	《禮記·緇衣》	6	魏　徵
1.4－4	危而不持，焉用彼相？	《論語·季氏》	4	李世民
29.9－212	臣聞君爲元首，臣作股肱。	《尚書·虞書·益稷》	4	魏　徵
17.4－144	君使臣以禮，臣事君以忠。	《論語·八佾》	4	魏　徵
1.4－4	當進思盡忠，退思補過，將順其美，匡救其惡。	《孝經·事君章第十七》	3	李世民
2.6－11	然耳目股肱，寄於卿輩，既義均一體。	《王褒·四子講德論》	3	李世民
4.2－34	臣聞木從繩則正，後從諫則聖。	《尚書·商書·說命上》	3	王　珪

80　《漢書·公孫弘傳》。
81　楊淇，《《貞觀政要》治道研究》，頁255-256。

1.4－4	不使康哉良哉。	《尚書‧虞書‧益稷》	2	李世民
1.4－4	若魚若水。	《三國志‧蜀志‧諸葛亮傳》	2	李世民
1.4－4	犯而無隱。	《禮記‧檀弓上》	2	李世民
5.5－45	爲君不易，爲臣極難。	《論語‧子路》	2	李世民
4.2－34	是故古者聖主必有爭臣七人，言而不用，則相繼以死。	《孝經‧諫諍章第十五》	2	王　珪
3.5－29	朕聞主憂臣辱，主辱臣死。	《越絕書‧越絕外傳計倪》	1	李世民
31.7－228	爲上易事，爲下易知，則刑不煩矣。上人疑則百姓惑，下難知則君長勞矣。	《禮記‧緇衣》	3	魏　徵
4.6－38	未信而諫，則以爲謗己；信而不諫，則謂之尸祿。	《論語‧子張》	1	魏　徵
29.9－212	君視臣如手足，臣視君如腹心；君視臣如犬馬，臣視君如國人；君視臣如土芥，臣視君如寇仇。	《孟子‧離婁下》	1	魏　徵

　　主要是《貞觀政要》中君臣關係理論性觀點，尚不及具體的案例方面的內容和長篇性質的論述。綜上所述，太宗君臣的系統性總結成爲後世處理，君臣關係的經典範例。

一、君臣協契，義同一體

　　太宗君臣在君臣關係總結上的第一個要點便是「君臣協契，義同一體」。《貞觀政要》中記載了太宗君臣的多次相關論述：

　　1、貞觀五年（631），太宗謂侍臣曰：「治國與養病無異也。病人覺愈，彌須將護，若有觸犯，必至殞命。治國亦然，天下稍安，尤須兢慎，若便驕逸，必至喪敗。今天下安危，繫之於朕，故日慎一日，雖休勿休。然耳目股肱，寄於卿輩，既義均一體，宜協力同心，事有不安，可極言無隱。

倘君臣相疑，不能備盡肝膈，實爲治國之大害也。」[82]

2、太宗手敕魏王泰曰：「虞世南於我，猶一體也。拾遺
補闕，無日暫忘，實當代名臣，人倫準的。吾有小善，必將
順而成之；吾有小失，必犯顏而諫之。今其云亡，石渠、東
觀之中，無復人矣，痛惜豈可言耶！」[83]

3、貞觀六年（632）……太宗問徵曰：「昨來在外，聞
有何不是事？」徵正色曰：「前日令彥博宣敕語臣云：『因
何不存形跡？』此言大不是。臣聞君臣協契，義同一體。未
聞不存公道，惟事形跡。若君臣上下，同遵此路，則邦國之
興喪，或未可知！」太宗瞿然改容曰：「前發此語，尋已悔
之，實大不是，公亦不得因此事遂懷隱避。」徵乃拜而言曰：
「臣以身許國，直道而行，必不敢有所欺負。但願陛下使臣
爲良臣，勿使臣爲忠臣。」太宗曰：「忠良有異乎？」徵曰：
「良臣，稷、契、咎繇是也。忠臣，龍逢、比干是也。良臣
使身獲美名，君受顯號，子孫傳世，福祿無疆。忠臣身受誅
夷，君陷大惡，家國並喪，獨有其名。以此而言，相去遠矣。」
太宗曰：「君但莫違此言，我必不忘社稷之計。」乃賜絹二
百匹。[84]

4、臣聞君爲元首，臣作股肱，齊契同心，合而成體。體
或不備，未有成人。然則首雖尊高，必資手足以成體；君雖
明哲，必藉股肱以致治。故《禮》云：「人以君爲心，君以
人爲體，心莊則體舒，心肅則容敬。」《書》云：「元首明

82 《貞觀政要‧政體第二》。
83 《貞觀政要‧任賢第三》。
84 《貞觀政要‧直言諫諍附》。

哉！股肱良哉！庶事康哉！」「元首叢脞哉！股肱惰哉！萬事墮哉！」然則委棄股肱，獨任胸臆，具體成理，非所聞也。[85]

太宗君臣反覆強調，君主和大臣間是互相依存的整體，應協調互補，相互信任、依賴。上述所引用的四則資料中，前兩則是唐太宗說的，後兩則是魏徵說的。

太宗認為，君主努力工作固然重要，但是具體的工作要交給大臣去完成，君主和大臣的關係就好像頭與軀幹的關係，是一體的，彼此要開誠佈公，坦率交流，同心同德。若君和臣之間互相猜疑，不能相互信任，實乃是「治國之大害」。虞世南去世，太宗追思不已，表示虞世南和自己如同一體，能互相促進，指出缺點，世南一走，到哪裡再找這樣好的大臣？

魏徵和太宗的觀點完全一致。上引第三則論述中，有人舉報魏徵阿黨親戚，太宗派御史大夫溫彥博按驗其事，結果查無實據。溫彥博認為，魏徵身為官員，招致非議，雖然查無實據，但也必須要檢點自己的行為。於是太宗命溫彥博敕魏徵說：「爾諫正我凡數百條，豈以此小事，便損眾美？自今已後，不得不存形跡。」魏徵後來正色對太宗說：「前日令彥博宣敕語臣云：『因何不存形跡？』此言大不是。臣聞君臣協契，義同一體。未聞不存公道，惟事形跡。若君臣上下，同遵此路，則邦國之興喪，或未可知！」太宗聽後，趕忙道歉，承認自己的錯誤。

上引第四則論述是魏徵的《君臣契合疏》開篇的內容。魏徵表示，君是元首，臣是手腳，「齊契同心，合而成體」，

---

85 《貞觀政要‧論禮樂第二九》。

若是缺手斷腳，就不是完整的人。頭腦雖然高高在上，但是
必須依靠手和腳才能成為完整的身體。君主即使很聖明，也
必須依靠大臣來共同實現治理國家的目標。魏徵還引用《尚
書》等經典，說明君主英明，大臣賢良，事情才能辦好；如
果君主繁瑣事多，大臣懶惰，那麼萬事都做不好。僅靠君主
一個人，獨任胸臆，而能治理好國家，那是不可能的。

　　從思想源頭來看，君臣一體的的思想最早出現在《尚書》
中，而歷代均有闡發。《尚書》將君比作「元首」，把臣比
作「股肱耳目」。《漢書・魏相丙吉傳》：「贊曰：古之制
名，必繇象類，遠取諸物，近取諸身。故《經》謂：君為元
首，臣為股肱。明其一體相待而成也。」

　　西漢王子淵（褒）說：「故千金之裘非一狐之腋，大廈
之材非一丘之木，太平之功非一人之力也。蓋君為元首，臣
為股肱，明其一體，相待而成。有君而無臣，春秋刺焉。」[86]

　　東漢陳蕃云：「臣聞賢明之君，委心輔佐；亡國之主，諱聞
直辭。故湯武雖聖，而興於伊呂；桀紂迷惑，亡在失人。由此
言之，君為元首，臣為股肱，同體相須，共成美惡者也。」[87]

　　三國魏人杜畿、杜恕父子對此皆有論述，杜畿云：「古
之三公，坐而論道，及內職大臣，納言補闕，無善不紀，無
過不舉，且天下至大，萬機至眾，誠非一明所能偏照，故君
為元首，臣為股肱，明其一體相須而成也焉。」[88]

　　杜恕云：「是以古之聖君之於其臣也，疾則視之無數，

86　《文選・王褒・四子講德論》。
87　《後漢書・陳蕃傳・極諫黨事疏》。
88　《三國志・魏志・杜畿傳》。

死則臨其大斂小斂，爲徹膳，不舉樂，豈徒色取仁而實違之者哉？乃慘怛之心出於自然，形於顏色，世未有不自然而能得人自然者也，色取仁而實違之者，謂之虛；不以誠待其臣，而望其臣以誠事已，謂之愚。虛愚之君，未有能得人之死力者也。故《書》稱君爲元首，臣爲股肱，期其一體相須而成也。」[89]

太宗君臣全面繼承了「君臣協契，義同一體」的思想，這可從三方面來理解。

（一）君臣共治

在唐太宗君臣看來，君主雖然是元首，但是精力有限，一人不能斷盡天下之事，必須倚靠大臣力量的協助共同治理，因此，君臣一體觀的首要內容就是君臣共治。

貞觀三年（629），太宗謂侍臣曰：「君臣本同治亂，共安危，若主納忠諫，臣進直言，斯故君臣合契，古來所重。若君自賢，臣不匡正，欲不危亡，不可得也。君失其國，臣亦不能獨全其家。至如隋煬帝暴虐，臣下鉗口，卒令不聞其過，遂至滅亡，虞世基等，尋亦誅死。前事不遠，朕與卿等可得不慎，無爲後所嗤！」[90]

在唐太宗看來，治理國家，既然是「共爲治」，那麼君臣就處於利益共同體中，本就應「同治亂、共安危」，所以，君臣就應當同心協力，互相保全。當然，由於君主常有生殺大權，大臣們難免會格外謹慎小心，不敢違背聖意。但這樣

---

89 《群書治要・杜恕・體論》。
90 《貞觀政要・君臣鑒戒第六》。

往往會延誤時機。隋煬帝和虞世基就是典型的例子，隋煬帝暴虐，動輒殺人，所以虞世基等大臣專挑隋煬帝愛聽的話報告，最後烽煙四起，大臣都不敢告訴隋煬帝，隋煬帝也就錯過了扭轉局勢的最好時機，到死也沒有明白怎麼回事，而且很快虞世基等大臣也被殺害。歷史的教訓是深刻的，所以太宗說：「君失其國，臣亦不能獨全其家。」

君臣共治表達的政治意義就是君臣必須共同面對政治的問題，形成一個協調的整體，才能治理好國家。君主不能因擔心大權旁落，而不任用大臣，需知等靠君主一人之力只能徒增弊政。

貞觀四年（630），太宗問蕭瑀曰：「隋文帝何如主也？」對曰：「克己復禮，勤勞思政，每一坐朝，或至日昃，五品已上，引坐論事，宿衛之士，傳飧而食，雖性非仁明，亦是勵精之主。」太宗曰：「公知其一，未知其二。此人性至察而心不明。夫心暗則照有不通，至察則多疑於物。又欺孤兒寡婦以得天下，恒恐群臣內懷不服，不肯信任百司，每事皆自決斷，雖則勞神苦形，未能盡合於理。朝臣既知其意，亦不敢直言，宰相以下，惟即承順而已。朕意則不然，以天下之廣，四海之眾，千端萬緒，須合變通，皆委百司商量，宰相籌畫，於事穩便，方可奏行。豈得以一日萬機，獨斷一人之慮也。且日斷十事，五條不中，中者信善，其如不中者何？以日繼月，乃至累年，乖謬既多，不亡何待？豈如廣任賢良，高居深視，法令嚴肅，誰敢為非？」因令諸司，若詔敕頒下有未穩便者，必須執奏，不得順旨便即施行，務盡臣下之意。

91

　　太宗指出，隋文帝因為自己是以大臣的身份取得天下，所以總擔心自己的大臣不服，不任用大臣做事，遇事均親力親為。可是，皇帝自己決斷也有不盡合理的時候，大臣既然知道皇帝的心思，所以也就不敢直言，上上下下都很順從。這樣，如果每天斷十件事情，有五件不盡合理，處理合理的當然好，可是不盡合理的事情不會因為有了其他合理處置的事情而變得合理。日積月累，錯誤就會越來越多。冤假錯案越積越多，國家不滅亡是不可能的。天下事務千頭萬緒，必須根據自身情況隨機應變，都要委任各級官員來籌劃商量，提出合理解決方案，提請執行。

　　李百藥說，「設官分職，任賢使能，以循良之才，膺共治之寄。」[92]曹元首亦說，「先王知獨治之不能久也，故與人共治之；知獨守之不能固也，故與人共守之。兼親疏而兩用，參同異而並進。」[93]因此我們可以說，「君臣共治」本質上指的就是君和臣是一利益共同體，面臨的同一問題，和則雙贏，離則兩傷。故太宗說：「主憂臣辱，主辱臣死。」[94]講的其實也是君臣共治的問題。只有充分認識到君臣共治的重要性，君主才有可能真正體恤大臣，「君懷仁義，臣無二心」。認識到君臣共治，廣任賢良，並且全方位地主動促成君臣團結，正是唐太宗高明的地方。

91　《貞觀政要・政體第二》。
92　《貞觀政要・論封建第八》。
93　《文選・曹元首・六代論》。
94　《貞觀政要・任賢第三》。

（二）君臣合德

「合德」就是同德。「君臣合德」語出陳植《陳審舉疏》：「臣聞天地協氣而萬物生，君臣合德而庶政成；五帝之世非皆智，三季之末非皆愚，用與不用，知與不知也。」[95]魏徵在《理獄聽諫疏》中說：「臣聞堯有敢諫之鼓，舜有誹謗之木，湯有司過之史，武有戒慎之銘。此皆聽之於無形，求之於未有，虛己心以待下，庶下情之達上，上下無私，君臣合德者也。」[96]

君臣合德就是君主和大臣間的同德同心。魏徵認為，上古堯帝設置諫諍之鼓，舜帝設立供大家提意見的柱子，商湯設專門的諫官，周武王有戒慎的銘文，這些都是君主為了獲取正確的信息，瞭解真實意見，以便真正傾聽，上下都為國家，毫無私心，達到君臣合德之境界。

君臣合德實際上就是君臣同道。孫子說：「道者，令民與上同意也。故可以與之死，可以與之生，而不畏危。」[97]

這裡「同意」就是意見一致，百姓和為政者的意見一致，就是民心所向，百姓願意與之同生共死，而不怕死。同樣的道理，在治理國家的複雜政務中，君主發號施令，各級臣子執行命令，如意見不能統一，勉強執行，就會造成社會問題。相反，若君主在制定政令時與大臣共商，制定大家都認可的方案，同心同德，各級官員再執行命令，其效果必然好很多。魏徵說：「然自古聖哲之君，功成事立，未有不資同德同心，

95　《三國志・魏志・陳思王傳》。
96　《貞觀政要・論誠信第十七》。
97　《孫子兵法・計篇》。

予違汝弼者也。」[98]

「同德同心」一詞，出自《尚書・泰誓中》：「予有亂臣十人，同德」；「予違汝弼」出自《尚書・益稷》：「帝曰：『臣作朕股肱耳目。予欲左右有民，汝翼。予欲宣力四方，汝為。……予違汝弼，汝無面從，退有後言。』」「予違汝弼」是古代天子勖勉大臣進諫之詞，言我有過失，你應匡正。《孔傳》說：「我違道，汝當以義輔正我。」

魏徵對君臣合德的見解包含兩個方面的意涵：

1、君王主動聽取大臣的意見和規勸，瞭解真實的民情，尋求君臣的高度一致。

2、君王做錯了事情，施行了莠政，大臣要竭力規勸。不得當面順從，背後議論。

不論是君王瞭解民情，還是大臣勸諫，都要做到大公無私，以大局為重。所謂「大明無偏照，至公無私親」[99]。君臣合德就是君臣在治國這個大局面前的一致性，如此齊心協力，何事不成？

（三）君臣相待

太宗君臣反覆提到「君為元首，臣為股肱，義均一體」，係源自於西漢王子淵對《尚書》中「元首明哉！股肱良哉！庶事康哉！」的進一步提煉和總結，後來陳蕃、班固、荀悅、杜畿、杜恕等歷代學者都有繼承。王子淵說：「蓋君為元首，

臣爲股肱，明其一體，相待而成。」[100]「相待而成」指的就是君臣之間要真正要成爲一個團結的共同體則必須相互以禮相待，不能違背社會的正義。「相待」就是互相對待。君待臣以禮義，臣事君以忠蹇。魏徵說：「孔子曰：『君使臣以禮，臣事君以忠。』然則君之待臣，義不可薄。[101]」

　　魏徵認爲，君主對待大臣，不能薄情寡義，要禮敬大臣。

　　貞觀十一年（637），太宗謂侍臣曰：「狄人殺衛懿公，盡食其肉，獨留其肝。懿公之臣弘演呼天大哭，自出其肝，而內懿公之肝於其腹中。今覓此人，恐不可得。」特進魏徵對曰：「在君待之而已。昔豫讓爲智伯報仇，欲刺趙襄子，襄子執而獲之，謂讓曰：『子昔不事範、中行氏乎？智伯盡滅之，子乃委質智伯，不爲報仇；今即爲智伯報仇，何也？』讓答曰：『臣昔事範、中行，範、中行以眾人遇我，我以眾人報之。智伯以國士遇我，我以國士報之。』在君禮之而已。亦何謂無人焉？」[102]

　　衛懿公是個很昏庸的國君，喜歡養鶴，宮殿裡養了很多鶴，並且給鶴封官，不關心老百姓，結果狄人進攻，百姓都不替他打仗，衛彭公被殺。狄人盡食其肉，獨留其肝。衛懿公的大臣弘演自殺，並且把衛彭公的肝放在自己的腹中。太宗對大臣們說，現在要找這樣忠誠的大臣，恐怕很難找到了。魏徵以豫讓刺趙襄子的典故反駁太宗的觀點，忠貞的大臣是否出現，主要在「君禮之而已」。他在《論君臣契合疏》中

100　《文選·王褒·四子講德論》。
101　《貞觀政要·論慎終第四十》。
102　《貞觀政要·論忠義第十四》。

說：「孟子曰：『君視臣如手足，臣視君如腹心；君視臣如犬馬，臣視君如國人；君視臣如土芥，臣視君如寇仇。』雖臣之事君無有二志，至於去就之節，當緣恩之薄厚，然則為人上者，安可以無禮於下哉？[103]」

魏徵引用孟子，旗幟鮮明地闡述了君臣相互對待的觀點，君主對臣子恩情重，臣子對君主的回報就高；如果君主待臣子恩情少，臣子就可以不必效忠於君王。即使是大臣對君主毫無二心，但是在去、留的原則上，應當根據恩情的厚薄來定。作為君主，焉可對臣下無禮呢？

魏徵認為，古代的聖君能禮待大臣，大公無私，關心天下，勤於政事，君臣關係十分和諧，這並不是因為高官厚祿的原因，而是君主以禮相待。他說：「夫君臣相遇，自古為難。以石投水，千載一合，以水投石，無時不有。其能開至公之道，申天下之用，內盡心膂，外竭股肱，和若鹽梅，固同金石者，非惟高位厚秩，在於禮之而已。昔周文王游於鳳凰之墟，襪系解，顧左右莫可使者，乃自結之。豈周文之朝盡為俊乂，聖明之代獨無君子者哉？但知與不知，禮與不禮耳！是以伊尹，有莘之媵臣；韓信，項氏之亡命。殷湯致禮，定王業於南巢；漢祖登壇，成帝功於垓下。若夏桀不棄於伊尹，項羽垂恩於韓信，寧肯敗已成之國為滅亡之虜乎？[104]」

魏徵還引用晏子的兩段著名的對話來證明「君臣相待」之觀點。

齊景公問于晏子曰：「忠臣之事君，如之何？」晏子對

103　《貞觀政要·論禮樂第二九》。
104　《貞觀政要·論禮樂第二九》。

曰：「有難不死，出亡不送。」公曰：「裂地以封之，疏爵而待之，有難不死，出亡不送，何也？」晏子曰：「言而見用，終身無難，臣何死焉？諫而見從，終身不亡，臣何送焉？若言不見用，有難而死，是妄死也；諫不見從，出亡而送，是詐忠也。」《春秋左氏傳》曰：「崔杼弒齊莊公，晏子立於崔氏之門外，其人曰：『死乎？』曰：『獨吾君也乎哉！吾死也？』曰：『行乎？』曰：『吾罪也乎哉！吾亡也？故君爲社稷死，則死之；爲社稷亡，則亡之。若爲己死，而爲己亡，非其親昵，誰敢任之？』門啓而入，枕屍股而哭，興，三踊而出。」[105]

　　晏子認爲，忠臣事君的標準就是「有難不死，出亡不送」。君主能聽取大臣正確的意見，就不會有難，如果大臣提出了意見，群主不聽從，遇危而亡，則是枉死。如進諫不被接受，君主逃亡時去送行，則是詐忠。晏子也正是按照這個標準做的。崔杼殺了齊莊公，晏子就在門外，人問要不要跟著國君去死，晏子說：「君主如果爲社稷而死，我就爲他而死；如果君主爲社稷而流亡，我就隨他去流亡。」臣君之間關鍵要看君的行爲是不是符合「義」。君對臣恩情重，臣就對君忠心耿耿；君對臣薄悻寡恩，又有什麼理由要求臣忠貞不二？

　　《貞觀政要》中反覆多次提到君主要禮待大臣，尤其要重視和尊重大臣在治理國家中的地位與作用。

　　貞觀十年，太宗特別寵愛的兒子 —— 越王 —— 說三品以上的大臣都輕蔑王者。太宗聽後火冒三丈，御齊政殿，把三

---

105 《貞觀政要・論禮樂第二九》。

品以上的大臣都叫來，大發脾氣：「我有一句話要和你們說，以前的天子是天子，現在的天子就不是天子了嗎？以前的天子兒是天子兒，現在的天子兒就不會是天子兒了嗎？我看見隋朝的王子，一品以下的官員，都難免被他們欺負。我的兒子，自然不許他們驕橫，但你們也不能因此就輕蔑他們。我如果放任不管，難道他們就不會欺負你們嗎？」房玄齡等大臣都戰戰慄慄不敢言聲，唯獨魏徵嚴肅地說：「當今群臣，必無敢輕越王者。然在禮，臣、子一例，《傳》稱，王人雖微，列於諸侯之上。諸侯用之為公即是公，用之為卿即是卿。若不為公卿，即下士之諸侯也。今三品以上，列為公卿，並天子大臣，陛下所加敬異。縱其小有不是，越王何得輒加折辱？若國家綱紀廢壞，臣所不知。以當今聖明之時，越王豈得如此？且隋高祖不知禮義，寵樹諸王，使行無禮，尋以罪黜，不可為法，亦何足道！[106]」

　　魏徵的話擲地有聲，在禮上，大臣和王子都是一樣的，公卿都是天子之大臣，連天子都要禮敬有加，王子竟敢如此侮辱大臣呢？最後，太宗極稱魏徵所論是「國家大法」。

　　《貞觀政要》中還有很多這樣的例子與相關論述，整體而言，這些對話與討論主要闡述的是君臣相對待的觀點；臣子不是君主的附屬物，是和君主共同治理國家的獨立主體，有獨立的人格和尊嚴，可以說，太宗君臣都受到孟子的「君視臣如手足，臣視君如腹心；君視臣如犬馬，臣視君如國人；君視臣如土芥，臣視君如寇仇」君臣觀的影響。與傳統文化

---

106 《貞觀政要‧直言諫諍附》。

中「君叫臣死，臣不得不死」的君臣觀相比，「君臣相待」
的觀點要更具現代民主的意涵。

總之，君臣共治、君臣合德與君臣相待是君臣一體觀的
重要內容。太宗君臣還反覆提到了君臣之間「實同魚水」，
「魚水關係」十分貼切地表達出了君臣之間這三方面的基本
內涵：其一，必須共同面對「共治」的事實，共治則雙贏，
否則兩虧；其二，君臣都要主動積極地參與到君臣一體的關
係中，塑造出一個團結互信的管理團隊；其三，君臣要按照
禮義建立相互尊重、相互信任的和諧關係，這種相互尊重、
相互信任是建立在君臣共治這一客觀事實上的。

二、君為政源，率臣以正

唐太宗認為，君主是政治的源頭，若要臣下行正道，首
先君主必須走正道，如果君主行詭詐，那麼要讓臣下忠誠正
直是不可得的。太宗對封德彝說：「流水清濁，在其源也。
君者政源，人庶猶水，君自為詐，欲臣下行直，是猶源濁而
望水清，理不可得。朕常以魏武帝多詭詐，深鄙其為人，如
此，豈可堪為教令？[107]」
因君主是政治的源頭、關鍵，故君主必須對自己採取高
標準、嚴以律己，慎言謹行，率先垂範。魏徵說：「此所謂
君開一源，下生百端，百端之變，無不動亂者也。……故堯、
舜戰戰慄慄，日慎一日。安可不深思之乎？安可不熟慮之

《貞觀政要·論誠信第十七》。

乎？」¹⁰⁸

　　《貞觀政要》中有一個「弓木之喻」，說的正是君要率臣以正的道理。

　　貞觀初，太宗謂蕭瑀曰：「朕少好弓矢，自謂能盡其妙。近得良弓十數，以示弓工。乃曰：『皆非良材也。』朕問其故，工曰：『木心不正，則脈理皆邪。弓雖剛勁而遣箭不直，非良弓也。』朕始悟焉。朕以弧矢定四方，用弓多矣，而猶不得其理。況朕有天下之日淺，得爲理之意，固未及於弓。弓猶失之，而況於理乎？」自是詔京官五品以上，更宿中書內省，每召見，皆賜坐與語，詢訪外事，務知百姓利害、政教得失焉。¹⁰⁹

　　弓工的話或另有玄機。唐太宗自小習武，少好弓矢，自謂能盡其妙，而且他身爲天子，下屬誰敢獻上劣弓？其實弓工的回答語帶雙關：這個弓之所以不好，那是因爲它木心不正，木心不正就會脈理不正，脈理不正就會遣箭不直，遣箭不直就會命中不了目標。難道弓工要說的僅僅就是這些弓不夠好？難就不是諫諍太宗「率臣以正」的隱喻？當然，是否有此隱喻，我們不得而知。這段對話正代表中國古代諷諫的傳統，寓涵：君者政源，君心不正則臣道皆邪的道理，君主雖然強大，可是如果君心不正，派出的大臣就不正，大臣要是不正，治理的目標就無法實現。

　　對「君爲政源，率臣以正」這個道理的認識，太宗和魏徵還有過兩段經典對話。

108　《貞觀政要・論禮樂第二九》。
109　《貞觀政要・政體第二》。

　　六年（632），太宗幸九成宮，宴近臣。長孫無忌曰：「王珪、魏徵，往事息隱，臣見之若仇，不謂今者又同此宴。」太宗曰：「魏徵往者實我所仇，但其盡心所事，有足嘉者。朕能擢而用之，何慚古烈？徵每犯顏切諫，不許我為非，我所以重之也。」徵再拜曰：「陛下導臣使言，臣所以敢言。若陛下不受臣言，臣亦何敢犯龍鱗，觸忌諱也！」[110]

　　貞觀十六年（642），太宗謂侍臣曰：「或君亂於上，臣理於下；或臣亂於下，君理於上。二者苟逢，何者為甚？」特進魏徵對曰：「君心理，則照見下非。誅一勸百，誰敢不畏威盡力？若昏暴於上，忠諫不從，雖百里奚、伍子胥之在虞、吳，不救其禍，敗亡亦繼。」太宗曰：「必如此，齊文宣昏暴，楊遵彥以正道扶之得理，何也？」徵曰：「遵彥彌縫暴主，救理蒼生，才得免亂，亦甚危苦。與人主嚴明，臣下畏法，直言正諫，皆見信用，不可同年而語也。」[111]

　　魏徵的回答並非搪塞阿諛之辭，而是以自身的實際說明：只有「君率臣以正」，臣才能犯顏諫諍，盡忠報國。一個「導」字說明的正是君主客觀的「政源」地位，一個「敢」字則說明的正是君主「率之以正」的結果。

　　在魏徵看來，君正和臣正兩者在地位上是不一樣的，因為君掌握的權力大，是政治的源頭，所以君正要重要，君主理當率臣以正。只有君率臣以正，小人才會畏威遠遁，朝廷才會君子齊聚，君臣才有同魚水。《貞觀政要》評價太宗時說：「時論以為能斷決大事，得帝王之體。深惡官吏貪濁，

110　《貞觀政要·任賢第三》。
111　《貞觀政要·政體第二》。

有枉法受財者，必無赦免。在京流外有犯贓者，皆遣執奏，隨其所犯，置以重法。由是官吏多自清謹。制馭王公、妃主之家，大姓豪猾之伍，皆畏威屏跡，無敢侵欺細人。[112]」

　　太宗還對房玄齡云：「古人善爲國者，必先理其身。理其身，必慎其所習。所習正則身正，身正則不令而行。所習不正，則身不正，身不正則雖令不從。是以舜誡禹曰：『鄰哉鄰哉。』周公誡成王曰：『其朋其朋。』此皆言慎其所習近也。朕比歲臨朝視事，及園苑閒遊賞，皆召魏徵、虞世南侍從，或與謀議政事、講論經典，既常聞啓沃，非直於身有益，在於社稷亦可謂久安之道。[113]」太宗認爲，善於治國的人，先治理自己個人，治理個人必須對日常生活有所謹慎，上行下效，風行草偃。

　　國君做天下人的榜樣，首先是做大臣的榜樣。太宗君臣都在修身與納諫上下功夫。周桂鈿教授指出：天子是在中央集權制度下具有特大影響作用的特殊人物，處於特殊地位，像大海中航船的舵手。他的思想行爲決定著這艘船的走向，決定著平安和災難。中國歷代思想家都非常認真地研究天子這個角色。總結出天子應該遵循的法則，即所謂「君道」。《荀子》有一篇題爲《君道》，劉向編的《說苑》第一篇就是《君道》，吳兢編的《貞觀政要》第一篇也是《君道》。國君要做天下的榜樣，因此，君道的第一要義是修身。[114]

　　君主是大臣和萬民的表率，講修身主要是講君主修身，

112　《貞觀政要‧政體第二》。

113　《貞觀政要‧政體第二》。

114　周桂鈿，〈試論“君道”中的修身與聽諫〉。

其他的人都依次為參照。《大學》裏說的「自天子以至於庶人，一是皆以修身為本。」在《貞觀政要》中得到了充分的體現。貞觀四年（630），太宗說：「隋煬帝性好猜防，專信邪道，大忌胡人，乃至謂胡床為交床，胡瓜為黃瓜，又築長城以備胡。終被宇文化及使令狐行達殺之。又誅戮李金才，及諸李殆盡，卒何所益？且君天下者，惟須正身修德而已，此外虛事，不足在懷。[115]」在此太宗認為，君主最要緊的是正身修德，對其他的事情不必掛懷。

　　貞觀初，魏徵也說：「古者聖哲之主，皆亦近取諸身，故能遠體諸物。昔楚聘詹何，問其理國之要，詹何對以修身之術。楚王又問理國何如？詹何曰：「未聞身理而國亂者。」陛下所明，實同古義。[116]」

　　太宗還引用了《荀子》中「君為政源」的觀點[117]。「請問為國？曰：聞修身，未嘗聞為國也。君者儀也，民者景也，儀正而景正。君者盤也，民者水也，盤圓而水圓。君射則臣決，楚莊王好細腰，故朝有餓人。故曰：聞修身，未嘗聞為國也。君者，民之原也；原清則流清，原濁則流濁。」[118]

　　在修身正德方面，《貞觀政要》有很系統的記載，分別涉及多個篇章。肖群忠在其著作《君德論》有很詳盡的論述，他從仁、禮、信、慎四個方面進行概括。[119]以下主要從克己正身的角度來進行闡述。

115 《貞觀政要·慎所好》。
116 《貞觀政要·君道》。
117 《貞觀政要·論誠信第十七》。
118 《荀子·君道》。
119 肖群忠，《君德論：〈貞觀政要〉研究》。

（一）克服偏好，處事以正

《貞觀政要》載，太宗給女兒辦嫁妝，禮資超過了長公主，魏徵進諫，太宗接受了他的意見，長孫皇后也對魏徵大為讚賞[120]。這件事前文是從人臣「以義制人主之情」的角度論述的，可是另一方面看，太宗聽從了魏徵的諫議，克服了自己的感情偏好，也是「克己復禮」。

貞觀十年（636），太宗特別寵愛的兒子找人訴苦，表示三品以上的大臣都輕蔑他。太宗御齊政殿，將三品以上的大臣叫來訓斥。房玄齡等均禁聲不言，只有魏徵義正詞嚴予以反駁。太宗聽了喜之云：「凡人言語理到，不可不服。朕之所言，當身私愛；魏徵所論，國家大法。朕向者忿怒，自謂理在不疑，及見魏徵所論，始覺大非道理。為人君言，何可容易！[121]」

當身私愛，就會做出違背常理的事情。在處理君臣關係時，尤其需要克服自己的感情偏好。魏徵在《諫太宗十思疏》中說：「恩所加則思無因喜以謬賞，罰所及則思無因怒而濫刑。」[122]貞觀五年（631），太宗對房玄齡等說：「自古帝王多任情喜怒，喜則濫賞無功，怒則濫殺無罪。是以天下喪亂，莫不由此。」[123]因為有感情偏好，所以容易感情用事。魏徵說：「《禮記》曰：『愛而知其惡，憎而知其善。』若憎而

120　《貞觀政要·論公平第十六》。
121　《貞觀政要·直言諫諍附》。
122　《貞觀政要·君道第一》。
123　《貞觀政要·求諫第四》。

不知其善，則爲善者必懼；愛而不知其惡，則爲惡者實繁。[124]」

　　魏徵在另一封奏疏中說：「所愛雖有罪，不及於刑；所惡雖無辜，不免於罰。此所謂『愛之欲其生，惡之欲其死』者也。或以小惡棄大善，或以小過忘大功。此所謂君之賞不可以無功求，君之罰不可以有罪免者也。賞不以勸善，罰不以懲惡，而望邪正不惑，其可得乎？[125]」

　　而所謂「愛而知其惡，憎而知其善」就是克服感情偏好，公正客觀地分析人和事。對於統治者來說，克服感情偏好，堅持原則辦事，是克己復禮的首要內容。

（二）抑損嗜欲，修身以正

　　唐太宗非常強調節制嗜欲，而且身體力行。魏徵評價太宗說：「貞觀之初，時方克壯，抑損嗜欲，躬行節儉，內外康寧，遂臻至治。」[126]《貞觀政要》第一章和最後一章都談到了嗜欲之害。

　　貞觀初，太宗謂侍臣曰：「爲君之道，必須先存百姓。若損百姓以奉其身，猶割脛以啖腹，腹飽而身斃。若安天下，必須先正其身，未有身正而影曲，上理而下亂者。朕每思傷其身者，不在外物，皆由嗜欲以成其禍。若耽嗜滋味，玩悅聲色，所欲既多，所損亦大，既妨政事，又擾生人。且復出一非理之言，萬姓爲之解體。怨讟既作，離叛亦興。朕每思此，不敢縱逸。」諫議大夫魏徵對曰：「古者聖哲之主，

124　《貞觀政要‧論禮樂第二九》。
125　《貞觀政要‧擇官第七》。
126　《貞觀政要‧君道第一》。

皆亦近取諸身，故能遠體諸物。昔楚聘詹何，問其理國之要，詹何對以修身之術。楚王又問理國何如？詹何曰：『未聞身理而國亂者。』陛下所明，實同古義。」[127]

貞觀十六年（642），太宗問魏徵曰：「觀近古帝王，有傳位十代者，有一代兩代者，亦有身得身失者。朕所以常懷憂懼，或恐撫養生民不得其所，或恐心生驕逸，喜怒過度，然不能自知，卿可為朕言之，當以為楷則。」徵對曰：「嗜欲喜怒之情，賢愚皆同。賢者能節之，不使過度，愚者縱之，多至失所。陛下聖德玄遠，居安思危，豈同常情。伏願陛下常能自制，以保克終之美，則萬代永賴。」[128]

第一章中，太宗認為，若君主耽嗜滋味，玩悅聲色，所欲既多，所損亦大，所以不敢放縱和安逸。《資治通鑒》載：「武德九年，太宗謂侍臣曰：『君依於國，國依於民。刻民以奉君，猶割肉以充腹，腹飽而身斃，君富而國亡。故人君之患，不自外來，常由身出。夫欲盛則費廣，費廣則賦重，賦重則民愁，民愁則國危，國危則君喪矣。朕嘗以此思之，故不敢縱欲也。』」[129]

太宗意識到，君主欲望太多，花費必大，將加重賦稅，但賦稅太重百姓又會愁苦，百姓愁苦國家就很危殆，如此君主也將無法統治。

最後一章中，太宗提出，從歷代帝王興衰來看，運祚長短不一，所以常懷憂懼，有時擔心百姓衣食無著，有時候擔

127　《貞觀政要·論禮樂第二九》。
128　《貞觀政要·論慎終第四十》。
129　《資治通鑒》卷一九二。

心自己滋長了驕逸之心，喜怒無常，這些方面有時候自己難以察覺，所以需要大臣經常提醒。魏徵說，嗜好、欲望和喜怒的情感，人均有之。但是賢能者會節制，不使自己過度；愚蠢的人則放縱自己，最後搞得事情無法收拾。所以希望唐太宗能時常克制自己，國祚綿延。

《貞觀政要》把「抑損嗜欲」提到了人君「克己正身」內容中前所未有的高度來看待，不但記載了太宗克制嗜欲的例子，而且記載了太宗君臣對前朝不克制嗜欲所造成慘痛教訓的深刻反思。下面從三方面進行分析。

1、節制營造

帝王好修宮殿，壯宇軒昂，窮極奢華。但是，由於修宮殿費用太大，勞民傷財，所以不得不慎重對待。節制修造宮殿是帝王「克己正身」中最常見的一個內容，《貞觀政要》有十三個章節專門討論此一問題。

2、節制行幸

帝王行幸，往往興師動眾，勞民傷財。太宗云：「崇飾宮宇，游賞池台，帝王之所欲，百姓之所不欲。帝王所欲者放逸，百姓所不欲者勞弊。」《貞觀政要》反覆討論了節制行幸的觀點。專門有《論行幸》專題討論，而且其他篇章也有相關論述。

貞觀七年（633），太宗將幸九成宮，散騎常侍姚思廉進諫說：「陛下高居紫極，寧濟蒼生，應須以欲從人，不可以人從欲。然則離宮遊幸，此秦皇、漢武之事，故非堯、舜、

禹、湯之所爲也。」[130]姚思廉認爲，君主要克制自己的欲望，顧全百姓的利益，遊幸之事，不是堯舜禹湯的王道政治所爲。《貞觀政要》中多次提到，要以秦始皇、漢武帝、隋煬帝爲戒，減少不必要的行幸。

　　張玄素說，秦始皇「逞嗜奔欲，逆天害人」是秦王朝短命的根本原因。雖然據《史記·秦始皇本紀》載，秦始皇行幸主要是出於政治大一統的需要，但是，戰爭之後，百姓塗炭，全國巡遊的巨大開支，勞民傷財，加劇了社會矛盾。秦始皇最後死在了巡遊途中，國家隨後也陷入了動盪。與秦始皇相比，漢武帝巡幸有過之而無不及，不過漢武帝承接了文景之治的積累，社會財富殷富，所以未導致大的社會問題產生。據統計，漢武帝在位 54 年（前 140～前 87），前 27 年間（前 140～前 114），共巡幸 5 次，有 4 次巡幸雍，1 次幸甘泉；後 27 年中（前 113～前 87），共巡幸 29 次，8 次巡幸泰山。半年以上的巡幸就有 6 次：其一，元封元年封禪泰山，歷北邊，從正月至六月，半年；其二，元封二年東巡封禪泰山，臨瓠子塞河，從冬十月至夏六月，歷時九個月；其三，元封四年祠後土，巡北邊，從冬十月至春二月，歷時五個月；其四，元封五年南巡大江，北至泰山，從冬十月至夏四月，歷時七個月；其五，太初三年東封泰山；其六，征和四年東封泰山，這兩次均歷時半年[131]。

　　隋煬帝仰慕秦皇漢武，也大規模、無節制地巡幸。《隋書》記載：「自高祖大漸，暨諒暗之中，烝淫無度，山陵始

---

130 《貞觀政要·納諫第五》。
131 此數據由《史記·孝武本紀》、《漢書·武帝紀》等統計而成。

就，即事巡遊。以天下承平日久，士馬全盛，慨然慕秦皇、漢武之事，乃盛治宮室，窮極侈靡，召募行人，分使絕域。諸蕃至者，厚加禮賜，有不恭命，以兵擊之。盛興屯田於玉門、柳城之外。課天下富室，益市武馬，匹直十餘萬，富強坐是凍餒者十家而九。帝性多詭譎，所幸之處，不欲人知。每之一所，輒數道置頓，四海珍羞殊味，水陸必備焉，求市者無遠不至。郡縣官人，競為獻食，豐厚者進擢，疏儉者獲罪。奸吏侵漁，內外虛竭，頭會箕斂，人不聊生。[132]」

隋煬帝出行，奢華之至。《隋書》記載：「又造龍舟鳳䴚，黃龍赤艦，樓船篾舫，募諸水工，謂之殿腳。衣錦行滕，執青絲纜挽船，以幸江都。帝御龍舟，文武官五品已上給樓船，九品已上給黃篾舫，舳艫相接二百餘里。所經州縣，並令供頓獻食，豐辦者加官爵，闕乏者譴至死。[133]」

皇帝出行，隨從官吏，婢女士卒，所需差旅資送，都要置辦齊全，從民間徵集物資，干擾了社會正常的生產與生活秩序。《隋書》記載：「又盛修車輿輦輅，旌旗羽儀之飾。課天下州縣，凡骨角齒牙，皮革毛羽，可飾器用，堪為氅毦者，皆責焉。徵發倉卒，朝命夕辦，百姓求捕，網罟遍野，水陸禽獸殆盡，猶不能給，而買於豪富蓄積之家，其價騰踊。是歲，翟雉尾一直十縑，白鷺鮮半之。大業二年（606）三月庚午，車駕發江都。先是，太府少卿何稠、太府丞云定興盛修儀仗，於是課州縣送羽毛。百姓求捕之，網羅被水陸，禽

132　《隋書・煬帝下》。
133　《隋書・食貨志》。

獸有堪毫耗之用者，殆無遺類。[134]」

　　皇帝出行，也消耗了大量的國家財政和百姓勞力如此頻繁出行就形成了大量的社會問題。唐太宗指出：「隋煬帝廣造宮室，以肆行幸。自西京至東都，離宮別館，相望道次，乃至並州、涿郡，無不悉然。馳道皆廣數百步，種樹以飾其傍。人力不堪，相聚為賊。逮至末年，尺土一人，非復已有。以此觀之，廣宮室，好行幸，竟有何益？此皆朕耳所聞，目所見，深以自誡。[135]」

　　貞觀十三年（639），太宗語大臣云：「隋煬帝承文帝餘業，海內殷阜，若能常據關中，豈有傾敗？遂不顧百姓，行幸無期，徑往江都，不納董純、崔象等諫諍，身戮國滅，為天下笑。雖復帝祚長短，委以玄天，而福善禍淫，亦由人事。[136]」大概是體認到帝王行幸靡費太多，勞民傷財，所以太宗君臣一致反對無節制的行幸，太宗終其一生也沒有進行封禪。

3、節制畋獵。

　　帝王畋獵，本來是國家在農事閑暇時期講武練兵的禮制。如《左傳》云：「春搜、夏苗、秋獮、冬狩，皆於農隙以講事也。三年而治兵，入而振旅。歸而飲，至以數軍實、昭文章、明貴賤、辨等列、順少長、習威儀也。[137]」但是，通常是透過打獵來游樂。《貞觀政要》主張節制畋獵，有《論畋獵》篇專題討論，其他篇章也有相關論述。

134　《隋書‧食貨志》。
135　《貞觀政要‧論行幸第三七》。
136　《貞觀政要‧論行幸第三七》。
137　《左傳‧隱公五年》。

　　貞觀十一年（637），虞世南上《諫畋獵疏》。虞世南指出：「臣聞秋獮多狩，蓋惟恒典；射隼從禽，備乎前誥。伏惟陛下，因聽覽之餘辰，順天道以殺伐，將欲摧班碎掌，親御皮軒，窮猛獸之窟穴，盡逸材之林藪。夷凶剪暴，以衛黎元；收革擢羽，用充軍器；舉旗效獲，式遵前古。然黃屋之尊，金輿之貴，八方之所仰德，萬國之所系心，清道而行，猶戒銜撅。斯蓋重慎防微，為社稷也。[138]」虞世南認為，雖然禮制上有明文規定，君王在公務之餘可以順應天道，開展畋獵活動，進行騎射演習。但是，君王作為一國之主，身份特殊，所以應該為社稷著想，謹慎行事，少做危險的事情。

　　貞觀十四年（640），太宗到同州沙苑與猛獸格鬥，早出晚歸。魏徵為此歷數古代帝王事對其進行勸誡。魏徵指出：《尚書》記載了讚美文王不敢沉迷於畋獵，周公說：「文王不敢盤於游田，以庶邦惟正之供。文王受命惟中身，厥享國五十年。」《左傳》記載了夷羿喜好畋獵荒廢公務，導致國家動亂的事情；袁盎勸漢文帝不要騎馬飛奔，司馬相如諫漢武帝不要與猛獸格鬥，薛廣德諫漢元帝不要畋獵。

　　一個反面的例子和四個正面的例子，要說明的是君王不可以身臨險境，君王如果有危險，就會危及到政權的根本，嚴重的會導致政權的更替。魏徵說：「臣竊思此數帝，心豈木石，獨不好馳騁之樂？而割情屈己，從臣下之言者，志存為國，不為身也。臣伏聞車駕近出，親格猛獸，晨往夜還。以萬乘之尊，暗行荒野，踐深林，涉豐草，甚非萬全之計。

願陛下割私情之娛，罷格獸之樂，上為宗廟社稷，下慰群僚兆庶。[139]」另外《貞觀政要》還記載了谷那律和劉仁軌諫太宗不要畋獵的例子。

（三）誠信守法，率臣以正

太宗君臣十分重視誠信，《貞觀政要》中「信」的使用頻率很高，達到兩百九十七次，君臣多次反覆探討誠信的問題，而且非常深入，吳兢為此專設有《論誠信》篇。論之魏徵曾批評太宗發佈詔令不講誠信：「陛下每云，我之為君，以誠信待物，欲使官人百姓，並無矯偽之心。」雖然這是以第三人稱批評的口氣說出來，但也從側面反映出太宗平時重視「誠信」。

貞觀初，有上書請去佞臣者，太宗謂曰：「朕之所任，皆以為賢，卿知佞者誰耶？」對曰：「臣居草澤，不的知佞者，請陛下佯怒以試群臣，若能不畏雷霆，直言進諫，則是正人，順情阿旨，則是佞人。」太宗謂封德彝曰：「流水清濁，在其源也。君者政源，人庶猶水，君自為詐，欲臣下行直，是猶源濁而望水清，理不可得。朕常以魏武帝多詭詐，深鄙其為人，如此，豈可堪為教令？」謂上書人曰：「朕欲使大信行於天下，不欲以詐道訓俗，卿言雖善，朕所不取也。」[140]

此章太宗明確說要「使大信行與天下」。太宗說：「《傳》稱去食存信，孔子曰：『民無信不立。』昔項羽既入咸陽，已制天下，向能力行仁信，誰奪耶？」太宗認為：經書裏記

---

139 《貞觀政要·論畋獵第三八》。
140 《貞觀政要·論誠信第十七》。

載了孔子關於去食存信的論斷,孔子又說過「民無信不立」,如果項羽能堅持仁信的話,就不至於敗亡。

蘇士梅認為,唐代社會誠信與唐代德政緊密相連,是唐代「以德治國」的重要組成部分。唐代政治活動主體也努力踐諾誠信之道。以信治國成為一種傳統,也使誠信從一種道德規範,上升為一種政治信仰。唐代監察制度和法律制度是誠信實施的保證,監察制度中尤以納諫制度與誠信關係極大,帝王納諫,體現出為政之誠心,諫官勇於進諫也體現了官員誠實守信的氣節和為官之節操。與監察制度不同,唐代的法律制度則是對違法違規和不誠信現象的強制制裁。[141]

唐太宗提出「誠信」並身體力行,諸位大臣亦是如此。魏徵提出了「君之所保,惟在於誠信」的重要觀點。他說:「臣聞為國之基,必資於德禮;君之所保,惟在於誠信。誠信立則下無二心,德禮形則遠人斯格。然則德禮、誠信,國之大綱,在於父子君臣,不可斯須而廢也。故孔子曰:『君使臣以禮,臣事君以忠。』又曰:『自古皆有死,民無信不立。』文子曰:『同言而信,信在言前;同令而行,誠在令外。』然而言而不行,言不信也;令而不從,令無誠也。不信之言,無誠之令,為上則敗德,為下則危身,雖在顛沛之中,君子之所不為也。」[142]魏徵認為,德禮和誠信是國之大綱,有了誠信,臣下就不會有二心,所以即使在顛沛流離之中,君子也不會放棄誠信。

魏徵後來又在《君臣契合疏》中談到:「又委任大臣,

---

141 蘇士梅,《唐代誠信思想研究》,頁 1。
142 《貞觀政要・論誠信第十七》。

欲其盡力，每官有闕，責其取人。或言所知，則以爲私意；有所避忌，則以爲不盡。若舉得其人，何嫌於故舊。若舉非其任，何貴於疏遠。待之未盡誠信，何以責其忠恕哉！臣雖或有失之，君亦未爲得也。夫上之不信於下，必以爲下無可信矣。若必下無可信，則上亦有可疑矣！《禮》曰：『上人疑則百姓惑。下難知則君長勞。』上下相疑，則不可以言至治矣。當今群臣之內，遠在一方，流言三至而不投杼者，臣竊思度，未見其人。夫以四海之廣，士庶之眾，豈無一二可信之人哉？蓋信之則無不可信者，疑之則無可信者，豈獨臣之過乎？夫以一介庸夫結爲交友，以身相許，死且不渝，況君臣契合，實同魚水。若君爲堯、舜，臣爲稷、契，豈有遇小事則變志，見小利則易心哉！此雖下之立忠未能明著，亦由上懷不信，待之過薄之所致也。此豈君使臣以禮，臣事君以忠乎！」[143]在這份奏疏中，魏徵十分深刻地闡述了「誠信」在打造精誠團結的管理團隊中的重要意義，提出了君主應存大信，不可遇小事則變志，誠信是君臣團結的基本原則等重要觀點。他認爲，如果君主對待臣下沒有誠信，怎麼可以指責臣下不忠誠呢？臣下之所以被認爲無可信，那是因爲君上對臣下已經產生了懷疑；而如果真的是臣下不可信，那麼君上是否誠信難道不也值得懷疑嗎？《禮記・緇衣》說的「上人疑則百姓惑，下難知則君長勞」，上下相疑，怎麼可能形成團結的領導隊伍？天下那麼多人才，難道沒有一兩人值得信任？由此看來，如果臣下有異心，或者忠誠度不高，主要

143　《貞觀政要・論禮樂第二九》。

還是君上待下不夠誠信造成的。魏徵還進一步說：「夫君能盡禮，臣得竭忠，必在於內外無私，上下相信。上不信則無以使下，下不信則無以事上，信之爲道大矣。故自天佑之，吉無不利。」國家要治理好，必須把誠信放在第一位，「信之爲道大矣」表達出了魏徵對「誠信」的深刻認識。

關於君主應信任各級官員，太宗曾總結隋文帝治國的問題時談到，隋文帝治國最大的缺陷就是沒有建立君臣互信機制。

貞觀十五年（641），太宗問魏徵曰：「比來朝臣都不論事，何也？」徵對曰：「陛下虛心採納，誠宜有言者。然古人云：『未信而諫，則以爲謗己；信而不諫，則謂之屍祿。』但人之才器，各有不同。懦弱之人，懷忠直而不能言；疏遠之人，恐不信而不得言；懷祿之人，慮不便身而不敢言。所以相與緘默，俯仰過日。」太宗曰：「誠如卿言。朕每思之，人臣欲諫，輒懼死亡之禍，與夫赴鼎鑊、冒白刃，亦何異哉？故忠貞之臣，非不欲竭誠者。敢竭誠者，乃是極難。所以禹拜昌言，豈不爲此也！朕今開懷抱，納諫諍。卿等無勞怖懼，遂不極言。」[144]

太宗問魏徵，爲什麼最近沒有人進言？魏徵回答說，只要陛下能虛心採納，總會有人進言的。不過，如果是陛下自己不信任的大臣進諫，陛下會覺得是在毀謗自己；如果自己信任的大臣不進諫，陛下又會覺得大臣在偷懶沒做工作。人和人之間才器各不相同，懦弱的人，內心忠直，但是卻不敢講出來；疏遠之人，內心想講出來，但是又怕不被信任而不

144　《貞觀政要・求諫第四》。

敢講；在意俸祿的人，考慮到進諫之後可能會使陛下不高興
而導致官位難保，所以也不敢講。所以大家都彼此緘默，俯
仰度日。因此，對於君主來說，核心問題就是要堅定不移地
守住誠信治國的理念：欲使臣下開懷直言，關鍵在於君主自
己。如果君上誠信寬厚，臣下就會開懷暢言，盡職盡責，否
則就只能各顧性命，無視大局。太宗對此十分贊同。

　　另外，魏徵還認為，誠信治國與委曲治國兩者不可同日
而語。貞觀十六年（642），太宗和魏徵在討論北齊文宣帝昏
暴於上楊遵彥治理於下的事例時，魏徵語太宗云：「君心理，
則照見下非。誅一勸百，誰敢不畏威盡力？若昏暴於上，忠
諫不從，雖百里奚、伍子胥之在虞、吳，不救其禍，敗亡亦
繼。」太宗云：「必如此，齊文宣昏暴，楊遵彥以正道扶之
得治，何也？」徵曰：「遵彥彌縫暴主，救治蒼生，才得免
亂，亦甚危苦。與人主嚴明，臣下畏法，直言正諫，皆見信
用，不可同年而語也。」[145]魏徵認為，上下同心，君臣互信，
這樣的團隊無往不利，這與楊遵彥委曲應對方使國家免於破
敗不可同年而語。

　　治國為政必須守信、立信、取信，這是太宗君臣全面繼
承與發展王道政治得出的深刻認識，他們認識到：國家領導
人能否堅持誠信，對國家的興衰與否、政治的穩定與否、決
策的正確與否等都有著決定性的意義。正是在這個意義上，
魏徵才說，誠信是國之大綱，「不可斯須而廢也」。

　　除了君主要充分信任臣下，君主還要帶頭守法。

145　《貞觀政要・政體第二》。

關於柳雄詐偽階資一案，涉及太宗治國以守法爲誠信之理念。此案中，戴冑認爲，法律是國家誠信的根本，皇帝的一時言語不足爲據，如果皇帝不理會司法程序，下令殺人，司法部門將無可奈何，但是如果不能因皇帝下旨而有所輕重更易認爲「忍小忿而存大信」，否則，就是「順忿違信」。

在長孫無忌帶刀入閣案中，太宗曾說，「法者非朕一人之法，乃天下之法，何得以無忌國之親戚，便欲撓法耶？」表達的也是依法治國的問題。依法治國，就是堅守誠信。因爲，法律之中，大信存焉。

總之，君王要率臣以正，需要克服偏好、節制嗜欲、誠信守法。唐太宗君臣所達成的「君爲政源，率臣以正」這一基本認識，被看成是「帝王之體」、社稷「久安之道」。

三、臣為股肱，制群以義

《貞觀政要》中太宗君臣對君臣關係的深刻認識，還體現在「臣爲股肱，制君以義」上。太宗君臣反覆強調「君爲元首，臣爲股肱。」魏徵說：「臣聞君爲元首，臣作股肱，齊契同心，合而成體。體或不備，未有成人。然則首雖尊高，必資手足以成體；君雖明哲，必藉股肱以致治。」講的就是臣作爲股肱，君王只有依靠大臣才能實現國家的治理。

在眾多各級官員中，由於各自職位和品秩的差異，不同的官員與君主之間的遠近就不一樣，距離皇帝近的接觸機會多，對皇帝的影響也就大，權位也就重。有「小魏徵」之稱的馬周曾說，治理天下，關鍵要靠刺史和縣令。

　　貞觀十一年（637），侍御史馬周上疏曰：「理天下者，以人爲本，欲令百姓安樂，惟在刺史、縣令。縣令既眾，不可皆賢，若每州得良刺史，則合境蘇息。天下刺史悉稱聖意，則陛下可端拱巖廊之上，百姓不慮不安。自古郡守、縣令，皆妙選賢德，欲有遷擇爲宰相，必先試以臨人，或從二千石入爲丞相及司徒、太尉者。朝廷必不可獨重內官，外刺史、縣令，遂輕其選。所以百姓未安，殆由於此。」太宗因謂侍臣曰：「刺史，朕當自簡擇；縣令，詔京官五品已上，各舉一人。」[146]

　　馬周認爲，朝廷不能只重視中央官員的選拔，還要重視刺史、縣令的選拔，百姓之所以治理不好，關鍵可能就在親民。唐太宗接受了馬周的建議。國家不可以獨治，群臣方顯其重要。就這個角度而言，太宗君臣無疑看到了「臣爲股肱」的重要性。

　　太宗君臣認爲，大臣雖然只是「股肱」，但是有責任、有義務幫助並輔佐君主，防止君主犯錯——「制君以義」。唐太宗甚至認爲這是爲臣者的首要職責。《貞觀政要》四次引用《論語·季氏》中的「危而不持，顛而不扶，焉用彼相」，三次引用《孝經·事君章第十七》的「當進思盡忠，退思補過，將順其美，匡救其惡」，反覆強調並肯定了大臣「以義制人主之情」的重要性。

　　長樂公主，文德皇后所生也，太宗尤加鍾愛。貞觀中將出降，敕所司資送，倍於長公主。魏徵奏言：「昔漢明帝欲

---

146 《貞觀政要·擇官第七》。

封其子，帝曰：『朕子豈得同於先帝子乎？可半楚、淮陽王。』前史以為美談。天子姊妹為長公主，天子之女為公主，既加長字，良以尊於公主也，情雖有殊，義無等別。若令公主之禮有過長公主，理恐不可，願陛下思之。」太宗稱善。乃以其言告後，後嘆曰：「嘗聞陛下敬重魏徵，殊未知其故，而今聞其諫，乃能以義制人主之情，真社稷臣矣！妾與陛下結髮為夫妻，曲蒙禮敬，情義深重，每將有言，必候顏色，尚不敢輕犯威嚴，況在臣下，情疏禮隔？故韓非謂之說難，東方朔稱其不易，良有以也。忠言逆耳而利於行，有國有家者深所要急，納之則世治，杜之則政亂，誠願陛下詳之，則天下幸甚！」因請遣中使齎帛五百匹，詣徵宅以賜之。[147]

　　唐太宗嫁女，禮資超過了長公主，魏徵進諫以為不可。太宗將魏徵的諫言告訴了長孫皇后，長孫皇后對魏徵大為讚賞，認為魏徵能「以義制人主之情」，殊為可貴。

　　與此相比照，對於歷史上不能以義制君的大臣，唐太宗君臣明確表示了批判的態度。如太宗曾批評晉代的何曾：「朕聞晉武帝自平吳已後，務在驕奢，不復留心治政。何曾退朝謂其子劭曰：『吾每見主上不論經國遠圖，但說平生常語，此非貽厥子孫者，爾身猶可以免。』指諸孫曰：『此等必遇亂死。』及孫綏，果為淫刑所戮。前史美之，以為明於先見。朕意不然，謂曾之不忠，其罪大矣。夫為人臣，當『進思盡忠，退思補過，將順其美，匡救其惡』，所以共為治也。曾位極台司，名器崇重，當直辭正諫，論道佐時。今乃退有後言，進無

廷諍，以爲明智，不亦謬乎！危而不持，焉用彼相？」[148]

　　在論及虞世基之死時，太宗尚抱憐憫之心，但對於杜如晦則十分鮮明地予以批評，認爲大臣的職責貴在規諫人君，卻不能陷君於不義。

　　貞觀二年，太宗謂侍臣曰：「明主思短而益善，暗主護短而永愚。隋煬帝好自矜誇，護短拒諫，誠亦實難犯忤。虞世基不敢直言，或恐未爲深罪。昔箕子佯狂自全，孔子亦稱其仁。及煬帝被殺，世基合同死否？」杜如晦對曰：「天子有諍臣，雖無道，不失其天下。仲尼稱：『直哉史魚，邦有道，如矢；邦無道，如矢。』世基豈得以煬帝無道，不納諫諍，遂杜口無言？偷安重位，又不能辭職請退，則與箕子佯狂而去，事理不同。昔晉惠帝賈后將廢愍懷太子，司空張華竟不能苦爭，阿意苟免。及趙王倫舉兵廢后，遣使收華，華曰：『將廢太子日，非是無言，當時不被納用。』其使曰：『公爲三公，太子無罪被廢，言既不從，何不引身而退？』華無辭以答，遂斬之，夷其三族。古人有云：『危而不持，顛而不扶，則將焉用彼相？』故『君子臨大節而不可奪也』，張華既抗直不能成節，遜言不足全身，王臣之節固已墜矣。虞世基位居宰輔，在得言之地，竟無一言諫諍，誠亦合死。」太宗曰：「公言是也。人君必須忠良輔弼，乃得身安國寧。煬帝豈不以下無忠臣，身不聞過，惡積禍盈，滅亡斯及！若人主所行不當，臣下又無匡諫，苟在阿順，事皆稱美，則君爲暗主，臣爲諛臣，君暗臣諛，危亡不遠。朕今志在君臣上

下，各盡至公，共相切磋，以成理道。公等各宜務盡忠讜，
匡救朕惡，終不以直言忤意，輒相責怒。」[149]

　　杜如晦的這段分析可謂是擲地有聲，唐太宗則完全贊同
他的看法。杜如晦認為，大臣身居高位，有責任規諫君主過
失，維護君臣道義，絕不能偷安祿位，見君主不義而不規勸。
魏徵也說：「從仕者，懷君之榮，食君之祿，率之以義，將
何往而不至哉？」[150]魏徵並引用《說苑》的話指出：「諂主
以佞邪，陷主於不義，朋黨比周，以蔽主明，使白黑無別，
是非無間，使主惡布於境內，聞於四鄰，如此者，亡國之臣
也。」[151]

　　總之，大臣身為君之股肱，必須制君以義，否則就會陷
君於不義，其罪大矣。而制君以義最基本的做法就是各司其
職，堅守崗位，不唯唯苟過。唐太宗為了讓大臣們履行職責，
建言獻策，避免自己犯錯，曾明確提出要求：「中書、門下，
機要之司，擢才而居，委任實重。詔敕如有不穩便，皆須執
論。比來惟覺阿旨順情，唯唯苟過，遂無一言諫諍者，豈是
道理？若惟署詔敕、行文書而已，人誰不堪？何煩簡擇，以
相委付？自今詔敕疑有不穩便，必須執言，無得妄有畏懼，
知而寢默。」[152]

　　元人戈直注云：按《通鑑》：「是年四月，上始御太極
殿，謂侍臣曰云云。房玄齡等皆頓首謝。故事：凡軍國大事，

---

149 《貞觀政要·求諫第四》。
150 《貞觀政要·擇官第七》。
151 《貞觀政要·擇官第七》
152 《政體》（第9章《太宗論詔敕如有不穩便中書門下必須執論》）。

則中書舍人各執所見，雜署其名，謂之五花判事。中書侍郎、中書令省審之，給事中、黃門侍郎駁正之。上始申明舊制，由是鮮有敗事。

君臣之間，靠義維繫；國家治理，需臣匡弼；君待臣以德禮，臣侍君以忠義；君巨如同魚水，方有共贏之局。唐太宗君臣能認識到這些方面，正是貞觀得以很快進入盛世的重要原因之一。

周桂鈿教授曾指出：儒家把義作為正確處理君臣關係的重要原則。孔子說：「君子之仕也，行其義也。」當官為了「行義」。孟子說：「義之於君臣也⋯⋯命也。」義這麼重要，是君臣關係的關鍵。實際上是等級社會的準則。董仲舒對義作了新的闡述，認為義是對錯誤思想行為的糾正，而且主要是對自己錯誤的糾正。他說：「義之法，在正我，不在正人。」又說：「我不自正，雖能正人，弗予為義。」不能糾正自己的錯誤，只會糾正別人的錯誤，像手電筒那樣，只照別人，不照自己，或者一味地整治別人，這種人也不能叫義。[153]

唐太宗君臣認識到：君臣之間，義同一體；君為政源，率臣以正；臣為股肱，制君以義。這三個方面始終不離一個「義」字，君臣因義而結合在一起，所以君率之以正，而臣制之以義。這是十分難能可貴的，直到現在，依然有其重要的借鑒意義。

當然，這三個方面都不是容易做到的。唐太宗認為「為

---

153 周桂鈿，《儒學管理思想在二十一世紀的應用》，頁 196。

君不易，爲臣極難」，《貞觀政要》中反覆提到了爲君與爲臣各自的「難處」。

貞觀六年（632），太宗以御史大夫韋挺、中書侍郎杜正倫、秘書少監虞世南、著作郎姚思廉等上封事稱旨，召而謂曰：「朕歷觀自古人臣立忠之事，若值明主，便得盡誠規諫，至如龍逢、比干，竟不免孥戮。爲君不易，爲臣極難。朕又聞龍可擾而馴，然喉下有逆鱗，觸之則殺人。人主亦有逆鱗，卿等遂不避犯觸，各進封事。常能如此，朕豈慮宗社之傾敗！每思卿等此意，不能暫忘，故設宴爲樂。」乃賜帛有差。[154]

太宗認爲，自古以來，人臣若是遇到賢明的君主，便能夠盡其所能予以規諫，若是遇到暴君，就難免有殺身之禍。關龍逢、比干都是例子。所以作君王不易，做臣子也極難。並引《韓非子》的比喻，說明大臣若觸動了君主的逆鱗也有籍家的危險。「爲君不易，爲臣極難」出自《論語》：定公問：「一言而可以興邦，有諸？」孔子對曰：「言不可以若是其幾也。人之言曰：『爲君難，爲臣不易。』如知爲君之難也，不幾乎一言而興邦乎？」[155]

「爲君不易」主要表現在：君主位於權力的巔峰，臣子百官都圍繞皇帝轉，使之滿足各種慾求，這樣就容易放鬆警惕，產生各種邪念，從而影響到國家的正常治理。

張蘊古曾撰寫《大寶箴》，受到唐太宗的稱讚。張蘊古寫到：今來古往，俯察仰觀，惟辟作福，爲君實難。宅普天之下，處王公之上，任土貢其所有，具僚和其所唱。是故兢懼之

154　《貞觀政要‧納諫第五》。
155　《論語‧子路》。

心日弛，邪僻之情轉放。豈知事起乎所忽，禍生乎無妄！[156]

張蘊古認為，為君確實很難，君主主掌天下，高居於王公之上，大小官員都附和他，而邪僻不正的意念日漸放縱。災禍往往產生於意料之外！

君主作為權力中心，發號施令，言語稍有閃失就會犯錯。

貞觀八年（634），太宗謂侍臣曰：「言語者，君子之樞機，談何容易？凡在眾庶，一言不善，則人記之，成其恥累。況是萬乘之主，不可出言有所乖失。其所虧損至大，豈同匹夫哉？朕當以此為戒。隋煬帝初幸甘泉宮，泉石稱意，而怪無螢火，敕云：『捉取螢火，於宮中照夜。』所司遂遣數千人采拾，送五百輿於宮側，小事尚爾，況其大事乎？」[157]

隋煬帝幸甘泉宮，連螢火蟲的小事都這樣勞民傷財，大事就更不必言。所以太宗引以為戒，認為君主說話要謹慎，這十分不易。

「為臣極難」主要表現在：大臣和君主共同治理國家，大臣職責所在，需要進諫，但是大臣的進諫往往是限制君主的行為，君主不高興，大臣就有被殺的危險。如遇到精神不正常的君主，大臣就更危比壘卵，所謂「伴君如伴虎」是也。

《貞觀政要》中反覆提到桀殺關龍逄、紂殺王子比干、景帝誅晁錯、煬帝殺高熲等例。

太宗曰：「朕每思之，人臣欲諫，輒懼死亡之禍，與夫赴鼎鑊、冒白刃，亦何異哉？故忠貞之臣，非不欲竭誠者。敢竭誠者，乃是極難。所以禹拜昌言，豈不為此也！朕今開

---

156 《貞觀政要・論刑法第三一》。
157 《貞觀政要・慎言語第二二》。

懷抱，納諫諍。卿等無勞怖懼，遂不極言。」[158]

　　太宗深知，人臣進諫，冒有死亡的危險，所以需要極大的勇氣，敢於竭誠進諫者，極爲難得。

　　《貞觀政要》還多次提到北齊文宣帝暴虐。《北齊書》記載：「凡諸殺害，多令支解，或焚之於火，或投之於河。沉酗既久，彌以狂惑，至於末年，每言見諸鬼物，亦云聞異音聲。情有蒂芥，必在誅戮，諸元宗室咸加屠剿，永安、上黨並致冤酷，高隆之、高德政、杜弼、王元景、李蒨之等皆以非罪加害。嘗在晉陽以稍戲刺都督尉子耀，應手即殞。又在三台大光殿上，以鋸鋸都督穆嵩，遂至於死。又嘗幸開府暴顯家，有都督韓悊無罪，忽於眾中喚出斬之。自餘酷濫，不可勝紀。」[159]

　　當然，像齊文宣這樣極端的案例不多，但人君任情喜怒，與君主接觸最多的大臣，容易產生衝突，君主誅殺大臣，不絕於書。就連唐太宗自己，也曾殺盧祖尙、張蘊古等罪不至死的臣子。

　　總之，《貞觀政要》中記載了大量太宗君臣對君臣關係的思考，本節從君臣協契、義同一體，君爲政源，率臣以正，臣爲股肱、制君以義等三個方面予以歸納和梳理，從整體上展現了《貞觀政要》對君臣關係的深刻論述，突出太宗君臣對君臣關係一體性的認識與制度上的維護，對後也有很重要的鑒借。而且太宗君臣的所有決策與政治行爲都建立在這些基本認識基礎之上，進一步強化了理論的系統性。

158　《貞觀政要・求諫第四》。
159　《北齊書・文宣帝紀》。

四、小 結

　　君臣關係本質上是領導群體內部的關係，如果領導群體內部關係處理得當，那麼制定決策就會相對合理，領導就會有效率，如果領導集體內部關係處理融洽，那麼制定決策、執行決策的效率就會大打折扣，如果日積月累，便會危及到國家的穩定。唐太宗對這一問題的認識是十分清楚而準確的，他指出，治理國家絕不可以一人獨斷，應當匯集眾人的智慧，團結所有的官員，一起商量，共同治理。良好的君臣關係是打造決策正確、執行有力領導團隊的關鍵所在。

　　太宗說：「惟君臣相遇，有同魚水，則海內可安。」[160]「魚水相依」既是太宗君臣的共識，也是太宗君臣在處理君臣關係上的真實寫照。總體上看，《貞觀政要》中，太宗透過克己修身踐行君臣關係理論，維護君臣關係，取得了良好的治理效果，成為了歷代治國的典範。

　　總而言之，《貞觀政要》的君臣關係理論既強調了君臣一體，也同時強調了君對臣的表率作用與臣對君的制約作用。這樣的認識是很全面的。在管理學、統御學非常熱鬧的今天，反思和研究《貞觀政要》的君臣關係理論，有著十分重要的現實意義與價值。從管理學的角度來說，領導和下屬的關係從古至今都是存在的。領導如何理解自己與員工之間的關係，如何發現下屬的價值，讓屬下充分發揮作用，幫助決策正確。這些都可以從君臣關係理論中獲得有益的啟示。

---

160 《貞觀政要・政體第二》。

基於這樣成熟的君臣關係理論所建立的君臣關係網絡層次是清楚的，幾個層級的人員關係分別代表了他們重要性的程度。眾多大臣中，魏徵和房玄齡成為了太宗智囊團的核心關鍵人物。據此再反觀君臣關係理論，又不不得不對太宗君臣的遠見卓識所嘆服。

第九章　唐太宗之民族政策分析[1]

　　唐王朝是疆域空前遼闊的國家，貞觀十四年的版圖是：「東極於海，西至焉耆，南盡林邑，北抵大漠，皆爲州縣，凡東西九千五百一十里，南北一萬九百一十八里。」[2]在這片廣大的國土上形成一個統一多民族的國家，史載：「弱水、流沙，並通輶軒之使；被髮左衽，皆爲衣冠之域。正朔所班，無遠不屆。」[3]唐太宗是這個統一多民族國家的奠基者，他在各族中享有崇高的聲望，被尊爲「天至尊」、「天可汗」，成爲境內各族的共主，這與他推行開明之民族政策是分不開的。他執行的和親、團結、德化的民族政策就是開明的民族政策的生動體現。

第一節　和親政策

　　和親政策由來已久，一般是在中原王朝國勢衰微的情況下，對周邊少數民族採取的一種政治行動。基於此，封建史

1　趙克堯、許道勛，《唐太宗傳》，頁 285-306。
2　《資治通鑑》卷一九五。
3　《貞觀政要・公平第十六》。

家往往將和親視爲中原王朝對邊疆少數民族政權屈辱、妥協
的代表。然而，唐初之和親政策卻與傳統之和親政策不同，
它是在國勢昌盛的貞觀盛世時期所大力貫徹。因此，它不是
屈辱、妥協的象徵，而是唐太宗開明民族政策之表現。

一、和親概況

　　和親是指民族上層分子之間的聯姻，封建貴族的聯姻是
一種政治手段，它總是從屬於一定民族與集團的政治利益
的。就以唐太宗而論，他的和親觀也沒有背離恩格斯所說的：
「結婚是一種政治的行爲，是一種藉新的聯姻來擴大自己勢
力的機會。」[4]唐太宗在貞觀十六年對大臣所說的一席話足資
證明這個診斷：「北狄世爲寇亂，今延陀倔強，須早爲之所。
朕熟思之，惟有二策：選徒十萬，擊而虜之，滌除凶醜，百
年無患，此一策也。若逐其來請，與之爲婚媾，朕爲蒼生父
母，苟可利之，豈惜一女！」他指出對付薛延陀的策略是，
一戰二和。戰敗使之威服，自然額手稱慶；但戰爭付出的代
價畢竟太大，正如房玄齡所說：「兵凶戰危，聖人所慎。」
在當時「戶口大半未復」到隋盛時的情況下，和親如能使之
懷化，同樣達到擴大自己勢力的機會，亦爲良策，故房玄齡
稱之爲「和親之策，實天下幸甚」[5]。

　　貞觀君臣爲什麼主張和親呢？唐太宗曾有思想表達：「北
狄風俗，多由內政，亦既生子，則我外孫，不侵中國，斷可

---

4 《馬克思恩格斯選集》第四卷，頁 74。
5 《貞觀政要·征伐第三五》、《舊唐書·北狄·鐵勒傳》。

知矣。以此而言，邊境足得三十年來無事。」[6]從唐邊安寧出發，動機無可非議。然而，他認為嫁女生子則為外孫，外孫總聽母教，母子既有中原漢族血統，自然不敢對外公、舅父發動戰爭。話雖有理，但有點武斷。因為農業民族注重封建宗法、提倡孝道，而游牧民族的生產方式、生活方式及婚俗與農業區不同，因而其倫理道德觀念亦異。按儒家的家族孝道來衡量，未免碰壁，漢初的和親就有這種情況。

　　然而，唐初的和親卻收到了實效，沒有出現四夷君主政治上的訛詐與經濟上的勒索。甚至，他們為了求得唐朝聯姻，多次遣使來朝、厚加聘金[7]。各族君主都以和親為榮，表示效力唐廷。唐太宗也不負眾望，頻頻下嫁公主與宗安。如貞觀十年，突厥處羅可汗的次子阿史那社爾率部內附，太宗妻以皇妹南陽長公主，委以重要軍職。貞觀十三年，吐谷渾可汗諾曷鉢入朝請婚，太宗妻以弘化公主。同年，吐蕃松贊干布命大相祿東贊為專使，遣唐求婚，以金五千兩，其餘寶玩數百件作為聘禮，唐太宗許以宗室女文成公主為妻。貞觀十五年正月，唐太宗封祿東贊為右衛大將軍，並配婚琅邪公主外孫女段氏。唐太宗還應允西突厥統葉護可汗和乙毗射匱可汗及薛延陀真珠毗伽可汗等的請婚要求。此外，內附供職的所謂「蕃將」與唐室聯姻的有：突厥族的執失思力尚九江公主，鐵勒族的契苾何力娶臨洮縣主，突厥族的阿史那忠尚宗女定襄縣主等等。」

6　《貞觀政要・征伐第三五》。
7　《舊唐書・太宗本紀》載：貞觀十六年薛延陀遣使「獻馬五萬匹、牛駝一萬、羊十萬以請婚」。

比較言之，唐太宗與供職朝廷的少數民族上層分子聯姻的人次，比之與境外的夷族酋長和親稍多些。究其原因，當與唐太宗的皇室與功臣共存共榮的封建血統思想有關。這些聯姻的少數民族將領都立有戰功，有的甚至立有卓越戰功，他們是參與李唐締造統一多民族的唐王朝的有功之臣。唐太宗向來十分強調論功行賞，不拘一格。他與夷族功臣聯姻，同與漢族功臣聯姻一樣，目的是想結成皇室與功臣的宗法血緣集團，以便世代保輔，長享富貴。

唐太宗的和親觀雖有階級、歷史的侷限性，但由於他在論功用人面前不分夷夏，故對供職或內屬的「蕃將」在聯姻、和親方面基本上沒有歧視，這是他優異於昔代封建君主和親觀的一面，帶有開明的因素。

總之，民族間的和親總比打仗好，它能消除民族隔閡，增進民族團結，促使民族融合，加強民族間的經濟文化交流，唐太宗的和親政策在歷史上是發揮作用的。

二、唐、蕃和親

貞觀有為數眾多的和親與聯姻，其中影響最為深遠的當推唐、蕃和親。

七世紀初崛起於西藏高原的松贊干布，是個「性驍武、多英略」的藏族君主[8]，他平定叛亂、統國家、改革內政，對藏族歷史發展作出了巨大的貢獻。他積極向上、渴慕唐風，

---

8 《舊唐書・吐蕃傳》。

於貞觀八年遣使入唐，十年奉表求婚。太宗於貞觀十四年允婚，十五年初命江夏王李道宗護送文成公主入藏，隨帶了豐盛的妝奩，據《吐蕃王朝世系明鑑》記載：「唐王（指太宗）以釋迦佛像，珍寶，金玉書櫥，三百六十卷經典，各種金玉飾物作爲（文成）公主的嫁奩。又給與多種烹飪的食物，各種飲料，金鞍玉轡，獅子、鳳凰、樹木、寶器等花紋的綿緞墊被，卜筮經典三百種，識別善惡的明鑑，營造與工技著作六十種，治四百零四種病的醫方百種，診斷法五種，醫療器械六種，（醫學）論著四種。……又攜帶蕪菁種子，以車載釋迦佛像，以大隊騾馬載珍寶、綢帛、衣服及日常必需用具（入吐蕃）。」[9]

松贊干布爲唐蕃和親而興高采烈，逢人誇耀道：「我父祖未有通婚上國者，今我得尙大唐公主，爲幸實多。」[10]爲照顧公主的生活習慣，他「別築城郭宮室而處之」，自己則脫去藏服，改穿漢人的「紈綺」[11]。文成公主的入藏，改變吐蕃的落後面貌，有助於吐蕃經濟文化的發展。

（一）促進農業、手工業的發展

文成公主入藏帶去了一些穀物與蕪菁種子，還有各色工匠。高宗永徽初年，松贊干布與文成公主又「請蠶種及造酒、碾、磑、紙、墨之匠」[12]。隨之輸入了唐王朝的冶金、農具

9　轉引自《西藏地方歷史選輯》頁6。
10　《舊唐書·吐蕃傳》。
11　《資治通鑑》卷一九六。
12　《舊唐書·吐蕃傳》。

製造、紡織、建築、製陶、碾米、釀酒、造紙、製墨等各種技術。藏民在漢族工匠的幫助下，學會了有關生產技術。相傳山南地區的牛犁法是文成公主教會的，日喀則的銅匠至今還奉文成公主爲他們的祖師。此外，文成公主帶去的侍女，也是善於紡絲織帛的能手，她們也教會了藏民的紡織技術。

（二）改變落後的生活習俗

文成公主入藏以前，藏民不知製瓷技術，他們「接手飲酒，以氈爲盤，捻麨爲椀（碗），實以羹酪，並而食之。」[13]陶瓷工藝傳入後，始改變了這種原始的生活習性。以前吐蕃人以氈帳作爲居處，「貴人處於大氈帳，名爲拂廬。」自從土木建築技術傳入後，松贊干布帶頭「築城邑，立棟宇以居處」[14]，特別是上層人物，拋棄了住帳篷的習俗。文成公主帶入華麗的綢緞後，改變吐蕃單調的毛皮衣料。他們除遣使長安購買絲綢外，還想自己養蠶、繅絲、紡織。

（三）對文化藝術與宗教的影響

文成公主入藏時帶去一批詩書史籍，促進了吐蕃貴族學習唐王朝先進文化的興趣，促使松贊干布「遣酋豪子弟，請入國學，以習《詩》、《書》」[15]；此外他還聘請漢人士大夫「典其表疏」[16]。

13　《舊唐書·吐蕃傳》。
14　《舊唐書·吐蕃傳》。
15　《唐會要》卷六，《和蕃公主》。
16　《舊唐書·吐蕃傳》。

　　唐樂也是文成公主進西藏時傳入的，她帶去一個樂隊，擁有五十餘件彈撥樂器，對藏樂產生影響，藏民視爲至寶，歷代相沿，祕藏在拉薩大昭寺裏。

　　文成公主入藏以前，吐蕃人的宗教信仰主要是巫教與佛教：「其俗重鬼右巫，事羱羝爲大神。喜浮屠法，習咒詛。國之政事，必以桑門參決。」[17]文成公主是虔誠的佛教徒，她帶去一尊釋迦佛像，到拉薩以後親自顧問大昭寺的建築，在寺前手植幾株柳樹，人稱「唐柳」或「公主柳」。大昭寺的建築風格也受唐風影響，飛檐重閣、石獅裝飾，形如唐寺。

（四）促使文字和曆法的創改

　　吐蕃原無文字，記事以刻木結繩爲約。文成公主入藏後，爲了適應吐蕃經濟文化發展的需要，她勸告松贊干布創制文字。於是，派遣貴族子弟到天竺留學，按藏語特點，參考梵文與古于闐文，製成二十個藏文字母和拼音造句的文法。從此，吐蕃有了文字記載，這對推動西藏文化的發展發揮重大的作用。

　　吐蕃原無曆法，「不知節候，麥熟爲歲首」[18]。文成公主入藏時帶去天文曆法書籍，傳入漢族的干支計時法，於是，吐蕃曆法家參照漢曆，創造了藏曆。藏曆以五行分陰陽配天干，以十二生肖配地支，干支配合六十年爲一輪，明顯地採用漢族的干支相配的紀年法，它對藏族農牧業的發展有相當作用。

17　《新唐書·吐蕃傳》。
18　《舊唐書·吐蕃傳》。

（五）促進漢、藏友好關係的發展

文成公主作為漢族人民的友好使者，從貞觀十五年入藏，到唐高宗永隆元年逝世，在西藏生活四十年，她始終不渝地貫徹了唐太宗較為開明的民族政策，促進了唐、蕃間經濟、文化交流。唐代詩人陳陶在《隴西行》詩篇中以「自從貴主和親後，一半胡風似漢家」的詩句，歌頌了公主入藏對吐蕃社會經濟發展的作用。直到今天，藏族人民仍對文成公主懷念和頌揚不已，歷史證明唐太宗的和親政策的進步作用。

唐太宗和親吐蕃，奠定唐、蕃友好關係的基石，文成公主入藏，又促進了兩族人民的友好關係。終太宗之世，吐蕃一直追隨唐王朝的外交政策。如貞觀十九年，松贊干布遣大相祿東贊朝賀，奉表稱婿，獻金鵝一支，製作精巧，高達七尺，中可盛酒三斛。貞觀二十二年，右衛率府長史王玄策出使天竺，天竺諸國都遣使奉送貢品，但為中天竺所掠，王玄策被打敗，逃到吐蕃境內請求軍事援助。松贊干布發精兵一千二百人，歸王玄策指揮，一舉擊敗中天竺軍，喜訊傳來，松贊干布「遣使來獻捷」[19]。

貞觀二十三年，唐太宗病逝，松贊干布極為哀傷，遣使弔祭，「獻金銀珠寶十五種，請置太宗靈座之前」，還致書長孫無忌，表示效忠初嗣位的高宗：「天子初即位，若臣下有不忠之心者，當勒兵以赴國除討。」[20]高宗為嘉獎其忠心，晉封他為駙馬都尉、西海郡王，後又改封賓王，賜各色絹帛

19　《舊唐書·吐蕃傳》。
20　《舊唐書·吐蕃傳》。

三千段。永徽元年，松贊干布不幸病逝，高宗爲他舉哀，派遣右武侯將軍鮮于巨濟持高宗璽書前往拉薩弔祭。

高宗永隆元年，文成公主病逝，藏族人民舉行了隆重的祭奠儀式。爲了表示對她開拓唐、蕃友好關係的敬意，在大昭寺、後又在布達拉宮供奉著她的塑像，還擇定文成公主入拉薩的藏曆四月十五日，作爲公主誕辰的紀念日。這都成爲唐太宗和親政策成功的標誌。直到唐穆宗長慶元年，在雙方共立的《唐蕃會盟碑》中，還對貞觀朝的唐蕃和親作了美好的回顧，指出「和葉社稷如一，於貞觀之歲，迎娶文成公主至贊普牙帳」[21]。所謂「和葉社稷如一」，就是開元年間吐蕃藏王棄隸緒贊上表玄宗時所說的：「和同爲一家」之意[22]。說明唐太宗的和親政策所結成的唐、蕃甥舅之誼，在唐、蕃友好歷史上有深遠的影響。

第二節　團結政策

古來歧視、壓迫少數民族的漢族最高統治者不乏其人，唐太宗則有所收斂，推行團結政策。他內徙歸附的東突厥人與設置羈縻府州，就是他推行民族團結政策的集中表現。

---

21 「贊普」，亦作「贊府」、「籛逋」，是吐蕃君長的稱號。藏語「謂強雄曰贊，丈夫曰普，故號君長曰贊普。」參見《新唐書・吐蕃傳》、《資治通鑑》卷一九四。王堯：《唐蕃會盟碑疏釋》，載《歷史研究》一九八〇年第四期。

22 《舊唐書・吐蕃傳》。

一、內徙突厥

　　貞觀四年，唐太宗平定突厥，突厥表示歸附。接著，唐太宗召集群臣討論如何處置的問題。由於這涉及今後國家安全的大事，故貞觀君臣極為重視，紛呈「安邊之策」、展開熱烈爭論。多數朝臣建議採取「分其種落」，遷徙河南，散居州縣與漢民雜居，以便「各使耕織」[23]。也就是溫大雅主張的對百萬突厥「變其風格」，使之「化而為漢」[24]。

　　「化而為漢」的具體作法是，將原來已趨統一的突厥部眾，拆散為各個互不統屬的集團，遷徙內地州縣，使其失去游牧的自然地理條件，化牧為農，改變其生產方式與生活方式。這種不顧突厥族的生產特點與生活習慣的作法，顯然不會受到他們的歡迎，只能採取強制同化，這當然不利於民族團結。

　　竇靜反對以上諸人提出的「置之中國」的建議，主張仍居邊塞，分散部落，以弱其勢；妻以宗女，以固其心。[25]

　　中書令溫彥博主張仿照「漢建武時，置降匈奴於五原塞下」，把他們安置在河南一帶的朔方之地，「全其部落，得為捍蔽，又不離其土俗，因而撫之，一則實空虛之地，二則示無猜之心，是含育之道也。」[26]唐太宗同意這個方案。

　　然而，秘書監魏徵激烈反對溫彥博提出的內徙河南的主

23　《舊唐書‧突厥傳》。
24　《舊唐書‧溫大雅傳》。
25　《資治通鑑》卷一九三。
26　《貞觀政要‧議安邊第三六》。

張，認為突厥「今降者幾至十萬，數年之後，滋息過倍，居我肘腋，甫邇王畿，心腹之疾，將為後患，尤不可處以河南也」。

溫彥博堅持己見，辯駁曰：「天子之於萬物也，天覆地載，有歸我者，則必養之。今突厥破除，餘落歸附，陛下不加憐愍，棄而不納，非天地之道，阻四夷之意，臣愚甚謂不可，宜處之河南。」針對魏徵的心腹之患的擔憂，提醒他如以德懷之，「終無叛逆」。

魏徵亦不肯退讓，舉出晉初遷徙少數民族於中原，導致永嘉之亂，前車可鑑。「陛下必用彥博言，遣居河南，所謂養獸自遺患也。」

溫彥博明確反對魏徵的夷狄非我族類，其心必異的迂腐主張，再次強調德化必能使其歸心的看法：「突厥餘魂，以命歸我，收居內地，教以禮法，選其酋首，遣居宿衛，畏威懷德，何患之有？」[27]

唐太宗面對眾說紛紜的議論以及魏、溫激烈的爭辯，並沒有使他無所適從，而是權衡利弊、擇善而從。以往唐太宗對魏徵的諍諫，無不言聽計從，唯有這次反常。可見唐太宗的民族觀與魏徵有所不同，他有自己的主見，故不盲從。他的處置突厥問題想法正與溫彥博不謀而合，故溫彥博的主張也就是他的主張。

溫彥博的「教以禮法，選其酋首，遣居宿衛，畏威懷德」的主張，是建立在信任突厥族歸附後德化不亂的思想基礎上

27　《貞觀政要・議安邊第三六》。

的，他批判了魏徵的「養獸自遺患」的錯誤說法，是比較進步的民族觀。魏徵著眼於晉初與唐初遷徙胡族於內地的形式相似的作法，而沒有分別兩代統治者的不同政策。眾所周知，晉武帝對被徙的少數民族純粹作為壓迫、奴役的對象，反而加深了民族矛盾。溫彥博對內徙的突厥族力主緩和矛盾，選擇其上層分子參與政權，從羈縻的願望出發，關係處理較好。魏徵對此不加分析，就簡單地斷言為心腹之患，立論不免失之偏頗。至於群臣提出的「分其部落」、「變其風俗」的辦法，實質上是一種強制性的民族同化政策，與溫彥博的「全其部落」、「不離土俗」也是截然不同的。溫彥博的安置突厥的實質，是以尊重突厥族的生產方式、風俗習慣為基點，給予突厥族以某種限度的「自治」權利，顯然是在團結的基礎上，採取開明的民族同化政策。

唐太宗採納溫彥博的內遷主張後，隨之約有十萬戶突厥族遷入中原，其中一萬家定居在長安。唐太宗挑選部分代表人物擔任京官武職，任職五品以上的將軍、中郎將約有一百多人，差不多占了朝廷武官的半數。這個羈縻突厥族上層人物的措施，實質上是對突厥族執行團結政策的具體表現，產生了良好的效果與深刻的影響。如阿史那思摩深得太宗信任，被賜姓李，極為感激，發誓要為唐朝效忠。又如在中央擔任高級武職的鐵勒族苾何力回本族省親，被人扣留，但他矢志不移，以「唐烈士」自譽，以割耳示其忠心不貳。而且唐太宗的籠絡政策對其他民族酋長發生了有利影響，如薛延陀真珠可汗就認為突厥「歲犯中國，殺人以千百計」，平定以後，一定會予以報復：「當虜為奴婢，以賜中國之人；乃

反養之如子，其恩德至矣。」[28]唐太宗對內徙的突厥人與漢人同樣對待，還安置他們於內地的肥沃農耕地帶，使突厥人迅速地提高了生產力水平：「年穀屢登，眾種增多，畜牧蕃息；繒絮無乏，咸棄其氈裘；菽粟有餘，靡資於孤兔。」[29]顯然，內徙突厥能收到團結其族的效果。

二、設置羈縻府州

突厥內徙中原後，又涉及一個其原地餘眾如何管理的問題，是派漢人治理或由本族酋長治理？是設置州縣或仍其突厥種落？唐太宗以創設羈縻府州解決面臨新問題，使民族團結的政策得到確實的貫徹。

《新唐書・地理志》云：「唐興，初未暇於四夷，自太宗平突厥，西北諸蕃及蠻夷稍稍內屬，即其部落列置州縣。」這就是羈縻州縣。東突厥歸附之後，除了部分遷居內地，餘部仍居原處。唐太宗在其原地餘部設置羈縻府州，如在突利轄區的東起幽州西至靈州一帶，設置順、祐、化、長四州都督府；以頡利過去轄區置為六州，又以定襄、雲中兩都督府統轄六州。在行政管轄方面，任命本族首領為都督或刺史，統率原來部眾。如封阿尼那蘇泥失為懷德郡王、北寧州都督，封突利可汗為北平郡王、右武侯大將軍、順州都督，封阿史那思摩為北開州都督，封改惡從善的頡利可汗初為右衛大將軍，次為虢州刺史，後又順頡利之意，仍復頡利為正三品的

28　《資治通鑑》卷一九七。
29　《冊府元龜》卷九六四。

右衛大將軍之職。唐太宗如此禮待降酋，自然收到明顯效果，貞觀四年八月，突厥欲谷設自動歸附就是一例：「欲谷設，突利之弟也。頡利敗，欲谷設奔高昌，聞突利為唐所禮，遂來降。」[30]

　　唐太宗從突厥族設置羈縻府州取得成功經驗後[31]，又推廣到其他少數民族部落。在貞觀年間，對所謂「南蠻」、「西戎」、「北狄」數以百計的種族，均與回紇一樣「置州府以安之，以名爵玉帛以恩之」，「以威惠羈縻之」[32]。貞觀二十一年正月，唐太宗為鐵勒諸部[33]，「置六府七州，府置都督，州置刺史、府州皆置長史，司馬以下官主之」[34]。「皆以酋領（之）」[35]，還於故單于台置燕然都護府，統隸回紇、多覽葛、僕骨、拔野古、同羅、思結六府及渾、斛薛、阿跌、契苾、奚結、思結別部、白霫七州。於是對西北地區行使主權。貞觀二十二年十一月，唐太宗又因北狄的契丹酋長窟哥、奚酋長可度者的率部內附，遂「以契丹部為松漠府，以窟哥為都督；又以其別帥達稽等部為峭落等九州，各以其辱紇主為刺史。以奚部為饒樂府，以可度者為都督；又以其別帥阿

30　《資治通鑑》卷一九三。

31　羈縻府州始於貞觀三年底，其時南蠻的東謝蠻酋長謝元深、南謝蠻酋長謝強來朝。唐太宗「詔以東謝為應州、南謝為莊州，隸黔州都督。」（《資治通鑑》卷一九三）唐太宗又以謝元深為應州刺史，謝強為莊州刺史（《新唐書·南蠻下》）。然而影響不大，影響最大的當推貞觀四年突厥族的羈縻府州。

32　《舊唐書·回紇傳·史臣曰》。

33　《資治通鑑》卷一九八、《新唐書·回鶻傳》均將諸部歸屬鐵勒；《舊唐書·回紇傳》則將諸部歸屬回紇。

34　《舊唐書·回紇傳》。

35　《新唐書·回鶻傳》上。

會等部爲弱水等五州，亦各以其辱紇主爲刺史。」[36]這樣，
對東北地區也行使了國家主權。總之，唐太宗統一西北、東
北邊疆，設置羈縻府州的主要功績是在於形成了一個疆域遼
闊、統一的多民族國家。正如他在《遺詔》裏所說的：「前
王不闢之土，悉請衣冠；前史不載之鄉，並爲州縣。」[37]

　　唐太宗推行羈縻府州的政策，具有積極之意義。

（一）有助於統一邊疆

　　羈縻府州政策是唐太宗在邊疆少數民族地區設置的地方
行政單位，大的稱都督府、中爲州、下爲縣。府都督、州刺
史都由中央任命，隨之取消少數民族上層分子原有的可汗稱
號，實質上是將中原地區的郡縣制推廣到邊疆地區。唐太宗
爲了加強對邊遠少數民族聚居區推行有效的管轄，又設置了
在羈縻府州之上的都護府這一行政區劃。都護府是中央與羈
縻府州之間的紐帶，它代表中央行使對邊疆地方的主權，管
理邊防、行政和各族事務。都護爲郡縣官制，不世襲，由漢
官擔任。如貞觀晚年安西都護府都護爲郭孝恪，燕然都護府
都護爲李素立等等。都護對羈縻府州都督、刺史進行管轄，
羈縻都督、刺史聽命於中央，遵守朝廷政令，以防止羈縻府
州的離心傾向，這些都帶有郡縣制的特徵。此外，唐太宗爲
顧及胡族的傳統，又允許與郡縣制不完全一樣。如郡縣制下
的地方官員不能世襲，而羈縻府州經過一定手續，得到唐王

36　《資治通鑑》卷一九九。
37　《唐大詔令集》卷一一，《太宗遺詔》。

朝批准，「死亡者必詔冊立其後嗣」[38]。郡縣制下的州縣戶籍、賦稅必上繳戶部，而羈縻府州對其貢賦基本上自行支配，僅以少許朝貢朝廷。這些都是唐太宗按照少數民族固有的方式，讓其處理族內事務，具有相對的「自治」權，但有一定限度。羈縻府州既隸屬中央政府，必加強了中央政府對邊遠地區的統治，正如宋王溥所說的：「統制四夷，自此始也。」[39]

（二）提高唐王朝中央政府之威望

貞觀晚年，唐太宗受到各族的尊崇，有的民族牧馬出界，發生爭執，太宗「親臨斷決，然後咸服」[40]。各族首領無不以到長安朝賀唐太宗感到榮耀：「是時四夷大小君長爭遣使入獻見，道路不絕，每元正朝賀，常數百千人。」[41]顯然各族君主以唐太宗作為他們的天可汗，唐太宗亦樂意接受各族首領的請求。早在貞觀四年三月，「乃下制，令後璽書賜西域北荒之君長，皆稱皇帝天可汗」[42]。貞觀二十一年正月，他接受鐵勒部回紇等族酋長的提議，同意於「回紇以南、突厥以北開一道，謂之參天可汗道」[43]。

「參天可汗道」的開闢，是唐太宗羈縻府州政策取得成功之生動體現。貞觀後期，回紇等族目睹唐太宗羈縻府州政策的成功執行，不勝羨慕之至，紛紛請求：「生荒陋地，歸

38　《通典》卷二○○，《邊防典》。

39　《唐會要》卷一○○，《雜錄》。

40　《舊唐書‧太宗本紀》。

41　《資治通鑑》卷一九八。

42　《唐會要》卷一○○，《雜錄》。

43　《資治通鑑》卷一九八。

身聖化，天至尊賜官爵，與爲百姓，依唐若父母然。」[44]

　　這條驛道的開闢，也爲唐太宗的羈縻府州同中央王朝加強聯繫、獲得成功《新唐書・地理志・羈縻州》云：「唐置羈縻諸州，皆傍塞外，或寓名於夷落。而四夷之與中國通者甚眾，若將臣之所征討，敕使之所慰賜，宜有以記其所從出。」爲此需設驛道，「參天可汗道」就是聯繫唐都長安與西北邊境的驛道，每隔一定路程，設一驛站，共六十八驛[45]，驛備馬匹與飯食，以供漢、夷使節換足與食宿，並便利羈縻府州同中央王朝的聯繫，有助於唐王朝對邊疆地區的管轄，而且也有助於經濟、文化的交流。此後中原的絲織品、茶、鐵、金銀器、開元錢、農作物種子、文具、生產工具等物資，接連不斷地運往邊塞；少數民族的良馬、駝馬、貂皮、白氎（棉布）、玉、農作物種子亦隨之傳到內地。就在驛道開闢的當年，漠北的骨利干族即遣使進貢「筋骼壯大」的「良馬」，唐太宗選取其中駿馬十匹，號爲「十驥，皆爲美名」[46]。

　　作爲各族共主的天可汗，表明唐太宗開明的民族思想。宋代范祖禹竟責怪他：「以萬乘之主，而兼爲夷狄之君，不恥其名，而受其佞，事不師古，不足爲後世法也。」[47]范祖禹指責唐太宗不師先王，以天下各族的最高君主爲榮，不免顛倒歷史，其實這正是唐太宗的出類拔萃之處。

44　《新唐書・回鶻傳》上。
45　《資治通鑑》卷一九八與《新唐書・回鶻傳》上均作六十八驛，《舊唐書・太宗本紀》作六十六驛，今取前說。
46　《新唐書・回鶻傳》下。
47　《唐鑑》卷三。

第三節　德化政策

唐太宗對邊疆少數民族實行德化政策，獲得顯著的成效，他的「綏之以德」、「愛之如一」就是德化政策之表現。

一、綏之以德

唐太宗之治國之術，是恩威並施，但重點放在所謂恩懷與德惠方面，故其壓迫的形式較為緩和。他對待少數民族也是如此。貞觀二十二年，唐太宗目睹四夷君長爭相入朝的盛況，喜謂大臣曰：「漢武帝窮兵三十餘年，疲弊中國，所獲無幾，豈如今日綏之以德，使窮髮之地盡為編戶乎！」[48]漢唐向稱盛世，漢武與唐宗都是炎黃子孫建樹統一大業的英主，但兩人對待四夷的統治之術卻不盡相同。漢武主在用兵，偏重威服，而少懷德化，結果是事倍功半。唐太宗鑑於漢武帝的治術之失，轉而側重德化政策，深得四夷人心，結果是事半功倍。值得注意的是，面對如此勳業，唐太宗並不單獨歸功於己，而是首先歸功於這一政策的創議者 —— 魏徵。他憶及初即位時，有人勸他「耀兵振武，懾服四夷。惟有魏徵勸我：『偃革興文，布德施惠，中國既安，遠人自服。』朕從此語，天下大這。絕域君長，皆來朝貢，九夷重譯，相望

---

48 《資治通鑑》卷一九八。

於道。」[49]可見，由魏徵建議、唐太宗實行的德化政策能使邊疆民族歸心。

爲了有效地貫徹德化政策，唐太宗還慎選邊吏擔任都護、都督。貞觀元年，他任命李大亮爲涼州都督，李大亮對散處伊吾的突厥餘部和其他部族「綏集之，多所降附」[50]。貞觀四年，朔州刺史張儉招集思結族饑民，來者妥善安排，不來者聽其自便，並「不禁」分處兩地的「親屬私相往還」[51]，對待境內的夷族可謂厚道寬仁了。貞觀十六年，唐太宗任命涼州都督郭孝恪爲安西都護府都護，郭孝恪對雜居高昌的舊民與鎮兵及謫徙者「推誠撫御，咸得其歡心」[52]。貞觀二十一，唐太宗置燕然都護府，以揚州都督府司馬李素立爲都護，「素立撫以恩信，夷落懷之，共率馬牛爲獻；素立唯受其酒一杯，餘悉還之。」[53]

爲有利貫徹德化政策，唐太宗對邊吏的任職期限也有相應的措置。大體而言，稱職者，任期長；不稱職者，任期短。前者的例子是，李勣於并州大都督任內，「令行禁止，號爲稱職」，「塞坦安靜」，「民夷懷服」[54]。爲此，讓其歷職十六年之久。後者的例子是，堅決撤換因犯貪污罪的遂安公壽的交州都督之職。交州「去朝廷遠」，地處邊陲，華夷錯居，吏治不善，必損及懷柔政策的貫徹。唐太宗不顧犯者係

---

49 《貞觀政要‧誠信第十七》。
50 《舊唐書‧李大亮傳》。
51 《資治通鑑》卷一九三。
52 《資治通鑑》卷一九六。
53 《資治通鑑》卷一九八。
54 《舊唐書‧李勣傳》，《資治通鑑》卷一九六。

宗室之親,而毅然任命原瀛州刺史盧祖尚前往「鎮撫」[55]。
盧雖託辭未能赴任,但反映唐太宗堅決撤換不稱職的邊吏的
決心。

　　必須指出,「綏之以德」並非放棄使用武力。德化政策
是以威服作為後盾的,也就是他所說的「理人必以文德,防
邊必以武威」[56]。唐太宗與隋煬帝不同的一點是,他不濫用
武力或盡量避免使用武力。如貞觀初,嶺南蠻族馮盎、談殿
反叛。群臣中不乏主張威服者,太宗不許,遂派使「持節宣
諭」,馮盎受感,「南方遂定」[57]。後益州僚族騷動,都督
竇軌建議威之以兵,唐太宗予以責難道:「當拊以恩信,脅
之以兵威,豈為人父母意耶?」[58]

　　「綏之以德」,對夷酋來說,主要是在政治上授之以官,
在經濟上賜之以祿。對夷民來說,主要是採取較緩和的民族
壓迫形式。由於壓迫較緩和,故夷民不思騷動。由於位尊祿
厚,故夷酋無不感恩戴德,忠心耿耿。開元年間,東突厥苾
伽可汗在追憶其先輩的情況云:「遂服從唐皇,臣事之者五
十年」,「彼等之克國除暴,皆為唐皇出力也」[59]。不少夷
將甚至不惜出生入死,以死圖報,以「世為唐臣」自翊[60]。
他們立下了卓越的戰功,其中阿史那社爾、契苾何力、李思
摩、執失思力都是佼佼者,可與漢將齊名媲美。宋代史學家

---

55 《資治通鑑》卷一九三、《新唐書・盧祖尚傳》。
56 《全唐文》卷一〇,《金鏡》。
57 《新唐書・南蠻傳》下。
58 《新唐書・南蠻傳》下。
59 突厥文闕特勤碑,《突厥集史》下冊。
60 《新唐書・回鶻傳》上。

宋祁能夠窺見唐太宗在使用漢、夷將領方面不厚此薄彼的特異作法，在他編撰《新唐書》諸傳時，專立《諸夷蕃將列傳》，與太宗朝漢將光相輝映，可謂深識。

唐太宗的「綏之以德」政策，使各族酋長心悅誠服，在太宗生前，他們無不盡其力用：在太宗死後，個個失聲如喪考妣，以致出現了如下的感人景象：「四夷之人入仕於朝及來朝貢者數百人，聞喪皆慟哭，剪髮、劙面、割耳，流血灑地」，「阿史那社爾、契苾何力請殺身殉葬」[61]。所謂剪髮、劙面、割耳都是突厥等少數民族對其酋長死亡時的哀悼喪俗，他們各以本族的喪俗表達對唐太宗的哀思，這正是他們把唐太宗這個「天可汗」當作統一多民族國家的最高君主看待的有力證據。唐太宗父子也以「昭陵制度無疑是多少突厥化」來顯示民族關係的和睦。正如岑仲勉先生所說的：「其時太宗一面君臨漢土，一面又爲漠南、漠北各族之天可汗，參用北荒習俗以和洽兄弟民族，自是適當之做作，不得徒以一般之突厥化目之。」[62]

以上事實說明，唐太宗推行「綏之以德」的民族政策，縮小了華、夷之間的差異，使隋末以來日趨緊張的民族矛盾得到緩和，改善民族關係。

二、愛之如一

唐太宗的馭夷之方，是對華、夷「愛之如一」。他針砭

61　《資治通鑑》卷一九九。
62　《隋唐史》頁140，高等教育出版社一九五七年版。

古來皆貴中華的偏向，匡正爲不賤夷狄的民族措置，是他推行德化政策的另一側面。

貞觀二十一年，唐太宗坐鎮翠微殿，詢問大臣：「自古帝王雖平中夏，不能服戎、狄」的原因？接著自謙一番，說自己才不及古人而功業過之，不知其故，令群臣各自盡情以實相告。群臣異口同聲，一片讚頌。唐太宗不滿意這種不著邊際的答覆，自行總結了五條成功的經驗，其中第五條是「自古皆貴中華，賤夷、狄，朕獨愛之如一，故其種落皆依朕如父母。」[63]「皆依朕如父母」是有來歷的，貞觀五年，契苾何力曾說太宗是「華夷父母」[64]，這些當然都是溢美之辭。不過，他總結自己在民族政策方面與過去君主的傳統作法不同，是符合事實的。其「愛之如一」的具體表現有以下幾點。

（一）對漢、夷被俘的人民同樣予以贖取、給糧、給復

對被壓迫的漢、夷人民能否同等予以照顧，這是最能衡量唐太宗的「愛之如一」的民族思想。貞觀二十一年六月，他下詔回顧了隋末喪亂，邊境百姓多爲少數民族貴族俘掠的情況，指出當時族屬鐵勒的薛延陀歸附了，應派遣使節到燕然都護府，通知其屬下的都督，「訪求沒落之人，贖以貨財，給糧遞還本貫」；又指出由於薛延陀的投降，曾被其奴役的室韋、烏羅護、靺鞨三部人民「亦令贖還」[65]。可見，被薛

63　《資治通鑑》卷一九八。
64　《資治通鑑》卷一九三。
65　《資治通鑑》卷一九八。

延陀俘掠為奴的漢、夷各族都有，唐太宗不厚此薄彼，而是一視同仁，皆以錢財贖還。而且，贖取漢夷人民的人身自由之後，還對他們接濟糧食，對漢族「給糧遞還本貫」；對夷族也發救濟糧。如貞觀四年，唐太宗指示李大亮「招慰」散落在伊吾的西突厥種落，李大亮遵旨，「於磧口貯糧，來者賑給」[66]。此外，對歸附的漢、夷人民都有免服徭役的同等優待。如漢民「沒落外蕃投化，給復十年」[67]，「四夷降戶，附從寬鄉，給復十年」[68]。

（二）對漢、夷將領同樣秉公賞罰

賞罰是國之大事，一個君主對本族將領做到秉公而行，還是不難的，難能可貴的是對漢、夷將領不存私心，視為一體，施以禍福，信賞必罰。在這個問題上，唐太宗能出以公心，是超越前人的。他對平定吐谷渾之役的漢、夷大將的處置是一個典型的例子。當時，漢將薛萬均隱瞞戰敗實情，又排斥契苾何力所建立的奇功，唐太宗聽取何力的申訴後，為了賞罰分明，打算撤掉薛萬均的官銜，授職何力。何力叩頭謝絕說：「以臣而解萬均官，恐四夷聞者，謂陛下重夷輕漢。」[69]唐太宗當然不可能有「重夷輕漢」思想，然而他不分漢、夷，秉公賞罰，使這個鐵勒族將領十分感動，從而說明唐太宗對待漢、夷將領的功過是不分彼此的。

66　《資治通鑑》卷一九三。
67　《唐律疏議》卷四，《名例》四。
68　《新唐書·食貨志》。
69　《新唐書·契苾何力傳》。

（三）對漢、夷將領同樣任人唯賢

任賢是致治之組織保證，唐太宗對漢賢不拘一格任用，是有口皆碑的，難得的是他對夷賢亦傾心信用。他依據夷將的功勳與智勇，紛任顯職與都督、刺史之職。如突厥族的阿史那社爾「以智勇聞」[70]，深得太宗信任，貞觀二十一年出征龜茲，太宗以他爲行軍統帥，位在漢將之上。阿史那忠「資清謹」，擢爲正三品的右驍衛大將軍之職，「宿衛四十八年，無纖隙，人比之金日磾。」[71]執失思力屢進忠言，「帝異其言」[72]，倚爲心腹，妻以公主，拜駙馬都尉，封安國公。西突厥人史大奈，在晉陽起兵時就追隨李淵，多立戰功。貞觀初，擢右武衛大將軍，封竇國公，食邑三百戶。靺鞨族李謹行「勇冠軍中」[73]，貞觀初，拜右衛將軍。以上說明唐太宗對夷族將領同漢族一樣任人唯賢。

（四）對漢、夷傷病大將同樣體恤

唐太宗不僅關懷漢將的傷病，而且也體恤夷將的傷病。貞觀晚年，名將李勣曾患重病，名醫遍治，均用藥無效，有人提出唯有用鬚灰和藥才能治療，唐太宗聞訊，「乃自剪鬚以和藥」[74]，李勣得到龍鬚，感激涕零。突厥將領李思摩，原名阿史那思摩，因立軍功，唐太宗賜姓李，授職右衛大將

---

70 《新唐書·阿史那社爾傳》。
71 《新唐書·阿史那忠傳》。
72 《新唐書·執失思力傳》。
73 《新唐書·李謹行傳》。
74 《新唐書·李勣傳》。

軍。他於貞觀十九年隨駕出征，在進攻白崖城的戰鬥中，被流矢中傷，仍然堅持戰鬥，由於沒有及時治療，瘀血滯積。唐太宗愛將心切，不分漢、夷，乃「親爲之吮血」，消息傳開，戰士「莫不感動」。[75]

以上四點都是唐太宗「愛之如一」民族觀的表現。他所以具有這種較爲進步的民族意識，是基於華、夷「一家」的思想。早在貞觀七年底，唐太宗陪同李淵，歡宴三品以上大臣時，李淵曾命突厥頡利可汗起舞，南蠻酋長馮智戴詠詩，面對貞觀盛世的民族和好景象，不禁讚美道：「胡、越一家，自古未有也。」[76]唐太宗發展了乃父的民族思想，他認爲「夷狄亦人耳，其情與中夏不殊。人主患德澤不加，不必猜忌異類。蓋德澤洽，則四夷可使如一家；猜忌多，則骨肉不免爲仇敵。」[77]唐太宗提出的夷狄與漢人一樣，其情皆可感化的見解，是針對無道君主隋煬帝把夷狄誣爲禽獸而發的人道主義思想，具有進步的意義，也是他爲什麼「愛之如一」的原因所自。

以上事實說明，唐太宗推行「愛之如一」的民族政策，盡量克制歧視夷狄的陋習，盡情縮小華、夷之間的差距，獲得少數民族的好感，形成唐初最爲友好的民族關係。

75 《資治通鑑》卷一九七。
76 《資治通鑑》卷一九四。
77 《資治通鑑》卷一九七。

第十章 當代海峽兩岸領導人治國策略之探討

第一節 台灣領導人 —— 馬英九

一、從政資歷[1]

（一）學 歷

1、台灣大學法律系畢業（1968－1972）。

2、美國紐約大學法學碩士（LL.M.）（1974－1976）。

3、美國哈佛大學法學博士（S.J.D.）（1981）。

（二）經 歷

1、蔣經國總統英文傳譯與秘書（1981）。

2、總統府第一局副局長（1982）。

---

1 中華民國總統府，馬英九總統大事年表，
〈 http://www.president.gov.tw/Default.aspx?tabid=96&range=87%e5%b9%b
4 〉（2013/5/20）。

3、中國國民黨中央委員會副秘書長（1984）。

4、行政院研究發展考核委員會主任委員（1988.07－1991.06）。

5、行政院大陸工作會報(陸委會前身)執行秘書(1988)。

6、國家統一委員會研究員（1990）。

7、陸委會副主委兼發言人（1991）。

8、第二屆國民大會中國國民黨不分區代表（1991）。

9、法務部長（1993.02-1996.06）。

10、行政院政務委員（1996.02－1997.09）。

11、政治大學法律系任教（1997）。

12、台北市長（1998.12－2006.12）。

13、中國國民黨第四任主席（2005.07－2007.02）

14、中華民國第十二任總統（2008.5－2012.05）。

15、中國國民黨第六任主席（2009.10－2013.11）。

（三）現任

1、國家安全會議主席（2008.05－　）。

2、中華民國童軍總會會長（2009.11－　）。

3、國家文化總會榮譽會長（2010.01－　）。

4、中華民國第十三任總統（2012.05－2016.05）。

5、中國國民黨第七任主席（2013.11－　）

二、現狀分析

　　於民進黨執政八年期間，扁政府貪污腐化、違法亂紀、製造族群矛盾。於是馬英九在 2004 年總統大選期間，提出「愛台十二項建設」[2]，預計可以創造十二萬個工作機會，實質上僅為將政府施政計畫重組，再披上當年十大建設的外衣，而這個漂亮政策的標語，為「六三三」，即為達到「經濟成長率 6%、失業率 3%以下、人國民所得 3 萬美元」，但馬英九始終未提出該項計劃的兌現時間。勝選後，馬英九於第一任期內，確實努力達到「撥亂反正」，並建立廉能政府，全面打擊貪腐，推動三通與司法改革，維護台海和平，提升台灣國際地位及台美關係，促使經濟復甦，逐步邁向活力經濟之目標。[3]

　　惟第一任期（2008.05.20）任期內，仍有許多缺失[4]，例如面對美國雷曼兄宣告破產（2008 年 9 月）造成股市大崩盤而引發之全球金融危機、中國大陸爆發毒奶粉事件[5]、振興經

2　愛台十二項建設：1、全島便捷交通網；2、高雄自由貿易及生態港；3、台中亞太航空運籌中心；4、桃園國際航空城；5、智慧台灣；6、產業創新走廊；7、都市及工業區更新；8、農村再生；9、海岸新生；10、綠色造林；11、防洪治水；12、下水道建設。

3　楊力宇，《從撥亂反正到脫胎換骨 馬英九的總統之路》，美商 EHGBooks 微出版公司，2013 年 1 月。

4　維基百科 —— 馬英九，
　　《http://zh.wikipedia.org/wiki/%E9%A6%AC%E8%8B%B1%E4%B9%9D》
　　（2013/05/20）。

5　三鹿集團等不肖業者為降低成本而於乳製品裡添加三聚氰胺。起先衛生署隱匿未報，後衛生署又對檢驗標準搖擺不定。月底，衛生署長林芳郁辭職下台，由原總統府副秘書長葉金川接任。

濟消費卷發放[6]、澎湖博弈公投事件[7]、莫拉克風災[8]、塑化劑
事件[9]、夢想家事件[10]、富邦獻金案[11]、司法官集體收賄事件[12]、
中科四期搶農田用水[13]、核四安全監督委員會爆發請辭潮
（2011 年）、開徵奢侈稅[14]等，危機處理之表現及政策不如
預期（圖 1）。

　　而在馬英九連任成功，第二任期尚未開始之際，從 2012
年 2 月在總統府接見美國在台協會主席薄瑞光開始，各種挑
戰接踵而來，使得馬政府的整體形象、滿意度、信任度一路
下滑[15]（圖 2）。以下就馬英九連任成功至 2013 年底，國內

6 2009 年 1 月，經建會建議以消費券方案來促進景氣活絡。經立法院同意
　後，全國人民每人發放 3600 元消費券。惟消費券政策使政府舉債新台幣
　858 億元且未達到促進經濟成長之效果，使得當局決定不再發行。
7 2009 年，馬英九堅持賭場設置離島，並重申博弈條款，「第一個適用對
　象一定就是澎湖，不會是本島其他縣市」，引起強烈反彈。最終於同年九
　月進行公民投票，不同意票為 56.44%，此事件暫告一段落。
8 2009 年 8 月 8 日，中度颱風莫拉克襲捲南台灣，山區遭驚人雨量引發之
　土石流摧毀多處地區民宅，死亡及失蹤人數難以統計，而平地淹水更使
　農、漁、畜產業損失預超出二百億台幣。同年九月，行政院長劉兆玄下台，
　由吳敦義組閣。
9 不肖業者在食品裡添加將塑化劑，以取代棕櫚油製成之的起雲劑，影響人
　體內分泌、心血管、肝臟、泌尿、心臟等功能，甚至有致癌之風險。
10 國慶晚會「夢想家」音樂劇兩天花費新台幣 2.15 億元公帑，引發爭議不
　斷。
11 民進黨曾於 2004、2008、2012 年總統選舉前提出質疑馬英九涉嫌圖利私
　人財團之金融合併案，2004 年與 2008、2012 年全案分別偵結不起訴。
12 2010 年 7 月爆發，司法院長賴英照，台灣高等法院院長黃水通請辭。
13 2011 年 7 月，中科管理局委託彰化水利會，沿著彰化最重要的灌溉水圳
　「莿仔埤圳」開控堤岸道路埋設輸水專管欲調撥農業用水給中科四期使
　用。
14 2011 年 4 月 15 日，立院三讀通過《特種貨物及勞務稅條例》，於同年 6
　月實施。
15 財團法人台灣智庫，「2013/05/12『馬總統連任周年的成績單』記者會，

所發生之重要議題簡述如下：[16]

圖 1：馬英九第一任期滿意度變化

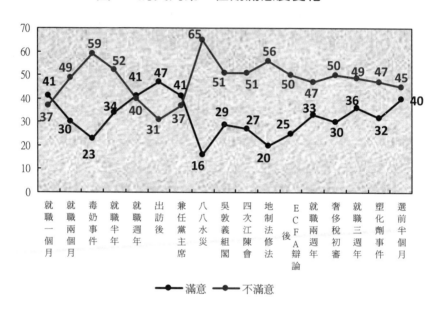

八八水災後，馬英九滿意度跌至 16%。

（資料來源：TVBS）

會後新聞稿」，2013 年 5 月 12 日，
〈http://taiwanthinktank.org/chinese/page/2411/2410/2635/0〉（2013/7/5）。
16 鄧予立，《馬尾看臺灣 —— 2012 馬英九動 DOWN300 天》，頁 23-87。

圖 2：馬英九第二任期滿意度變化

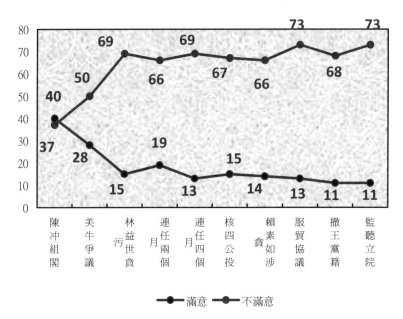

馬英九第二任期初至連任四個月內，滿意度始終在 20%以下，於連任四個月時跌至 13%，於九月政爭（102 年）時更跌至 11%；前總統陳水扁之滿意度最低時，仍有 18%。

（資料來源：TVBS）

（一）內 政

1、貪污案頻傳－北素如、中朝卿、南益世，牽手污台灣

（1）行政院祕書長林益世索賄案[17]

2012 年 6 月 27 日，《壹週刊》報導，行政院祕書長林益世向承包中鋼廢爐渣的地勇公司負責人收賄及索賄。出刊當日，林益世還大動作召開記者會，全盤否認報導，並說自己跟地勇負責人陳啓祥不熟，為表清白，準備告《壹週刊》。次日，報紙頭版刊出林益世與陳啓祥一起去拜會中鋼子公司，並與其總經理一起步出公司之照片。林益世難以自圓其說，檢調單位也立即展開調查。7 月 2 日，特偵組傳訊林益世，且檢調單位已掌握錄音光碟、合約草約等關鍵證據，逼得林益世只得坦承擔任立委時收賄六千三百萬元，但對接任行政院祕書長後是否索賄仍語帶保留。當晚，林益世便以貪污重罪且有逃亡串證之虞收押禁見。

此時，檢調單位約談林益的妻子彭愛佳，林母沈若蘭 7 月 4 日主動前往特偵組，交付新台幣 1800 萬元現鈔，令人驚訝的是，這些現鈔還是從池塘撈上來的，成了名副其實的「洗錢」。林益世案成了壓垮主打清廉的馬政府最後一根稻草。

2013 年 4 月 30 日，台北地方法院合議庭（庭長兼審判長吳秋宏、受命法官紀凱峰、陪席法官林孟皇）一審判決（台灣台北地方法院 101 年度金訴字第 47 號刑事判決），林益世的部份，收取 6300 萬元改依「公務員假借職務上之權力及機

17關於林益世案件，udn tv 特別將相關新聞片段上傳至 youtube，且定期更新內容。詳細內容請參：udn tv，林益世索賄事件 —— 新聞懶人包，〈http://www.youtube.com/playlist?list=PL1F93D8DA366219EB〉（2013/7/31）。

會，故意犯恐嚇得利罪」判處 5 年 6 個月，褫奪公權 5 年；
職務上要求賄賂、隱匿貪污部份無罪；公務員財產來源不明
罪判 2 年，褫奪公權 2 年，併科罰金新臺幣 1580 萬元。合併
執行有期徒刑 7 年 4 個月，褫奪公權 5 年，併科罰金新臺幣
1580 萬元。其餘被告，包括妻子彭愛佳、母親沈若蘭及舅父
沈煥璋、沈煥瑤，則全部獲判無罪。陳啓祥和他的女友程彩
梅付給林益世新臺幣 6300 萬元後，兩人竟然還得再繳 250
萬公益金，以獲得貪污罪的緩起訴處分，但林益世未涉及「貪
污罪」，形成了「林益世收錢無罪，陳啓祥被恐嚇掏錢還犯
罪」的怪異現象，更是引來爭議，此一判決眾人戲稱陳啓祥
向空氣行賄。

　　因一審判決爭議且求刑與民意落差過大，特偵組於 5 月
21 日提起上訴，目前全案由台灣高等法院審理中。

　　（2）前消防署署長黃季敏採購弊案

　　2012 年 8 月 29 日，消防署前署長黃季敏遭檢舉在 2003
年至 2009 年署長任內，辦理先期防救災遠距離無線電通信系
統等多項採購案時，涉嫌圖利特定廠商，檢調於當日上午展
開北中南大搜索，包括黃季敏時任台塑總公司辦公室及台北
市信義區豪宅等地，共搜出 3、40 個進口名牌包及 19 塊金條，
共重 16 公斤，估計總市價約 2300 萬元以上。此外，檢調也
清查黃季敏資金流向，發現曾匯出兩億多日幣到海外，與其
公職收入顯不相當，有收賄之嫌。事發後，黃季敏兒子，黃
郁升滯留海外遲遲未歸，檢方掌握他暗中幫父親在海外洗
錢，出境到中國後，已輾轉飛到美國躲藏。

　　台北地檢署於 12 月 25 日偵結，認定黃季敏自 2002 至

2006 年在「UH1H 直昇機監控派遣監控系統」等九項採購案，收賄一千九百廿四萬元，依貪汙、圖利、收賄、洗錢、偽造文書、違反政府採購法等罪起訴黃季敏、胞兄黃文宙、消防署官員及廠商共計 12 人，包括黃季敏、黃文宙、消防署視察蔡木火、杜汪濤、空勤總隊組長王啓通、前空消隊技士張瑞源及前消防署科員羅財全、廠商王經武、陸重光、鍾素梅、邱蒼民、許暉騰。另黃季敏之子黃郁升涉嫌協助父親洗錢約6000 萬元，遭檢方通緝。

2013 年 8 月 3 日，台北地院認定黃季敏已無串證之虞，裁定以 500 萬元交保，並要求黃妻簽下 2500 萬元同意書，確保黃季敏會按時出庭，否則將追繳 2500 萬元[18]。

2013 年 9 月 30 日，黃郁升自大陸返台時，於松山機場被移民署國境隊查獲，當晚移送北檢歸案。[19]但黃郁升先前已透過律師向北檢遞狀表示願意主動到案說明。檢方審酌後認所涉之洗錢非重罪，無羈押之必要，即令以 20 萬元交保。[20]

目前全案仍由台北地院審理中。

（3）國務機要費爭議

2012 年 10 月 29 日，立法院司法及法制委員會審查總統府及所屬機關單位 2013 年度預算，總統「國務機要費」擬提高至 4000 萬元。民進黨立委抨擊國民黨憑國會多數，當年將

---

18 中央通訊社，「前消防署長黃季敏　3 千萬交保」，102 年 8 月 13 日，〈http://www.cna.com.tw/News/firstnews/201308130054-1.aspx〉（2013/11/1）。
19 中央通訊社，「黃季敏兒子涉洗錢　入境遭查獲」，102 年 9 月 30 日，〈http://www.cna.com.tw/news/aSOC/201309300185-1.aspx）（2013/11/1）。
20 中央通訊社，「黃季敏兒子涉洗錢　20 萬交保」，102 年 9 月 30 日，〈http://www.cna.com.tw/News/aSOC/201309300303-1.aspx）（2013/11/1）。

前總統陳水扁國務機要費砍成 3000 萬,現在卻為馬英九提高到 4000 萬,簡直是雙重標準。最後總統府妥協,刪減四分之一預算,回到 2008 年當選時之水準,與前總統陳水扁相同,國務機要費皆為 3000 萬[21]。

2013 年 10 月 31 日,民進黨立委再度提案,因國務機要費之使用未透明公開,為撙節支出,擬刪除 1000 萬元,但其他國民黨立委反對刪除,並成功護航過關,擋下此次提案[22]。

（4）南投縣長李朝卿索賄案

2012 年 11 月 29 日,南投調查站搜索南投縣政府工務處和秘書張志誼辦公室,並傳訊多名包商,查出工務處處長黃榮德曾收取包商吳仲琪一百多萬元回扣款,黃榮德、張志誼和吳仲琪都被收押禁見。同時並搜索南投縣長公館,將南投縣長李朝卿傳喚到案。

翌日,檢方以李朝卿涉及南投重建索賄弊案並有收受廠商回扣及圖利他人之嫌,聲請羈押禁見獲准。由副縣長陳志清代理縣長職務。國民黨亦祭出「停權」的黨紀處分。

該弊案爆發前,馬英九對李朝卿多次讚譽有加,甚至在國民黨中常會舉李朝卿施政表現來證明「藍色執政、品質保證」,今昔對照,顯得格外諷刺。

2013 年 3 月 26 日,南投地檢署向南投地方法院以貪污罪嫌起訴李朝卿及其妻舅簡瑞祺與前後任工務處長曾仁隆。

---

21 自由電子報,「馬刪千萬國務費　未提捐薪及減薪　減為三千萬　只是回到馬上任前經費規模」,2012 年 11 月 7 日,
〈http://www.libertytimes.com.tw/2012/new/nov/7/today-t2.htm〉(2013/11/1);
中國時報,「蔡正元促馬自刪國務機要費」,2012 年 11 月 4 日。
22 蘋果日報,「藍委護航國務機要費 3 千萬照列通過」,2013 年 10 月 31 日。

翌日，南投地院裁定李朝卿、簡瑞祺、陳國進分別以新台幣
2000 萬元、1000 萬元、100 萬元交保。

李朝卿交保後即向內政部申請復職，對此內政部長李鴻
源表示基於無罪推定，傾向讓其復職。此舉引發前「反貪腐
運動」總指揮施明德不滿，表明若李朝卿復職回任縣長，將
號召人民到南投縣政府前抗議。4 月 1 日，原本傾向讓李朝
卿復職的李鴻源臨時召開記者會宣布，將依公務員懲戒法主
動將李朝卿移送監察院調查，並因情節重大依法繼續予以停
職。李鴻源並表示，這是台灣民選首長依公懲法移送監院並
予以停職的首例。

9 月 10 日，監察院以 11：1 通過對李朝卿的彈劾。[23]

（5）台北市議員賴素如索賄案

台北地檢署於雙子星弊案之偵辦過程中疑有官員涉嫌洩
露底標及廠商向議員行賄等事，於 2013 年 3 月 27 日約談台
北市議員賴素如（身兼國民黨主席馬英九辦公室主任）、台
北市府財政局長邱大展、前市府顧問張學孔、捷運局官員賈
二慶及太極雙星公司負責人何岳儒等人，並列賴素如、邱大
展等人為犯罪嫌疑人。

偵訊時，賴素如否認拿太極雙星的錢、幫助得標，市府
財政局長邱大展也否認有洩露其他競爭廠商資給太極雙星。
移送北檢的過程中，賴素如也一再向媒體堅持自己清白，表
示案件絕對與她無關，她只是配合檢調調查。但複訊後，賴
素如遭檢方聲押、前捷運局官員賈二慶因認罪獲檢方交保。

---

23 中央通訊社，「李朝卿涉貪遭起訴　監院彈劾」，102 年 9 月 10 日，
〈http://www.cna.com.tw/News/firstnews/201309100018-1.aspx〉（2013/11/1）。

　　3 月 28 日，賴素如於開庭中透過律師表示，辭去所有黨職。29 日，馬英九於公開場合表示，對賴素如涉案震驚與痛心，並向黨員與國人致歉。30 日下午，台北地院裁定收押禁見。

　　7 月 25 日，檢方偵查終結，認定賴素如涉嫌收賄，依公務員對於職務上之行為收受賄賂罪、隱匿貪污所得罪及財產來源不明罪起訴，求處重刑。7 月 26 日，全案移至台北地方法院審理。

　　8 月 23 日，台北地院認無羈押必要，裁定同意賴素如以 1500 萬元交保候傳，並限制住居、限制出境[24]。

　　在與馬英九和吳敦義關係密切的林益世、李朝卿、與賴素如陸續因收賄涉貪遭司法單位收押後，網友譏諷國民黨是「北素如、中朝卿、南益世，牽手污台灣」。

2、未經審愼思考即提案修法，過程反覆不定

　　（1）執意課徵證所稅，隔年即修法背離立法初衷

　　當劉憶如被宣布擔任財政部長時，各界皆預期她將繼續推動證所稅[25]，但金管會及財經界出身的行政院長陳冲強力反對，股市更是反應激烈。

　　2012 年 2 月劉憶如甫上台時，表現頗為溫和，對外聲稱「證所稅問題，財政部沒有預設立場」。3 月，召集「財政健全小組」，實際上正是討論證所稅復徵議題。但這場硬仗

24　中時電子報，「1500 萬　賴素如獲交保」，2013 年 8 月 23 日，〈http://www.chinatimes.com/realtimenews/1500%E8%90%AC-%E8%B3%B4%E7%B4%A0%E5%A6%82%E7%8D%B2%E4%BA%A4%E4%BF%9D-20130823005058-260401〉（2013/11/1）。

25　因劉憶如母親郭婉容曾於 1988 年被李登輝任命為財政部長。是時郭婉容宣布復徵證券交易所得稅，使台股一個月內連跌十九天，指數由八千九百多點跌到五千七百多點，政策終迫停止，郭婉容也因此下台。

卻是劉憶如孤軍奮戰，得不到馬英九及立院黨團的支持。馬英九只強調公平正義改革之路艱辛，卻是必走的道路。未在政策上協助劉憶如統合各單位意見。立法院內，國民黨、親民黨、民進黨都提出自己的證所稅版本，互相攻防。

　　5月29日，劉憶如因不滿國民黨立院黨團所提出的證所稅「整合版」，於是發布聲明稿並請辭財政部長。30日傍晚，行政院長陳冲也火速批准請辭案，試圖為不斷下跌的股市設下停損點。

　　7月25日，證所稅於立院三讀闖關成功，通過財政部與國民黨立院黨團研擬的「修正動議版」，而於2013年開始實施，結束近半年的紛擾。

　　2013年6月25日，證所稅施行尚未滿半年，立法院即在臨時會上三讀通過攸關證所稅的《所得稅法》部分條文修正案，取消8500點以上的課徵門檻，一般散戶均免徵證所稅；但原先預計2015年起新增售股金額報十億元以上的「大戶條款」，則放寬改採「設算為主、核實為輔」，一律繳交千分之一的證所稅。條文中並明定「溯及既往」條款，將全面回溯至2013年1月1日起適用。

　　（2）會計法修法草率[26]

　　會計法之修正始終存有爭議。2011年5月，立法院三讀通過會計法增訂第99條之1，將2006年前首長特別費除罪化；2011年10月，立院第7屆第8會期，無黨團結聯盟立

---

26 會計法修法始末，參中時電子報，
〈http://www.chinatimes.com/Search/Result.htm?q=%E6%9C%83%E8%A8%88%E6%B3%95#gsc.tab=0&gsc.q=%E6%9C%83%E8%A8%88%E6%B3%95&gsc.page=1〉（2013/7/31）。

院黨團草擬「會計法第 99 條之 1 條文修正案」，將經費報支問題除罪化擴及各民意機關及村里長。院會決議逕付二讀並朝野協商，惟第 7 屆結束前仍未處理；2012 年 4 月，由於屆期不連續，立委林滄敏於立法院第 8 屆第 1 會期再提「會計法第 99 條之 1 條文修正草案」經院會交付財政委員會審查；5 月 2 日，財委會初審通過；5 月 29 日，院會處理該項草案並決議交付朝野協商；11 月 28 日，立委顏清標酒帳案，最高法院駁回上訴，維持更四審認定，判處顏清標、張清堂各三年六個月有期徒刑，全案定讞；2013 年 1 月 4 日，彰化地檢署查出有四所大學共十多名教授涉嫌和廠商合件，開發票向學校及國科會請款，檢方將十多名教授依貪污罪起訴；5 月 31 日，立法院在會期最後一天深夜，由立法院副院長洪秀柱主持、院長王金平下令清場後，各黨團一致同意，三讀通過由林滄敏代表國民黨提出的《會計法》99 條之 1 修正案，將過去的假發票報帳行為除罪化。但因修法草率疏漏，導致教授可能被排除在外，該修正案通過後引起社會輿論的普遍不滿。

　　6 月 3 日，於教授是否除罪之議題尚未解決之時，法務部已開會認定，喝花酒報公帳被依貪污罪判刑定讞入獄的顏清標，適用除罪化條文，將在新法公布施行後獲釋。引發外界質疑此次修法是否為顏清標量身訂做，而戲稱為「顏清標條款」。

　　6 月 7 日，馬英九終於對會計法修正所衍生的爭議，向社會大眾致歉，並要求行政院依憲法增修條文，向立法院提出覆議。

　　6 月 13 日，立法院召開臨時會[27]，並立即處理行政院移請覆議的「會計法修正案」，經記名表決有一百一十張票反對維持立院原決議，零票贊成，創下立法院歷年處理覆議案唯一一次無異議通過覆議案的紀錄。覆議案通過後，會計法關於教授、民代報帳除罪化修法回歸原點，前立委顏清標仍將繼續服刑。

　　（3）十二年國教及排富爭議

　　2013 年 6 月 12 日，行政院表示，考量政府財政問題，並希望教育預算兼顧優質化高中職等項目並鼓勵技職教育，高職全面不排富，學費全免；高中部分排富，年收入超過 114 萬元以上家庭需付費。

　　6 月 27 日，立法院在臨時會上三讀通過高級中等教育法、專科學校法，確定明年 8 月上路，並明訂各就學區免試比率應逐年增加，明年至少七成五，至 2019 年達八成五，明星學校在內的各校免試比率不得低於兩成五；學費部分，高職免學費、高中生家戶所得超過 148 萬元者不予補助，雖然在野黨主張全面免學費，但國民黨團挾人數優勢表決通過排富原則。排富的政策方向與馬英九百年元旦實現免費國民義務教育之談話相左。

　　對此台灣師範大學針對中學教師進行十二年國教調查，

---

27 關於立法院頻頻召開臨時會，公民監督國會聯盟於 6 月 25 日召開記者會指出，立法院不但將臨時會常態化，還讓臨時會和常會一樣效率低落。且在第四屆立法院（1999 年）以前，臨時會是非常少召開的，自第四屆立法院開始，臨時會次數就有逐漸增加的趨勢。第四屆到第六屆六法院每屆召開 2 至 3 次臨時會。但第七屆立法院召開臨時會次數卻暴增至 6 次，幾乎每個會期都要召開臨時會。到了目前的第八屆立法院，更是有增無減。

結果發現，高達八成七教師不相信教育部已經準備好，近七成教師不相信實施國教可以減輕升學壓力，更有將近一半的教師擔心十二年國教實施後，會增加教學上的困擾；整體來說，只有三成教師贊成十二年國教明年如期上路。

　　2013 年 10 月，行政院發布內閣異動名單，十二年國教最重要推手、教育部政務次長陳益興「請辭獲准」。對此，陳益興表示，他沒有請辭，推測自己是因為十二年國教不夠理想而下台。[28]

3、食安問題不斷爆發

（1）開放美牛進口

　　2012 年大選前，美國在台協會前處長包道格率團來台觀選，當馬英九勝選後，包道格便在會見馬英九時表示，目前台美關係良好，下一步台灣應處理的將是美國牛肉進口問題，台美貿易暨投資架構協定（Trade & Investment Framework Agreement，簡稱 TIFA）諮商才能復談。不久，美國在台協會主席薄瑞光抵台，公開表示美牛應該解禁，並拜會立法院長王金平。

　　2 月，薄瑞光於會見馬英九時當面提出美牛議題，馬英九則回覆此議題新內閣可以討論。後續幾天，消息一片混亂。行政院表示美牛議題須審慎面對、經濟部表示 TIFA 簽訂關鍵在美牛是否開放、外交部表示可透過 TIFA 平台來談美牛、農委會表示美牛問題很棘手，然而真正主管食品安全之衛生署卻半點聲明都沒發佈。而民間單位如養豬協會，因被長期

28 中國時報，「12 年國教惹議　教部次長被迫下台」，102 年 10 月 23 日，A5 版。

禁用瘦肉精，早已在較高成本下發展出一套優質飼育豬隻方法，故其發表聲明強力反對。TVBS 民調指出[29]，高達 78%民眾不贊成含有瘦肉精培林的美國牛豬進口、71%民眾認為即使影鄉台美關係也應禁止。

　　3月，美國商務部次長桑傑士（Francisco Sánchez）原定先在日本，後再抵台訪問。然而，美國在台協會卻突然宣布，「由於一些突發狀況」，桑傑士來台行程必須延期。其釋放之訊息相當明確：「開放美牛、其餘免談」。馬政府連夜召集國安、行政各部會會商。行政院於 3 月 5 日晚間以新聞稿宣佈，對飼料添加萊克多巴胺之牛肉「有條件解禁」，並提出「安全容許、牛豬分離、強制標示、排除內臟」等十六字標語。雖仍有近六成民眾反對行政院所提出之原則[30]，但開放含有瘦肉精之美國牛肉進口，似乎已成定局。

　　美牛議題爭論幾個月後，因 7 月初國際食品法典委員會（CODEX）會議即將審議培林瘦肉精之殘留標準，屆時再依CODEX 的標準處理較為恰當。7 月 5 日，CODEX 以些微領些的票數通過培林瘦肉精的標準訂在 10ppb。總統府隨即發表聲明：「四個月堅持是對的」，民進黨則表示：「同意與國際同步」。朝野兩黨對美牛爭議已有共識[31]。

29　TVBS 民調中心，「美牛進口爭議民調」，101 年 2 月 13 日。
30　TVBS 民調中心，「馬總統滿意度民調（美牛、禽流感爭議）」，101年 3 月 13 日。
31　據 TVBS 民調中心於 101 年 7 月 10 日公布「聯合國通過瘦肉精標準美牛民調」指出，已有 57%民眾贊成政府採用聯合國設定之標準，開放美牛進口；若僅考量四原則下有條件開放，與台美 TIFA 掛勾等因素，民眾仍有半數不贊成。

7 月 25 日，立法院召開臨時會。7 月 27 日，立法院通過食品法條文修正案，允許牛隻飼料添加萊克多巴胺，並開放含有萊克多巴胺之美牛進入台灣市場。

2013 年 10 月，王品集團原燒餐廳之單點美國菲力牛肉，被桃園縣衛生局驗出含有不得檢出的瘦肉精齊帕特羅（Zilpaterol）0.5ppb，已通令全台分店下架。這也是我國重新開放美國帶骨牛肉進口，並實施三管五卡[32]等管制政策後，第一次在餐廳端檢出瘦肉精。衛生局指出，目前依法瘦肉精僅萊克多巴胺允許殘留 10ppb，其餘均不得檢出。[33]

（2）毒澱粉事件

2013 年 5 月 13 日，行政院食品藥物管理局發現新聞稿聲明根據 2 月份以來的舉報及法務部調查局嘉義縣調查站訊息，少數業者可能使用未經核准在案之順丁烯二酸酐化製澱粉，該局即刻蒐集資料、建立檢驗技術，並抽查市售澱粉類產品 25 件及相關製品 49 件（總計 74 件），其中僅相關製品 5 件檢出順丁烯二酸（Maleic acid）。然進一步追查不合格產品皆因上游廠商化製澱粉添加順丁烯二酸導致。有問題之市售產品及化製澱粉，分別來自劉記粉圓（嘉義縣）、建美食品有限公司（新北市）、賞味佳食品有限公司（新北市）、長勝食品廠（高雄、另一個名稱爲慈惠食品有限公司）等製造廠所製造。而其原料則源自於協奇澱粉廠（台南市及新北市）之奇奇化製澱粉及怡和澱粉有限公司（新北市）之地瓜粉。

---

32 管源頭、管息境、管市場及核對文件、明確標示、開箱檢查、確實檢驗、即時查明。
33 中國時報，「王品集團原燒牛肉驗出瘦肉精」，102 年 10 月 29 日，A1 版。

　　然而整起事件的爆發過程仍舊有許多疑點尚待釐清。壹週刊指稱衛生署春節前便已知悉，卻至四月才處理，有「隱匿案情、拖延辦理、包庇廠商」之嫌。媒體指出「衛生署食品藥物管理局二月七日第一次開會討論順丁烯二酸酐化製澱粉一事，卻到四月三日才檢出，並私下通知廠商將產品下架，4 月 24 日嘉義檢調請求協助檢驗後，開第一次緊急會議，5 月 13 日才公布調查結果。」立委邱議瑩並指控「四月二十九日已有廠商提供廣告檢測順丁烯二酸」，認為「業者在食藥局公告前顯然早已知情，食管局涉及是否隱匿事實，輕忽事態嚴重性。」

　　（3）黑心油事件

　　2013 年 10 月 16 日，大統長基食品廠股份有限公司生產之特級橄欖油，被查獲添加「銅葉綠素」及低成本葵花油及棉籽油，彰化地檢署與彰化縣衛生局認為業者恐觸犯食品衛生管理法、刑法詐欺罪等，要求業者下架相關產品，且暫停廠內生產線；10 月 25 日，離職員工爆料大統所生產的沙茶醬是以越南、泰國的濕豇豆代替花生、向農民收購丟棄的香菇太空包當中的香菇殘根代替新鮮香菇並以過期長達二十年的冷凍腐魚製成。同日，彰化地檢署以大統公司違反食品衛生管理法及刑法詐欺取財等罪嫌起訴負責人高振利；10 月 26 日，彰化縣政府開出 18 億 5 千萬之裁處書。

　　11 月 3 日，頂新集團旗下的頂新製油屏東廠，因混摻大統問題油品而下架 21 項橄欖油、葡萄籽紬等調合油產品，並擬處罰最高新台幣 1500 萬元。11 月 5 日，味全董事長魏應充開記者會道歉，並請辭食品 GMP 協會（台灣食品良好作

業規範發展協會）理事長一職。

4、公衛 —— 隱匿禽流感疫情

　　獨立製片導演李惠仁耗時 6 年、自費百萬元完成「不能戳的祕密」[34]紀錄片，記錄台灣的禽流感疫情。影片完成後曾經送去好幾家電視台，但沒有任何一家電視台敢播放，於是便放上網路，該片從 2011 年 7 月在網路播出後，點閱率突破百萬人次。

　　2012 年 1 月，彰化一家養雞場傳出禽流感疫情，李惠仁自行送三隻雞去解剖檢驗，驗出禽流感後便通告農委員、動植物防疫險疫局，卻無任何回應。三月，疫情蔓延，相關單位才坦承在彰化、台南等地發現 H5N2 高病原性禽流感疫情，並已撲殺五萬多隻雞。

　　李惠仁因不滿防檢局隱匿消息，便向法院控告局長許天來等官員瀆職。隨後，許天來受形勢所逼請辭獲准。檢調發現，在 2011 年 12 月底時，李惠仁曾寄兩隻病死雞給防檢局，通報高病原性禽流感，但官方逕以「認定病毒種類需要研究時間」為由，隱匿七十多天才進行撲殺，此時病毒早已擴散。由於此案與美牛議題同時爆發，馬政府連續在食品安全上出現嚴重疏漏，重創執政團隊之威信，原本不論是批馬或挺馬之報章媒體、名嘴政客，全都一面倒，抨擊政府「螺絲鬆了」、「欺騙選民」。馬英九的信任度一路下滑，失去人民的信任，才是對馬政府最致命的一擊[35]。

---

34 李惠仁，「不能戳的祕密」，2011 年 7 月 28 日，
　　〈http://www.youtube.com/watch?v=Jcs7hA5iwZE〉（2013/07/07）。
35 據 TVBS 民調中心於 101 年 3 月 13 日公布之「馬總統滿意度民調（美牛、

5、核安及核四爭議

　　當日本福島 311 核災事件後，日本的文化界人士村上春樹、大江健三郎，號召成千上萬的日本公民上街爲生存而戰，達成日本核電廠全面停機檢查。台灣核四廠存廢問題又再次浮上檯面。

　　2012 年 4 月，台電進行核二廠定期的停機檢測時，意外發現反應爐的錨定螺栓竟然斷了 7 根（2 根全斷，5 根快斷）。錨定螺栓直徑 10 公分、總長度 65 公分，負責反應爐的穩定。而爲何錨定螺栓發生斷裂且呈對稱分佈方向斷裂，台電始終未說明原因，而僅換 6 根新的錨定螺栓欲了事[36]。6 月，核二廠重新運轉。

　　5 月 19 日，馬英九於就職前夕臨時記者會，被外國媒體問到關於台灣處理核能之態度時，竟表示：「我們這個政策提出來之後，我們的感覺是當時並沒有引起任何人的反對，因此我們還是會照著這方式走。」

　　然而，核四廠之興建計劃自台電於 1980 年 5 月提出以來，1985 年 5 月即因貢寮鄉民強烈反對而由蔣經國總統指示行政院暫緩興建。1986 年發生車諾比事件，隨後台灣反核活動就此展開。2011 年 3 月，日本發生 9.0 強震，除地震本身外，更帶來驚人海嘯，導致福島第一核電廠一系列設備的損毀、輻射釋放等災害，爲車諾比核電廠事故以來最嚴重之核災，令台灣民眾對於核能發電之安全性感到更加遲疑。至今

禽流感爭議）」指出，高達 73%民眾不滿意馬政府處理禽流感疫情，54%民眾對馬政府處理 H5N2 的禽流感疫情沒有信心。
36 斷了 7 根錨定螺栓，卻僅更換 6 根！

近 30 年，核四廠爭論不斷，並非如馬英九所說，「並沒有引起任何人的反對」。

根據 TVBS 民調中心在 2012 年 10 月作成之核能發電民調[37]指出，高達六成的民眾對台灣的核能電廠沒信心；若台灣核電廠發生意外，77%民眾對政府應變措施沒信心；57%民眾支持核四廠停止興建。

10 月 30 日，核四廠第一反應爐首度公開露面，依照官方說法，廠房建設已近百分之百完工，目前正試運轉的第一機廠房外已在做綠化工程，顯示動工 13 年多的核四廠已近正式發電。

2013 年 1 月 4 日，立委丁守中指出，由於核四只佔全台發電量的 7%，因此改天然氣發電，每度電只會增加 2 毛錢。前環保署副署長邱文彥指出，有日本福島核災為前車之鑑，核四工程應認賠殺出，改成天然氣發電。

1 月 10 日，經濟部長施顏祥在核四專案報告表示，核四不運轉會有三個問題：電價增加四成、限電、無法減碳。核四廠須完成 18 項改進，目前已完成五項，其餘 13 項預計今年 6 月底前完成。核四已四度追加預算，目前累計 2838 億元。台電評估第五次追加預算超過 3000 億元大關，上限 3300 億元，代表第五度追加預算最高達 462 億元。若明年申請裝填燃料獲准，核四一號機即可進行為期約一年的啟動測試，最快 2015 年申請商轉。

2 月 23 日，民進黨立委高志鵬、姚文智在立院提案核四

---

37 TVBS 民調中心，「核能發電民調」，101 年 10 月 12 日。

停建公投。2 月 25 日，行政院長江宜樺宣布，核四是否續建由公民投票決定。

　　3 月，年代民調中心公布「民眾對核四續建的看法」民調[38]，高達 69.2%民眾認為台灣應逐漸關閉核電廠，以其他能源發電，如再加上考量台灣經濟發展或替代能源發電成本昂貴等因素，仍有 69.1%、67%民眾認為應逐漸關閉核能電廠；而贊成停建核四之原因，主要是對核安沒有信心（44.8%）、擔心發生核災（19.1%）、施工品質不好（18%）等。 3 月 9 日，由台灣綠色公民行動聯盟等 150 個民間團體共同發起反核遊行，參與總人數約 22 萬人，口號為「終結核四，核電歸零」。對此，馬英九以一貫的官方式回應「確保核安、穩健減核、打造綠能低碳環境、逐步邁向非核家園」[39]。反核大遊行過後，TVBS 公布「廢核遊行後，核四公投民調」[40]，該民調結果指示，支持核四停建比例由 68%增加至 73%，僅 14%贊成續建。

　　4 月 16 日，行政院研考會公布「民眾對核四公投相關議題的看法」民調，高達 68%的受訪者表示贊成「以公投方式決定核四是否停建」、19%的受訪者表示不贊成。台電對此表示，「核安和環保更重要，避免地球持續發燒，讓我們一同支持安全的核能。」

---

38 年代民調中心，「民眾對核四續建的看法民調」，102 年 3 月 7 日。

39 蘋果日報，「全台大遊行　22 萬人喊廢核「這就是民意」」，2013 年 3 月 10 日，

　　〈http://www.appledaily.com.tw/appledaily/article/headline/20130310/34878367〉。

40 TVBS 民調中心，「廢核遊行後，核四公投民調」，102 年 3 月 28 日。

　　然最高層級之總統大選，於 2012 年時投票率僅 7 成，可想見的是公投法的高門檻限制、命題方式、資訊不對等及政府或台電擁有資源宣傳等，將可直接決定核四之存廢。行政院藉由看似民主之「公投」，將核四去留交由人民決定，實乃推卸責任之作法。如命題方式為「是否決定核四廠停建」，可預期屆時投票率不足，未投票者依法被視為是投下反對票，造成核四因公投而決定續建，實為技術性封殺停建案。

6、油電雙漲帶動物價不斷攀升

　　由於米、麵、油、糖、黃豆、小麥等民生基本物資的國際價格全被量化寬鬆（Quantitative easing，簡稱 QE）熱錢炒高及 311 日本強震後所有核電停止運轉、國際市場瘋狂採購天然氣等影響，帶動國際石油、天然氣價格不斷飆漲，中油及台電早就想調整油價、電價，但礙於政治因素而不准調漲。直至選前，將近一年多的油價凍漲，讓中油及台電分別虧損將近一個及半個資本額。職是之故，2012 大選甫結束，油電雙漲的聲音就馬上出現，而迅速升溫為主要議題。

　　2012 年 4 月，馬政府宣布停止凍結國內油電售價。

　　2012 年 5 月，馬英九主動說明電價調整的新方案，說明油價浮動機制政策緣由。隨後，又宣布原本一次漲足的電價改為三階段調漲，修正方案改為 6 月 10 日實施原公告方案調幅的 40%，12 月 10 日再實施 40%，剩下 20% 則視台電是否能拿出人民可接受的改革成績，再決定實施日期。

　　惟油電雙漲議題一路與經濟問題纏繞，5、6 月一漲便民怨四起，物價指數一路攀升、經濟成長率一路下滑。而電價上漲的問題，很快的轉變為探討台電經營績效的問題。但馬

政府的處理態度，仍使出「拖」字訣，直到 6 月底才要提出
台電經營績效的初步報告，直至 9 月 17 日，在野黨聯合發表
倒閣前夕，陳冲才敲定第二波電價緩漲，延到隔年再議。

　　油電價格決定上揚後，持續用油電者的成本便大增進而
轉嫁到下游廠商，再轉嫁至消費者身上。油電雙漲帶動萬物
齊漲，於是 5、6 月開始便不斷出現物價上漲的消息（圖 3）。

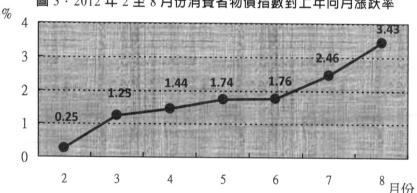

圖 3：2012 年 2 至 8 月份消費者物價指數對上年同月漲跌率

　　自油電雙漲消息確定後，物價指數便持續飆漲，並於 2012 年 8 月達
到最高峰，與江宜樺稱「無物價上漲情事」，明顯不符。
（資料來源：行政院主計處）

　　為應付民怨，行政院副院長江宜樺督導物價小組，全面
查價，並由公平會調查有無聯合漲價行為。諷刺的是，政府
宣稱到大賣場查價的結果，並無物價上漲情事，與民眾認知
有極大差距。民眾以自身經驗為依據，食、衣、住、行無一
不漲，政府卻睜眼說瞎話，說油電雙漲不會造成通貨膨脹，
此舉不但展現政府對物價的無能為力，更把民眾的信任徹底

破壞。5 月，馬英九到屏東科技大學與學生座談時，有位同學談到現在買的便當東西變少了，吃不飽。馬英九反問說：「要如何解決這個問題，是要吃第二個，還是忍著餓？」此話一出，被媒體扭曲為「何不吃兩個便當？」雖然總統府事後否認「何不吃兩個便當」的說法，但馬英九已被與何不食肉糜的晉惠帝劃上連結。

「什麼都漲，只有薪水不漲」迅速成為民間流行語，更形成政府「只顧財團，不顧小民」、「劫貧濟富」的印象。

2013 年 3 月，經濟部長張家祝表示，第二階段電價調漲，確定於 10 月 1 日實施。張家祝強調，去年就即公告電價調整方案，第一階段在去年 6 月，調漲 40%，原本預計在去年 12 月第二階段調漲，延到今年 10 月實施[41]。

10 日 1 日電費調漲，眾商品價格齊揚，形成一股物價上漲潮。一般家庭的民生必要支出比重提高，壓低對非必需品之需求。行政院主計總處預估，電價調漲對今、明兩年的物上漲和經濟成長率的影響都很小。經濟部長張家祝強調，電費調漲影響物價不到 1%。對此，立委質疑經濟部無法提供各行業不同家營運成本的真實數據，卻拿整體平均成本做計算基礎，忽略店家大小規模、營運成本不一，擺明是刻意淡化占多數的小店家所受衝擊。再者，電費帶動物價上升，家計予算緊縮，勢必產生消費全面緊縮效應，總體需求下降，

---

41 TVBS-N 新聞，「電價漲帳再加 40%　台電：確定 10 月調」，2013 年 3 月 27 日，
〈http://www.tvbs.com.tw/NEWS/NEWS_LIST.asp?no=miffy011820130327182354〉。

對經濟成長的負面衝擊可能會高於官方預期[42]。

7、勞資 ── 無法保障勞工權益的「資」委會

（1）華隆罷工案暫告解決[43]

華隆集團於 1990 年起即不斷爆發利用子公司進行內線交易和掏空案件，包括 1990 年華隆案、1992 年厚生違約交割案、1994 年洪福違約交割案等，時任華隆董事長的翁有銘棄保潛逃至馬來西亞，其兄翁大銘等人留在台灣纏訟多年。1997 年，華隆開始以環境不佳之名目，要求員工共體時艱，實施凍薪，甚至於隔年取消年終獎金。2001 年 7 月，華隆紡織廠跳票，8、9 月積欠薪資，10 月開始實質減薪。2002 年再減薪至少 20%、2004 年再減 30%。2008 年 5 月實施生產效率制，產效達到 130%的員工才能領到 100%的薪水，並在同年實施無薪假，估計有五成員工領不到基本工資。2011 年，華隆紡織將機器設備賣給成立不到 2 年的紡安公司，並要求員工放棄年資，以紡安員工的身分，在原廠原址以原設備生產。勞委會雖明確指出紡安公司就是華隆負責人另外成立的公司，但經濟部商業司科長張儒臣強調，由於兩間公司並非併購等關係，因此紡安公司不需負責華隆的權利義務。

---

42 經濟日報，「電價上漲對物價的衝擊　不能輕忽」，2013 年 10 月 15 日。
43 維基百科 ── 華隆紡織，
〈http://zh.wikipedia.org/wiki/%E8%8F%AF%E9%9A%86%E7%B4%A1%E7%B9%94〉（2013/7/15）。華隆罷工案，參考：「華隆工會陳情　馬總統：盡力協助」，ETtoday 新聞雲，2012 年 9 月 2 日，
〈http://www.ettoday.net/news/20120902/97226.htm〉（2013/5/31）；〈「華隆罷工案」懶人包〉，
〈http://blog.xuite.net/aliali/blog/62712931-%E3%80%8C%E8%8F%AF%E9%9A%86%E7%BD%B7%E5%B7%A5%E6%A1%88%E3%80%8D%E6%87%B6%E4%BA%BA%E5%8C%85〉（2013/5/31）。

2012 年 6 月 6 日，華隆工會與資方協商破裂，決定無限期罷工。13 日，苗栗縣政府介入協商，資方承諾會先結清 5 月份的欠薪，但該項承諾跳票，工會決定於 25 日北上抗議。當日，立委吳宜臻在立法院內召開公聽會，請勞委會、法務部、經濟部、金管會等相關單位對華隆案提出報告，但僅得到「沒有辦法」的答案。

8 月 14 日，五十名華隆工人在數十名聲援者的陪同下，預計以四天的時間徒步北上至總統府陳情。17 日上午 10 點，華隆工人抵達凱達格蘭大道，總統府終於在下午答應接見華隆代表，並接受他們兩個小時的陳情，做出三點結論，「總統知道了、下週一將找勞委會討論相關事宜、總統府與行政院幫不上忙」。

華隆總廠價值約十多億的設備的買家得知總統府接見華隆代表的同時，趕緊放話要動用警力將該設備等搬走，迫使華隆工人只好提早結束夜宿凱道，將戰線拉回頭份。在華隆員工回到頭份現場後，22 日舉行投票，決定是否接受資方透過立委徐耀昌提出的資遣費和退休金五折方案，結果以不同意票 193 張、同意票 148 張否決該項提案，華隆員工持續抗爭。26 日下午，華隆總廠的設備買家派了兩台約一百噸的大吊車打算拆卸廠內設備，遭到女工以肉身擋身。

由於勞委會與總統府等「無法幫忙」，在苗栗縣長劉政鴻的協調下，華隆工會其中八名罷工幹部，在 9 月 7 日同意退讓，改為向華隆資方求償 1.95 億，比原本的訴求少了 6500 萬，而且該款項原本都是他們應得到的，而非「求償」。在官、勞、資三方的來回喊價中，最後在 9 日簽訂協議，資方

分三期償還積欠勞方的 1.95 億。華隆工會在確定首期款項
（約 7000 萬）匯入帳戶後，依約拆除工廠外的罷工布棚，華
隆罷工案暫告一段落。

　　（2）關廠工人案件尚未落幕，勞委會編列預算提告[44]

　　1996 至 1998 年間，聯福製衣、福昌紡織電子、耀元電
子、興利紙業。東菱電子、太中工業等公司惡性倒閉。遭惡
意倒閉的勞工自救會組成「全國關廠工人連線」，自 1996
年起開始持續超過 4 年的接連抗議，後催生出失業給付與勞
工退休金專戶制度，然並未正面解決關廠工人之問題。1997
年間勞委會於選舉[45]壓力下，提出「關廠歇業失業勞工促進
就業貸款」欲平息激烈抗爭，口頭承諾不會追討，政府會逕
向資方討錢。

　　2012 年 5、6 月間，勞委會趕在民法 15 年時效屆至前，
陸續向法院聲請支付命令，要求關廠工人償還積欠「貸款」
金額。勞委會宣稱，當年交給勞工的是「貸款」，不是「墊
償」。群情激憤的工人認爲勞委會出爾反爾，於是開始發動
抗爭，要求勞委會主委王如玄出面解決問題。8 月，關廠工
人更以臥軌方式抗議，終於迫使勞委會做出「停告」承諾。
但新任勞委會主委潘世偉上任後，卻在 102 年度就業安定基
金中，再度編列 2,056 萬預算（1,875 萬律師費、181 萬銀行
代辦費），試圖延續訴訟，關廠工人只得再度走上街頭抗爭。

---

44 公視新聞議題中心有一系列關廠工人相關報導，持續更新，詳見網址：
　　〈 http://pnn.pts.org.tw/main/tag/%E5%85%A8%E5%9C%8B%E9%97%9C
　　%E5%BB%A0%E5%B7%A5%E4%BA%BA%E9%80%A3%E7%B7%9A/〉
　　（2013/11/5）。
45 1997 年 11 月 29 日舉行縣市長選舉。

　　國際勞工協會研究員吳永毅表示，15 年前制度缺失，導致工人無法拿到退休金和資遣費。資方提撥退休準備金比例不足，地方政府與中央政府監督不週等問題，也遭監察院糾正，顯見政府在維護勞工權益上不夠周嚴。

　　8 月 23 日，桃園地院簡易庭溫宗玲法官率先作出裁定，認本件貸款契約屬公法契約，並移送至行政法院審理。9 月，桃園地院溫宗玲法官及林涵雯法官陸續作出裁定，認勞委會控告關廠工人案為公法爭議，移送至行政法院審理。截至 9 月 14 日為止，已有 75 案經法院裁定移轉至行政法院[46]。

　　（3）緩慢成長之基本工資

　　自 2012 年 6、7 月油電價格上漲開始實施，帶動 CPI（消費者物價指數）上揚、百物齊漲後，調漲基本工資的聲音就愈來愈大。勞委會主委王如玄不斷向勞工請命，與府內的財經部門溝通，並提出希望基本工資能從 2012 年的每月 18780 元調到 19000 元，時薪則從 103 元調高到 115 元，雖然與工團體希望的月薪 23151 元及時薪 126 元有段差距，但尚可接受。

　　惟 8 月 9 日的基本工次審議委員會中，企業主透過財經部門強力施壓，勞資雙方激辯五小時仍未有共識，最後王如玄提出月薪 19047 元，時薪兩階段漲至 115 元。隨即引發勞工與社會各界全面反彈，但企業主仍不斷向財經部門及出身財經界的行政院長陳冲施壓。

　　9 月 26 日，行政院長陳冲親自召開記者會，宣布基本工資採取「時薪先漲、月薪緩漲」兩階段措施，自 2013 年元旦

起，時薪調高為每小時 109 元，月薪部分將等連續兩季經濟成長超過 3%，或是連續兩個月失業率低於 4%，兩條件其一達成即可實施。隨後，王如玄於立法院質詢台上請辭。9 月 28 日，王如玄請辭獲准。

緊接著，外界眾口一致的批評有條件調整月薪之政策，因本該為經濟成長率、失業率負責的應是財經官員而非勞工。在野各黨並紛紛在立院提案，要求撤換財經內閣並將財經首長薪資與經濟成長率、失業率連動，惟此提案後來在國民黨人數優勢下遭封殺。

2013 年 4 月 2 日，行政院長江宜樺宣布，已核定 2013 年基本工資月薪，自 4 月 1 日起調漲至 19047 元、調漲帳度 1.42%。勞委會預估高達 176 萬人受惠，其中 61 萬人可實質加薪，資方一年增加近 26 億元負擔，對批發零售業、餐飲業衝擊較大。

對此，外界戲稱行政院長是趕在第一季 GDP 統計結果發布前，先以 2012 年第四季 GDP 為 3.42%、2013 年第一季 GDP「預測」將達 3%以上為基礎，通過基本工資調漲案。台灣勞工陣線秘書長孫友聯感嘆，調漲 267 元相當於每天多一顆 8 元的茶葉蛋，然而一顆茶葉蛋也救不了工作貧窮，呼籲勞委會應即提出基本工資的調整方式，作為今年第三季基本工資之調整依據。

4 月 30 日，行政院主計處發布 2013 年第一季 GDP 概估統計結果，雖結果不如預期，但江宜樺認為今年第一季以來失業率下降、就業市場求供倍數增加，顯示經濟情勢已呈現緩步成長趨勢，行政院在維持國內整體金融面、生產面及勞

動市場等穩定發展的考量下，才於四月初做出調漲之政策決定並表示該調漲方案不因第一季 GDP 概估統計結果而有所變動。

（4）勞保基金倒閉危機

2012 年 10 月 9 日下午，《聯合晚報》以斗大標題寫道：「今年五十歲勞工　退休金恐泡湯」、「政院大動作修法　勞保基金 116 年瀕破產」、「勞保基金將年六兆　國庫撥補債務條款被刪」、「今年五十歲可請領時　可能面臨基金倒閉」，引爆了勞保、軍保、公保等各項社會保險可能倒閉的議題，震盪全台。翌日，勞委會於赴立法院備詢時澄清，勞保現金流量充足，短期內沒有問題；行政院長陳冲則在立法院表示：制度改革很專業，大家過多聯想。

然而依現行法令，當各項年金出現虧損時，通常由公益彩券盈餘撥補、調高營業稅支應或由政府預算提撥。但因近年經濟狀況不佳，前兩項無法實施，只好都由政府提撥預算支應，使得社會福利預算大增，其中近半數都是在補貼年金的不足。而當行政院刪除由政府提撥預算後，等於是否定了「政府最終責任制」，使得勞保年金的管理單位慌了手腳。

而年金制度的虧損除結構問題外，也有基金投資操作的問題。在結構方面，由於請領給付的人員愈來愈多、繳交保費的人愈來愈少，結構上無法平衡。於是勞保單位官員便研擬朝減少退休給付、延長請領年齡及調高保費著手，最後才會考慮由政府提撥。在基金投資操作方面，雖然問題遠小於結構方面，但經檢調單位調查勞保基金委外代操有無弊端後，11 月果真查出並收押代操的基金經理人。

　　面對此一龐大複雜的結構性爭議，10 月 18 日，陳冲脫稿宣示將於三個月內在兼顧「經濟效率」、「社會公平」、「權利與義務對等」及「世代衡平」四個原則下，提出勞保財務穩健方案，並請經建會同步檢討公保、軍保及國民年金等各項退休制度。

　　（5）無法撼動之軍公教退休人員之年終慰問金

　　於勞保基金財務危機爆發之時，在野黨開始拿勞工退休福利與軍公教福利相比，其中最引人爭議的便是軍公教退休人員的「年終慰問金」。

　　年終慰問金制度已實施四十多年，本為對軍公教退休人員的尊敬，於每年年終時比照年終獎金發放 1.5 個月，以補貼平時過低的待遇及退休俸。但隨著軍公教人員福利增加及民間勞工待遇日漸減低，軍公教退休人員仍可領得這筆「慰問金」，引發民眾強烈不滿。

　　整體而言，其實是政府對於軍公教人員及勞工的態度迥異，引發一般民眾對此議題如此大的反彈。勞工方面，基本工資時薪調漲六元就困難重重、月薪要調整還得看經濟成長率及失業率決定，勞保年金將倒政府卻不願出手救援，反而要削減勞工退休福利，多次勞團遊行抗爭政府視而不見，勞委會宛如「資委會」，盡以資方立場為考量；軍公教人員方面，月退俸可領八成，優惠存款有 18%利息，年終甚至還有 1.5 個月慰問金。同樣是退休人士，為何福利相差甚遠？同樣是工作，為何一般勞工與軍公教人員待遇差異如此巨大？

　　10 月 23 日，行政院秘書長陳士魁報告「退休軍公教年終慰問金發放處理方式」。原則上，每月退休俸兩萬元以下

的退休軍公教人員或遺眷，或因作戰、演訓致死亡、重傷或
殘廢的退休軍公教人員或遺眷等兩大類始可請領。馬英九對
此改革方向表示肯定。惟此作法與馬英九之支持引發軍公教
全面反彈。

　　11 月 12 日，行政院秘書長陳士魁參加國民黨立院黨團
幹部會議時表示，先前行政院已提出年終慰問金發放的原則
與概念，至於相關預算如何刪除，則交由立法院決定，行政
院不會正式行文給立法院，也不會提預算修正案，但行政院
會尊重立法院的預算審查權。

　　此「尊重說」未獲得國民黨立委之認同，直指這是將責
任推給立委承擔。而除立委不願承擔刪除預算的責任外，台
北市長郝龍斌、新北市長朱立倫等都表示，在中央未有明確
宣示或行文不發之前，年終慰問金照編預算，似乎沒有人願
意帶頭得罪軍公教人員這批鐵票倉。

　　行政院人事行政總處於隔年 1 月 25 日正式公告「101 年
退休軍公教人員年終慰問金發給注意事項」，發放對象以弱
勢及對國家有重大犧牲貢獻者為限，發放日期訂在 1 月 31
日。而發給對象包含：按月支領退休金在新台幣兩萬元以下
之各級政府或退休人員（含軍職支領贍養金、生活補助費及
半俸人員）及因作戰演習或因公成殘、死亡軍公教退休人員
或遺族。另外，依不同類別的對象而訂有不同的發放標準。
年終慰問金之爭議暫告解決。

8、媒體壟斷爭議[47]

2012 年 7 月 25 日，旺旺中時併購中嘉案，由國家通訊傳播委員會（National Communications Commission，簡稱 NCC）進行表決。

由於旺旺中時集團旗下擁有中國時報、工商時報、時報周刊、時報出版、商訊文化事業股份有限公司（爲工商時報百分之百轉投資之子公司）、旺報、英文旺報等平面媒體、中天電視（中天新聞台、中天綜合台、中天娛樂台）、中國電視公司等電子媒體及時報媒體資訊股份有限公司、中時電子報、旺 e 報等網路媒體。除媒體外，更有中國時報旅行社股份有限公司、時藝多媒體傳播股份有限公司、時報國際廣告股份有限公司、時報育樂股次有限公司、時新知識開發股份有限公司、榮麗投資股份有限公司（控股公司）、寶立旺國際媒體廣告股份有限公司、汎芸數位內容股份有限公司、長天傳播製作股份有限公司。

而中嘉以有線電視事業爲主要發展基礎，透過旗下 10 家系統台，如長德、麗冠、萬象、吉隆、家和、北健、新視波、三冠王、慶聯、港都等，服務範疇涵蓋部分基隆市、台北市、新北市、北桃園、台南市、高雄市，提供全省多達百

---

47 反媒體壟斷運動 ── 維基百科，
〈http://zh.wikipedia.org/wiki/%E5%8F%8D%E5%AA%92%E9%AB%94%
E5%A3%9F%E6%96%B7%E9%81%8B%E5%8B%95〉（2013/07/31）；
旺中案走路工事件 ── 維基百科，
〈http://zh.wikipedia.org/wiki/%E6%97%BA%E4%B8%AD%E6%A1%88
%E8%B5%B0%E8%B7%AF%E5%B7%A5%E4%BA%8B%E4%BB%B6〉
（2013/07/31）。

萬用戶之類比電視服務。除電視外，更有 bb 寬頻、bb 光纖、bbTV。

　　因本次併購案是亞洲地區五年來最大的一件媒體併購案，中研院副研究員黃國昌擔心若併購案通過，將使得旺旺集團擁有太多的媒體資源造成壟斷。於是在 7 月 25 日上午 10 點與台灣大學新聞所教授張錦華召集黃國昌及其他十位學者前往 NCC 抗議，早上 10 點 30 分左右結束活動並離開現場。11 點 30 分，自稱「反媒體壟斷聯盟」的兩百多名戴面罩學生接著到達 NCC 門口進行抗議。下午 2 時，再度出現另一群抗議學生，人數近 60 位左右，活動結束後，《時報周刊》副總編輯林朝鑫聲稱在現場採訪，並指出《時報周刊》記者在 228 公園拍攝到部分學生聚集，向不明人士領取酬勞後散去。

　　NCC 於當日審議後宣布有條件通過，除旺中提出經營中嘉之 25 項承諾外，另包括 NCC 要求履行之三項附停止停件（包括關係企業、關係人的姻親、血親都不可擁有「中天新聞台」；旗下的「中視新聞台」應該申請營運計畫變更爲「非新聞台」；以及中視應設立獨立新聞編審制度），後續幾天，旺旺集團發動旗下媒體圍攻黃國昌，直指黃國昌找走路工。黃國昌召開記者會否認，但記者會上中天記者卻不斷打斷與質問。甚至發動中天相關媒體對黃國昌及其家人進行跟監偷拍。後來，網路出現了一張林朝鑫出現在現場的照片，清大學生陳爲廷將此照片轉貼到自己的社群網站上，並懷疑林朝鑫可能涉及此事。隨後，中天電視台便於新聞中公布陳爲廷之身份與個資，並連續數天對陳爲廷展開攻擊。此舉引發第

一波反媒體壟斷抗爭。

9 月，向來反共的《壹週刊》及《蘋果日報》老闆黎智英，因 NCC 始終否決壹電視上架案而決定賣掉壹傳媒；10 月中，中信、富邦、台塑等財團合力購買壹傳媒，出價 175 億，黎智英同意後隨即離開台灣。但不久卻發現背後金主竟是親中的旺旺中時老闆蔡衍明。引發了第二波反媒體壟斷抗爭，壹傳媒員工守夜靜坐、學生走上街頭、在野黨提出反對，政府單位卻表示市場機制，無法可管。中國大陸正在向政治改革邁進，台灣卻背道而馳，走回威權時時獨占與控制媒體方向，令人不可思議。

9、國土規劃與政府組織改造問題

（1）桃園縣升格為直轄市

2010 年時五都改制，台北縣升格改制為新北市、台中縣市合併後改制為台中市、台南縣市合併後改制為台南市、高雄縣市合併改制為高雄市，皆晉升為直轄市，並於 2010 年 12 月 25 日實施。是時改制存在許多爭議，如五個直轄市的總人口將佔全國 60%以上，其他縣市的資源會因大都市升格而被稀釋並造成邊緣化，城鄉可能將有更大的落差。

依據地方制度法，省轄縣市人口突破 200 萬即有成為直轄市之資格。然桃園縣人口數已在 2010 年 6 月 7 日（五都改制正式生效前）突破 200 萬人，因此升格呼聲不斷。最後中央僅以「準直轄市」之規定，準用該縣相當於直轄市的編制與財稅，但仍留有為何無法正式升格之爭議。

2012 年 11 月 23 日，內政部審查通過桃園縣改制直轄市計劃案，待行政院核定後，將於 2014 年 12 月 25 日升格為桃

園市。對此，內政部次長簡太郎表示，基於桃園縣位處桃園機場國門之都，政經地位無可取代，且創稅能力僅次於台北市，位居全國第二，工業產值連續 9 年全國第一，以及機場捷運已規劃串聯大台北都會區等有利條件，將建議行政院同意改制為直轄市，成為台灣「第六都」。

2013 年 1 月 3 日，行政院院會通過桃園縣改制案，桃園縣將於 2014 年 12 月 25 日改制為直轄市，改制後的名稱定為「桃園市」。

（2）政府組織改造

2010 年 1 月 12 日，立院三讀通過《行政院組織法》、《中央行政機關組織基準法》、《中央政府機關總員額法》、《行政院功能業務與組織調整暫行條例》等攸關政府組織再造的「政府組織再造四法」，並於同年 2 月 3 日由總統正式公布。行政院於 2012 年 1 月 1 年，將原有的 37 個部會（8 部、2 會、2 局、1 處、3 署、21 委員會）分階段整併為 14 部、8 會、3 獨立機關、2 總處、2 附屬機構，總計 29 個機關，中央政府總員額上限由現行 190200 人減至 173000 人。

惟於第二階段改造後，亂象頻傳。如原預訂納入交通部的營建署，最後只移了一小撮人，使得交通部提升為「交通及建設部」，淪為有名無實；而原隸交通部的氣象局則因早早被劃出，卻又不為「環境資源部」及「科技部」所接納，成為部會棄兒；林務局則因擁有龐大的台灣山林資源，成為農委會及環境資源部爭奪的對象。政府再造追求的不只是外表的「硬體重組」，是內部的「軟體整合」。但以目前情況而言，行政部門恐怕連硬體的組合都無法妥善解決，對軟體

的整化更是心餘力絀。

10、馬王九月政爭

2013 年 9 月 6 日，特偵組召開記者會，檢察總長黃世銘認為立法院長王金平、法務部長曾勇夫、高檢署檢察長陳守煌等人涉嫌關說，足以稱為「行政不法」。

9 月 8 日，馬英九召開記者會，譴責此件司法關說案，並強調「關說案是台灣民主法治發展最恥辱的一天」、「如果這不是關說，那什麼才是關說？」、「在抗拒政治力理關說司法案件上，沒有任何灰色地帶」；9 月 8、9 日，特偵組數度發表聲明，強調：特偵組是依刑事訴訟法實行偵查，並未濫權；關說案之證據均是特偵組檢察官在偵辦台灣高法院法官貪瀆案而意外查獲，且依通保法向法院聲請監察書後始執行監聽；本案是行政責任，為免外界質疑特偵組藉偵查程序調查行政違法，故未傳喚相關人士到庭說明；檢察總長黃世銘是依憲法第 44 條向總統提出報告，並非洩密。

9 月 10 日，王金平回台並第一時間於桃園機場召開記者會，澄清：本件絕非關說；特偵組片面認定、未審先判、違反程序正義且違法監聽。

9 月 11 日，上午八點半，馬英九於國民黨召開考紀會前一小時，以國民黨主席之身分在國民黨黨部召開記者會，聲明王金平已不適任立法院長，要求撤銷黨籍以上之處分。同時取消原定接見外賓之行程，在中央黨部等待考紀會決議結果；上午十一點半，考紀會決議撤銷王金平黨籍；王金平得知遭撤銷黨籍後，隨即向台北地院提起「確認黨員資格存在之訴」，並聲請假處分；下午五點，國民黨將黨籍喪失證明

書送至中選會；傍晚六點，中選會函轉立法院註銷王金平黨籍時，因已屆下班時間，立法院無人收件，中選會改以電子公文方式送達。

9月13日，台北地院裁准假處分；9月21日，國民黨提出抗告；9月30日，台灣高等法院駁回抗告；10月5日，國民黨表示，不再提出抗告。

本件爭議之處在於：特偵組是否違法監聽及其組織存廢、檢察總長越級報告是否洩密等。關於特偵組違法監聽一事，據媒體報導特偵組監聽的號碼「0972630235」是立法院總機後，特偵組開記者會澄清絕非立院總機，僅為私人號碼，至於號碼持有者為何人，依法不得公開。然經記者親自撥打後發現，該號碼的確是立法院電話，特偵組之說詞一戳就破功。同日晚間，黃世銘召開記者會稱誤認立院總機為私人電話，並代表特偵組向人民鞠躬致歉。對此，預定接任法務部長的羅瑩雪，在未上任前即表示，特偵組在監聽國會事件中沒有主觀意圖，查案方向也沒大問題。是時，檢察官評鑑委員會、台北地檢署、監察院才剛開始調查黃世銘及特偵組是否違法濫權，羅瑩雪之發言似乎有護航之意味。10月11日，法務部調查小組提出報告，認特偵組僅為「監聽失誤」，並非「監聽國會」。關於檢察總長黃世銘越級報告是否洩密一事，台北地檢署已於11月1日以洩密罪起訴黃世銘，黃世銘回應，一審判決有罪才辭職[48]。

11月28日，監察院進行彈劾委員會，討論2小時半後，

---

48 根據年代民調中心於9月13、14日所做的民調顯示，馬英九滿意度已跌至9.2%、不滿意度高達80.5%。

投票結果為 5 比 5 平手,依監察院之規定,同票等於否決提
案。對此結果,國民黨立委廖正井表示,票數相同視同未通
過的議事規則,讓人沒辦法理解[49]。12 月 10 日,監察院原訂
召開黃世銘第二次彈劾審查會,但最後因人事不足而流會[50]。

(二)外 交

1、與大陸外交休兵

馬英九認陳水扁執政時所採行之「烽火外交」不可行(在
國際社會與中共鬥爭,結果中共大勝、台灣慘敗。台灣邦交
國從二十九國降至二十三國),因而採「外交休兵」政策,
兩岸均不攻取對方之邦交國(台灣邦交國中,巴拿馬、沙爾
瓦多等國均有意與中共建交),使馬英九就任後,一直維持
二十三個邦交國[51]。

於能否成為聯合國會員國之議題上,馬英九認為台灣進
入聯合國並無可能,因而改變陳水扁的入聯運動,全力推動
加入聯合國的周邊組織。雖中共極力阻撓,台灣尚未能有重

---

49 中時電子報,「黃世銘彈劾案 5 比 5 沒通過 柯建銘批監察院可關門」,
2013 年 11 月 28 日,
〈http://www.chinatimes.com/realtimenews/20131128004027-260401〉(2013)。
50 自由電子報,「監委閃躲 黃世銘彈劾案二審流會」,2013 年 12 月 11
日,〈http://www.libertytimes.com.tw/2013/new/dec/11/today-p1.htm〉(2013/12/13)。
51 2013 年 11 月 15 日,甘比亞總統府透過聲明宣布,為了「國家戰略利益」,
甘比亞斷絕與我國長達 18 年之外交關係。我國政府事前完全狀況外,對
邦交生變表達震驚、遺憾,且外交部「片面」認定雙定現是「暫時中止」
外交關係,並考慮派人赴甘比亞進一步溝通。11 月 18 日,外交部召開
記者會宣布,中華民國政府基於維護國家尊嚴跟活路外交原則,決定自
即日起終止和甘比亞共和國終止外交關係,撤離大使及技術團,並停止
一切雙邊合作之計劃。目前邦交國共 22 個。

大突破，惟台灣已開始參與世界衛生大會及政府採購協定，已有 123 個國家對台灣公民給予「免簽證」之待遇[52]。

2、任用金溥聰為駐美代表

2012 年 9 月，馬英九改組高層人事，由金溥聰出任中華民國駐美國大使並於 11 月 9 日正式獲美方同意，隨後完成正式任命程序，於 12 月初赴美就任。

由於金溥聰曾任國民黨秘書長、馬英九 2012 大選總部執行總幹事、國民黨國際事務中心首度顧問等，與馬英九關係十分密切，是馬英九最核心的幕僚。馬英九的外交政策其實是沿著「和中」、「親美」、「友日」三大主軸，而從最核心的幕僚金溥聰出任駐美代表、前總統府發言人王郁琦出任陸委會主委，更可看出馬英九把「親美」擺在「和中」和「友日」之前，比重大不相同，外交政策上已朝向美國靠攏[53]。

3、釣魚台事件[54]

釣魚台列嶼主權向來為爭議之所在。日本宣稱釣魚臺列嶼為琉球的一部份，以及無主地先佔原則，主張他們擁有主權；台灣則於 1980 年底，將釣魚台列嶼列入宜蘭縣管轄，宣稱擁有主權；中華人民共和國也宣稱他們有主權。1972 年，

---

52 楊力宇，《從「撥亂反正」到「脫胎換骨」── 馬英九的總統之路》，頁 12-13。

53 中時電子報，「金溥聰駐美代表　王郁琦掌陸委會」，2012 年 9 月 20 日〈http://news.chinatimes.com/focus/501011964/112012092000074.html〉（2013/07/31）。

54 釣魚臺列嶼主權問題 ── 維基百科，〈http://zh.wikipedia.org/wiki/%E9%87%A3%E9%AD%9A%E5%8F%B0%E5%88%97%E5%B6%BC%E4%B8%BB%E6%AC%8A%E5%95%8F%E9%A1%8C〉（2013/07/31）。

大陸與日本建交並同意擱置爭議。台灣因外交處境不利，同樣低調處理。釣魚台列嶼由日本實質管理。1994 年因《聯合國海洋法公約》簽訂，為擴大經濟海域範圍，日本、台灣、大陸態度轉趨強硬。2005 年後，日本更將釣魚台土地收為國有，造成三方間更大的外交衝突。2008 年 6 月，台灣籍的「聯合號」漁船，在釣魚島南方六浬處，遭日本海上保安廳船艦撞沉並留置船員。事發後，總統府發表四點聲明，強調主權並嚴重抗議。

2012 年 7 月，駐日代表沈斯淳重申台灣不會和大陸共同處理釣魚台爭議，以及「漁權優先、擱置主權、和平共同開發資源」的大原則沒有改變。8 月 5 日，馬英九在出席中日和約周年紀念座談會時，針對東海釣魚台的局勢提出東海和平倡議，表示各方應自我克制、擱置爭議、遵守國際法、尋求共識、建立機制。9 月 7 日，馬英九登上彭佳嶼宣示主權，除再次強調東海和平倡議外，並在台日、中日和兩岸基礎上「三組雙邊」話開始，逐步走向台日中「一組三邊」共同協商。

2013 年 4 月 10 日，台日雙方在台北簽署圍繞釣魚列島周邊海域漁業權的協定，日方允許台灣漁船在「專屬經濟區」作業。漁業署對此表示，這是漁業談判 17 年來最重大的突破。

4、菲律賓漁船事件[55]

2013 年 5 月 9 日上午，台灣籍漁船「廣大興 28 號」在台灣鵝鑾鼻東南方約 164 海哩處進行作業。於巴林坦海峽遭

---

[55] 廣大興 28 號事件 —— 維基百科，
〈http://zh.wikipedia.org/wiki/%E5%BB%A3%E5%A4%A7%E8%88%882
8%E8%99%9F%E4%BA%8B%E4%BB%B6〉（2013/07/31）。

到菲律賓海巡署的公務船以機槍射擊，造成一名船員中彈身亡。中華民國海巡署於下午接獲報案，並前往事發地點對台灣漁船進行戒護。

事發後，中華民國外交部嚴正向菲律賓政府抗議，並透過駐菲辦事處代表向菲律賓海巡署要求查明真相與給予相關人士適當的懲處。馬英九也對此案表示「一定追究到底，絕不善罷干休」。

5月11日，罹難者遺體與廣大興28號漁船返抵台灣，屏東地檢署即指揮鑑識人員針對船身彈孔等進行蒐證。同日晚間，馬英九召開國家安全會議，由中華民國總統府發言人發表中華民國政府對菲律賓政府的「四項嚴正要求」，要求菲律賓政府在72小時內正式向中華民國以及受害漁民兼歉、賠償損失、儘速徹查事實及嚴懲兇手及儘速啟動台菲漁業談判。5月15日上午，馬英九召開國安會議，與會官員認為菲律賓政府未完全答應四項要求，決議啟動第一波制裁措施，包含：終止菲律賓外勞來台之申請、召回中華民國駐菲代表、要求菲律賓駐台代表返回菲律賓繼續處理本案。同日下午六時，由行政院長江宜樺再度召開國際記者會，宣布第二波制裁行動且立即生效：中華民國外交部將菲律賓之旅遊燈號轉為紅色，不鼓勵台灣人民至菲旅遊及洽公；停止台菲雙方高層交流互動，包含世界衛生大會兩國部長級會議；停止台菲經貿交流、推廣及招商；停止台菲農漁業合件事項；停止雙方科技研究交流與合作計劃；停止台菲航權談判；停止菲籍人民適用「東南亞五國人民來台先行上網查核」免簽證措施；中華民國國防部與海巡署在南海相關海域進行海上

聯合操演。

　　5 月 16 日上午，派出由外交部、法務部、警察局、屏東地檢署、海巡署、漁業署組成聯合調查團，啓程前往馬尼拉，對菲律賓海巡人員具體行為事實做進一步調查，以釐清案情真相。

　　為使國際社會更瞭解菲律賓公務船射殺台灣漁民的事實，外交部於 5 月 19 日成立「國際媒體單一回應窗口」辦公室，統一對外國媒體闡釋中華民國政府嚴正立場及漁船遭槍擊案最新進展，使國際媒體能充分掌握最新正確訊息，並由外交部各駐外館處加強向國際媒體發聲，透過美國《華爾街日報》、新加坡《海峽時報》及《聯合早報》等國際主流媒體刊登投書。

　　6 月 14 日，中華民國與菲律賓於馬尼拉舉行「台菲漁業會談」第一次預借會議，會後雙方簽署會議紀錄，菲律賓承諾：在執法上不使用武力及暴力，防止類似「廣大興案」不幸事件再次發生；雙方將分享各自海上執法基本程序，以建立海上執法安全機制；建立各自漁船在遭對方公務船緊追、登臨、檢查、逮捕、拘禁及涉及相關行政或司法程序時的通報機制；建立船隻與船員被逮捕後的迅速釋放機制。

　　7 月 29 日，罹難者家屬不滿政府處理進度停滯不前，由一開始的強力護漁並發動兩波制裁，但目前卻連調查報告都遲遲不願願公布。因此，罹難者家屬給予馬政府「最後通牒」，要求政府公布調查報告，否則將召開國際記者會。[56]

56　TVBS，「菲殺台民／批廣大興沒進度　洪大姐下最後通牒」，2013 年 7 月 29 日，

8 月 8 日，菲律賓總統代表培瑞茲（Amadeo Perez）前往屏東小琉球向洪家致歉，並以「深切的遺憾與歉意（deep regret and aplogy）」表達歉意，保證以後漁業紛爭不再動用武力，也會依法懲兇[57]。

（三）兩岸

1、不統、不獨、不武[58]

自 2008 年就任總統以來，馬英九持續強化台灣的防衛能力及美國對台的支持，並擴大兩岸的和平交流與合作，維護台海的和平。於安全、安定的和平環境下，台灣積極發展其經濟，逐步邁向繁榮境地。

2011 年初，馬英九總統在台會見紐約世界日報社長張漢昇、總編輯翁台生及要聞組主任魏碧洲，並發表重要談話。於該次談話中，馬英九明顯揚棄前總統陳水扁的「一邊一國」之說及挑釁政策與「烽火外交」策略，改採務實、理性、和平的美、中、台三贏的「外交休兵」及「活路外交」政策。

馬英九採行務實的兩岸政策，主張政經分離，在經濟上，其認清全球化的趨勢，絕不可採行鎖國政策，必須走向世界，發展經貿關係，與各國簽訂自由貿易協定。於走向世界前，台灣必須推動兩岸三通、兩岸經濟合件架構協議（ECFA）、

〈http://tw.news.yahoo.com/%E8%8F%B2%E6%AE%BA%E5%8F%B0%E6%B0%91-%E6%89%B9%E5%BB%A3%E5%A4%A7%E8%88%88%E6%B2%92%E9%80%B2%E5%BA%A6-%E6%B4%AA%E5%A4%A7%E5%A7%90%E4%B8%8B%E6%9C%80%E5%BE%8C%E9%80%9A%E7%89%92-054200216.html〉（2013/7/31）。

57 中國時報，「廣大興案　菲律賓道歉」，2013 年 8 月 9 日。

58 楊力宇，《從「撥亂反正」到「脫胎換骨」的總統之路》，頁 12-14、39-49。

文教交流、陸客及陸資來台等政策（並保障台商在大陸的發展與投資），始可能與世界各國簽訂自由貿易協定。

馬英九於就職演說及就任前後的有關談話中，皆透露出兩岸政策之要點：

（1）強調「一中各表」的「九二共識」，決不接受中共的「一中」原則。

（2）認定兩岸分治，互不隸屬；雖互不承認主權，但也應互不否認治權。

（3）「不統、不獨、不武」，堅持維持現狀，無意邁向統一之途，也無意追求法理台獨，以避免兩岸武力衝突。

（4）堅持大陸必須撤除針對台灣的飛彈佈署。

（5）堅持台灣海峽中線，不允許兩岸直航班機飛越中線（因台灣海峽中線乃維持兩岸分裂、分治之底線，亦爲維護台灣空防所必須）。

2、兩岸事務代表之任用：用非其人、學非所用[59]

（1）由王郁琦接任陸委會主委

2012 年 9 月，王郁琦接替賴幸媛擔任陸委會主委，上任之初，朝野立委皆表示訝異，並認爲王郁琦是國王人馬，對於他以黑馬之姿成爲陸委會史上最年輕的主委，頗不以爲然。

10 月，王郁琦於立法院首度接受立委質詢。立委蔡其昌拿出中共中央政治局常委照片，要求王郁琦認人，在九位中共中央政治局常委中，僅認得胡錦濤、習近平，其餘包括在

---

59 中時電子報，「黃正勝：馬喜歡在鏡子裡找人」，2012 年 10 月 2 日，
　　<http://forum.chinatimes.com/default.aspx?g=posts&m=933814>
　　（2013/12/31）。

台灣曝光度頗高的全國政協主席賈慶林都無法認出，引發輿論爭議。

（2）由林中森接任海基會董事長

2012 年 9 月 28 日，林中森接替江丙坤，出任海峽交流基金會董事長；同日，海基會修改組織章程，將董事長從「無給職」改爲「有給職」，林中森成爲首任有給職董事長。

惟，林中森畢業於國立中興大學法商學院（現爲國立台北大學）地政系，曾任台北市政府地政處科長、高雄市政府地政處副處長，具地政專長，與兩岸事務毫無關係，是否爲最佳人選，尚有爭議。

3、簽訂兩岸經濟合作架構協議（ECFA）與兩岸服務貿易協議

2008 年 6 月，第一次江陳會談於北京舉行。由海基會董事長江丙坤率領代表團前往北京，與海峽會會長陳雲林會談，針對兩岸包機及大陸人民來台觀光兩項議題進行協商，並正式簽署文件，是繼 1998 年第二次辜汪會談後，兩會間重新啓動的制度性協商。同年 11 月，第二次江陳會談於台北圓山飯店舉行。雙方就兩岸包機直航新航線及增加班次與航點、兩岸海運直航、全面通郵、食品安全管理機制及面對世界金融風暴兩岸如何因應等進行協商。

2009 年 2 月，經濟部長召開記者會說明「推動兩岸經濟合作架構協議方案」。同年 4 月，第三次江陳會談於南京舉行，針對共同打擊犯罪及司法互助、兩岸定期航班、兩岸金融合作等議題進行協商。8 月，行政院公民投票審議委員會召開會議審查「你是否同意台灣與中國簽訂之經濟合作架構協議（ECFA），政府應交付台灣人民公民投票決定？」公

投案，以不符規定駁回。12 月，第四次江陳會談於台中舉行，針對兩岸租稅問題、兩岸標準檢驗與認證合作、兩岸農產品檢疫檢驗以及兩岸漁業勞務合作等協商。

2010 年 6 月，第五次江陳會談於重慶舉行，正式簽署「兩岸經濟合作架構協議」。8 月，「兩岸經濟合作架構協議」與立法院三讀通過。12 月，第六次江陳會談於台北舉行，簽署「海峽兩岸醫藥衛生合作協議」，並決定成立協議落實的檢討機制，但在經濟合作方面仍無法達成共識。

2011 年 10 月，第七次江陳會談於天津舉行，簽署「海峽兩岸核電安全合作協議」，並公布關於繼續推動兩岸投保協議協商和加強兩岸產業合作之共同意見。

2012 年 8 月，第八次江陳會談於台北舉行，簽署「海峽兩岸投資保障和促進協議」及「海關合作協議」。

2013 年 6 月 21 日，第九次海基海峽兩會高層於上海舉行會談（海基會董事長林中森、海協會會長陳德銘），簽署兩岸服務貿易協議，預計年底生效。協議：大陸對台灣開放的項目包含電子商務、文創、海陸空運輸、金融、醫療、電信及旅行社等；我方則對大陸開放了金融、醫療及旅行社等 64 項。因行政院認事涉兩岸關係太過敏感，除非已經簽定，否則不會對外公布，而且相關主管機關的網頁上也不會公布兩岸協議開放的行業別有哪些。開始引發爭議的是攸關台灣 30 萬人就業市場的美容美髮業的開放問題，事前主管機關完全沒有詢問過相關產業公會的意見；另一個爭議是在於文創產業的開放，若開放內容包含印刷內容服務，將與台灣業者成為競爭對手，且與陸資不得經營媒體的法規有所衝突，可

能使得大陸可以挾帶其龐大資源優勢進攻台灣出版市場[60]。

　　據 TVBS 民調中心公布之民調顯示，有 47%民眾不支持台灣與大陸簽署兩岸服務協議（30%民眾支持、22%民眾沒意見）、48%民眾認為兩岸服貿協議對台灣經濟是弊大於利、高達 71%民眾認為簽署兩岸服貿協議將影響台灣民眾就業機會[61]。

　　在民間反彈聲浪下，立法院朝野協商決定，服貿協議應經立法院逐條逐項審查、表決後才可生效，並且要在加開十六場公聽會後，才可進入委員會審查程序。10 月 24 日，立院已開完第九場服貿公聽會，未來七場公聽會財是由民進黨籍召委段宜康負責，目前民進黨黨傾向每兩周召開一場公聽會，如按此速度推算，於立院本會期結束前，都無法開完，遑論要在年底前進入實質審查。國民黨政策會執行長林鴻池對此表示，立院法定會期最後一日為 12 月 31 日，若依慣例延會至 1 月中旬，最壞情況可能本會期內都開不完公聽會，會再與民進黨溝通，望能加快腳步[62]。

　　4、兩岸互設辦事機構

60　且因大陸以「書刊准印證」管制，須具有書刊准印證才能印書等文化類出版物；相較於台灣早以於 1999 年廢止出版法，印刷完全自由。屆時可預期台灣印刷業到大陸後只能印刷產品包裝，但是大陸廠商卻可以到台灣經營任何印刷相關事業。事實上，我方對大陸開放的 64 項為 64「大項」，詳細內容請參：鄭秀玲，「兩岸服貿協議對我國的衝擊分析」，〈http://homepage.ntu.edu.tw/~ntuperc/conference-1-files/20130725_3_1.pdf〉（2013/07/31）。

61　TVBS 民調中心，「兩岸服務貿易協議民調（含馬總統滿意度）」，102 年 6 月 27 日公布。

62　經濟日報，「兩岸服貿協議　今年難過關」，2013 年 10 月 25 日，〈http://udn.com/NEWS/FINANCE/FIN1/8251529.shtml〉（2013/11/5）。

　　馬政府於 2012 年 6 月發布「黃金十年國家願景」計畫，提及「循序穩健推動兩岸互設辦事機構」。陸委會表示，現今兩岸往來密切，辦事機構的設立，可提供國人即時性的援助與服務。前民進黨主席蔡英文表示，互設辦事處是重大國家議題，不能以事務性問題欺瞞人民。

　　2013 年 5、6 月間，立法院內政委員會審查兩岸兩會互設辦事處法源，但因在野黨團反對兩岸互設辦事處空白授權、反對服貿協議黑箱作業，此議程繼續延宕。

　　據 TVBS 民調中心公布之民調結果顯示，67%民眾贊成兩岸互設辦事處、61%民眾認為馬政府的兩岸政策過於傾向中國大陸（達歷次調查新高）[63]。

　　9 月 18 日，馬英九於國民黨中常會時表示兩岸互設辦事機構已時機成熟、水到渠成。對此，民進黨立委陳其邁痛批，馬民調正低，想要在兩岸關係上有所表現，一來討好中國，二來藉此轉移焦點，挽救低迷民調。親民黨立委李桐豪表示，兩岸互設辦事處有實質上的不對等，台灣主權立刻受到挑戰，建議以共識決或全民公投來解決。國民黨政策會執行長林鴻池亦未表認同，強調最起碼要有人道探視權及辦證功能[64]。

　　由於大陸方面希望辦事處僅需「文教、急難協助」等功能，希望議題不要複雜化；但台灣視「爭取人道探視權」為基本要求而各執一方。由於「人道探視權」涉及大陸內部修

---

63 TVBS 民調中心，「兩岸互設辦事處民調（含統獨、國族認同）」，102 年 6 月 5 日公布。

64 自由電子報，「馬急推兩岸設處　朝野立委不認同」，2013 年 9 月 19 日，〈 http://www.libertytimes.com.tw/2013/new/sep/19/today-p3.htm 〉（2013/11/5）。

法，政治敏感度高，爭取不易，談判暫時停擺[65]。

10 月 30 日，對於台灣主張兩岸互設辦事機構須有人道探視權，大陸國台辦發言人范麗青表示，雙方正就這個問題磋商，相信在「不違背相關法律」的情況下，雙方能找到彼此都能接受的處理辦法。大陸希望兩岸早日完成協商，實現互設[66]。

5、兩岸和平協議

2011 年 10 月 20 日，馬英九在總統府召開記者會，重申政府推動兩岸簽訂和平協議沒有設定任何時間表，且須具備三項重要前提，即「國家需要、民意支持與國會監督」，倘未來要推動「兩岸和平協議」，一定會先交付人民公投，公投未過，就不會推動簽署「兩岸和平協議」[67]。

10 月 24 日，馬英九再次強調，政府推動洽簽「兩岸和平協議」是為了讓兩岸和平的現狀得以制度化，並沒有時間表，且一定會符合「十大保證」，亦即「一個架構」（即在中華民國憲法的架構下，維持臺灣海峽不統、不獨、不武之現狀，並在九二共識的基礎上，推動兩岸交流）、「兩個前提」（即在國內民意達成高度共識及兩岸累積足夠互信的前提下，才有推動商簽和平協議的可能）、「三個原則」（即

65 工商時報，「兩岸互設辦事處　談判停擺」，2013 年 10 月 19 日。
66 中央通訊社，「互設辦人道探視　陸：不能違法」，102 年 10 月 30 日，〈http://www.cna.com.tw/news/aCN/201310300178-1.aspx〉（2013/11/5）。
67 中華民國總統府新聞稿，「總統就兩岸和平協議議題召開記者會」，100年 10 月 20 日，〈http://www.president.gov.tw/Default.aspx?tabid=131&itemid=25626〉（2013/11/4）。

國家需要、民意支持、國會監督）與「四個確保」（確保中華民國主權的獨立與完整、確保台灣的安全與繁榮、確保族群和諧與兩岸和平、確保永續環境與公義社會）[68]。

2013 年 10 月，大陸全國台灣研究會執行副會長周志懷表示，未來幾年兩岸關係未來的演變焦點有四，依序是「兩岸互設辦事處」、「王張會談」、「兩岸和平協議」、「馬習會」。如兩岸順利完成互設辦事機構，即可利用辦事機構掛牌典禮的舉行，實現王張（陸委會主委王郁琦、大陸國台辦主任張志軍）互訪及會談，並將兩岸和平協議列為王張會談的重要議題之一。如果和平協議可達成，將為馬習會創造條件。[69]

（四）國　防

1、台美關係之確立[70]

自 2008 年馬英九當選總統後，迅速啟動嶄新的戰略思考。台灣安全最重要的因素有二：一是兩岸關係，因為大陸是唯一可能武力攻台的國家；另一則為台美關係，因美國是唯一可對台售武的國家，也是台灣唯一的保護者。故馬英九自上任以來便積極改善台美關係，並取得相當的成果，且也

---

68 中華民國總統府新聞稿，「總統針對兩岸和平協議議題提出十大保證」，100 年 10 月 24 日，
〈http://www.president.gov.tw/Default.aspx?tabid=131&itemid=25675〉
（2013/11/4）。

69 中央通訊社，「陸學者：和平協議為馬習會鋪路」，102 年 10 月 11 日，
〈http://www.cna.com.tw/news/aCN/201310110252-1.aspx〉（2013/11/5）。

70 楊力宇，《從「撥亂反正」到「脫胎換骨」－馬英九的總統之路》，頁23-30。

成功地促成歐洲議會不解除對中國的武器禁運。

　　於「台灣關係法」的規定下，美國必須對台出售足夠的防禦性武哭，華府也有意維持台海和平。因此，馬英九反對挑釁政策，主張和平合作的兩岸政策，積極推動雙方的交流，維護兩岸和平及台灣安庄，並制定嶄新的國防政策。

　　（1）反對兩岸軍備競賽，只採購維護台灣安全的必要武器。

　　（2）逐步推動募兵制，採行精兵主義。

　　（3）強力反對法理台獨，積極改善兩岸關係，要求此京撤除對台的飛彈部署。

　　（4）促使兩岸建立互信、共同維護台海和平，避免任何一方向對方挑釁。

2、國防報告書之提出[71]

　　（1）在溝通性、規範性和限制性措施建立前，兩岸發生軍事意外與衝突的風險依舊存在。因此，軍事互信機制應穩健地、務實地、循序漸進地推動。溝通性措施指的是建立熱線、規範性施是訂定台灣海峽行為準則及規範雙方機艦遭遇行為協定等、限制性措施指的是限制特定兵力之部署與軍事活動並裁減軍力等。

　　（2）大陸對台灣的軍事壓力，在其規模與能力上，已具備第一島鏈範圍內海上、陸上目標，執行聯合火力打擊能力。

　　（3）中共企圖軟化台灣軍隊的意志，解放軍運用各種手段打擊台灣軍隊士氣，降低台灣軍隊的憂患意識與自信，希

---

71 中華民國國防部，「98 年國防報告書」，2009 年 10 月 20 日發布，
　〈http://www.mnd.gov.tw/Publish.aspx?cnid=2536&p=37654〉（2013/7/07）。

望中止美對台軍售及台美軍事交流，以弱化台灣的防衛能
力，中共希望使台灣難有抵抗能力，進而達到其不戰而屈人
之兵的企圖。

3、原訂自民國 2015 年起全面募兵，延後 2 年實施

2009 年 3 月，國防部確定從 2015 年起全面實施募兵制，
役男只要受訓四個月不用再當兵，義務役即將走入歷史！國
軍將朝向量少質精的的現代化部隊規劃，同時過去決戰境外
的作戰指導原則，也將以固若磐石的戰略思考取而代之。

2013 年 9 月 12 日，國防部表示，因自 2012 年實施募兵
制以來，志願役人力無法獲得全面滿足，全募兵制延到 2017
年上路，預估 6 萬名役男受到影響。[72]

4、越南巡邏艇太平島鳴槍事件[73]

2012 年 3 月 22 日、26 日，越南巡邏艇曾兩次向中華民
國領土太平島駛進，於中華民國海巡警艇驅逐越南巡邏艇
時，遭到越南軍方使用機槍鳴槍挑釁，隨後中華民國海巡警
艇也鳴槍回應，而太平島守軍則進入備戰狀態。隨後，總統
府召開跨部會緊急會議，明確指示太平島守軍不得率先動
武，並透過外交途徑向越南表達最嚴重抗議。然而，台灣媒體
鮮少有此事之報導或關注，社會大眾更普遍對此事毫無所悉。

---

72 中國時報，「全募兵制延後 2 年上路　82 年次役男　6 萬人要當兵」，
　102 年 9 月 13 日。
73 越南巡邏艇太平島鳴槍事件－維基百科，
　〈https://zh.wikipedia.org/wiki/%E8%B6%8A%E5%8D%97%E5%B7%A1
　%E9%80%BB%E8%89%87%E5%A4%AA%E5%B9%B3%E5%B2%9B%E
　9%B8%A3%E6%9E%AA%E4%BA%8B%E4%BB%B6〉（2012/7/31）。

（五）人格特質與政治性格[74]

　　馬英九本性並不差，他清廉、節儉，溫文有禮。但他自身格局卻過有狹窄，沒有大破大立的膽識，而且缺乏發現問題、提出理性架構的能力，過度依賴組織程序的眾多考量，卻又缺乏官僚的議價手腕，所以無法掌握整個龐大的官僚系統，反而像被綁架的小媳婦。

　　在人格特質上，馬英九既沒有李登輝的戰略眼光，也沒有陳水扁的奸巧機詐；內沒有連戰的寬宏氣度，外沒有宋楚瑜的能耐幹勁；既無法善用吳伯雄的圓融手腕，也蔑視王金平的豐沛人脈；文不能取蕭萬長之經濟長才，武不能容劉文雄、邱毅此等街頭悍將。進而導致握有眾多豐沛資源，卻無法好好使用，也怕別人有機會亂用。反將這些大老、人才疏遠，如同供上神桌般定期膜拜。至今，馬英九仍依循自己的慣性及步調前進，跳不出自己的習慣領域。他小心翼翼、保本為上，是個徹底的成本主義者，一切以少花錢、不造成任何損失為上策。鄒纓齊紫之結果，自然不會有人敢提創設性的建言，縱然有，也會被龐大的官僚體系給吞噬。

　　於此情形下，官員們都只求「苟免而不懷仁」，不求有功、但求無過，能安穩平靜的渡過任期即可。職是之故，馬英九與其團隊才會說出許多維護自己且不知民間疾苦的談話。

　　「幻滅是成長的開始」、「要建設必先破壞」，如果馬

---

74 楊力宇，《從「撥亂反正」到「脫胎換骨」——馬英九的總統之路》，頁 14-15；鄧予立，《馬尾看臺灣——2012 馬英九動 DOWN300 天》，頁 110；鄧予立，《馬英九必修的 10 堂課》，頁 175-178。

英九想要有所成長及建設，必須先破壞他自身膽小且畫地自限的性格、使人民對「馬神」的形象幻滅，進而有所成長及建設，相信這是人民所樂見的。

　　馬英九在政治性格上主張與中共針對經貿、文教交流等議題進行談判，至今三通、ECFA 等兩岸交流政策均一一落實。馬英九認為現今已是民主而非威權時鐵，總統只能推動司法及其他改革，不能干預司法個案，堅持依法行政、遵守憲法。推動務實的兩岸政策、中央政府整併、五都升格，縱使在野黨強烈質疑、反對、杯葛，亦從未猶豫動搖。

　　馬英九認同台灣本土、堅持台灣的主體性，維護台灣的利益，因而提出「以台灣為主，對人民有利」之主張。然而，許多深藍選民並不認同馬英九的某些理念及主張，因而在過去幾次選舉中流失大量選票。馬英九推動國民黨改革，打擊地方黑勢力不遺餘力，當然會影響選票，但他至今仍沒有妥協。

（六）值得肯定之處

1、台北市長任內

　　（1）下水道接管率由 40%提升至 81.57%

　　在中央完全不補助台北市下水道經費下，將台北市內下水道接管率提升到 81.57%並建立迪化污水處理站，增加處理率、配合污水截流。

　　（2）垃圾隨袋徵收，使垃圾分類更為確實

　　1998 年平均每日垃圾量為 4039 公噸，2005 年 1 月至 10 月底止平均每日垃圾量 1651 公噸，幾乎減半。

　　（3）悠遊卡建置，推廣普及化

悠遊卡自 2002 年 9 月 30 日全面上市起至 2005 年 11 月 17 日止,發行量已突破 622 萬張。為全台發行量最大之交通票證,在全世界發行交通 IC 卡的城市位居第六。

（4）公園面積成長

台北市內公園由 660 座成長為 773 座,2005 年底預計每人享有面積 4.999 平方公尺,共增加 0.69 平方公尺。

（5）積極推動體育,推廣全民運動

硬體上推動十二行政區興建市民運動中心、興建台北小巨蛋、廣建游泳池及泳池溫水改建、興建腳踏車道、公園慢跑步道及登山步道等。軟體上,要求小學生必須會游泳才能畢業,身體力行推廣游泳、慢跑等各項運動。

（6）擴展台北市快速道路系統

環東快速道路重新動工、內湖捷運系統動快、環北快速道路完成通車、信義快速道路完成通車、天母快速道路開工、松山機場復興北路地下道完工。

2、總統任內

（1）推動兩岸和平發展,簽署 ECFA 等協議

（2）開放陸客、陸生來台

（3）免簽證國家達 135 國

（七）錯誤決定與無能表現[75]

惟馬英九自擔任台北市長、總統以來,弊案不斷,TVBS

---

75 自由電子報,「王建瑄:馬歷史定位是「無能」」,2012 年 9 月 22 日,〈http://www.libertytimes.com.tw/2012/new/sep/22/today-fo4.htm〉（2013/12/31）。

於 2012 年 9 月底發布馬英九滿意度民調顯示，對馬英九滿意度僅剩 13%（見前圖 2，即連任四個月時），堪稱歷年滿意度最低之總統（九月政爭時，甚至僅剩 11%）。2013 年 5 月 12 日，台灣智庫率先發布馬英九執政周年的一系列民意調查顯示，對馬英九的不滿意度高達 69.9%（圖 4）、60%民眾不看好未來三年的施政表現（圖 5）、75.9%民眾認馬英九應對親信涉貪負起政治責任（圖 6）、68.8%認爲馬英九沒有認真打擊貪腐（圖 7）、70.4%民眾不支持馬英九繼續擔任國民黨黨主席等（圖 8）；5 月 19 日，蘋果日報發布民調，「馬英九連任周年，執政者給你的感覺如何」（圖 9），有高達 45.93%民眾認爲馬英九「有權無能」，馬英九無能形象深植人心。而導致馬英九無能及滿意度持續下滑的原因，大致如下：

圖 4：馬總統 2012 年 3 月至 2013 年 5 月滿意度趨勢變化

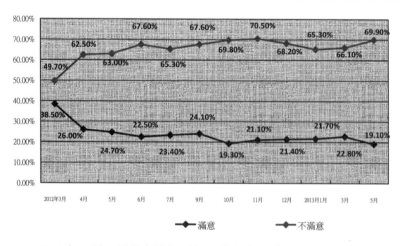

2013 年 5 月，馬英九連任周年，滿意度卻爲最低的 19.10%。

（資料來源：財團法人台灣智庫）

圖 5：馬英九總任任期還有三年，請問您認為他未來的施政表現會不會比現在好？

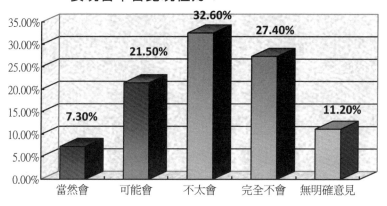

僅 28.8%民眾看好馬英九未來施政，不看好民眾高達 60%。

（資料來源：財團法人台灣智庫）

圖 6：最近這一陣子，除林益世外，陸續傳出卓伯仲、李朝卿、賴素如等人也涉及貪腐弊案。您認為馬英九總統應不應該對這些案件的爆發負起政治責任？

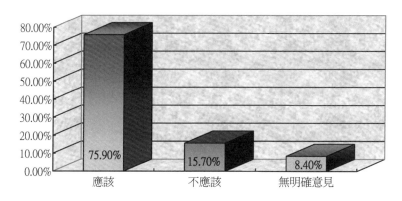

75.9%民眾認為馬總統應對親信涉貪負起政治責任。

（資料來源：財團法人台灣智庫）

圖7：馬總統自2008年上任後，經常強調要反貪腐，還成立
　　　廉政署。從過去將近五年的成效來看，請問您認為
　　　他有沒有認真在打擊貪污腐敗？

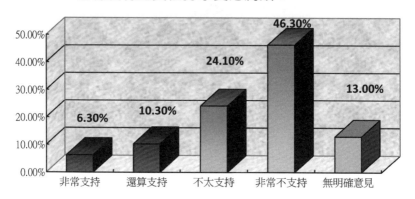

僅24.2%民眾認為馬總統有認真打擊貪腐、高達68.8民眾不認為馬總統
認真打擊貪腐。　　　　　　　　（資料來源：財團法人台灣智庫）

圖8：國民黨今年7月將進行黨主席改選。請問您支不支持
　　　馬英九總統繼續擔任國民黨的黨主席？

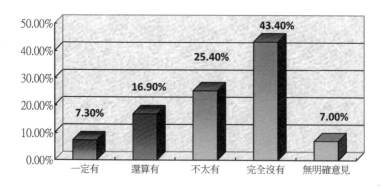

僅16.6%支持馬英九繼續擔任國民黨黨主席、高達70.4%不贊成。

　　　　　　　　　　　　　　　（資料來源：財團法人台灣智庫）

圖 9：馬總統連任周年，執政者給你的感覺，何者較符合？

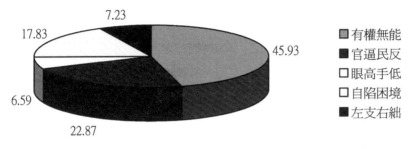

45.93%的民眾認為馬英九有權無能。

（資料來源：蘋果日報）

1、賤賣北市銀圖利富邦，致市庫損失 60 億元[76]

俗稱富邦案，發生於馬英九擔任台北市長時期，由台北市政府出資成立且體質與獲利能力皆比富邦銀行好的台北銀行，於 2002 年馬英九第一任期卸任前被富邦金控以換股方式合併為台北富邦商業銀行。遭質疑蔡明忠（富邦金控董事長）數度在私人招待所吃魚翅宴，並捐款給國民黨 1500 萬，與北市府賤賣市產有對價關係（如 44 個黃金地段的房產竟是以「早年買入價格」來計算。以古亭分行為例，竟以 1977 年的購入價格 448 萬元計價，總計至少比合市值低估 60 億），讓小銀行「蛇吞象」，以「白米換蕃薯」將金雞母的台北銀行

---

76 旺報，「富邦併北銀　受益豈止溢價 3 成」，2013 年 7 月 9 日，A11 版；旺報「費鴻泰：北銀占富邦總資產 5 成 7」、「併北銀 8 年　富邦金僅繳庫 115 億」，2013 年 7 月 10 日，A8、A9 版；「併購疑慮未清　3 次金改難杜眾口」，旺報，2013 年 7 月 11 日，A8 版；中國時報，「馬市府賤賣不動產　富邦 A 市民 60 億」、「學者：北銀賤賣資產　應追究官員責任」、「北銀自我毀容才嫁　天下奇觀」、「白米換番薯　馬市府有內鬼？」，中華民國 102 年 7 月 18 日，A4 版。

產權移轉給富邦，導致市庫大縮水。

此外，北市府擁有 15%的富邦金控股權卻只有 2 席董事、蔡家有 17%股權卻有 7 席董事，使得北市府在整體決策上毫無置喙餘地。

時任北銀董事長廖正井也曾對此案表示不滿，曾直言，富邦金當年以換股合併台北銀行，其中以 1 股北銀換 1.1165 股富邦金股票，等於是富邦金以 1 股 36 元價格收購北銀，這個價格賣得實在太便宜！（根據國民黨重要黨政人士憶起當年出售北銀時，國民黨也在出售旗下黨營事業，其中的光華投信，買家開出的價碼是每股超過 50 元，「連一家投信都得花每股 50 元以上才能買到，更何況是家大業大的台北銀行？怎麼可能只賣 36 元？」

時任市議員的藍營立委費鴻泰也曾公開質疑為何形同處分市府資產的合併案，卻事先未經議會政策辯論同意即簽約，無法確定市府（即股東）獲利，費鴻泰更曾在質詢馬市長時，批評該合併案是「在賤賣、在雙手奉送台北銀行給蔡家」。

魚翅宴案經告發，分別於 2004 年 5 月由北檢、2008 年 5 月由特偵組以「查無不法」而簽結。2011 年再度由台北市議員簡余晏、李建昌等提出質疑，特偵組分「他字案」調查，2012 年 3 月，特偵組簽結。

2、用人不當，偏愛「馬友友」

王郁琦法律出身，強項是辯論，卻被馬英九任為陸委會主委，對大陸事務了解不足，其首度至立法院接受質詢時，僅能認出胡錦濤、習近平。其中，賈慶林曾主持國共論壇，

也常接見台灣參訪團，在台灣曝光度頗高，王郁琦竟無法認出[77]。連分辨中共中央政治局常委的基本動作都無法確定，令人懷疑如何能接掌陸委會主委一職？

林中森專業為地政與內政，觀其學經歷皆與兩岸與經貿無關，突然接任海基會董事長一職，令外界猜測可能會開放陸資入台炒作房地產，製造出經濟好轉的假象。

金溥聰與馬英九之關係密切為眾所皆知之事，曾有媒體戲稱金溥聰像馬英九的「愛妾」、陳文茜也曾在節目中說「金溥聰的一句話可以改變所有馬英九的思考」。2012 年 9 月，馬英九任用擅於選舉與民調的金溥聰為中華民國駐美大使，使美國與我方的溝通能更直接無礙，明顯的往美方靠攏[78]。

自古至今，仁君往往能不計前嫌、唯才是舉。如春秋時期齊恒公重用管仲，劉邦重用張良、韓信，劉備三顧茅廬誠請諸葛亮、關羽、張飛、趙子龍，唐太宗李世民重用房玄齡、魏徵、杜如晦等，朱元璋重用劉伯溫，蔣經國重用孫運璿、李煥、李國鼎、俞國華、林洋港、李登輝、錢復、連戰、趙耀東、宋楚瑜等人。

馬英九時常說自己是蔣經國的追隨者，除未曾習得蔣經國之識才能力，更在用人方面偏好自己的小圈圈，僅以忠誠度作為任用標準而非是否具備該職位之才能。可惜的是，馬英九的愛將金溥聰也未能規勸馬英九重用宋楚瑜，形成目前國親政治僵局，馬英九在用人方面仍有很大的改進空間。

---

77 自由電子報，「誇張！王郁琦掌陸委會　竟不識賈慶林」，101 年 10 月 3 日，
　〈http://www.libertytimes.com.tw/2012/new/oct/3/today-t2.htm〉（2013/07/31）。
78 鄧予立，《馬尾看臺灣 —— 2012 馬英九動 DOWN300 天》，頁 60-61。

3、經濟方面

（1）22K 壓低社會新鮮人起薪

面對國際金融風暴，馬政府推出一連串降息、發放消費券、減稅及擴大內需等各式政策，而與大專生最爲相關的莫過於教育部所推動的「大專畢業生至企業職場實習方案」（俗稱 22K 方案），其方案爲由教育部補助大專畢業生赴企業職場實習之特定性就業補助，並由各大專院校協助畢業生與企業進行媒合，媒合成功後，實習員可至企業實習一年，實習期間之薪資（每月兩萬兩千元）及勞健促費用（每月最高 4190 元）由教育部特別預算補助。預期可幫助大專畢業未來就業、縮短產學落差、舒緩失業狀況等，但因 22K 方案適用非企業正式員工，於一定期間後仍會回到勞動市場，屆時工作需求量固定但供給量大幅增加，失業率無法進行任何的美化，過多的勞動人口仍無法得到紓解且 22K 方案中大專生的職稱爲「實習生」但工作內容無正式員工一樣，這也表示政府在爲公司支付員工薪水，造成政府財政負擔。最嚴重的影響莫過於降低就業市場薪資水準，大學高錄取率導致大學生充斥，在素質不齊的情況下，本來就已經拉低社會新鮮人的起薪，而此方案的實施，更使得原本勞資雙方間的天秤更偏向資方，連帶使得本具有專業力及競爭力的求職者被迫降低他們應得的薪資水準，遑論那些本來較爲弱勢的勞動者，更可能低於勞基法的最低工資。更造成實質薪資減幅史上第一（98 年，根據行政院主計處調查，全年實質薪資減幅達 4%），而年輕人起薪問題也是民眾希望馬英九能解決的問題之一（圖 10）。

圖 10：若你是總統，最想優先解決的問題是？

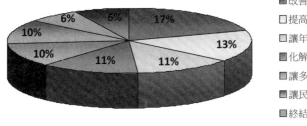

■改善貧富差距
□提高年輕人起薪
□讓年輕人敢生敢養
■化解藍綠惡鬥
■讓多數人買得起房子
■讓民眾繼續享有勞健保
■終結教改亂象
■讓民眾可以領到退休金

顯示貧富差距以及年輕人起薪問題仍爲民眾最期待馬英九解決之問題。
（資料來源：聯合報）

（2）內容不變的經濟動能提升方案[79]

行政院大張旗鼓的提倡「經濟動能提升方案」，結果內容仍爲「開放陸資、台商回流、開放外勞、本勞外勞薪資脫鉤」。但馬政府似乎是未能理解：開放陸資會造成房價飆漲，貧富差距加大；台商回流不全是所有的台商回流，當年高污染、低技術的台商若回流台灣，本勞又不願意從事低階技術工作，無法增加本勞就業機會；外勞本勞薪資脫鉤會壓縮本勞就業機會及薪資水準。

在舉債部分，扁政府八年內借了兩兆，馬政府四年內就借了兩兆。102 年度債務未償餘額占前三年度國民生產毛額（GNP）平均數 37.1%，創下歷史新高[80]，而馬英九於 2008 年提出的「六三三」政策，截至目前爲止仍未兌現。

---

79 鄧予立，《馬尾看臺灣 —— 2012 馬英九動 DOWN300 天》，頁 132-135。
80 鄧予立，《馬尾看臺灣 —— 2012 馬英九動 DOWN300 天》，頁 99-100。

（3）油電雙漲帶來的惡性循環

2012 年 4 月，中油調整油價；同年 5 月，馬英九宣布電價上漲方案。而當油電價格上揚，隨即引發通貨膨脹效應，物價指數上漲超過 10%的，全是葉菜類、生鮮食品類、瓦斯、電等民生基本物資；下跌超過 10%的有女用服裝、套裝等消費品。這代表人民為填飽肚子，已經開始犧牲外表穿著等消費了。

物價上漲率（CPI，圖 11）持續超過經濟成長率（圖 12），將會使得所有的成長都被通貨膨脹給吞噬。整體性的消費緊縮使對應的產業也隨之萎縮，經濟發展趨緩。經濟學上稱之為「停滯性通貨膨脹」，表示經濟放緩、人民收入減少，但因物價上揚不得不減少消費，使得消費面的通貨緊縮，連帶使產業更萎縮、薪資更少，然後又回到消費更緊縮的惡性循環。聯合報於 102 年元旦發布一份「回顧 2012，年度生活調查」（圖 13）顯示，民眾未來一年最擔憂的生活問題有高達 42%認為是經濟。

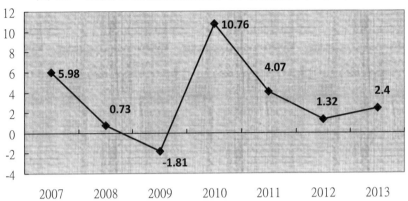

圖 11：消費者物價指數對上年同月漲跌率（%）

物價自 2008 年金融海嘯達到顛峰，2009 年下跌，後於 2010 年開始便不停上揚。
（註：2013 年數值僅爲該年 1 至 6 月累計平均）

（資料來源：行政院主計處）

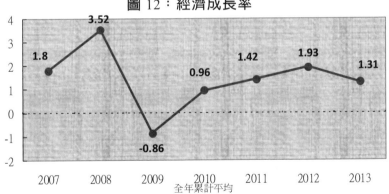

圖 12：經濟成長率

2008 年因金融海嘯，經濟成長率一度爲負成長。
（註：2013 年僅爲預測數值）

（資料來源：行政院主計處）

圖 13：民眾未來一年最擔憂的生活問題

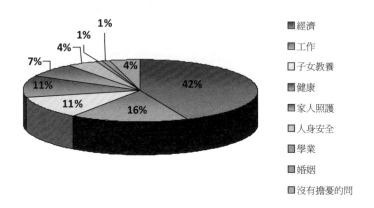

民眾未來一年最擔憂的問題仍為經濟。

（資料來源：聯合報）

（4）毫無規劃的補助地方政府

2008 年中央政府補助地方金額竟高達新台幣 583 億。新竹市要花 1 億 5 千萬蓋殯儀館；台中市也要花 9500 萬蓋殯儀館、再拿 1000 億蓋寵物公園；高雄市要花 1 億 4 千萬去買垃圾車；彰化縣要花 3 億來換警車、消防車和無線電；雲林縣要花 3000 萬換垃圾車和購買垃圾桶；南投縣要花 900 萬蓋一間派出所；台中縣想要 7100 萬興建兩個戶政事務所的辦公室；苗栗縣要在馬家庄蓋「馬英九奮鬥館」（媒體戲稱為「馬奮館」），光是聯外道路就要耗費 1 億 7 千萬元。但上述建設有何經濟效益可言？全是在消化預算而非用預算創造未來。幾乎所有的經濟學家都認為此舉僅具短期效益，並不會

對提升地方發展有何長期助益。

　　若要讓公共投資產生類似蔣經國十大建設那樣的效應，必須由中央先提出完善的事前規劃，而非僅用模型提出一個空洞的框架，再由地方政府毫無章法的消化掉；必須中央政府根據對世界產業趨勢的分析、台灣在國際分工中的定位，進而決定將預算使用在哪裡可以得到最大的效益或平衡地方的發展等，而非如無頭蒼蠅一樣亂竄[81]。

　　（5）財團治國加深勞資對立、擴大貧富差距

　　從稅制改革開始，有利於富人的如廢除遺產稅、減輕營所稅等皆通過；不利於富人的資本利得稅就一直無法通過，即使通過了，也會像奢侈稅或證所稅一樣，開徵條件漏洞多或甚至背於課徵初衷。政府沒有錢可使用並開始舉債，但國債得全民攤還，甚至必須加稅；又或者開始調漲健保、油電價格、學費等，既沒有顧及小民生活也不利於中小企業生存。造成原本屬於中產階級的人開始落到廣義的貧窮線以下，如同馬克思主義所描述的資本集權化過程，所謂的贏者圈（或可稱之為「人生勝利組」），掌握的資源愈來愈多，但人數卻愈來愈少，最後形成 10%的統治集團對抗及控制 90%的非上流社會。

　　事實上，根據行政院主計處統計，勞工每月實質薪資（扣除物價上漲率後）已倒退回 15 年前，人民痛苦指數持續飆升（圖 14）。同時，十年來台灣平均每人所得成長 56%（圖15）、所得總額與可支配所得持續成長（圖 16），但薪資卻

81　鄧予立，《馬英九必修的 10 堂課》，頁 110。

僅微漲 9%，如此不平衡之狀況，顯示十年來經濟發展的成果多數被大老闆們給吸走，勞工完全享受不到，四成所得收入集中在前 20%人手中（圖 17），貧富差距持續擴大（圖 18）。且若只要提及「調整基本工資」等議題，大老闆們紛紛跳出來抗議，最後甚至提出要依經濟成長率、失業率來決定是否可調漲基本工資，將經濟好壞結果歸咎於勞工，此種認為「企業不加薪，是因為老闆賺得不夠多」的想法令人難以認同，因為依相關數據顯示及常理推斷，大老闆永遠嫌賺得不夠多。所以只要稍微調漲人力成本或拋出調薪議題，便會引起企業一致的反彈。

現在台灣人之所以懷念蔣經國正是因為他在主政期間，將國民所得從四百多塊美元成長到近五千美元，但所得最高20%與國低 20%之差距，卻一直保持在 4.8 倍左右。蔣經國提示一個觀念：「賺錢要正當，用錢要恰當」，並要工商界體認國家主要的政策是要顧到全民生活的安定、全民物價的穩定[82]。馬英九應放下身段、試著與勞工階層對話，而非要人民「吃兩個便當」來填飽肚子。

---

82 鄧予立，《馬尾看臺灣 —— 2012 馬英九動 DOWN300 天》，頁 104-108。

圖 14：人民痛苦指數

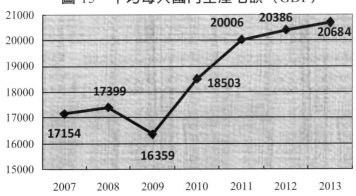

人民痛苦指數持續攀升。

（註：人民痛苦指數＝失業率＋消費者物價年增率）

（資料來源：行政院主計處）

圖 15：平均每人國內生產毛額（GDP）

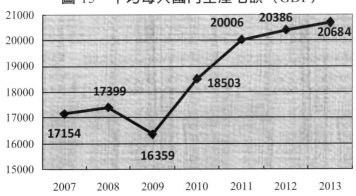

GDP 仍持續攀升。

（註：2013 年為預測數值）

（資料來源：行政院主計處）

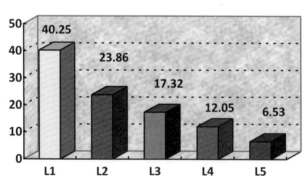

圖 16：所得總額與可支配所得

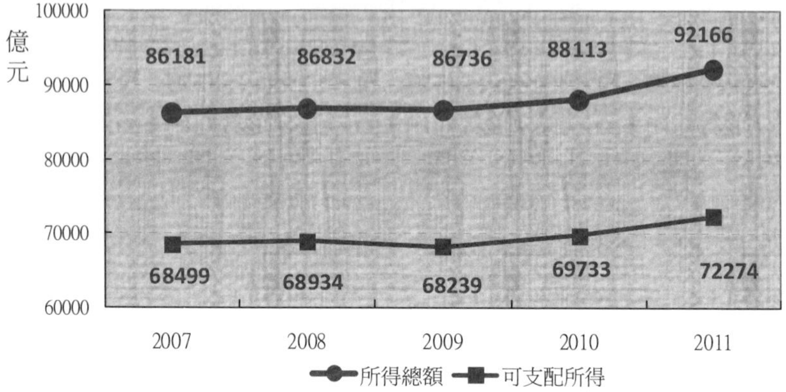

所得總額與可支配所得持續成長

（資料來源：行政院主計處）

圖 17：2011 年各級家戶所得分配（％）

所得最高組（L1）佔有 40.25%的所得，所得最低組（L5）僅有 6.53%，差距達 6.17 倍。

（資料來源：行政院主計處）

圖 18：家庭所得差距

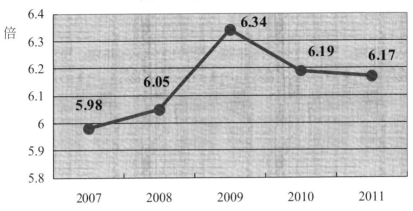

所得最高 20%與所得最低 20%之差距。

（資料來源：行政院主計處）

（6）證所稅課徵反覆不定

　　2012 年 7 月 25 日，通過證所稅並於 2013 年開始實施。不到一年，卻因反彈聲浪過大，復於 2013 年 6 月 25 日通過證所稅之修正案。

　　回想 2012 年 7 月立法院於臨時會上通過復徵證所稅案，是時馬英九還喜孜孜的表示，這代表台灣朝社會公義的願景邁出重要一步，更是我國租稅史上重要里程碑。令人疑惑的是，實施不到一年，政府卻因擋不住市場壓力而重新修法，如此的決策品質及前後立場反覆矛盾，令人不敢苟同。

　　當初馬政府執意復徵證所的用意，完全是為了彰顯公平正義、量能課稅，藉以達到縮短貧富差距、所得重分配等，而非提振股市或增加稅收。然而，本次修法重新檢討證所稅，除取消 8500 點之限制、散戶免課外，對股市大戶們更禮遇至

極，售股十億元以上的「差額」，才僅課千分之一的證所稅，甚至連初次上市櫃股票也守不住，完全與當初復徵證所稅的立場背道而馳。雖然大部分的民眾肯定此次修法結果，但如此反覆不定且草率的烏龍政策，仍令人失望[83]。

4、食品安全衛生把關不足

　　2008 年中國大陸爆發毒奶粉事件，政府卻未於第一時間發布聲明；2011 年 5 月台灣爆發塑化劑事件，影響範圍擴及飲料、糕點、麵包和藥品等；2012 年 1 月，雞隻禽流感疫情傳出，防檢局卻遲於 3 月始公布疫情；2012 年 7 月為爭取 TIFA 的談判機會，不惜以開放含有萊克多巴胺之美國牛肉進口；2013 年 5 月爆發毒澱粉事件，媒體指稱衛生局於農曆春節前便已知悉，卻遲至 4 月才處理。

　　攸關民眾健康最為重要之食品安全議題，馬政府連續出現嚴重疏漏且體現出團隊的應變能力有待加強。馬政府對於危機處理的方式始終抱持著「不要被發現就好」的想法，企圖想要矇混過關，使民眾對馬英九的信任度一路下滑。

　　2013 年 5 月 31 日《食品衛生管理法》之修正案由立法院三讀通過。新修正之食品衛生管理法雖然擴大檢驗的範圍、大幅提高食品違法事件的罰則。

　　2013 年 10 月，台灣再度爆發油品造假之食安事件。

5、組織改造紊亂，員額不減反增

　　據行政院的規劃，組改後雖然部會總數減少，但政務官

---

83 中時電子報，「三讀通過　證所稅散戶免徵」，2013 年 6 月 26 日，〈http://news.chinatimes.com/politics/50207795/122013062600094.html〉（2013/7/31）。

總人數將增加一人、公務員的總員額則是由目前的 16 萬 2792人，改為不超過《中央政府總員額法》17 萬 3000 人的上限，總數並不確定會減少。而根據詮敘部統計，2012 年全國公務人員數額達到 34 萬 3861 人，創下八年來新高；相較於 2011年，中央各機關還增加 556 人。組織改造過程中，除沒有明確理論基礎與理念外，甚至增加公務人員總數，使組改愈改愈肥[84]。其中，最引人注目的是行政院發言人室之人員編制員額竟高達 73 人，比總統府公共事務室 40 人還多。民進黨立委委蔡其昌批評，行政院每年花 6 千多萬養這麼多人，發言人室眾多文宣業務外包給廠商處理，這批人純粹當「馬政府的化妝師」，替無能政府辯護，嚴重浪費公帑[85]。

6、桃園升格六都，城鄉差距擴大[86]

紊亂的國土規劃問題於桃園縣升格此時再度被突顯。相較於鄰近國家，中國 13 億人口僅有 4 個直轄市、日本 1 億2000 萬人口僅有 3 個直轄市、韓國 5000 萬人口僅有 2 個直轄市；區區面積 36000 平方公里、2300 萬人口的台灣就設置了 6 個直轄市，如此畸形的國土規劃令人咋舌。

---

84 聯合報，「政府改告不可改出三不管地帶」，中華民國 102 年 1 月 9 日，A2 版；中國時報，「最肥胖的組改　有必要再瘦身」，中華民國 102 年 2 月 21 日，A19 版；自由電子報，「政府組改愈減愈肥　兩年增 1.2 萬人　吃掉 70 億」，2013 年 7 月 10 日，
〈http://www.libertytimes.com.tw/2013/new/jul/10/today-t1.htm〉（2013/7/31）。
85 自由電子報，「政院發言人室 66 人　年耗 6 千萬」，2013 年 11 月 19日，〈http://www.libertytimes.com.tw/2013/new/nov/19/today-p7.htm#〉（2013/12/13）。
86 中國時報，「新五都員額多 2 萬　預算增千億」，中華民國 102 年 2 月5 日，A4 版。

　　事實上，升格為直轄市後最大的問題是在於增加人員編制。目前桃園縣政府約有 1 萬名公務人員名額，升格後可增加到 14000 名。但桃園的行政區一樣、人口一樣、業務內容一樣，卻可以增加將近三分之一的員額來處理一樣的事情。升格利益在於公務人員（業務內容減少卻可以升為更高職等的公務人員，進而加薪）及營建商（可藉此議題炒作房價）。新北市、台中市、台南市、高雄市合併升格為直轄市時同樣會產生人員編制增加的問題（表 4）。當其他國家政府因經濟問題開始組織縮編、減少員額時，馬政府卻不斷讓縣市升格、擴編組織、增加預算、不停的舉債。

　　另外，城鄉發展不均原本就是台灣地方制度發展上的棘手問題。六都以外的其他縣市，也因為預算的排擠而更加邊緣外，如此毫無規劃胡亂升格，僅會造成城鄉差距更加擴大、政府財政負擔更為吃緊。

表 4：五都員額、預算及職等變化表

	總員額（人）		年度預算（元）		九職等以上人數	
	升格前	升格後	升格前	升格後	升格前	升格後
新北市	37415	41412	992 億	1552 億	50	341
桃園市	10092	14602（預估）	629 億	821 億（預估）	296	373（預估）
台中市	32723	33446	922 億	1030 億	132	488
台南市	11332	23821	663 億	779 億	95	343
高雄市	41995	41943	1158 億	1267 億	488	543

五都、六都升格，造成公務員總員額、年度預算增加，使政府財政負擔加重。
註 1：升格前數據，含原台中縣、台南縣、高雄縣。
註 2：總員額數據，含行政機關（含學校職員）、警消人員、教師及校長。
（資料來源：中國時報）

7、全募兵制規劃草率，無法募足預期員額致延後實施

　　針對全募兵制，民進黨新潮流的台灣新社會智庫表示，這項重大變革將大幅提高人事成本，對於國防預算及社經預算產生排擠效果。智庫國家安全組召集人、前國安會諮詢委員陳文政表示，與今年的人員維持費相比，全募兵制將增加95億元，國防總預算更將提高220億元，相當於五成一的國科會預算、三成的經濟部預算或一成三的教育部預算，再加上退輔費用與福利支出，更是天文數字。陳文政指出，二階段的精進案讓國軍總員額已降至27萬5000人，全募兵制要大幅裁軍，若以20萬人爲基準，軍官就要裁6000名，將造成軍心動盪，而 20 萬人的軍隊是否真能維持台灣的作戰需求，相當令人懷疑[87]。

　　前海基會董事長洪奇昌表示，民進黨政府招募6000名志願役士兵幾乎使盡渾身解數，未來8萬人要怎麼招募？全募兵制將會陷入提高國防支出與裁減員額兩者間的惡性循環。

　　根據旺旺中時民調中心調查顯示[88]，若未來實施募兵制有高達52%的人表示不會鼓勵家人或朋友加入國軍、對親友

---

87 台灣新社會智庫，〈反對草率、不負責任的「全募兵制」〉，
〈http://www.taiwansig.tw/index2.php?option=com_content&do_pdf=1&id=1164〉（2013/7/31）。

88 2013 年 7 月 3 日，發生洪仲丘事件。國防部方面稱爲「六軍團裝甲五四二旅洪仲丘下士禁閉室悔過期間死亡案」，是指陸軍裝甲 542 旅旅部連義務役下士洪仲丘，於退伍前夕，疑似因攜帶具有拍照功能之行動電話，違反資訊安全保密規定，依法應予以申試乙次至二次以上，卻被移往位於桃園縣楊梅市 269 旅高山頂營區的禁閉室「悔過」。於國防部軍醫局《中暑危險係數測定法》危險係數 41 已達紅色警戒之情況下，被施以激烈體能訓練而造成洪仲丘達到最嚴重之第五級中暑，最後引發 DIC（即瀰散性血管內凝血）而暴斃身亡。

從軍給予祝福或肯定者僅佔 37%。

　　2013 年 9 月 12 日，國防部表示，自 2012 年實施募兵制以來，志願役人力無法獲得滿足，全募兵制將延後至 106 年上路，預估有 6 萬名役男受到影響。

8、小　結

　　瑞士洛桑國際管理學院（IMD）發表 2013 全球競爭力排行（圖 19）台灣排名從第 7 降到第 11，在四大評比項目「經濟表現」、「政府效能」、「企業效能」和「基礎建設」的排名上，都比去年下跌許多[89]。

圖 19：「全球競爭力」台灣排名變化

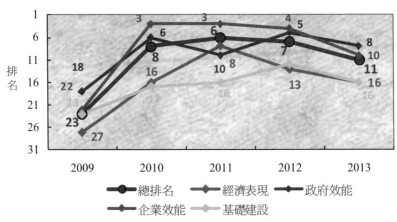

全球競爭力總排名，由第 7 名重跌至第 11 名。

（資料來源：IMD）

---

89 自由電子報，「全球競爭力　台灣第 7 退到 11」，2013 年 5 月 30 日，〈http://www.libertytimes.com.tw/2013/new/may/30/today-t2.htm〉（2013/7/31）。

　　歸根究底，馬政府團隊包含太多學者、教授、校長、博士，他們多缺乏實務經驗及草根性，難以深入民間與民眾溝通。馬團隊根本沒有蔣經國時代那些忠誠謀國、能力超群、出身自工商界的李國鼎、尹仲容、趙耀東、孫運璿等經濟大將，使台灣在不到十年期間，經濟轉型起飛而成為亞洲四小龍之一。同樣地，在大陸，中國執行經濟掛帥政策，全力投入經濟建設，於短短三十年期間，從貧窮落後一躍而成為超越日本的經濟大國，甚至於二十年內可能取代美國，成為全球最大的經濟體。馬英九實應有所警惕，並大刀闊斧地整頓及強化其執政團隊[90]。

　　此外，馬英九遭質疑的是身兼國民黨黨主席，如何能專心國政？如何能區辦國政與黨政？亦或是根本方便「作業」，使得國庫通黨庫更為暢行無阻？然而，在反彈聲浪中，馬英九仍執意參選 2013 年國民黨黨主席選舉。遙想 2008 年馬英九甫勝選時，多次宣稱絕不兼任黨主席，並一再表示「黨政分離」是自己一貫的理念。如今，馬英九卻以「黨政合一」作為參選訴求，且態度堅決，一再強調「兼任比不兼任來得好」。或許馬英九內心所期望是在 2016 年總統卸任後，仍可憑藉著「國民黨黨主席」身分保有一定的政治影響力，好方便其於國際場合與對岸進行領袖級的會晤與交流。然而，馬英九若無法徹底放下對權力的欲望，仍幻想能像前總統李登輝般，在總統卸任後以國民黨黨主席身分，在幕後操控全局，則可想見的是，在剩下的總統三年任期內，馬英九會增加許

---

90 楊力宇，《從「撥亂反正」到「脫胎換骨」── 馬英九的總統之路》，
　　頁 115-116。

多顧忌與牽絆，使得馬英九無法放手改革[91]。最終，在兩任總統任期結束後，一事無成，留下千古「無能」之臭名，甚至面臨被國民黨群眾逼退趕下黨主席大位之命運。反之，若馬英九能學習南非總統曼德拉[92]或蔣經國[93]，則馬英九可以無後顧之憂的放手改革、清掃多年積弊，希望馬英九勿再沉迷於權力，置國家前途於不顧。[94]

三、應以貞觀法政思想為鑑

（一）兼聽則明，偏信則暗──君道第一

馬英九性格上較為固執，在他人反映問題時，通常會得到回答：「依法行政，謝謝指教」、「沒有經費」、「那是陳水扁時代就規定的」。馬英九無法接受別人對他的批評，也無法傾聽不同的聲音。但好的領導者應該能夠跨越抗議者羞辱的語言與激行動，看見語言背後真正的問題，而非如同

---

91 中國時報，「想連任黨主席　馬英九應說明用心何在」，中華民國 102年 1 月 23 日，A15 版；聯合報，「馬總統為何非要兼任黨主席？」，中華民國 102 年 6 月 22 日，A2 版。

92 曼德拉（1918.07.18-2013.12.05）於 1994 年當選南非史上首位黑人總統，並於 1997 年辭去非國大主席一職，並表示不會參選下屆總統。曼德拉不戀棧權位，急流湧退後便投身於慈善事業，甚至設立曼德拉基金會，從事改善農村兒童教育條件和幫助解決愛滋病問題上。

93 蔣經國作風儉樸、清廉、肅貪，提倡十大建設，為台灣帶來經濟奇蹟，使台灣擠身為亞洲四小龍，並解嚴、解除黨禁、報禁，開放兩岸探親等。

94 事實上馬英九為掌握權力、不顧歷史定位，仍執意競選黨主席，並於 2013年 7 月 20 日當選。馬英九宣稱，「選黨主席是為了專心當總統」；11月 10 日，馬英九更在國民黨第十九次全黨大會中以促進黨團結及黨輔政之理由修改黨章，使總統成為當然之黨主席。

在媒體壟斷事件裡，因「態度」不佳就否決整件抗議背後的意義。好的領導者必須控制好身邊的人，讓他們能暢言無阻，特別是不能僅聽幾個好朋友的意見就決定政策的施行，如此才能使自己兼聽則明。馬英九應該以貞觀法政思想為鑒，兼聽所有意見，看清問題背後的意義，而非一意孤行。

（二）知百姓利害、政教得失 —— 政體第二

馬英九最為人詬病的是含金湯匙長大、不了解民間疾苦，其出身於香港，自建中、台大法律系畢業，更赴美攻讀紐約大學碩士、哈佛大學法學博士，因為一直是個乖學生，對沾上自己不不名譽指控非常敏感，甚至影響到他的施政方向，他一向偏愛泛道德性的政策，比如反菸、反檳榔、反色情、反徹夜狂歡，他熱愛運動、愛環保、愛科技、愛乾淨，所以所有的建設完全朝這幾個方向前進。凡事都有邊界，執政者權力再大也不能將自己的偏好無限上綱，進而消滅百姓原有的生活方式。

馬英九在勞動條件大不如前的今日，仍要漲菸捐、推行二行健保、調整油電費等。對照蔣經國在物價飛漲時，下令長壽菸與米酒不准漲價，因為基層人民十分仰賴這些東西。不論這些東西都道德上或是健康上的對錯，都不能讓基層人民買不起這類必需品[95]。馬英九應該以《貞觀政要》為鑒，體察民情、知百姓利害，而非一味要求民眾過著與他一樣的無趣生活。

---

95 鄧予立，《馬英九必修的 10 堂課》，頁 197-201。

（三）任賢與能 —— 任賢第三、擇官第七、公平第十六

知人為用人之前提，馬英九未察林中森乃係地政專才，卻錯置在海基會處理兩岸事務，顯係無法知人善用。又將愛將王郁琦、金溥聰分別任為陸委會主委、駐美代表，顯係「用人以新故異情，不問堪否」。馬英九應以《貞觀政要》中，任賢第三、擇官第七、公平第十六為鑒，學習唐太宗用人能知人善任、胸襟寬大、容納直諫並選賢與能、用人僅問堪否不以新故異情。

（四）求諫與納諫 —— 求諫第四、納諫第五

好的領導者不能僅僅只有呼應的群眾，更應該要有「諍友」，可以批評其施政錯誤之處進而修正。馬英九時常摀住耳朵執意的前進，也不顧周遭的批評聲浪如何，但好的領導者應該要有廣闊的胸襟，容得下別人的批評與不同的意見，才能用得了更好的人才。

唐代諫諍之士首推魏徵，唐太宗與魏徵關係未如馬英九與金溥聰般密切，但唐太宗卻能接受魏徵的諫言。其他例子如秦始皇原欲驅逐六國之人，但因李斯的「諫逐客書」而打消念頭；漢高祖不計人才出身，才能夠聚集人才以殲滅項羽；宋太祖靠趙普的指點，以半部論語便能治天下。這些帝王的成功，都是靠著自身開闊的胸襟、傾聽不同聲音而來，並非單純自身有何治世之才能[96]。馬英九應該學習放下身段，以

---

96 鄧予立，《馬英九必修的 10 堂課》，頁 195。

《貞觀政要》中，求諫第四、納諫第五爲鑒，試著傾聽周遭反對的聲浪，而非僅憑自己喜好執意朝著不知對錯的方向前進。

（五）謹言愼行 —— 愼言語第二十二

1998 年大園空難時，很多大官去視察關心但都沒能解決問題，直到宋楚瑜訪視現場、被受難者家屬當面嗆聲請大官們不要再來作秀時，他反而走過去握住嗆聲人民的手，問他有什麼事情想講？並派省府向陽明海運調冷凍貨櫃來冰屍塊，解決罹難者屍塊發臭的問題[97]。

相較之下，馬英九在探視莫拉克風災時，災民說：「我們全家把票都投給你，爲什麼我們變得要見你，變得這麼難啊？」，馬英九對此卻回答：「我這不是來了嗎？」；又或者是在面對曾被土石流活埋的小朋友說：「你可以憋氣兩分鐘，真是不簡單」；對於六龜救災時說：「我今天早上一打開報紙，說六龜好像都沒有國軍，我嚇了一大跳」等，完全沒有體認到自己的身分是三軍統帥也沒有任何同理心，此等認爲自己爲上等人的心態，著實不可取。馬英九應學習《貞觀政要》中愼言語第二十二，謹言愼行以免鬧出更大笑話。

（六）愼終 —— 〈諫太宗十思疏〉、
〈十漸不克終疏〉

馬英九從台北市長任內，整修台北市四分之三的人行道、沿著淡水河建了一百多公里的河濱自行車道、下水道接

---

97 鄧予立，《馬英九必修的 10 堂課》，頁 193。

管率自 41%提高到 84%、推行垃圾分類使垃圾減量近半、催生內湖科學園區、貓空纜車、公車專用道等，算是小有政績。2008 年開始擔任總統一職時，開始大力整頓扁政府遺留下來的亂局與困境、打擊貪腐及違法亂紀、建立廉能政府、推動三通、打破兩岸僵局、提升台美關係等，算是頗有建樹。但在第一任期的後期，續航力不足，開始一連串錯誤施政，雖使台灣撥亂反正，但卻毫無脫胎換骨，愈來愈沉淪。馬英九應以魏徵的〈諫太宗十思疏〉、〈十漸不克終疏〉為鑒，民胞物與、愛民惜民、有始有終。

第二節　大陸領導人 —— 習近平

一、從政資歷[98]

（一）學　歷

1、清華大學化工系基本有機合成專業（1975-1979）。
2、清華大學人文社會學院馬克思主義理論與思想政治教育專業（1998-2002，在職法學博士研究生）。

（二）經　歷

1、陝西省延川縣文安驛人民公社梁家河生產大隊知青、黨

---

98 新華網，習近平簡歷，
　　〈http://news.xinhuanet.com/ziliao/2002-02/22/content_286763.htm〉
　　（2013/5/2）。

支部書記（1969-1975）。

2、國務院辦公廳、中共中央軍委辦公廳秘書（1979-1982）。

3、河北省正定縣委副書記（1982-1983）。

4、河北省正定縣委書記、正定縣武裝部第一政委、黨委第一書記（1983-1985）。

5、福建省廈門市委常委、副市長（1985-1988）。

6、福建省寧德地委書記、寧德軍分區黨委第一書記（1988-1990）。

7、福建省福州市委書記.市人大常委會主任.福州軍分區黨委第一書記（1990-1996）。

8、福建省委常委（1993-1995）。

9、福建省委副書記（1995-2002）。

10、福建省高炮預備役師第一政委（1996-2002）

11、福建省代省長、省長，南京區國防動員委員會副主任，福建省國防動員委員會主任（1999-2002）。

12、浙江省委副書記（2002）。

13、浙江省代省長，浙江省國防動員委員會主任（2002-2003）。

14、浙江省委書記、省人大常委會主任，浙江省軍區黨委第一書記（2002-2007）。

15、浙江省人大常委會主任（2003-2007）。

16、上海市委書記，上海警備區黨委第一書記（2007）。

17、中央書記處書記，中央黨校校長（2007-2012）。

18、中華人民共和國副主席（2008-2013）。

19、中共中央軍事委員會副主席（2010-2012）。

20、中華人民共和國中央軍事委員會副主席（2010-2013）。

（三）現　任

1、中共中央政治局常委（2007-）。
2、中共中央委員會總書記、中共中央軍事委員會主席（2012-）。
3、中華人民共和國主席、國家中央軍事委員會主席（2013-）。

二、現狀分析

（一）開放廉潔政府建設[99]

　　習近平上任以來多次強調，中國改革已經進入攻堅期和深水區，要具有敢於啃硬骨頭、涉險灘之精神來克服種種困難與矛盾。這屆高層幹部既承接以往歷屆改革開放的巨大碩果，同時也承擔巨大風險和危機。有學者明白表示：今天整個社會面臨的危機感，今天的世情、國情、黨情、民情毫不

---

99 新華網，「習近平於十八屆中央紀委二次全會上發表重要講話」，2013
年 1 月 22 日，
〈http://news.xinhuanet.com/politics/2013-01/22/c_114461056.htm〉
（2013/5/6）；「習近平：把權力關進制度籠子裡」，聯合報，民國 102
年 1 月 23 日，A13 版；「習近平反貪：老虎、蒼蠅一起打」，中國時報，
民國 102 年 1 月 23 日，A13 版；「習近平古詩警貪官　政改不回頭」，
聯合報，民國 102 年 2 月 23 日，A16 版；香港成報網，「反腐 去虛 降
火 治污 習近平未來主政路徑研判」，2013 年 3 月 15 日，
〈http://www.singpao.com/xw/yw/201303/t20130315_424068.html〉
（2013/5/6）；「整頓官場，習要官員洗澡治病」，旺報，2013 年 4 月
20 日，A11 版；文匯報，「習近平：以史為鑒反腐倡廉 強調從嚴治黨 最
大限度減少體制漏洞」，2013 年 4 月 21 日，
〈pdf.wenweipo.com/2013/04/21/a12-0421.pdf〉（2013/5/7）。

誇張地說，不亞於改革開放初期鄧小平面對的複雜局面。一些熟悉中國政策的觀察家認為，由於改革的速度巨快、地域巨廣、數量巨多、利益巨大、意識巨雜，中國三十五年飛速發展之時，也造成巨大的利益黑洞與分配漏洞，因此新領導階層上臺祭出反腐的大刀是必然的選擇，是具有戰略意義的選擇，因為一批大大小小的腐敗官員率先玷污改革開放的旗幟，給改革開放的碩果潑上了銅臭腥人的污水，給民眾留下了無限的失望。

習近平於近期的會議中表示，摸著石頭過河，是富有中國特色、符合中國國情的改革方法。摸著石頭過河就是摸規律，從實踐中獲得真知，摸著石頭過河加強層設計是辯證統一的，加強頂層設計要在推進局部的階段性改革開放基礎上來謀劃。

習近平於河北正定縣、福建、浙江、上海等不同層級之政治經歷，再加上其擔任過知青及具有中央軍委工作之背景，使其對於中國改革開放過程中的「潛規則」十分清楚，對民間疾苦、官場頑疾等都親眼所見，針對中共反腐提出「打鐵還需自身硬」、「物必先腐，而後蟲生」及「腐敗問題愈演愈烈，最終必然會亡黨亡國」的反腐三名言，彰顯習近平對腐敗要「狠反」之決心。十八大閉幕不久，新領導階層即對反腐倡廉的工作重要表態，其表態次數密集程度與措詞嚴厲屬歷史罕見。習近平對反腐不僅語重心長、強調黨要管黨、從嚴治黨，堅持標本兼治、綜合治理、懲防並舉、注重預防、注重預防，而且迅速啓動懲治和預防腐敗體系設、拿出綱要、著力嚴明黨的紀律，特別是政治紀律、拿出政治局「八項規

定」。於官場猶在觀望與心存僥倖之時，又迅速實施軍隊配套之十條禁令，做到切實轉變黨政機關與各級幹部之政風，以治標帶動治本，並以治標換去治本的時間。

習近平強調，全黨同志要按照十八大的部署，堅持以鄧小平理論、「三代表」重要思想、科學發展爲指導，堅持標本兼治、綜合治理、懲防並舉、注重預防方針，更加科學有效地防治腐敗，堅定不把黨風廉政建設和反腐敗鬥爭引向深入。

黨員幹部隊伍的主流始終是好的。但也要清醒看到當前一些領域消極腐敗現象仍然易發多發，一些重大違紀違法案件影響惡劣，反腐敗鬥爭形勢依然嚴峻，人民群眾還有許多不滿意的地方。黨風廉政建設和反腐敗鬥爭是一項長期、複雜且艱巨的任務。反腐倡廉必須常抓不懈，拒腐防變須警鐘長鳴，關鍵在於要經常抓且長期抓。要堅定決心，有腐必反、有貪必肅，不斷剷除腐敗象滋生蔓延的土壤，以實際成效取信於民。

嚴肅查處一些黨員幹部包括高級幹部嚴重違紀問題的堅強決心和鮮明態度，向全黨全社會表明，不論是什麼人、不論其職務多高，只要觸犯了黨紀國法，都受到嚴肅追究和嚴厲懲處，絕不是一句空話。從嚴治黨，懲治這一手絕不能放鬆。要堅持「老虎」、「蒼蠅」一起打，既堅決查處領導幹部違紀違法案件，又切實解決發生在群眾身邊的不正之風和腐敗問題。要堅持黨紀國法面前沒有例外，不管涉及到誰，都要一查到底，絕不姑息。

黨風廉政建設和反腐敗鬥爭，必須全黨動手。各級黨委對職責範圍內的黨風廉政建設負有全面領導責任。要堅持和

完善反腐敗領導體制和工作機制，發揮好紀檢、監察、司法、審計等機關和部分之職能作用，共同推進黨風建設和反腐敗鬥爭。要支持紀檢監察機關開展工作，關心愛紀檢監察部部。特別要注意那些黨性強、敢於堅持原則的同志，爲他們開展工作創造條件。各級紀檢監察機關要加強幹部隊伍建設，提高履行職責能力和水準，發揮更好監督檢查作用。

　　十八大後，短短一百天內，習近平和高層領導階級們頻出重拳，十五名廳級以上高官應聲落馬，用迅雷行動向民眾展示「既拍蒼蠅，也打老虎」之反腐強勢。此外，習近平又特別告知各級領導幹部，面對紛繁的物質利益，要做到君子之交淡如水、「官」「商」交往有道、相敬如賓、勿勾肩搭背，劃出公私分明的界限。

　　6 月，中央紀律檢查委員會（簡稱中紀委）宣布，將派出正部級以上的退休官員組成「調查工作組」[100]，在工作組進駐各地後，果真「一周抓一隻老虎」，雖然「老虎」的層級還不夠高，但在地方可都是「一霸」，例如四川省副省長

100　2003 年「中央紀委、中央組織部」巡視組正式成立，設立 5 個巡視組，標誌著巡視工作進人正式運作階段。2009 年更名爲「中央巡視組」，目前中央巡視組組長由正敁山擔任，副組長爲趙樂際、趙洪柱。巡視組組長一般從已離開一線崗位、但尙未滿 70 歲之省部級官員中選任，任期爲一次一授權。2013 年 5 月底展開第一輪巡視，分爲十個組，分別對中國儲糧管理總公司（中儲糧）、湖北、水利部、內蒙古、重慶、貴州、中國出版集團、江西、中國進口銀行、中國人民大學，10 月下旬完成第一輪巡視後，將繼續展開第二輪巡視。第二輪巡視將分別對山西、吉林、安徽、湖南、廣東、雲南、新華社、國土資源部、商務部、三峽集團進行訪查。根據 2013 年年終統計，習近平上任以來，加大中紀委的力量查處貪腐，累計已有 16 名官員被查處下台，縣級官員超過數百人。以民主座談會形式，讓官僚揪出心中之賊，正要進入第二階段，已有 400 名以上省部級官員完成自我檢討。

郭永祥、內蒙古自治區黨委統戰部長王素毅、廣西自治區政協副主席李達球等[101]。

習近平要求「蒼蠅老虎一起打」，不如仿照新加坡貪污調查局、香港廉政公署、台灣調查局或特偵組，建立起防止肅清貪污之法制網，以代替行政機關組織專案小組之方式查貪，並落實執行、上下通力合作，肅貪防腐政策才能長久。

（二）推動依法治國[102]

中共政治局於 2 月 23 日進行「集體學習」，主題為推動依法治國。習近平表示，要努力讓民眾在每一個司法案件中，都感覺到公平正義，重點解決影響司法公正和制約司法能力的深層次問題，確保審判機關、檢察機關能依法立公平行使審判權、檢察權。

其表示，要形成民眾「不願違法、不能違法、不敢違法」的環境，做到「有法必依、執法必嚴、違法必究」。同時強調，要堅持司法為民，司法工作者要密切連繫群眾，規範司法行為，加大司法公開力度，回應群眾對司法公正公開的關注和期待。

習近平更近一步指出，各級黨組織必須堅持在憲法和法律範圍內活動。各級領導幹部要帶頭依法辦事、帶頭遵守法律；要把能不能依法辦事、遵守法律作為考察識別幹部的重

101 中時電子報，「中紀委第三炮　廣西高官受調查」，2013 年 7 月 7 日，〈 http://news.chinatimes.com/mainland/11050501/112013070700162.html 〉（2013/12/16）。
102 「習近平：要民眾感受司法正義」，聯合報，民國 102 年 2 月 26 日。

要條件。

（三）兩岸關係[103]

　　習近平於 2012 年 11 月接任中共總書記後，於 2013 年 2 月 25 日舉行「連習會」。習近平於會中表示，「大陸將保持對台工作大政方針的連續性，始終堅持一個中國原則，持續推動兩岸交流合作，努力促進兩岸同胞團奮鬥，鞏固和深化兩岸關係和平發展的政治、經濟、社會基礎。」

　　從北京對「連習會」的安排與習近平的談話內容來看，北京想藉「連習會」達到幾個效果：一則表達中共對連戰在兩岸關係的重要性與推崇；二是透過這場拜會活動，傳遞中共對台新舊領導人的傳承與世代交替意義，同時更藉由會見台灣客人，宣示和保證中共新一屆領導人對台政策的連續性和一貫性。

　　而北京「主動」邀請連戰率團訪問，並以「總書記」身

---

103 「習近平：真誠盼兩岸共圓中國夢」、「習的和平旋律　有期待也有壓力」、「連戰：兩岸政治接觸　必須重視」、「連習會　重塑兩岸政治對話想像空間」、「下階段兩岸策　仍待馬拍板」，聯合報，民國 102 年 2 月 26 日，A4 版；「李克強：兩岸打斷骨頭連著筋」，中國時報，民國 102 年 3 月 18 日，A11 版；「十八大出題目　等待新台辦給答案」，聯合報，民國 102 年 4 月 5 日，A2 版；「兩岸關係：珍珠項鍊或珍珠與椰頭？」，聯合報，民國 102 年 4 月 6 日，A2 版；「一國兩制或一國三制？」，聯合報，民國 102 年 4 月 7 日，A2 版；「張志軍釋利多　服貿商談完成」、「兩岸如一家人　張提了六次」、「章念馳看兩岸　政治對話不能急」、「分析習李對談　不是兄弟就免談」，旺報，2013 年 4 月 8 日，A5、A6、A7 版；「蕭會習　提出 16 字訣」，旺報，2013 年 4 月 9 日，A2、A3 版；中國國防白皮書＿中國網，「中國武裝力量的多樣化運用，2013 年 4 月，
　　〈http://big5.china.com.cn/gate/big5/news.china.com.cn/node_7181322.htm〉

分於人民大會堂「高規格」接待，目的是對內及對外宣示，其任內對兩岸關和平發展的高度重視並對馬政府給予兩岸政治對話及談判的期待與壓力。

關於兩岸關係方面，國務院總理李克強[104]亦於就任後第一次中外記者會上有所表示。其說明，「同胞」這個詞、這個理念在中華文化當中是根深蒂固的，「所謂打斷骨頭還連著筋，同胞之間、手足之情，沒有解不開的結。」，這些年兩岸關係向著和平發展的方向發展，兩岸合作的成果在不斷擴大。並強調，「只要維護一個中國、維護同胞之情，兩岸關係發展的空間和潛力巨大。」其保證，新一屆政府將會履行上屆政府的承諾，並且努力尋求新的合作支點，推動大陸進一步開放和發展當中，會更多的考慮台胞的福祉和利益。李克強最後還用比喻的方式呼籲，「大陸和台灣是我們共同的家園，把它一道維護好、建設好，使其花團錦簇，我想花好總有月圓時。」

除「連習會」外，四月初於海南舉行之博鰲論壇，習近

---

104 美國知名期刊《外交政策》於 2013 年年底，公布 2013 年全球百名思想家，李克強因「接受中國國內最大的經濟挑戰」，榮登第 14 名；國務院副總理王岐山因「堅持中國菁英也沒有超越法律的特權」，榮登第 15 名；國家發改委副主任解振華因「向國際展示氣候政策協議有可能達成」，榮登第 49 名。中國大陸共 8 人上榜，為歷來最多。其餘五名上榜者分別為，知名維權律師許志永（第 68 名，發起人民力量對抗腐敗）、浦志強（第 69 名，勇於面對薄熙來）、知名導演賈樟柯（第 122 名，用影像藝術說明不公如何滋生暴力。賈樟柯導演之《天注定》，透過人物的暴力行動來刻畫現今中國社會與中國人的生活面貌，榮獲第 66 屆坎城國際電影節最佳劇本獎等，原預定 2013 年 11 月於中國大陸上映，但卻遲遲沒有上映）、萬集團董事長王健林（第 127 名，夢想創建中國的好萊塢）、鼎暉投資基金創始人王功權（第 131 名，敢於挑戰中國商業菁英們的潛規則）。

平更以國家主席身分，邀請前副總統蕭萬長及前海基會董事長江丙坤等與會。會前雙方皆有共識，不談政治，積極思考兩岸經貿交流及區域整合等經貿議題。蕭習會中，習近平回應：

　　1、本著兩岸一家人，促進兩岸經濟合件；

　　2、加強經濟領域高層次對話協調，擴大 ECFA 框架下經合會功能；

　　3、盡早爭取年內簽署 ECFA 相關協議，可適時務實探討經濟共同發展區域合作進程相銜接的適當方式；

　　4、團結合作，共同致力中華民族復興。

（四）中國夢之實踐與習八條

1、中國夢

　　習近平於 2012 年 11 月 29 日參觀國家博物館時指出，實現中華民族偉大復興，就是中華民族近代以來最偉大的夢想。這個夢想，凝聚了幾代中國人的風範，體現了中華民族和中國人民的整體利益，是每一個中華兒女的共同期盼。其粗淺說明中國之三大寓意－對過去崢嶸歷史的深刻回顧、對現在繁榮昌盛的生動寫照、對未來科學發展的熱切期盼。[105]

　　習近平於 2013 年 3 月 17 日舉行之第十二屆全國人大一次會議閉幕會中更進一步表示：實現中國夢必須走中國道路（即中國特色社會主義道路）、必須弘揚中國精神（即以愛國主義爲核心之民族精神，以改革創新爲核心之時代精神）、必須凝聚中國力量。要堅持黨的領導、人民當家作主、依法

---

105 網易新聞，「習近平談 "中國夢" 的三大寓意」，2012 年 12 月 1 日，〈http://news.163.com/12/1201/16/8HLD2PFP00014AEE.html〉（2013/5/7）。

治國有機統一、堅持人民主體地位、擴大人民民主、推進依
法治國、堅持和完善人民代表大會制度的根本政治制度。隨
時傾聽人民呼聲、回應人民期待，保證人民平等參與、平等
發展權利，維護社會公平正義，在學有所教、老有所得、病
有所醫、老有所養、住有所居上持續取得新進展，朝著共同
富裕方向穩步前進。必須堅持立黨爲公、執政爲民，堅持黨
要管黨、從嚴治黨，全面加強黨的建設，不斷提高黨的領導
水平和執政水平、提高拒腐防變和抵禦風險能力。堅定理想
信念，始終把人民放在心中最高的位置，弘揚黨的光榮傳統
和優良作風，堅決反對形式主義、官僚主義，堅決反對享樂
主義、奢靡之風，堅決同一切極腐敗現象作鬥爭，永保共產
黨人政治本色，矢志不移爲黨和人民事業而奮鬥。[106]

　　而人民日報於習近平該次談話後，連九天刊載關於中國
夢之評論，更加具體化中國夢之內容，摘要其內容如下：
（1）滿懷信心走好中國道路[107]
　　實現民族復興的中國夢，是近代以來中華民族肩負的歷

106　「習近平：真誠盼兩岸共圓中國夢」，聯合報，民國一〇二年二月二十
　　六日，A4 版；人民網，「習近平在全國人大閉幕會上講話談中國夢（全
　　文）」，2013 年 3 月 17 日，
　　〈http://bj.people.com.cn/n/2013/0317/c349760-18308059.html〉
　　（2013/5/7）；鳳凰網，「習近平闡述中國夢：人民共享人生出彩的機
　　會」，2013 年 3 月 18 日，
　　〈http://news.ifeng.com/mainland/special/2013lianghui/content-3/detail_20
　　13_03/18/23198624_0.shtml〉（2013/5/7）。
107　人民日報，「滿懷信心走好中國道路 —— 一論同心共築中國夢」，2013
　　年 3 月 19 日，
　　〈http://opinion.people.com.cn/n/2013/0319/c1003-20831001.html〉
　　（2013/5/7）。

史使命。中華民族五千多年深厚歷史淵源和廣泛現實基礎，使中國道路展現出旺盛的生命力，極大地增強了十三億人民的民族自信心和自豪感。而正是這條道路，把中國送到世界第二大經濟體的位置，連續三十多年保持近 10%的經濟成長，城鄉居民收入增長三十倍以上；正是這條道路，讓我們十年間構築起一些西方國家近百年才完成的基本社保網，不到二十年內就為全球減貧事業做出超過 70%的貢獻，讓我們比歷史上任何時候都切近民族復興的偉大夢想。而越是在這樣艱辛的時刻，越需要滿懷信心、振奮精神、凝聚力量，沿著中國道路堅定不移地走下去。

　　中國夢，是人民的夢。人民是實現中國夢的根本依靠，十三億人民同心共築中國夢，實現夢想的力量就無比強大。滿懷信心走好這條道路，心往一處想，勁往一處使，十三億人的智慧和力量就必定能匯集起不可戰勝的磅礴力量，把歷經苦難而又生生不息的中華民族送達夢想的彼岸，讓每個人在「國家好，民族好，大家才會好」的歷史邏輯中夢想成真。

（2）高揚凝心聚力的中國精神[108]

　　於改革發展的火熱實踐中，靠什麼凝聚社會共識、激發創造活力？「實現中國夢必須弘揚中國精神。這就是以愛國主義為核心的民族精神，以改革創新為核心的時代精神。」實現中國夢，要求我們不僅在物質上強大起來，也要在精神

108　人民日報，「高揚凝心聚力的中國精神－二論同心共築中國夢」，2013年 3 月 20 日，
　　〈http://theory.people.com.cn/n/2013/0320/c49150-20846829.html〉
　　（2013/5/7）。

上強大起來。

　　中華文明源遠流長，中國精神生生不息，成爲照耀我們民族奮勇前進的不滅燈塔。而愛國主義始終是把中華民族堅強團結在一起的精神力量、改革創新始終是激勵我們在時代發展中與時俱進的精神力量。改革沒有完成時，站在新起點上的中國，無論是衝破思想觀念障礙或是打破利益固化藩籬，無論是破解發展難題或是釋放改革紅利，都需要繼續發揚改革創新精神。

（3）凝聚不可戰勝的中國力量[109]

　　有夢想才有目標，有希冀才會奮鬥。不論是國家民族或是個人家庭，夢想都是保持生機、激發活力的源泉。「實現中國夢必須凝聚中國力量」，每個人的前途命運都與國家民族緊緊相連，億萬中國人組成的是一個「命運共同體」，中國夢必須「緊緊依靠人民來實現」。

　　什麼是中國力量？就是中國各族人民大團結的力量，就是十三億人心往一處想、勁往一處使，匯集起來的力量。通向理想的道路注定不是坦途，每個人都可能會與國家社會一起，經歷追夢之旅的曲折和辛勞，可能會有抱怨、有糾結，但凝聚起不可戰勝的中國力量、完成民族復興征程上的接力，是我們這一代人的使命，更是我們這一代人光榮。

（4）以發展築牢夢想根基[110]

109　人民日報，「凝聚不可戰勝的中國力量－三論同心共築中國夢」，2013年3月21日，
　　〈http://opinion.people.com.cn/n/2013/0321/c1003-20859158.html〉
　　（2013/5/7）。
110　人民日報，「以發展築牢夢想根基 —— 四論同心共築中國夢」，2013

　　夢想要激發力量、鼓勵奮鬥，離不開現實的深厚基礎；夢想要開花結果、落地生根，更有賴於現實的強力支撐。要堅持發展是硬道理的戰略思想，不斷充實實現中國夢的物質文化基礎，而加快經濟社會發展正是實現中國夢的必然要求和根本途徑。

　　偉大的夢想，源於現實的土壤。從新中國「站起來」，到改革開放「富起來」，再到新世紀「強起來」，奧運夢、世博夢終於夢想成真，我們聽到中國夢漸行漸遠的鏗鏘足音。只有通過不斷發展，才能讓夢想成為現實。我們深知，前行的道路還存在各種風險，而基本國情、主要矛盾、國際地位「三個沒有變」，中國夢依然在路上。

　　要以發展解決「發展起來以後的問題」，從轉變發展方式、調整產業結構到保護環境建設「美麗中國」，從豐富群眾文化生活到保障人民基本權益，不斷充實實現中國夢的物質文化基礎。

　　梁啓超於《新中國未來記》寫道：無端忽作太平夢，放眼崑崙絕頂來。實現民族復興主義，是無數中華兒女的百年夢想，經歷了艱辛探索和不懈奮鬥，中國人民比以往任何時候都更加清醒地認識到一個顛簸不破的真理－發現才能自強，實幹才能興邦。

（5）民生改善是夢想最好的詮釋[111]

年 3 月 22 日，
〈http://theory.people.com.cn/n/2013/0322/c40531-20876311.html〉
（2013/5/7）。

111　人民日報，「民生改善是夢想的最好詮釋 — 五論同心共築中國夢」，
2013 年 3 月 25 日，

　　共築中國夢，需要經濟社會的不斷發展，需要民生的持續改善，這是復興之木、夢想之基。隨時傾聽人民呼聲、回應人民期待，使發展成果更多、更公平惠及全體人民，朝著共同富裕方向穩步前進。習近平之重要講話，闡明了中國夢的豐富內涵，突顯出民生工作和社會管理在實現中國夢過程中極其重要的作用。

　　中國夢是對公平正義的嚮往、對改善生活的渴望。中國夢不是空中樓閣。夢想成真，民生改善是最好詮釋。將國家的發展落腳在所有人的共同發展上，將夢想的力量凝聚在共同富裕的旗幟下，未來中國定能以穩健有力的步伐，在民族復興夢想的道路上踏實前行。

（6）和世界共發展，與世界同分享[112]

　　當中華民族的巨大航船，穿越歷史的波濤，駛向復興的彼岸，整個世界都在關注：中國之夢，將怎樣在風雲變幻的國際局勢中展開？走向復興的中國又會帶給世界什麼？

　　與世界共發展，是中國夢獨具特色的重要內涵。在各國的交流合作中，始終追求良性互動、互利互贏。無論是開放市場、引進技術、吸引投資，實現三十多年多日新月異的跨越式發展，還是積極參與全球經濟治理，共同抵禦亞洲金融風暴和國際金融危機，我們都著眼於取長補短、合作共贏，

〈http://opinion.people.com.cn/n/2013/0325/c1003-20898464.html〉（2013/5/7）。

112　人民日報，「和世界共發展 與世界同分享 —— 六論同心共築中國夢」，2013 年 3 月 26 日，
〈http://opinion.people.com.cn/n/2013/0326/c1003-20911786.html〉（2013/5/7）。

把世界的機運轉變為中國的機運，把中國的機運轉變為世界的機運。倡導不同文明開展對話、彼此包容，推動不同社會制度和發展模式相互借鑒、共同發展，未來的道路上，中國夢必將進一步煥發出中華文明的獨特魅力。

中國夢是復興之夢、發展之夢，也是和諧之夢、和平之夢。堅持和平發展，是實現中華民族偉大復興的必由之路。

（7）中國夢歸根到底是人民的夢[113]

「中國夢歸根到底是人民的夢，必須緊緊依靠人民來實現，必須不斷為人民造福。」國家富強、民族振興、人民幸福，中國夢勾勒出的美好的圖景，最終統一於人民夢的歷史語境。在中國夢的雄壯交響中，無論是實現國家民族的繁榮富強或是追求普通個體的幸福生活，實現「人的全面發展」始終是最催人奮進的旋律。

在這個意義上，「宏大敘事」的國家夢，也是「具體而微」的個人夢。人人都有追夢的權利，也都是夢想的築造者。正如習近平所說，中國夢的實現「必須緊緊依靠人民」。每個人的自由發展是一切自由發展的條件，個體夢想的實現，正是國家夢想的重要前提和必備條件。

（8）在黨的引領下匯聚圓夢力量[114]

113 人民日報，「中國夢歸根到底是人民的夢 —— 七論同心共築中國夢」，2013 年 3 月 27 日，〈http://opinion.people.com.cn/n/2013/0327/c1003-20926067.html〉（2013/5/7）。
114 人民日報，「在黨的引領下匯聚圓夢力量 —— 八論同心共築中國夢」，2013 年 3 月 28 日，〈http://opinion.people.com.cn/n/2013/0328/c1003-20944175.html〉（2013/5/7）。

　　追求夢想，離不開正確的方向；團結奮鬥，更需要引領的力量。「中國共產黨是領導和團結全國各族人民建設中國特色社會主義偉大事業的核心力量，肩負著歷史重任，經受著時代考驗。」而我國革命、建設的實踐反覆告訴我們，辦好中國事、實現中國夢，關鍵在黨。作為中華號巨輪的掌舵者，把國家建設得更好、讓人民生活得更好，是中國共產黨人的永恆目標。

　　今天的中國，機遇和挑戰前所未有，改革與發展不進則退。堅定理想信念，大力改進作風，有「如履薄冰、如臨深淵」的自覺，有勇挑重擔、敢涉險灘的精神，每一個黨員都夙夜在公、勤勉工作，必將匯集起不可戰勝的磅礴力量。從帶領中國人民「站起來」，到改革開放讓人民「富起來」，再到建成全面小康讓十三億人「幸福起來」，立黨為公、執政為民，是我們黨矢志不渝的追求，是加強和改善黨領導的基本動力。在實現中國夢的新征程上，一個信仰的堅定、堅強有力、清正廉潔的黨，必將團結帶領全國各族人民開創更加美好的未來。

（9）擔起我們這代人的使命[115]

　　有夢想就有希望，有信念就有力量。實現中華民族偉大復興的中國夢，就是要實現國家富強，民族振興、人民幸福。從 1925 年毛澤東在《政治周報》發刊詞中寫下「為了使中華

---

115 人民日報，「擔起我們這代人的使命 —— 九論同心共築中國夢」，2013年 3 月 29 日，
　　〈http://theory.people.com.cn/n/2013/0329/c49150-20959177.html〉
　　（2013/5/7）。

民族得到解放，為了實現人民的統治，為了使人民得到經濟的幸福」，到習近平反覆強調「接過歷史的接力棒」、「再接再勵、一往無前」、「國家富強、民族復興、人民幸福」一脈相承，始終都貫穿著共產黨人奮鬥的夢想。

一百年前國人只能在小說中幻想萬國博覽會，一百年後千萬遊客穿過小說裡虛構夢想的跨江大橋和地鐵隧道走進世博中國館。三十年前中國沒有一公里的高速公路，今天中國高速里程位居世界第二。我們用二十多年時間走過西方近百年的義務教育普及之路，用十年時間編織起世界上最大的全民醫保網。

曾經遙不可及的夢想，正在我們的團結奮鬥中不斷靠近。兩個一百年目標，已是「望得見桅杆尖頭了」的航船，是「已見光芒四射噴薄而出」的紅日。穿過兩個百年目標，已經能看到一個富強民主文明和諧的新中國。沿著中國特色主義道路同心共築中國夢，我們這代人能不負歷史責任、擔起時代使命，為中華民族迎來一個更好的明天。

2、習八條[116]

習近平於 2012 年 12 月 4 日召開的中共中央政治局會中提出八項規定（簡稱習八條），該次會議分析研究了 2013 年經濟工作，並審議中央政治局關於改進工作作風、密切聯

116　中國經濟網，「中共中央政治局"八大規定"改作風　網友：重在落實」，2012 年 12 月 5 日，
〈http://views.ce.cn/view/ent/201212/05/t20121205_23909513.shtml〉
（2013/5/10）；新浪網新聞中心，「政治局八大新規力促改進作風」，2012 年 12 月 5 日，
〈http://news.sina.com.cn/o/2012-12-05/073925733868.shtml〉（2013/5/10）。

繫群眾的方法。具體內容如下：

（1）中央政治局全體同治要改進調查研究，到基層要深入了解真實情況，總結經驗、研究問題、解決困難、指導工作，向群眾學習、向實踐學習，多同群眾座談，多同幹部談心，多商量討論，多解剖典型，多到困難和矛盾集中、群眾意見多的地方去，切忌走過場、搞形式主義；要輕車簡從，減少陪同、簡化接待，不張貼懸掛標語橫幅，不安排群眾迎送，不鋪設迎賓地毯，不擺放花草，不安排宴請。

（2）精簡會議活動，切實改進會風，嚴格控制以中央名義召開的各類全國性會議和舉行的重大活動，不開泛泛部署工作和提要求的會，未經中央批准一律不出席各類剪綵、奠基活動和慶祝會、紀念會、表彰會、博覽會、研討會及各類論壇；提高會議實效，開短會、講短話，力戒空話、套話。

（3）精簡文件簡報，切實改進文風，沒有實質內容、可發可不發的文件、簡報一律不發。

（4）要規範出訪活動，從外交工作大局需要出發合理安排出訪活動，嚴格控制出訪隨行人員，嚴格按規定乘坐交通工具，一般不安排中資機構、華僑華人、留學生代表等到機場迎送。

（5）要改進警衛工作，堅持有利於聯繫群的原則，減少交通管制，一般情況下不得封路、不清場閉館。

（6）要改進新聞報導，中央政治局同志出席會議和活動應根據工作需要、新聞價值、社會效果決定是否報導，進一步壓縮報導的數量、字數、時長。

（7）要嚴格文稿發表，除中央統一安排外，個人不公開

出版著作，講話單行本，不發賀信賀電，不題詞、題字。

（8）要厲行勤儉節約，嚴格遵守廉潔從政有關規定，嚴格執行住房、車輛配備等有關工作和生活待遇的規定。

會議強調，制定這方面的規定，指導思想就是從嚴要求，體現從嚴治黨。各地區各部門要嚴格執行本規定，每年年底對執行情況進行專項檢查，中央辦公廳、國務院辦公廳要定期督促檢查，每年年底通報執行情況，並向中央政治局常委會議、中央政治局會議匯報執行情況，對違反規定的要進行處理。

央視評論，八項規定既扎實又具體，讓老百姓一下子就看到了黨、中央政治局真心實意改進作風、貼近百姓的誠意和決心。其身正，不令而行。要求別人做的自己首先要做到，要求別人不做的自己堅決不做。中央政治局已為全國各級領導幹部作出了表率。

（五）大掃除治「四風」[117]

習近平 2013 年 6 月 18 日，於北京召開的中共「黨的群眾路線教育實踐活動」工作會議上表示，中國共產黨現今面臨精神懈怠、能力不足、脫離群眾、消極腐敗等四大危險，而脫離群眾的現象，表現在形式、官僚、享樂主義和奢靡之風。他預告將進行一次黨內大掃除、大檢修。

習近平強調，人心向背關係黨的生死存亡。黨只有始終與人民心連心、同呼吸、共命運，始終依靠人民推動歷史前

---

117 「習近平警示　大掃除治四風」，旺報，民國一○二年六月十九日，第 A8 版。

進，才能做到堅如磐石。

（六）李克強約法三章：
中央政府帶頭做起，一級做給一級看[118]

大陸國務院總李克強於 2013 年 3 月 17 日舉行其上任後第一次中外記者會時，宣示本屆政府的「約法三章」：

1、政府性的樓堂館所一律不得新建。

2、財政供養的人員只減不增。

3、公費接待、公費出國、公費購車只減不增。

並強調中央政府要帶頭做起，一級做給一級看，「要把權力塗上防腐劑」，只能爲公，不能私用。

李克強特別強調，「改革貴在行動，喊破嗓子，不如甩開脖子。」改革進入深水區，也可說是攻堅期，的確是因爲它要觸動固有的利益格局。現在要觸動利益往往比觸及靈魂還難。並說，一定要使「明規則」戰勝「潛規則」。

中國一至二月的財政收入增幅僅 1.6％，李克強說，要用簡樸的政府來取信於民，要讓人民過上好日子，政府就過緊日子。財政再保持高速增長的收入態勢已不可能，但民生支出是剛性的，只能增不能減，那就需要削減政府開支。

---

118 「反腐《約法三章》　新政府帶頭減支」，中國時報，民國一〇二年三月十八日，第 A11 版；新華網，「李克強：打造經濟升級版 讓人民過好日子」，2013 年 3 月 18 日，
〈http://big5.xinhuanet.com/gate/big5/news.xinhuanet.com/2013-03/18/c_124469269.htm〉（2013/5/13）中國共產黨新聞網，「"約法三章"開啓廉潔政府建設新征程」，2013 年 3 月 26 日，
〈http://fanfu.people.com.cn/n/2013/0326/c64371-20918512.html〉（2013/5/13）。

　　並指出，腐敗和政府的信譽應該說是水火不容，政府反腐的決心和意志應該是堅定不移的，要建立和完善不能貪、不敢貪的反腐機制，讓腐敗份子受到嚴懲，絕不手軟。

（七）全面深化改革

　　2013 年 11 月 12 日，中國共產黨第十八屆中央委員會第三次全體會議通過「中共中央關於全面深化改革若干重大問題的決定」，全文約 2 萬字，涵蓋 15 個領域、60 個具體任務，及習近平對於該決定之說明，摘要如下：

1、中共中央關於全面深化改革若干重大問題的決定[119]

（1）經濟制度－積極發展混合所有制經濟

　　積極發展混合所有制經濟。國有資本、集體資本、非公有資本等交叉持股、相互融合的混合所有制經濟，是基本經濟制度的重要實現形式，有利於國有資本的放大功能、保值增值、提高競爭力，有利於各種所有制資本取長補短、相互促進、共同發展。允許更多國有經濟和其他所有制經濟發展成爲混合所有制經濟。國有資本投資項目允許非國有資本參股。允許混有所有制經濟實行企業化員工持股，形成資本所有者和勞動者利益共同體。

　　完善國有資產管理體制，以管資本爲主加強國有資產監管，改革國有資本授權經營體制，組建若干國有資本運營公司，支持有條件的國有企業改組爲國有資本投資公司。國有資本投資運營要服務於國家戰略目標，更多投向關係國家安

---

119 東江時報，「《中共中央關於全面深化改革若干重大問題的決定》摘要」，2013 年 11 月 16 日，A2、A3 版。

全、國民經濟命脈的重要行業和關鍵領域，重點提供公共服務、發展重要前瞻性戰略性產業、保護生態環境、支持科技進步、保障國家安全。

　　劃轉部分國有資本充實社會保障基金。完善國有資本經營預算制度，提高國有資本收益上繳公共財政比例，2020年提到百分之三十，更多用於保障和改善民生。

（2）稅收制度 —— 加快房地產稅立法並適時推進改革

　　完善稅收制度。深化稅收制度改革，完善地方稅體系，逐步提高直接稅比重。推進增值稅改革，適當簡化稅率。調整消費稅徵收範圍、環節、稅率，把高耗能、高污染產品及部分高檔消費品納入徵收範圍。逐步建立綜合與分類相結合的個人所得稅制。加快房地產稅立法並適時推進改革，加快資源稅改革，推動環境保護費改稅。

　　按照統一稅制、公平稅負、促進公平競爭的原則，加強對稅收優惠特別是區域稅收優惠政策的規範管理。稅收優惠政策統一由專門稅收法律法規規定，清理規範稅收優惠政策。完善國稅、地稅徵管體制。

（3）農民財產權利－改革完善農村宅基地制度

　　賦予農民更多財產權利。保障農民集體經濟組織成員權利，積極發展農民股份合作，賦予農民對集體資產股份占有、收益、有償退出及抵押、擔保、繼承權。保障農民戶宅基地用益物權，改革完善農村宅基制度，選擇若干試點，慎重穩妥推進農民住房財產權抵押、提保，轉讓，探索農民增加財產性收入渠道。建立農村產權流轉交易市場，推動農村產權流轉交易公開、公平、規範運行。

（4）戶籍制度改革－全面放開建制鎮和小城市落戶限制

　　完善城鎮化健康發展體制機制。堅持走中國特色新型城鎮化道路，推進以人爲核心的城鎮化，推動大中小城市和小城鎮協調發展、產業和城鎮融合發展，促進城鎮化和新農村建設協調推進。優化城市空間結構和追理格局，增強城市綜合承載能力。

　　推進城市建設管理創新。建立透明規範的城市建設融資機制，允許地方政府通過發債等多種方式拓寬城市建設融資渠道，允許社會資本通過特許經營等方式參與城市基礎設施投資和營運，研究建立城市基礎設施、住宅政策性金融機構。完善設市標準，嚴格審批程序，對具備行政區劃調整條件的縣可有序改市。對吸納人口多、經濟實力強的鎮，可賦予同人口和經濟規模相適應的管理權。建立和完善跨區域城市發展協機制。

　　推進農業轉移人口市民化，逐步把符合條件的農業轉爲城鎮居民。創新人口管理，加快戶籍制度改革，全面放開建制鎮和小城市落戶限制，有序放開中等城市落戶限，合理確定大城市落戶條件，嚴格控制特大城市人口規模。穩步推進城鎮基本公共服務常住人口全覆蓋，把進城落戶農民完全納入城鎮住房和社會保障體系，在農村參加的養老保險和醫療保險規範接入城鎮社保系。建立財政轉移支付同農業轉移人口市民化掛勾機制，從嚴合理供給城市建設用地，提高城市土利用率。

（5）行政執法體制改革－完善行政執法與刑事司法銜接制

　　深化行政執法體制改革。整合執法主體，相對集中執法

權，推進綜合執法，著力解決權責交叉、多頭執法問題，建立權責統一、權威高效的行政執法體制。減少行政執法層級，加強食品藥品、安全生產、環境保護、勞動保障、海域海島等重點領域基層執法力量。理順城管執法體制，提高執法和服務水平。

完善行政執法程序，規範執法自由裁量權，加強對行政執法的監督，全面落實行政執法責任制和執法經費和財政保障制度，做到嚴格規範公正文明執法。減少行政執法層級，加強食品藥品、安全生產、環境保護、勞動保障、海域海島等重點領域基層執法力量。完善行政執法與刑事司法銜接機制。

（6）人權司法保障－廢止勞動教養制度，減少適用死刑罪名

完善人權司法保障制度。國家尊重和保障人權。進一步規範查封、扣押、凍結、處理涉案財物的司法程序。健全錯案防止、糾正、責任追究機制，嚴禁刑訊逼供、體罰虐待，嚴格實行非法證據排除規則。逐步減少適用死刑罪名。

廢止勞動教養制度，完善對違法犯罪行為的懲治知矯正法律，健全社區矯正制度。

健全國家司法救助制度，完善法律援助度。完善律師執業權利保障機制和違法違規執業懲戒制度，加強職業道德建設，發揮律師在依法維護公民和法人合法權益方面的重要作用。

（7）反腐 — 健全反腐敗領導體制和工作機制

加強反腐敗體制機制創新和制度保障。加強黨對黨風廉政建設和反腐敗工作統一領導。改革黨的紀律檢查體制，健全反腐敗領導體制，改革和完善各級反腐敗領導體制工作機制，改革和完善各級反腐敗協調小組職能。

　　落實黨風廉政建設責任制，黨委負主體責任，紀委負監督責任，制定實施切實可行的責任追究制度。各級紀委要履行協助黨委加強黨風建設和組織協調反腐敗工作的職責，加強對同級黨委特別是常委會成員的監督，更好發揮黨內監督專門機關作用。

　　推動黨的紀律檢查工作雙重領導體制具體化、程序化、制度化，強化上級紀委對下級紀委的領導。查辦腐敗案件以上級紀委領導為主，線索處置和案件查辦在同級黨委報告的同時必須向上級紀委報告。各級紀委書記、副書記的提名和考察以上級紀委會同組織部門為主。

　　全面落實中央紀委向中央一級黨和國家機關派駐紀檢機構，實行統一名稱、統一管理。派駐機構對派出機關負責，履行監督職責。改進中央和省區市巡視制度，做到對地方、部門、企事業單位全覆蓋。

　　健全反腐倡廉法規制度體系，完善懲治和預防腐敗、防控廉政風險、防止利益衝突、領導幹部報告個人有關事項、任職迴避方面法律法規，推行新提任領導幹部有關事項公開制度試點。健全民主監督、法律監督、輿論監督機制，運用和規範互聯網監督。

（8）改進作風 —— 不准多處占用住房，探索實行官邸制

　　健全改進作風常態化制度。圍繞反對形式主義、官僚主義、享樂主義和奢靡之風，加快體制機制改革和建設。健全領導幹部帶頭改進作風、深入基層調查研究機制，完善直接聯繫和服務群眾制度。改革會議公文制度，從中央做起帶頭減少會議、文件，著力改進會風文風。健全嚴格的財務預算、

核准和審計制度，著力控制「三公」經費支出和樓堂館所建設。改革政績考核機制，著力解決「形象工程」、「政績工程」以及不作為、亂作為等問題。

　　規範嚴格執行領導幹部工作生活保障制度，不准多處占用住房和辦公用房，不准超標準配備辦公用房和生活用房，不准違規配備公車，不准違規配備秘書，不准超規格警衛，不准超標準進行公務接待，嚴肅查處違反規定超標準享受待遇等問題。探索實行官邸制。

　　完善並嚴格執行領導幹部親屬經商、擔任公職和社會組織職務、出國定居等相關制度規定，防止領導幹部利用公共權力或自身影響為親屬和其他特定關係人謀取私利，堅決反對特權思想和作風。

（9）教育領域綜合改革－全面統考減少科目，不分文理科

　　深化教育領域綜合改革。全面貫徹黨的教育方針，堅持立德樹人，加強社會主義核心價值體系教育，完善中華優秀傳統文化教育，形成愛學習、愛勞動、愛祖國活動的有效形式和長效機制，增強學生社會責任感、創新精神、實踐能力。強化體育課和課外鍛鍊，促進青少年身心健康、體魄強健。改進美育教學，提高學生審美和人文素養。大力促進教育公平，健全家庭經濟困難學生資助體系，構建利用信息化手段擴大優質教育資源覆蓋面的有效機制，逐步縮小區域、城鄉、校際差距。統籌城鄉義務教育資源均衡配置，實行公辦學校標準化建設和校長教師交流輪崗，不設重點學校重點班，破解擇校難題，標本兼治減輕學生課業負擔。加快現代職業教育體系建設，深化產教融合、校企合作，培養高素質勞動者

和技能型人才。創新高校人才培養機制，促進高校辦出特色爭創一流。推進學前教育、特殊教育、繼續教育改革發展。

推進考試招生制度改革，探索招生和考試相對分離、學生考試多次選擇、學校依法自主招生、專業機構組織實施、政府宏觀管理、社會參與監督的運行機制，從根本上解決一考定終身的弊端。義務教育免試就近入學，試行學區制和九年一貫對口招生。推行初高中學業水平考試和綜合素質評價。加快推進職業院校分類招考或註冊入學。逐步推行普通高校基於統一高考和高中學業水平考試成績的綜合評價多元錄取機制。探索全國統考減少科目、不分文理科、外語等科目社會化考試一年多考。試行普通高校、高職院校、成人高校之間學分轉換，拓寬終身學習通道。

深入推進管辦評分離，擴大省級政府教育統籌權和學校辦學自主權，完善學校內部治理結構。強化國家教育督導，委託社會組織開展教育評估監測。健全政府補貼、政府購買服務、助學貸款、基金獎勵、捐資激勵等制度，鼓勵社會力量興辦教育。

（10）收入分配秩序－調節過高收入，清理規範隱性收入

形成合理有序的收入分配格局。著重保護勞動所得，努力實現勞動報酬增長和勞動生產率提高同步，提高勞動報酬在初次分配中的比重。健全工資決定和正常增長機制，完善最低工資和工資支付保障制度，完善企業工資集體協商制度。改革機關事業單位工資和津貼補貼制度，完善艱苦邊遠地區津貼增長機制。健全資本、知識、技術、管理等由要素市場決定的報酬機制。擴展投資和租賃服務途徑，優化上市

公司投資者回報機制，保護投資者尤其是中小投資者合法權益，多渠道增加居民財產性收入。

　　完善以稅收、社會保障、轉移支付為主要手段的再分配調節機制，加以稅收調節力度。建立公共資源出讓收益合理共享機制。完善慈善捐助減免稅制度，支持慈善事業發扶貧濟困積極作用。

　　規範收入分配秩序，完善收入分配調節體制機制和政策體系，建立個人收入和財產信息系統，保護合法收入，調節過高收入，清理規範性收入，取締非法收入，增加低收入者收入，擴大中等收入者比重，努力縮小城鄉、區域、行業收入分配差距，逐步形成橄欖型分配格局。

（11）社會保障制度－適時適當隱低社會保險費率

　　建立更加公平可持續的社會保障制度。堅持社會統籌和個人帳戶相結合的基本養老保險制度，完善個人帳戶制度，健全多繳多得激勵機制，確保參保人權益，實現基礎養老金全國統籌，堅持精算平衡原則。推進機關事業單位養老保險制度改革。整合城鄉居民基本養老保險制度、基本醫療保險制度。推進城鄉最低生活保障制度統籌發展。建立健全合理兼顧各類人員的社會保障待遇確定和正常調整機制。完善社會保險關係轉移接續政策，擴大參保繳費覆蓋面，適時適當降低社會保險費率。研究制定漸進式延遲退休年齡政策。加快健全社會保障體制和經辦服務體系。健全符合國情的住房保障和供應體系，建立公開規範的住房公積金制度，改進住房公積金提取，使用、監管機制。

　　健全社會保障財政投入制度，完善社會保障預算制度。

加強社會保險基金投資管理和監督，推進基金市場化、多元化投資運營。制定實施免稅、延期徵稅等優惠政策，加快發展企業年金、職業年金、商業保險，構建多層次社會保障體系。

　　積極應對人口老齡化，加快建立社會養老服務體系和發展老年服務產業，健全殘疾人權益保障。困境兒童分類保障制度。

（12）醫藥衛生體制－鼓勵社會辦醫，改革醫保支付方式

　　深化醫藥衛生體制改革。統籌推進醫療保障、醫療服務、公共衛生、藥品供應、監管體制綜合改革。深化基層醫療機構綜合改革，健全網絡化城鄉基層醫療衛生服務運行機制。加快公立醫院改革，落實政府責任，建立科學的醫療績效評價機制和適應行業特點的人才培養、人事薪酬制度。完善合理分級診療模式，建立社區醫生和居民契約服務關係。充分利用信息化手段，促進優質醫療資源縱向流動。加強區域公共衛生服務資源整合。取消以藥補醫，理順醫藥價格，建立科學補償機制。改革醫保支付方式，健全全民醫保體系。加快健全重特大疾病醫療保險和救助制度。完善中醫藥事業發展政策和機制。

　　鼓勵社會辦醫，優先支持舉辦非營利性醫療機構。社會資金可直接投向資源稀缺及滿足多元需求服務領域，多種形式參與公立醫院改制重組。允許醫師多點執業，允許民辦醫療機構納入醫保定點範圍。

　　堅持計劃生育的基本國策，啟動實施一方是獨生子女的夫婦可生育兩個孩子的政策，逐步調整完善生育政策，促進人口長期均衡發展。

（13）信訪制度 ── 實行網上受理信訪制度

　　創新有效預防和化解社會矛盾體制。健全重大決策社會穩定風險評估體制。建立暢通有序的訴求表達、心理干預、矛盾調處、權益保障機制，使群眾問題能反映、矛盾能化解、權益有保障。

　　改革行政復議體制，健全行政復議案件審理機制，糾正違法或不當行政行為。完善人民調解、行政調解、司法調解聯動工作體系，建立調處化解矛盾糾紛綜合機制。

　　改革信訪工作制度，實行網上受理信訪制度，健全及時就地解決群眾合理訴求機制。把涉法涉訴信訪納入法治軌道解決，建立涉法涉訴信訪依法終結制度。

（14）公共安全體系－建立食品原產地可追溯、標識制度

　　健全公共安全體系。完善統一權威的食品藥品安全監管機構，建立最嚴格的覆蓋全過程的監管制度，建立食品原產地可追溯制度和質量標識制度，保障食品藥品安全。深化安全生產管理體制改革，建立隱患排查治理體系和安全預防控制系，遏制重特大安全事故。健全防災減災救災體制。加強社會治安綜合治理，創新立體化社會治安防控體系，依法嚴密防範和懲治各類違法犯罪活動。

　　堅持積極利用、科學發展、依法管理、確保安全的方針，加大依法管理網力度，加快完善互聯網管理體制，確保國家網路和信息安全。

　　設立國家安全委員會，完善國家安全體制和國家安全戰略，確保國家安全。

（15）生態保護紅線 ── 建立生態環境損害責任終身追究制

　　劃定生態保護紅線。堅定不移實施主體功能區制度，建立國土空間開發保護制度，嚴格按照主體功能區定位推動發展，建立國家公園體制。建立資源環境承載能力監測預警機制，對水土資源、環境容量和海洋資源超載區域實行限制性措施。對限制開發區域和生態脆弱的國家扶貧開發工作重縣取消地區生產總值考核。

　　探索編制自然資源資產負責表，對領導幹部實行自然資源資產離任審計。建立生態環境損害責任終身追究制。

2、關於「中共中央關於全面深化改革若干重大問題的決定」的說明

　　習近平受中央政治局委託，就上開決定作出以下三大點說明，簡要摘述如下[120]：

（1）關於全會決定起草過程

　　改革開放以來歷次三中全會都研究討論深化改革問題，都是在釋放一個重要信號，就是我們黨堅定不移高舉改革開放的旗幟，堅定不移堅持黨的十一屆三中全會以來的理論和路線方針政策。說到底，就是要回答在新的歷史條件下舉什麼旗，走什麼路的問題。

　　黨的十八屆三中全會以全面深化改革為主要議題，是我們黨堅持以鄧小平理論、「三個代表」重要思想、科學發展觀為指導，在新形勢下堅定不移貫徹黨的基本路線、基本綱領、基本經驗、基本要求，堅定不移高舉改革開放大旗的重要宣示和重要體現。

---

120 惠州日報，「關於《中共中央關於全面深化改革若干重大問題的決定》的說明」，2013 年 11 月 16 日，A4 版。

　　文件起草組成立以來，在將近七個月的時間裡，廣泛徵求意見，開展專題論證，進行調查研究，反覆討論修改。其間，中央政治局常委會會議三次、中央政治局會議兩次分別審議決定，決定徵求意見稿還下發黨內一定範圍徵求意見，徵求黨內老同志意見，專門聽取各民主黨派中央、全國工商聯負責人和無黨派人士意見。

　　在徵求意見過程中，各方面共提出了許多好的意見和建議。中央責成文件起草組認真整理研究這些意見和建議，文件起草組對全會決定作出重要修改。

　　（2）關於全會決定的總體框架和重點問題

　　①使市場在資源配置中起決定性作用、發揮政府作用

　　1992年，黨的十四大提出了我國經濟體制制度改革的目標是建立社會主義市場經濟體制，提出要使市場在國家宏觀調控下對資源配置起基礎性作用。

　　經過二十多年實踐，我國社會主義市場經濟體制已經初步建立，但仍存在不少問題，主要是市場秩序不規範，以不正當手段謀取經濟利益的現象廣泛存在；生產要素市場發展延滯後，要素閒置和大量有效需求得不到滿足併存；市場規則不統一，部門保護主義和地方保護主義大量存在；市場競爭不充分，阻礙優勝劣汰和結構調整，等等。這些問題不解決好，完善的社會主義市經濟體制是難以形成的。

　　進一步處理好在政府和市場關係，實際上就是要處理好在資源配置中，市場起決定性作用還是政府起決定性作用這個問題。經濟發展就是要提高資源尤其是稀缺資源的配置效率，以盡可能少的資源投入生產盡可能多的產品、獲得盡可

能大的效益。理論和實踐都證明，市場配置資源是最有效率的形式。市場決定資配置是市場經濟的一般規律，市場經濟本質上就是市場決定資源配置的經濟。健全社會主義市場經濟體制必須遵循這條規律，著力解決市場體系完善、政府干預過多和監管不到位問題。作出「使市場在資源配置中起決定性用」的定位，有利於在全黨全社會樹立關於政府和市場關係的正確觀念，有利於轉變經濟發展方式，有利於轉變職能，有利於抑制消極腐敗現象。

全會決定對健全宏觀調控體系、全面正確履行政府職能、優化政府組織結構進行了部署，強調政府的職責和作用主要是保持宏觀經濟穩定，加強和優化公共服務，保障公平競爭，加強市場監管，維護市場秩序，推動可持續發展，促進共同富裕，彌補市場失靈。

②堅持和完善基本經濟制度

改革開放以來，我國所有制結構逐步調整，公有制經濟和非公有制經濟在發展經濟、促進就業等方面的比重不斷變化，增強了經濟社會發展活力。在這種情況下，如何更好體現和堅持公有制主體地位，進一步探索基本經濟制度有效實現形式，是擺在我們面前的一個重大課題。

全會決定堅持和發展黨的十五大以來有關論述，提出積極發展混合所有制經濟，強調國有資本、集體資本、非公有資本等交叉持股、相互融合的混合所有制經濟，是基本經濟制度的重要實現方式，有利於國有資本放大功能、保值增值、提高競爭力。這是新形勢下堅持公有制主體地位，增強國有經濟活力、控制力、影響力的一個有效途徑和必然選擇。

③深化財稅體制改革

隨著形勢發展變化，現行財稅體制已經不完全適應合理劃分中央和地方事權、完善國家治理的客觀要求，不完全適應轉變經濟發展方式、促進經濟社會持續健康發展的現實需要，我國經濟社會發展中的一些突出矛盾和問題也與財稅體制不健全有關。

這次全面深化改革，財稅體制改革是重點之一。主要涉及改進預算管理制度，完善稅收制度，建立事和支出責任相適應的制度等。

這些改革舉措的主要目的是明確事權、改革稅制、穩定稅負、透明預算、提高效率，加快形成有利於轉變經濟發展方式、有利於建立公平統一市場、有利於推進基本公共服務均等化的現代財政制度，形成中央和地方財力與事權相匹配的財稅體制，更好發揮中央和地方兩個積極性。

財稅體制改革需要一個過程，逐步到位。中央已經明確，保持現有中央和地方財力格局總體穩定，進一步理順中央和地方收入劃分。

④健全城鄉發展一體化體制機制

城鄉發展不平衡不協調，是我國經濟社會發展存在的突出矛盾，是全面建成小康社會、加快推進社會主義現代化必須當解決的重大問題。改革開放以來，我國農村面貌發生了翻天覆地的變化。但是，城鄉二元結構沒有根本改變，城鄉發展差距不斷拉大趨勢有根本扭轉。根本解決這些問題。必須推進城鄉發展一體化。

全會決定提出，必須健全體制機制，形成以工促農、以

城帶鄉、工農互惠、城鄉一體的新型工農城鄉關係，讓廣大農民平等參與現代化進程、共同分享現代化成果。

⑤推進協商民主廣泛多層制度化發展

協商民主是我國社會主義民主政治的特有形式和獨特優勢，是黨的群眾路線在政治領域的重要體現。推進協商民主，有利於完善人民有序政治參與、密切黨同人民群眾的血肉聯繫、保進決策科學化民主化。

全會決定把推進協商民主廣泛多層制度化發展作爲政治體制改革的重要內容，強調在黨的領導下，以經濟社會發展重大問題和涉及群眾切身利益的實際問題爲內容，在全社會開展廣泛協商，堅持協商於決策之前和決策實施之中。要構建程序合理、環節完整的協商民主體系，拓寬國家政權機關、政協組織、黨派團體、基層組織、社會組織的協商渠道。

⑥改革司法體制和運行機制

司法體制是政治體制的重要組成部分。這些年來，群眾對司法不公的意見比較集中，司法公信力不足很大程度上與司法體制和工作機制不合理有關。

這些改革舉措，對確保司法機關依法獨立行使審判權和檢察權，健全權責明晰的司法權力運行機制、提高司法透明度和公信力、更好保障人權都具有重要意義。

⑦健全反腐敗領導體制和工作機制

反腐敗問題一直是黨內外議論較多的問題。目前的問題主要是黨，反腐敗的機構職能分散、形不成合力，有些案件難以堅決查辦，腐敗案件頻發卻責任追究不夠。

全會決定對加強反腐敗體制機制創新和制度保障進行了

重點部署。主要是加強黨對黨風廉政建設和反腐敗工作統一領導、健全反腐敗領導體制和工作機制、體現強化上級紀委對下級紀委的領導、全面落實中央紀委向中央一級黨和國家機關派駐紀檢機構。

這些指施是在總結實踐經驗、吸收各方面意見的基礎上提出來的。

⑧加快完善互聯網管理領導體制

網絡和信息安全牽涉到國家安全和社會穩定，是我們面臨的新的綜合性挑戰。

全會決定提出堅持積極利用、科學發展、依法管理、確保安全的方針，加大依法管理網絡力度，完善互聯網管理領導體制。目的是整合相關機構職能，形成從技術到內容、從日常安全到打擊犯罪的互聯網管理合力，確保網絡正確運用和安全。

⑨設立國家安全委員會

國家安全和社會穩定是改革發展的前提。只有國家安全和社會穩定，改革發展才能不斷推進。當前，我國面臨對外維護國家主權、安全、發展利益，對內維護政治安全和社會穩定的雙重壓力，各種可以預見和難以預見的風險因素明顯增多。而我們的安全工作體制機制還不能適應維護國家安全的需要，需要搭建一個強有力的平台統籌國家安全工作。設立國家安全委員會，加強對國家安全工作的集中統一領導，也是當務之急。

⑩健全國家自然資源資產管理體制、監管體制

健全國家自然資源資產管理體制是健全自然資源資產產

權制度的一項重大改革，也是建立系統完備的生態文明制度體系的內在要求。

　　我們要認識到，山水林田湖是一個生命共同體，人的命脈在田，田的命脈在水，水的命脈在山，山的命脈在土，土的命脈在樹。用途管制和生態修復必須遵循自然規律，如果種樹的只管種樹、治水的只管治水、護田的單純護田，很容易顧此失彼，最終造成生態的系統性破壞。由一個部門負責領土範圍內所有國土空間用途管制職責，對山水林田湖進行統一保護、統一修復是十分必要的。

　　⑪中央成立全深化改革領導小組

　　全面深化改革是一個複雜的系統工程，單靠某一個或某幾個部門往往力不從心，這就需要建立更高層面的領導機制。

　　全會提出，中央成立全面深化改革領導小組，負責改革總體設計、統籌協調、整體推進、督促落實。這是為了更好發揮黨攬全局、協調各方的領導核心作用，保證改革順利推進和各項改革任務落實。

　　（3）關於討論中要注意的幾個問題

　　①增強推進改革的信心和勇氣

　　面對未來，要破解發展面臨的各種難題，化解來自各方面的風險和挑戰，更好發揮中國特色社會主義制度優勢，推動經濟社會持續健康發展，除了深化改革開放，別無他途。

　　當前，在改革開放問題上，黨內外、國內外都很關注，全黨上下和社會各方面期待很高。改革開放到了一個新的重要關頭。我們在改革開放上決不能有絲毫動搖，改革開放的旗幟必須繼續高高舉起，中國特色社會主義道路的正確方向

必須牢牢堅持。全黨要堅定改革信心，以更大的政治勇氣和智慧、更有力的措施和辦法推進改革。

②堅持解放思想、實事求是

高舉改革開放的旗幟，光有立場和態度還是不行，必須有實實在在的舉措。行動最有說服力。中央決定用黨的十八屆三中全會這個有利契機就全面深化改革進行部署，是一個戰略抉擇。我們要抓住這個機遇，努力在全面深化改革上取得新突破。要有新突破，就必進一步解放思想。

提出改革舉措當然要慎重，要反覆研究、反覆論證，但也不能因此就謹小慎微、裹足不前，什麼不敢幹、不敢試。搞改革，現有的工作格局和體制運行不可能一點都不打破，不可能都是四平八穩、沒有任何風險。只要經過了充分論證和評估，只要是符合實際、必須做的，該幹的還是要大膽幹。

③堅持從大局出發考慮問題

全面深化改革是關係黨和國家事業發展全局的重大戰略部署，不是某個領域某個方面的單項改革。「不謀全局者，不足謀一域。」大家來自不同部門和單位，都要從全局看問題，首先要看提出的重大改革舉措是否符合全局需要，是否有利於黨和國家事業長遠發展。要真正向前展望、超前思維、提前謀局。只有這樣，最後形成的文件才能真正符合黨和人民事業發展要求。

全面深化改革需要加強頂層設計和整體謀劃，加強各項改革的關聯性、系統性、可行性研究。我們講膽子要大、步子要穩，其中步子要穩就是要統籌考慮、全面論證、科學決策。經濟、政治、文化、社會、生態文明等各領域改革和黨

的建設改革緊密聯繫、相互交融，任何一個領域的改革都會牽動其他領域，同時也需要領域改革密切配合。如果各領域改革不配套，各方面改革措施相互牽扯，全面深化改革就很難推進下去，即使勉強推進，效果也會大打折扣。

3、深化改革措施

（1）中央全面深化改革領導小組

　　由習近平擔任組長，李克強、劉雲山、張高麗三人為副組長，於 2014 年 1 月 22 日舉行「中央全面深化改革領導小組」首次會議，有 23 名領導人參加。[121]

　　習近平強調，深改小組的責任就是把 18 屆三中全會提出的各項改革舉措落到實位。「領導小組要帶頭學習好、理解深、消化透，善於觀大勢、謀大事。要牢牢把握改革正確方向，在涉及道路、理論、制度等根本問題上，在大是大非面前，必須立場堅定、旗幟鮮明，不折不扣抓出成效。」

　　習近平要求各地各部門制定系列改革舉措，涉及經濟、政治、文化、社會、生態文明和黨建等六專項，致力推進國家治理體系和治理能力現代化。並要求專項小組和中央改革盡快運轉，抓緊今年工作要點，把大局，紮實推進，戰略上勇於進取，戰術上穩紮穩打。會議並通過「工作規則」和六專項小組名單。[122]

（2）設立國家安全委員會

---

121 聯合報，「深改小組會議　23 領導人曝光」，民國一〇三年一月二十四日。

122 中國時報，「深改小組首次會　李克強任副組長」，民國一〇三年一月二十三日。

由習近平擔任主席，李克強、張德江擔任副主席，下設常務委員和委員若干名。立法意旨：為完善國家安全體制和國家安全戰略，確保國家安全，向中央政治局、中央政治局常務委員會負責。

（3）習近平頒布公務員主要禁令

①2013 年 7 月 29 日，開展會員卡專項清退通知，做到「零持有、零報告」。

②2013 年 8 月 14 日，嚴控黨政機關舉辦文藝晚會。

③2013 年 9 月 23 日，落實習八條，嚴禁公款送禮、旅遊、宴請。

④2013 年 9 月 23 日，頒布會議管理辦法，嚴控經費，不允許風景區開會。

⑤2013 年 10 月 31 日，嚴禁公款購買印製寄送賀年卡等物品。

⑥2013 年 11 月 25 日，厲行節約反對浪費，取消一般公務用車。

⑦2013 年 12 月 19 日，黨員幹部帶頭推動殯葬改革意見，嚴禁喪事鋪張浪費。

4、展現親民作風，很像蔣經國當年作風

習近平除下令節約、打擊貪污外，最近在北京西城區月壇附近的慶豐包子舖，和民眾一起排隊買包子，且自己埋單、端盤子，展現親民作風[123]。大陸作曲人吳頌今和填詞人鄒當

---

123 中國時報，「習近平排隊買包子　端盤結帳」，民國一〇二年十二月二十九日。

榮合作，把習近平的親民秀創作「包子舖」[124]歌曲[125]。

　　2014 年 1 月 26 日，習近平更冒著零下 30 幾度的嚴寒，前往位於內蒙古邊疆的阿爾山，頂風踏雪的慰問在邊境執勤的部隊，並在食堂，自己拿餐盤、打飯菜，與基層士兵一起用餐。同日，李克強赴陝西秦巴山區，探視貧困留守兒童，除肯定人民是國家功臣外，也召集相關部門瞭解扶貧狀況，商量脫貧辦法[126]。

　　如能落實推動「深化改革 15 要點」，上行下效、通力合作、持之以恆、貫徹到底，將可為中國在政治、經濟、社會帶來繁榮之榮景，促進中華民族之偉大復興，傲視世界。

三、應以貞觀法政思想為鑑

（一）儉約 —— 儉約第十八

　　中國大陸地大物博，基層政府仍抱持著「天高皇帝遠」的想法。2012 年 12 月，江蘇無錫市多個地方法院辦公樓因外形修得酷似美國總統所住的白宮一事，在網路上引發熱烈

---

124 包子舖歌詞：他微微一笑，又擺了一擺手／他還是我的身後，隊伍的最後邊兒／他點了一份套餐，才二十一塊錢／有豬肉大蔥肉包子，還有芥菜和炒肝兒／他同咱排大隊，他自個兒買了單／他雙手端著盤子，他走向我這邊兒／他坐哪了／哎喲喂！親們，親們！／怎麼那麼巧？正好就坐在了我的身邊！
125 聯合報，「習親民秀　譜成歌曲「包子舖」」，民國一〇三年一月二十四日。
126 中國時報，「習近平踏雪勞軍　邊疆站崗」，民國一〇三年一月二十八日。

討論。事實上，黨政機關辦公樓修得豪華奢靡，在廣大群眾心中已非新鮮事，但像無錫市豪華辦公樓數量之多、規格之高，實屬罕見。

　　習近平於 12 月初即提倡「習八條」，希望能杜絕奢靡之風，但是否真能起一定作用，尚待時間來證明。希望習近平能以《貞觀政要》儉約第十八爲鑑，學習唐太宗有效達到儉約、杜奢靡之效果。

（二）任賢與擇官 —— 任賢第三、擇官第七

　　目前中國大陸公務員考試選拔任用制度，實際上是公開招考與少數人選拔相結合的制度，基本特徵是，公務錄用實行公開考試，惟國家機關在錄用公務員的過程中，可以「擇優錄取」，進而提供了操作空間，表面上公開考試，實際上可能變成定向招生的幌子，而擇優錄取則可能變成少數人上下其手的藉口。由於中國大陸目前並未實行公務員分類管理[127]，導至公務員考試選拔錄用制度成爲各種腐敗行爲的擋箭牌。爲了提拔領導幹部子女而以考試掩蓋任人唯親的問題，是中國大陸未來公務員制度極待解決之問題。2013 年 5 月，江蘇、福建、廣西等地傳出將選擇部分地區試行公務員聘任制[128]，惟公務員聘任制僅能改善公務員本身素質問題，仍無

---

[127] 公務員又分爲政務管與事務官，前者透過選舉產生，後者透過考試產生。現代國家強調公務員任用方式應該選舉與考試併行，以確保行政首長可接受民意檢驗並貫徹責任政治。但中國大陸目前未區分政務官與事務官之分類，公務員產生方式皆由「公開考試」而來。

[128] 職位聘任是機關與所聘公務員按照平等自願、協商一制的原則，簽訂聘任合同（即契約），確定雙方權利義務的一種方式。聘任制的優點一般

法杜絕官二代透過其他管道黑箱作業地成爲公務員。習近平應徹底改變公務員選拔問題，學習唐太宗唯才是舉、知人善任，根除公務員任用的陋習。

（三）刑法 —— 論刑法第三十一

被外界稱爲「胡錦濤文膽」的中共中央編譯局副局長俞可平[129]，曾在 2006 年 12 月在北京日報發表一篇「民主是個好東西」[130]，內容主要闡述民主的實質內涵、探討民主優缺點及部分民眾對民主認識的盲點。

民主法治是中國大陸往後必經的道路，習近平應以唐太宗爲鑑，以寬平、慎刑爲原則，建立一個更完備的法律制度。

（四）民族政策 —— 議安邊第三十六

中國大陸共有五十六個民族，包括漢族和五十五個少數民族。主要的少數民族包括壯族（約 1692 萬人）、回族（約 1058 萬人）、滿族（約 1038 萬人）、維吾爾族（約 1006 萬

認爲可以健全用人機制、滿足機關吸引和使用多樣化人才之需求、提高公務員整體素質及專業化水準。

129 俞可平，1959 年生，浙江諸暨人，政治學博士、中國當代政治學者，現爲哲學和政治學雙學科博士班導師，並擔任中共中央編譯局副局長、中央編譯局比較政治與經濟研究中心主任等職，外界稱爲「胡錦濤的文膽、智囊」。2006 年發表「民主是個好東西」一文，引起各界關注。

130 全文約一千八百字，主要闡述民主的實質內涵，探討民主優缺點及部分民眾對民主認識的盲點。「民主保證人們的基本人權，給人們提供平等的機會，它本身就是人類的基本價值」、「如果沒有民主的權委，人類的人格就是不完整」，以極通俗的語言闡述民主的普世價值。同時也抱持「民主階段論」的態度，認爲「實現民主需要具備相應的經濟、文化和政治條件，不顧條件而推行民主，會給國家和人民帶來災難性的結果。」

人）、苗族（約 942 萬人）、彝族（約 871 萬人）等，其族群間是否能互助，習近平應以《貞觀政要》中議安邊之民族政策爲鑒。

（五）慎終 ── 〈十漸不克終疏〉

習近平自 2013 年始上任，截至目前爲止推行一連串反貪腐、儉約等政策，是否僅爲「新官上任三把火」，亦或能有始有終，仍有待觀察。不論如何，習近平都應該以〈十漸不克終疏〉爲鑒，避免在後續的任期內因續航力不足而錯誤推行政策。如能落實推動全面深化改革，將可爲中國大陸帶來政治、經濟、社會之榮景，促進中華民族之偉大復興，傲視世界。

第十一章 結 論

一、唐代國家社會榮景之原因

「貞觀」是唐朝第二個皇帝李世民的年號，太宗爲其廟號。貞觀前期（西元 627 至 649 年），大亂初定，唐朝統治者極力避免重蹈隋朝僅二世滅亡之覆轍。唐太宗居安思危、上下齊心、勵精圖治、政務寬簡、體恤人民、廣任賢良、唯才是用、虛心納諫、君臣相輔，並採取一系列有效的政經措施，儉約去奢、輕徭薄賦、重視吏治、輕減刑罰，以促成清廉、健康、理性、開明的政治風氣，從而使國家出現了政治穩定、人民安居樂業、經濟迅速發展的大好局面，史稱「貞觀之治」。

在貞觀時期的二十多年間，唐朝全國的人口增加近五成。中國再次出現了自西漢全盛以來從未有過的太平治世。茲簡略將貞觀之治之產生原因說明如下：

（一）民本思想

太宗對民本思想有深刻的認識，其曾對太子說，人君好比是舟，百姓好比是水，水能載舟，亦能覆舟，只有百姓才

是政權賴以存在的基礎。而爲政的根本就在於不奪農時，讓百姓能生存下去，並保證其正常的生產活動。

（二）務實親民

太宗一改隋煬帝竭澤而漁的作法，實行輕徭薄賦、與民休息的政策。大力推行租庸調制，減輕農民負擔；併省州縣、精減官吏員額，節省國家開支；提倡儉樸、力戒奢侈，改變隋末奢靡之風，使百姓安居樂業，國家開始欣欣向榮。

（三）選賢與能

據統計，於貞觀時期，唐太宗一改高祖時期僅重用關隴集團的政策，廣泛蒐羅各地域的有識之士，廣納賢良，任用宰相二十八人中，除六人爲高祖之舊臣外，其餘二十二人的出身各不相同，其中往常被排斥於政權外的山東人佔了大半，而這些山東人沒有一個出身於當時的傳統世家大族。

（四）兼聽納諫

唐太宗建立諫官隨宰相入閣議事的制度（即宰相入宮內議事時，必須有諫官跟隨，預聞政事，參與討論並發表意見）、五品以上京官輪宿中書內書之制度（使他們能隨時被召見，詢訪外事，討論得失）、皇帝詔書正式下達前先由門下省審駁及重大決定經由朝會廷議之制度等。由於有制度面的保障，故貞觀時期納諫進言，蔚然成風。不僅使貞觀政壇產生清新、健康的風氣，也影響官僚臣屬主動積極的個性，使其能各盡其才，降低錯誤決策之發生。

（五）遵制守法

太宗命長孫無忌、房玄齡等人在《開皇律》、《武德律》的基礎上，根據省刑、慎刑、用法寬簡之原則下，修訂成《貞觀律》（即《唐律》）。太宗認為，法是天下人之法，非君主一人之法，因此必須人人遵守。其反對君主一人獨斷，不可以君主個人好惡決定官吏任免及國事興廢，而是必須依制度、法規行事，使各機關發揮其作用。

二、《唐律》、《貞觀政要》之思想對當代兩岸領導人之啓示

中國幾千年歷史中，唐代確實是個特別的朝代，無論是在制度上或文化上，都有其特殊之貢獻。如唐代在政府組織上實施中書、門下、尚書三省分權的宰相制度，確立君職與臣職之分界；府兵制的實施，使得全民皆農、寓兵於農；租庸調制度之施行，使農民樂業，奠定國家經濟富裕、安定的根基；《唐律》的頒布，融合禮教與法律於一爐，寓寬仁於法條之中。總而言之，唐代不僅在政府組織、國防、經濟、文學、宗教、藝術等各方面皆有其成就。當時的首都長安，不但是個傳教的地方，更是一個國際性的大都會。

在二十一世紀的今日，固然各類學科發達，學說、理論推陳出新，惟「向歷史借鑒」仍具有相當重要的意義。歷史是人類經驗的紀錄，前人的經驗可以作為後人的參考。如唐太宗胸襟廣闊、唯才是舉，不避諱的重用曾為隋朝要臣的房

玄齡、杜如晦、虞世南等，亦不特惠自己爲秦王時的舊屬。

　　日本名評論家山本七平在其所著《帝王學》中曾說：「人生如要『克終其美』，應該要多研讀中國古典的哲理，並且領悟及力行其真諦才是。」唐代貞觀盛世的締建，根基於唐太宗開明的政治心態與積極的領導統御方式。在今日充斥科技文明的時代，古籍仍有值得效法與借鑒之處。

　　在精簡機構面，唐太宗於貞觀元年，即令房玄齡將中央職官由兩千餘人裁減爲 643 人，使少數精幹的官員可以辦大量的公事、提高辦事效率。馬英九應以此爲鑑，裁減多餘的組織及冗官，使行政組織員額能實質精簡並提高行政效率。

　　在用人方面，兩岸領導人都應學習唐太宗唯才是舉[1]、知人善任，將人才放對位置，且不以新故異情，特別是馬英九應揚棄「派系」問題，不再僅以「馬友友」爲標準且應虛心接受異己之聲及批評，不再一遇批評就有如摀住耳朵般無法聽進任何聲音。

　　在治國方面，兩岸領導人都應以唐太宗爲鑑，學習唐太宗以民爲本之思想，唯有以民衆爲一切政策出發點，凡事求謀百姓之福址，而非僅爲黨產、爲私產進而做出戕害百姓之事。

三、其他古今中外人物值得借鑑學習之處

　　當代兩岸領導人除借鏡唐太宗貞觀之治爲經國治世之方

---

1 唐太宗用人唯才是舉，不區分秦王府屬、高祖時政府機關之官吏、建成宮官屬或元吉的齊王府屬，只要是人才一律任用，並不因此重用原屬秦王府之官員。

略外，亦可學習蔣經國、古代皇帝劉邦、劉備、朱元璋等及
美國總統雷根、歐巴馬之治國用人（識人、知人、用人），
組成最好行政團隊，發揮行政績效，其啓示如下：

（一）蔣經國

蔣經國主政時期，推動重大建設，使台灣經濟發展迅速，
躋身亞洲四小龍之列。總結蔣經國之言行舉止及世人評價，
其人格特質[2]包括：（1）強烈的國家、民族及歷史使命感；
（2）樂觀、信心、決心、勇氣；（3）腳踏實地的務實取向；
（4）重視忍耐的功夫；（5）謙虛、隱藏自我；（6）無私、
清廉。此處不就人格特質深入討論，僅提出蔣經國可供兩岸
領導人學習借鑑之處。

1、識人知人用人

蔣經國時期重用孫運璿爲行政院長；趙耀東爲中鋼董事
長、經濟部長；李國鼎爲財政部長；李煥爲國立中山大學校
長、教育部長、國民黨秘書長；宋楚瑜爲新聞局長、國民黨
副秘書長；蕭萬長爲國貿局長。

2、政治領導力

蔣經國時期，政治清廉、人才濟濟。如解除戒嚴、取消
報禁、開放台灣民眾赴大陸探親、開放成立其他政黨、開啓
政黨政治良性法治化競爭等，實現主權在民之具體政策措施。

3、經　濟

蔣經國時期全力推動十大建設，奠定基礎工業基石，設

2 邱騰緯，〈蔣經國人格特質與臺灣政治發展（1972-1988）〉，頁146。

立高雄加工區，使高雄港一躍成世界十大港口之一，創造人民就業機會，提高人民所得。成立新竹科學園，結合清華大學、交通大學，使產、官、學界合作，提升科技產品附加價值，全面增進國家競爭力。使台灣成為亞洲四小龍之首（台灣、新加坡、香港、南韓），國民所得快速成長、經濟成長率高，同時卻得以有效控制物價，使得人民購買力提升，而有「台灣錢，淹腳目」一詞之出現，可謂為「蔣經國總統國民主權廉能之治、民生富裕經濟」，可比美唐太宗「貞觀之治、夜不閉戶、道不拾遺」。其中關鍵就在於蔣經國識人且具備卓越的政治領導力[3]。

（二）古代皇帝

得天下者，必能識人、知人、用人，將對的人擺到對的位置上。漢高祖劉邦，其出身背景、武功遠不如項羽，但善用張良的政治謀略與兵法計策、蕭何的糧食行政庶務統籌、韓信的軍事專長，充分整合運用各式人才，成為漢代開國皇帝。關鍵就在於劉邦懂得識人、用人，政治領導力較項羽卓越許多。

春秋時期，齊桓公接受鮑子牙規勸而重用敵人謀臣管仲；劉備重用諸葛亮、關羽、張飛、趙子龍；唐太宗重用李建成謀臣魏徵，造就貞觀之治；朱元璋策用劉伯溫等，亦為一段歷史佳話[4]。

---

3 蘇柏嘉，〈政治領導力 —— 以蔣經國總統用人為例〉，頁118。
4 蘇柏嘉，〈政治領導力 —— 以蔣經國總統用人為例〉，頁118、152。

（三）美國總統雷根、歐巴馬

好總統不做微觀管理，而是要組成專業有效率的行政團隊，並站在專業的肩膀上去做宏觀調整、控制。如美國總統卡特，一天工作十六小時，但卡特執政的四年期間內，卻是美國自二戰以來國力最爲衰弱的四年；報紙漫畫中形容繼任的美國總統雷根在幕僚群起激辯時削蘋果、打瞌睡，但雷根執政的八年期間，卻是美國人最驕傲的八年[5]。

美國現任總統歐巴馬，亦陸續重用黨內政敵希拉蕊、凱瑞爲國務卿，其用人器度，足以借鑑。

英國著名的《經濟學人》雜誌在 2012 年 11 月 17 日刊出一篇文章，標題爲「Ma the bumbler：A former heart-throb loses his shine」（笨蛋馬英九：昔日讓人心動的偶像已不再閃耀），內文直指「人民對馬英九的滿意度大幅下降，甚至達到 13% 的歷史新低。台灣目前對馬英九有個新的共識：他是個沒有效率的笨蛋。一般百姓因薪資停滯十年無法改善生活。開放與中國大陸的關係，不意外的造成了大量的炒樓資金湧入。以往勞動階層尚可居住於台北市周遭地區，但目前的房價卻是年薪的 40 倍。馬英九的領導能力多爲人所詬病，他無法利用有力的措施來描繪更有希望的未來。更糟的是，爲了回應反對黨或媒體的批評，他頻繁地變更政策，顯示出他優柔寡斷的一面」[6]。《經濟學人》給此評價，使馬英九成爲了「國

---

5 鄧予立，《馬總統必修的 10 堂課》，頁 174。
6 The Econimist，「Ma the bumbler：A former heart-throb loses his shine」，2012 年 11 月 17 日，

際認證」的笨蛋。

　　馬英九常聲稱自己是蔣經國總統之追隨者，但政績卻有待加強，關鍵在於用人不夠廣闊，僅侷限於同質性政務官上，需要像大海廣納百川，善用人才。亦可整合與重用宋楚瑜等行政幹才，廣聽則聰、多看則明，找對的人做對的事。如能加強用人之廣度，便可提高政治領導力，使國家更具競爭力，人民生活更爲富足[7]。

　　兩岸領導人如能師法於唐太宗、蔣經國、古代皇帝及美國雷根、歐巴馬總統，不僅得以展現其政治領導力，使國富民強，才可在歷史上成爲偉大之領導人物。

四、實現中華民族有史以來最偉大的中國夢

（一）領導人之魄力

　　2013 年 6 月 15 日，新北市長朱立倫岳父高育仁公開抨擊馬英九無能。16 日又表示，希望政府未來三年能夠加強作爲，「拿出魄力來做人民認爲該做的事」。姑且不論高育仁此話是否爲了 2016 年總統大選的人馬布局，亦或是有其他意圖，馬英九無能且毫無魄力幾乎已經是人盡皆知之事。

　　希望馬英九真的能如同高育仁所說，「拿出魄力來做人民認爲該做的事」，而不要老是玩兩面手法，只會說「依法行政、謝謝指教」或是「於法無據、恕難辦理」。講法律本身沒有不對，但法律是死的，人是活又。只要是不對的、過

〈http://www.economist.com/news/asia/21566657-former-heart-throb-loses-his-shine-ma-bumbler〉（2013/7/31）。

7　蘇柏嘉，〈政治領導力－以蔣經國總統用人爲例〉，頁 150。

時的法律就應該要修，而不能只是高喊「惡法亦法」的口號，叫人民無限期忍耐不合時宜的法令。馬英九現為總統，又身兼國民黨黨主席，在國民黨掌握立法院多數席次的前提下，修法不是難事[8]。如果在完全執政的前提下，還不能修掉惡法，難道是要等到如同洪仲丘事件般，一直等到二十五萬人上街頭遊行抗議，才能換回軍事審判法之修正嗎？

　　兩岸領導人在用人格局及施政魄力上，都可學習古代劉邦、唐太宗等君主的寬大心胸，能容納異己、唯才是舉、容納直諫，不特別重用自己慣用的人馬，而應知人善任，將對的人放在對的位置上，並且虛心接受不同的意見，而非在被批評時總是拿出「扁維拉」[9]救援；應學習現代蔣經國在軟體方面懲治貪污、提倡節約改善社會風氣、提高國民所得，在硬體方面計劃性的推動十大建設；學習美國雷根推行「雷根經濟學」，將降低所得稅率、減少通貨膨脹、排除稅賦規則的漏洞等一連串措施，使美國在 1981、1982 年經濟急遽衰退後，於 1982 年開始非常茁壯的經濟成長。在此更希望馬英九開闊心胸、接納諫言、大刀闊斧改革，在改變無能形象之同時，能以民為本、推動經濟，改善台灣人民的生活。

（二）法治社會之建立

　　溫家寶曾於 2010 年接受美國有線電視聞國際公司

---

8 鄧予立，《馬總統必修的 10 堂課》，頁 188。
9 此處專指馬英九。出現「扁維拉」一詞是由於美國職棒洋基隊中的王牌救援投手為李維拉，而只要馬政府出包，就會試圖以陳水扁來轉移焦點，替馬政府救援，故網路上戲稱陳水扁為「扁維拉」。

（CNN）主持人專訪時表示[10]，言論自由在任國家都不可缺少，而中國憲法賦予民眾享有言論的自由，他和中國人民都相信，中國將繼續進步，人民對民主自由的訴求是不可抗拒的。但同時強調，這樣的民主開放過程，在一個有十三億人口的大國，必須確保有正常秩序[11]。

　　而以「民主是個好東西」聞名的俞可平，2013 年 7 月在新京報投書，逐一反駁「反民主人士」的言論。他指出，所謂中國特色的社會主義道路，「人民當家做主」是主體、「黨的領導」和「依法治國」是爲了保障人民的當家做主。要選擇正確的民主發展方式，需要做到六個方面的平衡：既要民主也要法治、既要協商又要選舉、既要自由又要平等、既要效率又要公平、既要參與又要秩序、既要權利又要公益。在政治生活中，理想狀態是公民對各級政府都信任。但在現實中，民眾對中央政府高度信任，對基層政府的信任度則偏低。中國大陸進行政改必須設計理性的路線圖：一是從黨內民主到社會民主、二是從基層民主到高層民主、三是從更少的競爭到最多的競爭。成功的改革經驗要上升到制度層面。中國大陸面臨的改革任務很多，應選擇能夠「牽一髮而動全身」的改革突破口；黨內民主是重點突破的領域之一，比如黨內民主中的權力制約問題。而對於部分學者認爲，政治改革或民主建設會帶來一系列問題，俞可平則反駁說，如果一些重

10　「溫家寶 CNN 專訪：言論自由不可或缺，人民對自由的主的渴望不可抗拒」2010 年 10 月 1 日，〈http://www.youtube.com/watch?v=tLcNtMEHxh8〉（2013/7/20）。

11　此處指中國目前對網際網路和言論自由的限制。

點領域的改革不突破,「更可怕的就是,非法的腐敗有可能轉化成合法的特權。」[12]

(三)人民素質之提高

1、中國大陸人民素質良莠不齊

中國大陸人民素質低落時有所聞,多半是插隊、隨地吐痰、公眾場所大聲喧嘩等。如同處於青春期的男孩般,心靈的成長發育速度還跟不上身體,大陸的經濟快速起飛但人民的文化水準卻沒跟得上起飛的腳步。

2、台灣人民普遍缺乏思考

而經濟文水準相對提升不少的台灣,則陷入另一種素質低落的問題。執政者的短視近利,未妥善規劃教育方針、改善勞動條件,使得台灣人民在學時總是粗淺的想自己是否能考進研究所或考上公務員等充斥著功利思想,而非將把獨立思考放在最重要的位置上;就業後,因責任制的濫用使得多數勞工在下班後,只能將僅存的力氣打開電視,開始用廉價的娛樂舒緩自己的身心靈,殊不知這種毫無保留的接收反而啃蝕了自己。台灣因為民眾早已因為普遍缺乏思考、電視媒體不斷以腥羶色來拉抬收視率、政治新聞多半是為反對而反對,只剩藍綠沒有左右,更沒有對錯,而進入「低智商社會」。更可怕的不是全民進入低智商社會,而是民眾開始把扭曲的新聞當真,甚至歪曲了自己的價值觀。

3、兩岸領導人均應重視人民素質問題

---

12 聯合報,「俞可平:中國夢需要"民主法治"」,102 年 7 月 14 日,A13 版。

　　兩岸領導人都應該好好重視人民素質的問題，在教育方面，應著重如何培養具有獨立思考能力的學生，而非僅以學術論文發表的篇數來決定「五年五百億」；在勞工方面，馬英九應使廣大的勞工階級有更好的勞動條件，讓他們有時間思考，而不只是在下班後回家當沙發馬鈴薯，被迫接收電視媒體的所有訊息而放棄自身思考的能力。這在已被財團、媒體綁架的台灣應該是件困難的事，但仍希望貴為總統的馬英九先生能下定決心根除這些現象。至於中國大陸的問題，倒不是太大的問題，青春期的男孩總會成長，中國大陸人民的水準遲早會跟得上經濟的發展，只是時間問題罷了！

（四）推動均富社會

　　台灣的主要政黨都是傾向右派資本政府，對資本家呵護有加，縱使企業的營業盈餘和工業部門勞動生產力皆高於勞工的平均薪資，但政府完全沒有隨著景氣制定對勞工有利的政策，反而讓高房價、臨時性或人力派遣工作、員工分紅制度、所得稅制設計過時、企業用人心態不正常、市場開放與產業外移、少子化與人口成長停滯等問題，持續損害台灣中產階級以下的人民就業環境與生活品質，勞工階層無法享受到經濟成長帶來的效益，只要資本家繼續奉上政治獻金給政客，政客取得政權後再制訂政策圖利廠商，無論政黨是否輪替，最終得利的都是少數資本家，數十萬勞工的街頭吶喊，遠比不上大老闆的一句話，官商勾結，掏空國庫，全民埋單。缺乏左派政黨的抗衡，台灣的資本社會，未來還會持續蠶食鯨吞包含大多數人民的中產階級，讓大多數人的生活壓力更大，

努力工作卻換來生活品質不斷下降，雖然這兩年台灣勞工意識逐漸抬頭，但資本企業在右派政府的掩護下，勞工就業環境依然沒有改善，貧富差距也未見縮小，台灣勞工們還需要更團結和發出更多反彈聲浪，才能維護自己的權利，保障自己的收入和就業環境，這也是對未來台灣新世代生存的一種保障。

　　貧富差距是資本主義下的必然情形，中國大陸在走向改革開放後一樣存有相同問題。經濟運行機制的不健全、稅收制度不合理、社會保障制度的不完善、不公平競爭以及「先富」無法帶動後富反而擴大了貧富差距。據西南財經大學研究人員在 2013 年初發布的「中國收入不均報告」[13] 中估計，2010 年中國的堅尼係數[14]高達 0.61，不但是亞太第一高，也是全球第七嚴重。此舉逼得中國國家統計局隨後公佈了十幾年來未公布的官方堅尼係數（圖 20）。

　　貧富差距無法根絕，僅能盡力縮小。兩岸過去長期強調經濟發展優先（把餅做大），免課資本利得稅，造成台灣社會近幾年來貧富差距拉大到歷史新高，領導人現階段應考量「如何分餅」，例如研究是否開徵資本利得稅等富人稅，雖然改革會造成富人反彈以及被批判是否「仇富」，然而如同

---

13 西南財經大學中國家庭金融調查與研究中心，「中國收入不均報告」，2013 年 1 月 19 日，〈http://chfs.swufe.edu.cn/upload/shourubupingdeng.pdf〉（2013/7/31）。

14 堅尼係數（Gini coefficient），是 20 世紀初義大利學者科拉多‧堅尼根據勞倫茨曲線所定義的指標。堅尼係數最大值爲「1」、最小爲「0」。數值愈大代表收入分配愈不平均；據聯合國相關組織規定：若低於 0.2 表示收入平均、0.2-0.3 表示相對平均、0.3-0.4 表示相對合理、0.4-0.5 表示收入差距大、0.6 以上表示收入差距懸殊。通常把 0.4 作爲收入分配差距的「警戒線」，超過 0.4 時較容易引起社會階層的對立進而導致社會動盪。

馬英九所說「改革不能中斷」，希望兩岸領導人都能重視，
並以蔣經國為學習典範，創造均富社會（圖 21）。

圖 20：中國統計局公布之堅尼係數與台灣堅尼係數

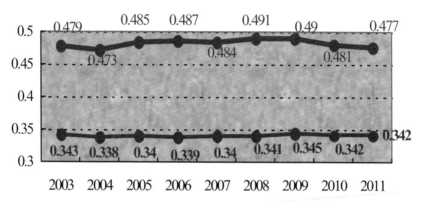

中國大陸（紅線）官方公布數據與西南財經大學所公布「2010 年堅尼係
數 0.61」相差甚遠，引起質疑；台灣堅尼係數（藍線）始終維持於 0.33-0.35
間。

（資料來源：國家統計局網站、行政院主計處）

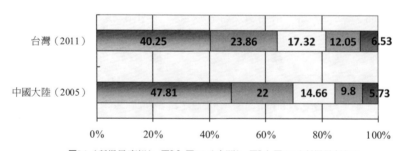

中國大陸貧富差距問題比台灣嚴重，所得最高組佔有 47.81%的所得，與
所得最低組差距達 8.34 倍；台灣差距為 6.17 倍。

（資料來源：世界銀行 WDI 數據庫、行政院主計處）

（五）以民為本

唐太宗對民本思想即有深刻認識，其認為水能載舟，亦能覆舟，百姓才是政權賴以存在的基礎。而現今的台灣社會存在的最大問題就是「以財團為本」，政府不論藍綠皆向資方靠攏，打壓勞工階級，以為向錢看就可獲得更多的政治獻金，於是在下次選舉中就可獲得更多的選票。如此短視近利似乎略了勞動人口才是最大的「票倉」。若能以民眾為出發點，更具有同理心的苦民所苦，改善勞動條件、提高基本工資、縮短貧富差距，如此豈有不獲民眾愛戴的道理？

中國大陸亦如此，現今的問題在於「下情無法上達」。在基礎上，因地大物博，很容易使得小官變成地方惡霸，盡剝削人民之能事，再加上言論之管制，使得民眾的聲音彷彿消失般無法被掌權者所聽見。現今的中國大陸除了在經濟上改革開放外，在民主制度上也必須朝向改革開放的路前進，並以民為本，傾聽民眾的聲音，以作為施政之參考。

雖然現今兩岸社會上的問題有些許差異，但改變的出發皆同，乃以唐太宗「以民為本」之思想為鑑，體恤、傾聽人民，進而朝向更好的方向前進。

五、建立華人經濟體 — 國富民足

台灣經濟面臨的是結構性的問題，而非景氣問題。而每一個小經濟體都必須有其特殊定位，始能生存。在地緣上，台灣的經濟無法與大陸脫離。縱然是古巴仍相當程度地仰賴

美國人的消費[15]。

　　其實馬英九在 2009 年元旦談話中曾提到,「我們所面臨的最大挑戰是:當全球經濟擴張的動力重新啓動時,台灣是否能在新一輪的國際競爭中贏在起跑點上?」更具體的指出,「打造台灣爲全球創新中心、亞太經貿樞紐以及台商營運總部,這將是帶動國家競爭力全面提升的三大主軸。」但馬英九僅僅畫了一個美麗的願景,如何能達到他所說的「三大主軸」,則需要慎密的政策規劃去實現。

　　台灣的軟實力是華人經濟共同體中的瑰寶。不逃避,以開放的心胸面對,積極參與華人各項經濟事務,才能讓軟實力發揮出來。融入華人經濟共同體,抓住各種發展機會,就是台灣未來進步的最優道路[16]。

　　提振經濟爲台灣當務之急,馬英九應迅速建立起兩岸間的金流、物流、人流等其他交流機制,讓兩岸關係走上正常之路。若以中國的廣大市場爲核心,結合台灣的電子業與創意、香港的金融、新加坡的流通效率、及中國的工業與人力資源,創造龐大的華人經濟市場,形成與北美、歐盟對抗的第三大經濟體。唯有如此,台灣才能以更高階的眼光,整合亞太經濟,創造出多贏局面[17]。

　　中國大陸的問題不在於經濟本身,現今中國大陸的經濟就如同台灣蔣經國時期,正在起飛中。但經濟起飛的同時,

---

15 鄧予立,《馬總統必修的 10 堂課》,頁 202。
16 中國時報,「華人經濟體是中國最優道路」,民國一○三年二月一日,A15 版。
17 鄧予立,《馬英九必修的 10 堂課》,頁 202-208。

創造出貧富差距之大,難以想像。而習近平應注意的是,在發展經濟的同時,以蔣經國爲鑑,學習如何在經濟發展的過程中,縮小貧富差距、使人民均富。中國大陸的貧富差距問題,並未因爲數據之美化而粉飾,而中國地大物博,城鄉發展極度不均衡(圖22)也是需解決的棘手問題。

兩岸領導人施政目標應將人民之福祉置於個人歷史定位之上,即范仲淹所說「以天下爲己任,先天下之憂而憂,後天下之樂而樂」,追求國家更富強、社會更進步、經濟更發展、人民更幸福、貧富更均勻。

圖 22:2012 年中國大陸各省市人均 GDP(單位:美元)

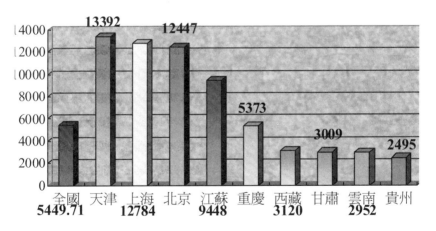

中國大陸城鄉發展不均,前四名爲天津、上海、北京、江蘇;後四名爲西藏、甘肅、雲南、貴州。直轄市之一的重慶市,僅排第 12 名,內陸城市發展明顯落後於沿海城市。

(資料來源:世界經理人數據 —— data, icxo, com)

參考文獻

一、臺　灣

著　作

王壽南，《唐代人物與政治》，臺灣：文津出版社有限公司，1999。

周淑媚，《貞觀政要》，臺灣：漢風出版社，1998。

高明士，《唐律與國家社會研究》，臺灣：五南圖書出版股份有限公司，2003。

莊胡新浩，《王道：國富民足論》，臺灣：浩怡投資顧問股份有限公司，2012。

許道勳注釋、陳滿銘校閱，《新譯貞觀政要》，臺灣：三民書局股份有限公司，2008。

陳國祥，《硬耿領導－客家籍政治領袖的志節與功過》，臺灣：印刻文學生活雜誌出版有限公司，2011。

陳惠馨著、高明士編，《唐代身分法制研究 ── 以唐律名例為中心》，臺灣：五南圖書出版股份有限公司，2003。

陳登武，《從人間世到幽冥界　唐代的法制、社會與國家》，臺灣：五南書出版股份有限公司，2007。

黃源盛，《漢唐法制與儒家傳統》，臺灣：元照出版有限公
　　司，2009。

黃源盛主編，《唐律與傳統法文化》，臺灣：元照出版有限
　　公司，2011。

楊力宇，《從「撥亂反正」到「脫胎換骨」　馬英九的總統
　　之路》，臺灣：美商 EHGBooks 微出版公司，2013。

臺師大歷史系、中國法制史學會、唐律研讀會，《新史料·
　　新觀點·新視角《天聖令論集》（上）（下）》，臺灣：
　　元照出版有限公司，2011。

鄧予立，《馬英九必修的 10 堂課》，臺灣：早安財經文化有
　　限公司，2009。

鄧予立，《馬尾看臺灣 —— 2012 馬英九動 Down 300 天》，
　　臺灣：白象文化事業有限公司，2013。

戴炎輝，《唐律通論》，臺灣：元照出版有限公司，2010。

碩博士論文

李永興，〈儒家「禮」、法家「法」與唐律之關係研究〉，
　　臺北市立師範學院應用語文學研究所碩士論文，2005。

何美慧，〈唐代司法與監察制度之間的關係 —— 以唐律上官
　　吏犯罪懲治為中心〉，中國文化大學史學研究所博士論
　　文，2002。

邱騰緯，〈蔣經國人格特質與臺灣政治發展（1972-1988）〉，
　　國立臺灣師範大學政治學研究所博士論文，2008。

施義勝，〈唐太宗與貞觀之治〉，中國文化學院政治研究所
　　碩士論文，1970。

徐萃文，〈唐律與現代刑法之研究比較〉，玄奘大學人文社
　　會學院中國語文研究所碩士論文，2004。
陳登武，〈唐代司法制度研究 —— 以大理寺為中心〉，中國
　　文化大學史學研究所碩士論文，1991。
陳登武，〈唐代司法制度研究 —— 以庶民犯罪與訴訟制度為中
　　心〉，國立臺灣師範大學歷史研究所博士論文，2002。
鄭文蕭，〈儒家法律思想與唐律研究〉，國立臺灣大學法律
　　學研究所碩士論文，1973。
蘇柏嘉，〈政治領導力－以蔣經國統總用人為例〉，國立臺
　　灣師範大學政治學研究所碩士論文，2011。

期　　刊

王治平，〈《貞觀政要》史學思想研究 —— 以「三鏡說」為
　　中心之探討〉，《中正歷史學刊》，6（臺灣，2003）。
石弘毅，〈從《貞觀政要》看唐太宗怎樣治國〉，《歷史月
　　刊》，171（臺灣，2002）。

二、大　陸

著　　作

〔唐〕吳兢撰、謝保成集校，《貞觀政要集校》，北京：中
　　華書局，2012。
〔唐〕長孫無忌等撰、劉俊文點校，《唐律疏議》，北京：
　　中華書局，1983。

王小甫，《隋唐五代史——世界帝國‧開明開放》，臺灣：三民書局股份有限公司，2008。

王立民，《唐律新探》，大陸：北京大學出版社，2010。

王者覺仁，《貞觀之治》，收入《這就是唐朝》，第四卷，臺灣：亞洲圖書有限公司，2010。

吳楓，《吳楓學術文存》，大陸：中華書局，2002。

余和祥，《魏徵的人生哲學——忠諫人生》，臺灣：揚智文化事業股份有限公司，1997。

張晉藩總主編，《隋唐》，收入《中國法制通史》，第四卷，大陸：法律出版社，1999。

楊廷福，《唐律研究》，上海：上海世紀出版股份有限公司、上海古籍出版社，2012。

楊琪，《《貞觀政要》治道研究》，大陸：四川出版集團巴蜀出版社，2011。

趙克堯、許道勛，《唐太宗傳》，臺灣：臺灣商務印書館股份有限公司，2003。

劉俊文，《唐代法制研究》，臺灣：文津出版社有限公司，1996。

錢大群，《唐律疏義新注》，大陸：南京師範大學出版社，2008。

碩博士論文

王立民，〈唐前期的御史監察與廉政建設〉，《法律思想與法律制度》，中國政法大學出版社，2002，頁201-217。

王宏治，〈唐代死刑複核制度探究〉，《理性與智慧：中國

法律人專統再探討》，中國政法大學出版社，2008，頁269-286。

王美華，〈唐宋禮制研究〉，東北師範大學中國古代史專業博士論文，2004。

王海燕，〈中晚唐時期司法制度之變化初探〉，中國政治大學法律史專業碩士論文，2001。

王靜，〈中國古代道德法律化研究〉，河北大學中國古代史專業歷史學博士論文，2008。

石銳，〈論《貞觀政要》中李世民的"安人寧國"思想〉，黑龍江大學法律學科專業碩士論文，2009。

李青，〈監察制度與唐初和諧盛世－從君臣關係、官民關係切入〉，《理性與智慧：中國法律傳統再探討》，中國政法大學出版社，2008年第1版，頁287-296。

李東光，〈《唐律疏議》中的《名例律》與我國現行刑法總則的比較〉，吉林大學法律專業碩士論文，2005。

周啓梁，〈中國古代環境保護法制演變考 —— 以土地制度變遷爲基本線索〉，重慶大學環境與資源保護法學專業博士論文，2011。

季慶陽，〈唐代孝文化研究〉，陝西師範大學中國古代史學科專業博士論文，2011。

姜霖，〈論《唐律疏議》中的家族倫理思想〉，重慶大學法理學專業法學學科碩士論文，2010。

唐萍，〈論唐律禮法關係對建構和諧社會的啓示〉，西南政法大學專業法學碩士論文，2011。

徐慧娟，〈《唐律疏議》倫理思想研究〉，湖南工業大學倫

理學專業碩士論文，2010。

馬桂菊，〈《唐律》中的"禮" —— 以"八議"為中心〉，
　　青海師範大學中國古代史專業歷史學位碩士論文，2009。

馬晨光，〈唐代司法研究 —— 以唐代司法管理及教化為觀察
　　點〉，南京理工大學思想政治教育專業博士論文，2011。

崔志敏，〈唐律禮法和諧的當代詮釋〉，河北師範大學中國
　　古代史專業碩士論文，2007。

張慶濟，〈唐代判文獻及其社會控制思想研究〉，吉林大學
　　歷史文獻學專業碩士論文，2007。

張鴻浩，〈唐代"敬老"法律制度透析〉，煙台大學法律史
　　專業法學碩士論文，2011。

曹妍霞，〈論《唐律疏議》對官吏犯罪的規範〉，中國政治
　　大學法律學科專業（法制史研究方向）碩士論文，2005。

盛會蓮，〈唐五代社會救助研究〉，浙江大學中國古典文獻
　　學專業博士論文，2005。

陳璽，〈唐代訴訟制度研究〉，陝西師範大學歷史文獻學博
　　士論文，2009。

馮紅，〈唐代刑法原則考論 —— 以《唐律疏議》為中心〉，
　　河北大學中國古代史專業歷史學博士論文，2010。

馮煒，〈《唐律疏議》問答體疏證研究〉，吉林大學漢語言
　　文字學專業文學博士論文，2011。

雷儒，〈中國古代司法管轄權研究〉，吉林大學法律史專業
　　碩士論文，2007。

趙旭，〈法律制度與唐宋社會秩序〉，東北師範大學中國古
　　代史學科專業博士論文，2006。

劉永鋒，〈《唐律疏議·名例律》儒家法哲學思想研究〉，曲阜師範大學中國哲學專業碩士論文，2011。

嚴韡，〈唐代前期的皇權與司法〉，中國政法大學法律史專業碩士論文，2008。

期　刊

E.H.克恰諾夫著、彭向前譯，〈唐古特譯本《貞觀政要》殘卷考〉，《西夏學》，6（大陸，2010），頁 14-18。

丹尼斯·C·特威切特博士著（Denis C. Twitchett）、張中秋摘譯、賀衛方校，〈初唐法律論〉，《比較法研究》，1（大陸：1990），頁 62-67。

王凡，〈唐代貞觀朝君臣治國思想略論〉，《社會科學輯刊》，2（大陸，2003），頁 131-134。

王世蓮，〈省官簡政　懲念治污 —— 淺議貞觀初年的幾項整頓措施〉，《求是學刊》，4（大陸，1984），頁 78-82。

王平川、劉淑霞，〈從貞觀君臣重民思想看傳統民本思想的價值取向與內在本質〉，《陝西教育學院學報》，25：4（大陸：2009），頁 29-33。

王立民，〈《唐律疏議》 —— 中國古代法律與歷史融合的典範〉，《浙江工商大學學報》，6（大陸，2005），頁 3-9。

王立民，〈唐律與中國傳統法制論綱〉，《華東政法大學學報》，5（大陸，2009），頁 126-132。

王立民，〈唐律與《貞觀政要》的吏治 —— 一個以吏治為結合點的視角〉，《政法論壇》，29：5（大陸，2011），

頁 1251-157。

王立民，〈唐律與唐朝的刑事司法制度〉，《社會科學》，
　　11（大陸，2008），頁 168-176、192。

王宏治，〈唐代司法中的"三司"〉，《北京大學學報》，4
　　（大陸，1988），頁 75-81。

王宏治，〈略述唐代的司法監察制度〉，《浙江學刊》，05
　　（大陸，2004），頁 81-87。

王隆華，〈從《貞觀政要》看李世民防腐倡廉、興邦利民的
　　舉措〉，《漢中師院學報》，3（大陸，1994），頁 44-48。

江振良、陳國倫，〈從"貞觀之治"看李世民的法律思想〉，
　　《歷史教學》，8（大陸，1984），頁 40-43。

艾永明，〈唐代立法中的監督制約機制〉，《法學》，1（大
　　陸，2011），頁 61-69。

艾永明、郭寅楓，〈《唐律》別籍異財之禁探析〉，《法學
　　研究》， 5（大陸，2010），頁 164-169。

艾永明、錢長源，〈唐朝立法監督制度初探〉，《蘇州大學
　　學報》，4（大陸，1994），頁 115-120。

艾新強，〈從《貞觀政要》看魏徵的治國主張〉，《廣西社
　　會主義學院學報》，15：2（大陸，2005），頁 44-47。

庄昭，〈試談唐初的立法、執法與守法〉，《山西師院學報》，
　　4（大陸，1980），頁 50-56。

吳成國、鄧燕芹，〈論《貞觀政要》的官德思想〉，《倫理
　　學研究》5（大陸，2007），頁 52-58。

吳萍，〈唐律"賠償"制度研究〉，《江西社會科學》，5
　　（大陸，2000），頁 57-60。

呂東明，〈唐初無爲而治法思想初探〉，《昭烏達蒙族師專學報》，15：3（大陸，1994），頁 28-33。

呂麗、楊二奎，〈影響唐代死刑適用的法律觀念分析〉，《法制與社會發展》，6（大陸，2010），頁 81-87。

李玉生，〈唐代法律體系研究〉，《法學家》，5（大陸，2004），頁 45-49。

李忠建，〈《唐律疏議》立法倫理思想探究〉，《延邊大學學報》，41：4（大陸，2008），頁 107-111。

李釗，〈貞觀婚姻政策述評 —— 以貞觀元年與貞觀十六年的婚姻詔令爲例〉，《中華文化論》，3（大陸，2006），頁 40-44。

沈壽文，〈《唐律疏議》"化外人"辨析〉，《雲南大學學報》，19：3（大陸，2006），頁 115-118。

肖海英、吳青山，〈從《唐律疏議》看唐代法律與宗教的關係〉，《山西大學報》，39：2（大陸，2012），頁 89-92。

肖群忠，〈中西君德思想之差異 —— 《貞觀政要》與《君王論》的比較研究〉，《西北師大學報》，2（大陸，1993），頁 11-16。

周敦耀，〈淺議"貞觀之治"的法治、德治與官德〉，《廣西大學學報》，25：3（大陸，2003），頁 36-39。

奇秀，〈論貞觀民本思想及其現代價值〉，《南京政治學院學報》，17：6（大陸，2001），頁 66-69。

侯力，〈關於唐初科舉制度的幾個問題〉，《求索》，6（大陸，1997），頁 116-120。

姜素紅、曾惠燕，〈古羅馬法和唐律有關誠信規定之比較〉，

《時代法學》，6（大陸，2005），頁 40-44。

姜貴盛、宋立公，〈唐"貞觀"時期法律思想初探〉，《法學論壇》，3（大陸，1987），頁 43-46。

姜歆，〈黑水城出土法律文獻的整理研究概述〉，《西夏研究》，3（大陸，2011），頁 102-123。

胡滄澤，〈唐代御史台司法審判權的獲得〉，《廈門大學學報》，3（大陸，1989），頁 98-104、119。

唐少蓮，〈唐太宗的治道與實踐 ── 以《貞觀政要》爲中心〉，《廣西大學學報》，29：1（大陸，2007），頁 119-124。

徐元善，〈論《貞觀政要》的行政倫理觀〉，《徐州師範大學學報》，28：4（大陸，2002），頁 106-109。

徐顯明，〈唐律中官吏犯罪初探〉，《東嶽論叢》，1（大陸，1985），頁 67-85。

柴英，〈《唐律疏議》主要罪名考〉，《鄭州大學學報》，44：3（大陸，2011），頁 70-72。

馬小紅，〈唐王朝的法與刑〉，《政法論壇（中國政法大學學報）》，24：2（大陸，2006），頁 73-86。

馬小紅，〈唐律所體現的古代立法經驗〉，《南京大學法律評論》，2008 年春秋合卷（大陸，2008），頁 304-313。

馬小紅，〈混合法的制度設計：法律與法官的折中〉，《河北法學》，28：2（大陸，2010），頁 25-34。

馬珺，〈淺論唐代"安人寧國，以法爲先"的法律思想〉，《河南省政法管理幹部學院學報》，5（大陸，2000），頁 44-49。

高積順，〈從《貞觀政要》看唐太宗統治集團的廉政思想〉，

《現代法學》，5（大陸，1991），頁 71-74。

張中秋，〈中華法系與羅馬法的原理及其哲學比較 ── 以《唐律疏議》與《法學階梯》爲對象的探索〉，《政法論壇》，28：3（大陸，2010），頁 41-49。

張分田，〈貞觀君臣法治理論剖析〉，《歷史教學》，4（大陸，1990），頁 14-17。

張兆凱，〈論唐律贓罪的特點及其現代價值〉，《長江理工大學學報》，21：4（大陸，2006），頁 35-38。

張利兆、黃書建，〈《唐律疏議》之犯罪預防特色與現實借鑒〉，《犯罪研究》，6（大陸，2005），頁 19-22。

張春海，〈也論唐代司法體系中的"三司"〉，《河北法學》，24：12（大陸，2006），頁 169-175。

張晉藩，〈法制文明與和諧社會〉，《國家政學院學報》，6（大陸，2007），頁 51-54。

張維新，〈近三十年唐律研究成果的法制史學史－以中國內地的部分專著爲考評對象〉，《前沿》，11（大陸，2011），頁 81-84、128。

張艷云，〈論唐中後期的宦官參預司法〉，《陝西師範大學學報》，30：1（大陸，2001），頁 137-142。

梁健，〈唐律"四十九以下無子，未合出之"規定新探〉，《西南政法大學學報》，13：6（大陸，2011），頁 13-19。

許敏，〈從立法、司法與守法看唐太宗的法治思想〉，《雲南師範大學學報》，32：1（大陸，2000），頁 40-43。

許道勛、趙克堯，〈《貞觀政要》史料考辨〉，《復旦學報》，6（大陸，1979），頁 87-90。

郭成偉，〈唐律與《龍筋鳳髓判》體現的中國傳統法律語言特色〉，《法學家》，5（大陸，2006），頁 53-58。

郭成偉，〈略論中國古代傳統文化對司法制度的影響〉，《刑事司法論》，3（大陸，2010），頁 3-45。

陳紅太，〈從秦、漢律到唐律的變化看齊儒學對中國刑律的影響〉，《政法論壇（中國政法大學學報）》，24：6（大陸，2006），頁 58-73。

陳飛，〈《貞觀政要》民本思想概述〉，《中共青島市委黨校青島行政學院學報》，5（大陸，2009），頁 38-42。

陳飛，〈《貞觀政要》治國方略產生的社會歷史條件〉，《中國海洋大學學報》，3（大陸，2009），頁 73-76。

陳海平、魯學武，〈試論唐初的防腐治貪措施〉，《青海民族學院學報》，1（大陸，2003），頁 58-61。

陳銳，〈從系統論的觀點看《唐律疏議》〉，《華東政法大學學報》，1（大陸，2012），頁 116-126。

陳璽，〈唐代司法"三司"制度考論〉，《雲南大學學報》，20：4（大陸，2007），頁 56-62。

陸江寧、陸超楠，〈論《唐律疏議》中的自首制度〉，《遼寧警專學報》，2（大陸，2007），頁 8-12。

陸离，〈敦煌本《百行章》所反映的唐初統治思想〉，《敦煌研究》，2（大陸，2001），頁 96-100。

章翊中、熊亞非，〈從《唐律》看唐初統治集團對經濟的法律干預及其特點〉，《江西科技師範學院學報》，5（大陸，2002），頁 3-7。

鹿諝慧，〈試論貞觀之治的思想基礎〉，《史學月刊》，2

（大陸，1988），頁 29-32。

程向輝，〈《貞觀政要》中唐太宗治國與用人思想研究〉，《華夏文化》，02（大陸，2008），頁 14-16。

閔多芳，〈唐律“夜無故入人家”條源流考〉，《法學研究》，6（大陸，2010），頁 183-189。

馮輝，〈唐代司法制度述論〉，《史學集刊》，1（大陸，1998），頁 7-10、74。

黃開軍，〈故殺重判略析 —— 以《唐律疏義》爲中心〉，《西南政法大學學報》，13：3（大陸，2011），頁 9-16。

楊書文，〈貞觀年間的諫及其對我國監督建設的啓示〉，《雲南行政學院學報》，4（大陸，2004），頁 90-92。

楊豹，〈《貞觀政要》中的政治倫理思想探微〉，《忻州師範學院學報》，23：5（大陸，2007），頁 76-78。

楊聖瓊，〈唐太宗的法律思想－兼與隋文帝法律思想之比較〉，《華夏文化》，1（大陸，2004），頁 28-30。

董志翹，〈《唐律疏義》詞語雜考〉，《南京師大學報》，4（大陸，2002），頁 174-183。

董長春，〈一部富有創新性的法律史著作 —— 《唐律疏義新注》出版座談會綜述〉，《中國政法大學學報》，4（大陸，2010），頁 46-49。

賈旗，〈論唐律孝德培養的法律化〉，《中南大學學報》，17：4（大陸，2011），頁 42-47。

賈旗、陳少峰，〈略論唐律中的法家思想特點〉，《北京聯合大學學報》，9：2（大陸，2011），頁 120-123。

榮新江，〈唐寫本《唐律》《唐禮》及其他〉，《文獻季刊》，

4（大陸，2009），頁 3-10。

翟志娟，〈從《太平廣記》看唐代社會的法制運行情況〉，《新鄉學院學報》，24：3（大陸，2010），頁 81-83。

薄堅，〈釋唐律"出入得古今之平"〉，《政法論壇（中國政法大學學報）》，4（大陸，2001），頁 156-160。

趙克堯、許道勛，〈貞觀法制初探〉，《史學月刊》，4（大陸，1981），頁 8-14。

趙曉耕、盧楠，〈《唐律疏議》之不孝制度 ── "得意忘形"〉，《廣東社會科學》，4（大陸，2012），頁 227-236。

劉後濱，〈唐代司法"三司"考析〉，《北京大學學報》，2（大陸，1991），頁 37-44、127。

劉後濱，〈從貞觀之治看中國古代政治傳統中的治世與盛世〉，《北京聯合大學學報》，1：2（大陸，2003），頁 64-69、84。

劉修明、劉運承，〈唐太宗與貞觀之治 ── 讀《貞觀政要》〉，《社會科學》，03（大陸，1979），頁 108-118。

劉振宇，〈唐代前期民族法制探析〉，《內蒙古農業大學學報》，13：1（大陸，2011），頁 310-312。

劉毓航，〈《貞觀政要》的領導倫理思想探析〉，《中國浦東幹部學院學報》，2：1（大陸，2008），頁 81-86。

劉曉林，〈唐律"劫殺"考〉，《華東政法大學學報》，4（大陸，2011），頁 46-59。

劉曉林，〈唐律誤殺考〉，《法學研究》，5（大陸，2012），頁 198-208。

蔣家棣、劉德萍，〈淺析唐律"受所監臨"罪所蘊念的傳統

法理念〉,《法學論壇》,12(大陸,2010),頁 84-85。

鄭定、馬建興,〈略論唐律中的服制原則與親屬相犯〉,《法學家》,5(大陸,2003),頁 41-50。

鞏富文,〈中國古代法官的迴避制度〉,《政治與法律》,2(大陸,1991),頁 38-40。

鞏富文,〈中國古代法官違法刑訊的責任制度〉,《江蘇社會科學》,2(大陸,1993),頁 25-30。

鞏富文,〈唐代刑事審判機關及其管轄制度〉,《西北大學學報》,20：4(大陸,1990),頁 41-49。

鞏富文,〈唐代法官出入人罪的責任制度探析〉,《政治與法律》,01(大陸,1993),頁 35-39。

黎英,〈論貞觀統治集團的廉政思想〉,《福建教育學院學報》,8(大陸,2003),頁 116-119。

錢大群,〈《唐律疏議》結構及書名辨析〉,《歷史研究》,4(大陸,2000),頁 110-118。

錢大群,〈諫諍制度與"貞觀之治"〉,《中西法律傳統》,2(大陸,2004),頁 135-151。

戴建國,〈唐代刑罰體系的演變－以杖刑爲中心的考察〉,《史學集刊》,4(大陸,2010),頁 55-64。

魏春艷,〈唐初反腐倡廉法制思想的歷史借鑒〉,《青海師專學報》,1(大陸,1994),頁 28-31。

魏國忠,〈試談貞觀時期的法制〉,《學習與探索》,4(大陸,1979),頁 147-152。

羅欣,〈《唐律》中貪污賄賂犯罪初探〉,《法學評論》,4(大陸,2000),頁 150、157-160。

蘇亦工，〈唐律“一准乎禮”辨正〉，《政法論壇（中國政
　　法大學學報）》，24：3（大陸，2006），頁 116-141。
蘇征耀，〈唐太宗與《貞觀政要》治國安邦的主要思想〉，
　　《文史春秋》，5（大陸，2004），頁 33-35。

網　站

中華民國總統府 http://www.president.gov.tw
中央通訊社，http://www.cna.com.tw
自由電子報 http://www.libertytimes.com.tw
中時電子報 http://www.chinatimes.com
蘋果日報 http://www.appledaily.com.tw
TVBS-N 新聞 http://www.tvbs.com.tw/NEWS
維基百科 http://zh.wikipedia.org/wiki
中華民國國防部 http://www.mnd.gov.tw/
台灣新社會智庫 http://www.taiwansig.tw
新華網 http://news.xinhuanet.com/
ETtoday 新聞雲 http://www.ettoday.net/news
公視新聞議題中心 http://pnn.pts.org.tw

附錄一：《唐律》全文[1]

卷第一　名例　凡七條

1.笞刑五

　　笞刑五：笞一十。贖銅一斤。

　　　　　　笞二十。贖銅二斤。

　　　　　　笞三十。贖銅三斤。

　　　　　　笞四十。贖銅四斤。

　　　　　　笞五十。贖銅五斤。

2.杖刑五

　　杖刑五：杖六十。贖銅六斤。

　　　　　　杖七十。贖銅七斤。

　　　　　　杖八十。贖銅八斤。

　　　　　　杖九十。贖銅九斤。

　　　　　　杖一百。贖銅十斤。

3.徒刑五

　　徒刑五：一年。贖銅二十斤。

　　　　　　一年半。贖銅三十斤。

　　　　　　二年。贖銅四十斤。

1　〔唐〕長孫無忌等撰，劉俊文點校，《唐律疏議》，中華書局出版，1983。

二年半。贖銅五十斤。

三年。贖銅六十斤。

4.流刑三

流刑三：二千里。贖銅八十斤。

二千五百里。贖銅九十斤。

三千里。贖銅一百斤。

5.死刑二

死刑二：絞。斬。贖銅一百二十斤。

6.十惡

十惡：一曰謀反。謂謀危社稷。

二曰謀大逆。謂謀毀宗廟、山陵及宮闕。

三曰謀叛。謂謀背國從偽。

四曰惡逆。謂毆及謀殺祖父母、父母，殺伯叔父母、姑、
兄姊、外祖父母、夫、夫之祖父母、父母。

五曰不道。謂殺一家非死罪三人，支解人，造畜蠱毒、
厭魅。

六曰大不敬。謂盜大祀神御之物、乘輿服御物；盜及偽
造御寶；合和御藥，誤不如本方及封題誤；若造御
膳，誤犯食禁；御幸舟船，誤不牢固；指斥乘輿，
情理切害及對捍制使，而無人臣之禮。

七曰不孝。謂告言、詛詈祖父母父母，及祖父母父母在，
別籍、異財，若供養有闕；居父母喪，身自嫁娶，
若作樂，釋服從吉；聞祖父母父母喪，匿不舉哀，
詐稱祖父母父母死。

八曰不睦。謂謀殺及賣緦麻以上親，毆告夫及大功以上

尊長、小功尊屬。

九曰不義。謂殺本屬府主、刺史、縣令、見受業師，吏、
卒殺本部五品以上官長；及聞夫喪匿不舉哀，若作
樂，釋服從吉及改嫁。

十曰內亂。謂姦小功以上親、父祖妾及與和者。

7.八議

八議：

一曰議親。謂皇帝袒免以上親及太皇太后、皇太后緦麻
以上親，皇后小功以上親。

二曰議故。謂故舊。

三曰議賢。謂有大德行。

四曰議能。謂有大才藝。

五曰議功。謂有大功勳。

六曰議貴。謂職事官三品以上，散官二品以上及爵一品
者。

七曰議勤。謂有大勤勞。

八曰議賓。謂承先代之後為國賓者。

卷第二　名例　凡一十一條

8.八議者（議章）

諸八議者，犯死罪，皆條所坐及應議之狀，先奏請議，議
定奏裁；議者，原情議罪，稱定刑之律而不正決之。流罪以下，
減一等。其犯十惡者，不用此律。

9.皇太子妃（請章）

諸皇太子妃大功以上親、應議者期以上親及孫、若官爵五

品以上，犯死罪者，上請；請，謂條其所犯及應請之狀，正
其刑名，別奏請。流罪以下，減一等。其犯十惡，反逆緣坐，
殺人，監守內姦、盜、略人、受財枉法者，不用此律。

10.七品以上之官（減章）

諸七品以上之官及官爵得請者之祖父母、父母、兄弟、姊
妹、妻、子孫，犯流罪已下，各從減一等之例。

11.應議請減（贖章）

諸應議、請、減及九品以上之官，若官品得減者之祖父母、
父母、妻、子孫，犯流罪以下，聽贖；若應以官當者，自
從官當法。其加役流、反逆緣坐流、子孫犯過失流、不孝
流、及會赦猶流者，各不得減贖，除名、配流如法。除名
者，免居作。即本罪不應流配而特配者，雖無官品，亦免居作。
其於期以上尊長及外祖父母、夫、夫之祖父母，犯過失殺
傷，應徒；若故毆人至廢疾，應流；男夫犯盜謂徒以上。
及婦人犯姦者：亦不得減贖。有官爵者，各從除、免、當、
贖法。

12.婦人有官品邑號

諸婦人有官品及邑號，犯罪者，各依其品，從議、請、減、
贖、當、免之律，不得蔭親屬。若不因夫、子，別加邑號
者，同封爵之例。

13.五品以上妾有犯

諸五品以上妾，犯非十惡者，流罪以下，聽以贖論。

14.人兼有議請減

諸一人兼有議、請、減，各應得減者，唯得以一高者減之，
不得累減。若從坐減、自首減、故失減、公坐相承減，又

以議、請、減之類，得累減。

15.以理去官

諸以理去官，與見任同。解雖非理，告身應留者，亦同。贈品視品官，與正官同。視六品以下，不在蔭親之例。及藉所親蔭而犯所親祖父母、父母者，並不得爲蔭。即毆告大功尊長、小功尊屬者，亦不得以蔭論。其婦人犯夫及義絕者，得以子蔭。雖出，亦同。其假版官犯流罪以下，聽以贖論。

16.無官犯罪

諸無官犯罪，有官事發，流罪以下以贖論。謂從流外及庶人而任流內者，不以官當、除、免。犯十惡及五流者，不用此律。卑官犯罪，遷官事發；在官犯罪，去官事發；或事發去官：犯公罪流以下各勿論，餘罪論如律。其有官犯罪，無官事發；有蔭犯罪，無蔭事發；無蔭犯罪，有蔭事發：並從官蔭之法。

17.官當

諸犯私罪，以官當徒者，私罪，謂私自犯及對制詐不以實、受請枉法之類。五品以上，一官當徒二年；九品以上，一官當徒一年。若犯公罪者，公罪，謂緣公事致罪而無私、曲者。各加一年當。以官當流者，三流同比徒四年。其有二官，謂職事官、散官、衛官同為一官，勳官為一官。先以高者當，若去官未敘，亦準此。次以勳官當。行、守者，各以本品當，仍各解見任。若有餘罪及更犯者，聽以歷任之官當。歷任，謂降所不至者。其流內官而任流外職，犯罪以流內官當及贖徒年者，各解流外任。

18.除名

諸犯十惡、故殺人、反逆緣坐，本應緣坐，老、疾免者，亦同。獄成者，雖會赦，猶除名。獄成，謂贓狀露驗及尚書省斷訖未奏者。即監臨主守，於所監守內犯姦、盜、略人，若受財而枉法者，亦除名；姦，謂犯良人。盜及枉法，謂贓一尺者。獄成會赦者，免所居官。會降者，同免官法。其雜犯死罪，即在禁身死，若免死別配及背死逃亡者，並除名；皆謂本犯合死而獄成者。會降者，聽從當、贖法。

卷第三　名例　凡一十條

19.免官

諸犯姦、盜、略人及受財而不枉法；並謂斷徒以上。若犯流、徒，獄成逃走；祖父母、父母犯死罪，被囚禁，而作樂及婚娶者：免官。謂二官並免。爵及降所不至者，聽留。

20.免所居官

諸府號、官稱犯父祖名，而冒榮居之；祖父母、父母老疾無待，委親之官；在父母喪，生子及娶妾，兄弟別籍、異財，冒哀求仕；若姦監臨內雜戶、官戶、部曲妻及婢者：免所居官。謂免所居之一官。若兼帶勳官者，免其職事。即因冒榮遷任者，並追所冒告身。

21.除免官當敘法

諸除名者，官爵悉除，課役從本色，六載之後聽敘，依出身法。若本犯不至免官，而特除名者，敘法同免官例。婦人因夫、子得邑號，犯除名者，年滿之後，夫、子見在有官爵者，聽依式敘。免官者，三載之後，降先品二等敘。所居

官及官當者，期年之後，降先品一等敘。若本犯不至免所
居官及官當，而特免官者，敘法同免所居官。其免官者，
若有二官，各聽依所降品敘。若勳官降一等者，從上柱國削
授柱國；降二等者，削授上護軍之類。即降品卑於武騎尉者，
聽從武騎尉敘。即免官、免所居官及官當，斷訖更犯，餘
有歷任官者，各依當、免法，兼有二官者，先以高者當。仍
累降之；所降雖多，各不得過四等。各，謂二官各降，不在
通計之限。若官盡未敘，更犯流以下罪者，聽以贖論。敘
限各從後犯計年。不在課役之限。雖有歷任之官，不得預
朝參之例。

22.以官當徒不盡

諸以官當徒者，罪輕不盡其官，留官收贖；官少不盡其罪，
餘罪收贖。其犯除、免者，罪雖輕，從例除、免；罪若重，
仍依當、贖法。其除爵者，雖有餘罪，不贖。

23.除免比徒

諸除名者，比徒三年；免官者，比徒二年；免所居官者，
比徒一年。流外官不用此律。謂以輕罪誣人及出入之類，故
制此比。若所枉重者，自從重。若誣告道士、女官應還俗者，
比徒一年；其應苦使者，十日比笞十；官司出入者，罪亦
如之。

24.犯流應配

諸犯流應配者，三流俱役一年。本條稱加役流者，流三千里，
役三年。役滿及會赦免役者，即於配處從戶口例。妻妾從之。
父祖子孫欲隨者，聽之。移鄉人家口，亦準此。若流、移
人身喪，家口雖經附籍，三年內願還者，放還；即造畜蠱

毒家口，不在聽還之例。下條準此。

25.流配人在道會赦

　　諸流配人在道會赦，計行程過限者，不得以赦原。謂從上
道日總計，行程有違者。有故者，不用此律。若程內至配所
者，亦從赦原。逃亡者雖在程內，亦不在免限。即逃者身
死，所隨家口仍準上法聽還。

26.犯死罪應侍家無期親成丁

　　諸犯死罪非十惡，而祖父母、父母老疾應侍，家無期親成
丁者，上請。犯流罪者，權留養親，謂非會教猶流者。不
在赦列，仍準同季流人未上道，限內會赦者，從赦原。課調
依舊。若家有進丁及親終期年者，則從流。計程會赦者，
依常例。即至配所應侍，合居作者，亦聽親終期年，然後
居作。

27.犯徒應役家無兼丁

　　諸犯徒應役而家無兼丁者，妻年二十一以上，同兼丁之限。
婦女家無男夫兼丁者，亦同。徒一年，加杖一百二十，不居
作；一等加二十。流至配所應役者亦如之。若徒年限內無兼
丁者，總計應役日及應加杖數，準折決放。盜及傷人者，
不用此律。親老疾合侍者，仍從加杖之法。

28.工樂雜戶及婦人犯流決杖

　　諸工、樂、雜戶及太常音聲人，犯流者，二千里決杖一百，
一等加三十，留住，俱役三年；犯加役流者，役四年。若習
業已成，能專其事，及習天文，并給使、散使，各加杖二
百。犯徒者，準兼丁例加杖，還依本色。其婦人犯流者，
亦留住，造畜蠱毒應流者，配流如法。流二千里決杖六十，

一等加二十，俱役三年；若夫、子犯流配者，聽隨之至配
所，免居作。

卷第四　名例　凡八條

29.犯罪已發已配更爲罪

諸犯罪已發及已配而更爲罪者，各重其事。即重犯流者，
依留住法決杖，於配所役三年。若已至配所而更犯者，亦
準此。即累流、徒應役者，不得過四年。若更犯流、徒罪
者，準加杖例。其杖罪以下，亦各依數決之，累決笞、杖
者，不得過二百。其應加杖者，亦如之。

30.老小及疾有犯

諸年七十以上、十五以下及廢疾，犯流罪以下，收贖。犯
加役流、反逆緣坐流、會赦猶流者，不用此律；至配所，免居
作。八十以上、十歲以下及篤疾，犯反、逆、殺人應死者，
上請；盜及傷人者，亦收贖。有官爵者，各從官當、除、免
法。餘皆勿論。九十以上，七歲以下，雖有死罪，不加刑；
緣僅應配沒者不用此律。即有人教令，坐其教令者。若有贓
應備，受贓者備之。

31.犯時未老疾

諸犯罪時雖未老、疾，而事發時老、疾者，依老、疾論。
若在徒年限內老、疾，亦如之。犯罪時幼小，事發時長大，
依幼小論。

32.彼此俱罪之贓

諸彼此俱罪之贓謂計贓為罪者。及犯禁之物，則沒官。若
盜人所盜之物，倍贓亦沒官。取與不和，雖和，與者無罪。若

乞索之贓，並還主。即簿斂之物，赦書到後，罪雖決訖，
未入官司者，並從赦原。若罪未處決，物雖送官，未經分
配者，猶爲未入。即緣坐家口，雖已配沒，罪人得免者，
亦免。

33.以贓入罪

諸以贓人罪，正贓見在者，還官、主；轉易得他物，及生產
蕃息，皆爲見在。已費用者，死及配流勿徵，別犯流及身死
者，亦同。餘皆徵之。盜者，倍備。若計庸、賃爲贓者，亦
勿徵。會赦及降者，盜、詐、枉法猶徵正贓；餘贓非見在
及收贖之物，限內未送者，並從赦降原。

34.平贓及平功庸

諸平贓者，皆據犯處當時物價及上絹估。平功、庸者，計
一人一日爲絹三尺，牛馬駝騾驢車亦同；其船及碾磑、邸
店之類，亦依犯時賃直。、賃雖多，各不得過其本價。

35.略和誘人等赦後故藏匿

諸略、和誘人，若和同相賣；及略、和誘部曲奴婢，若嫁
賣之，即知情娶買，及藏逃亡部曲奴婢；署置官過限及不
應置而置，詐假官、假與人官及受假者；若詐死，私有禁
物：謂非私所應有者及禁書之類。赦書到後百日，見在不首，
故藏匿者，復罪如初。其限內事發，雖不自首，非藏匿
者。雖限內，但經問不臣者，亦爲藏匿。即有程期者，計赦後日
爲坐。其因犯逃亡，經赦免罪，限外不首者，止坐其亡，
不論本罪。謂赦書到後，百日限外計之。

36.會赦改正徵收

諸會赦，應改正、徵收，經責簿帳而不改正、徵收者，各

論如本犯律。謂以嫡為庶、以庶為嫡、違法養子，私入道、詐復除、避本業，增減年紀、侵隱園田、脫漏戶口之類，須改正；監臨主守之官，私自借貸及借貸人財物、畜產之類，須徵收。

卷五　名例　凡八條

37.犯罪未發自首

諸犯罪未發而自首者，原其罪。正贓猶徵如法。其輕罪雖發，因首重罪者，免其重罪；即因問所劾之事而別言餘罪者，亦如之。即遣人代首，若於法相容隱者為首及相告言者，各聽如罪人身自首法；緣坐之罪之謀逆以上本服期，雖捕告，俱同自首例。其聞首告，被追不赴者，不得原罪。謂止坐不赴者身。即自首不實及不盡者，以不實不盡之罪罪之，至死者，聽減一等。自首贓數不盡者，止計不盡之數科之。其知人欲告及亡叛而自首者，減罪二等坐之；即亡叛者雖不自首，能還歸本所者，亦同。其於人損傷，因犯殺傷而自首者，得免所因之罪，仍從故殺傷法。本應過失者，聽從本。於物不可備償，本物見在首者，聽同免法。即事發逃亡，雖不得首所犯之罪，得減逃亡之坐。若越度關及姦，私度亦同。姦，謂犯良人。并私習天文者，並不在自首之例。

38.犯罪共亡捕首

諸犯罪共亡，輕罪能捕重罪者，重者應死，殺而首者，亦同。及輕重等，獲半以上自者，皆除其罪。常赦所不原者，依常法。即因罪人以致罪，而罪人自死者，聽減本罪二等；若罪人自首及遇恩原減者，亦準罪人原減法；其應加杖及贖者，各依杖、贖例。

39.盜詐取人財物首露

諸盜、詐取人財物而於財主首露者，與經官司自首同。其於餘贓應償之屬，悔過還主者，聽減本罪三等坐之；即財主應坐者，減罪亦準此。

40.同職犯公坐

諸同聽犯公坐者，長官爲一等，通判爲一等，判官爲一等，主典爲一，各以所由爲首；若通判官以上異判有失者，止坐異判以上之官。其闕無所承之官，亦依此四等官爲法。即無四等官者，止準見官爲罪。若同職有私，連坐之官不知情者，以失論。即餘官及上官案省不覺者，各遞減一等；下官不覺者，又遞減一等。亦各以所由爲首。減，謂首減首，從減從。檢、勾之官，同下從之罪。應奏之事，有失勘讀及省審之官不駁正者，減下一從一等。若辭狀隱伏，無加驗知者，勿論。

41.公事失錯自覺舉

諸公事失錯，自覺舉者，原其罪；應連坐者，一人自覺舉，餘人亦原之。其斷罪失錯，已行決者，不用此律。其官文書稽程，應連坐者，一人自覺舉，餘人亦原之，主典不免；若主典自舉，並減二等。

42.共犯罪造意爲首

諸共犯罪者，以造意爲首，隨從者減一等。若家人共犯，止坐尊長；於法不坐者，歸罪於其次尊長。尊長，謂男夫。侵損於人者，以凡人首從論。即共監臨主守爲犯，雖造意，仍以監主爲首，凡人以常從論。

43.共犯罪未罪別

　　諸共犯罪而本罪別者，雖相因為首從，其罪各依本律首從論。若本條言「皆」者，罪無首從；不言「皆」者，依首從法。即強盜及姦，略人為奴婢，犯闌入，若逃亡及私度、越度關棧垣籬者，亦無首從。

44.共犯罪有逃亡

　　諸共犯罪而有逃亡，見獲者稱亡者為首，更無證徒，則決其從罪；後獲亡者，稱前人為首，鞫問是實，還依首論，通計前罪，以充後數，若前輸贖物，後應還者，還之。其增減人罪，令有輕重者，亦從此律；若枉入人徒年者，即計庸，折除課役及贖直；每枉一年，折二年；雖不滿年役過五十日者，折一年。即當無無課役者，折杖年。其有軍役者，折役日。其本應徒，已決杖、笞者，即以杖、笞贖直，準減徒年。

卷第六　名例　凡一十三條

45.二罪從重

　　諸二罪以上俱發，以重者論；謂非應累者，唯具條其狀，不累輕以加重。若重罪應贖，輕罪應居作、官當者，以居作、官當為重。等者，從一。若一罪先發，已經論決，餘罪後發，其輕若等，勿論；重者更論之，通計前罪，以充後數。即以贓致罪，頻犯者並累科；若罪法不等者，即以重贓併滿輕贓，各倍論。累，謂止累見發之贓。倍，謂二尺為一尺。不等，謂以強盜、枉法等贓，併從竊盜、受所監臨之類。即監臨主司因事受財而同事共與，若一事頻受及於監守頻盜者，累

而不倍。其一事分爲二罪，罪法若等，則累論；罪法不等者，則以重法併滿輕法。罪法等者，謂若貿易官物，計其等準盜論，計所利以盜論之類。罪法不等者，謂若請官器仗，以亡失併從毀傷，以考校不實併從失不實之類。累併不加重者，止從重。其應除、免、倍、沒、備償、罪止者，各盡本法。

46.同居相爲隱

諸同居，若大功以上親及外祖父母、外孫，若孫之婦、夫之兄弟及兄弟妻，有罪相爲隱；部曲、奴婢爲主隱：皆勿論，即漏露其事及摘語消息亦不坐。其小功以下相隱，減凡人三等。若犯謀叛以上者，不用此律。

47.官戶部曲私奴婢有犯

諸官戶、部曲、稱部曲者，部曲妻及客女亦同。官私奴婢有犯，本條無正文者，各準良人。若犯流、徒者，加杖，免居作。應徵正贓及贖無財者，準銅二斤各加杖十，決訖，付官、主，不居作；若老小及廢疾，不合加杖，無財者放免。即同主奴婢自相殺，主求免者，聽減死一等。親屬自相殺者，依常律。

48.化外人相犯

諸化外人，同類自相犯者，各依本俗法；異類相犯者，以法律論。

49.本條別有制

諸本條別有制，與例不同者，依本條。即當條雖有罪名，所爲重者自從重。其本應重而犯時不知者，依凡論；本應輕者，聽從本。

50.斷罪無正條

諸斷罪而無正條，其應出罪者，則舉重以明輕；其應入罪者，則舉輕以明重。

51.稱乘輿車駕及制敕

諸稱「乘輿」、「車駕」及「御」者，太皇太后、皇太后、皇后並同。稱「制」「勅」者，太皇太后、皇太后、皇后、皇太子「令」減一等。若於東宮犯、失及宮衛有違，應坐者亦同減例。本應十惡者，雖得減罪，仍從本法。

52.稱期親祖父母等

諸稱「期親」及稱「祖父母」者，曾、高同。稱「孫」者，曾、玄同。嫡孫承祖，與父母同。緣坐者，各從祖孫本法。其嫡、繼、慈母，若養者，與親同。稱「子」者，男女同。緣坐者，女不同。稱「祖免以上親」者，各依本服論，不以尊壓及出降。義服同正服。

53.稱反坐罪之等

諸稱「反坐」及「罪之」、「坐之」、「與同罪」者，止坐其罪；死者，止絞而已。稱「準枉法論」、「準盜論」之類，罪止流三千里，但準其罪：並不在除、免、倍贓、監主加罪、加役流之例。稱「以枉法論」及「以盜論」之類，皆與真犯同。

54.稱監臨主守

諸稱「監臨」者，統攝案驗為監臨。謂州、縣、鎮、戌、折衝府等，判官以上，各於所部之內，總為監臨。自餘，唯據臨統本司及有所案驗者。即臨統其身而不管家口者，姦及取財亦同監臨之例。稱「主守」者，躬親保典為主守。雖職非統典，臨時監主亦是。

55.稱日年及眾謀

諸稱「日」者，以百刻。計功庸者，從朝至暮。役庸多者，雖不滿日，皆併時率之。稱「年」者，以三百六十日。稱「人年」者，以籍為定。稱「眾」者，三人以上。稱「謀」者，二人以上。謀狀彰明，雖一人同二人之法。

56.稱加減

諸稱「加」者，就重次；稱「減」者，就輕次。惟二死、三流，各同為一減。加者，數滿乃坐，又不得加至於死；本條加入死者，依本條。加入絞者，不加至斬。其罪止有半年徒，若應加杖者，杖一百；應減者，以杖九十為次。

57.稱道士女官

諸稱「道士」、「女官」者，僧、尼同。若於其師，與伯叔父母同。其於弟子，與兄弟之子同。觀寺部曲、奴婢於三綱，與主之期親同；餘道士，與主之緦麻同。犯姦、盜者，同凡人。

卷第七　衛禁　凡一十八條

58.闌入廟社及山陵兆域門

諸闌入太廟門，及山陵兆域門者，徒二年；闌，謂不應入而入者。越垣者，徒三年。太社，各減一等。守衛不覺，減二等；守衛，謂持時專當者。主帥又減一等。主帥，謂親監當者。故縱者，各與同罪。餘條守衛及監門各準此。

59.闌入宮殿門及上閣

諸闌入宮門，徒二年。闌入宮城門，亦同。餘條應坐者，亦準此。殿門，徒二年半。持仗者，各加二等。仗，謂兵器杵棒之屬。餘條稱仗準此。入上閣內者，絞；若有仗衛，同

闌入殿門法。其宮內諸門，不立籍禁而得通內者，亦準此。若持仗及至御在所者，斬。迷誤者，上請。即應入上閣內，但仗不入而持寸刃入者，亦以闌入論；仗雖入，不應帶橫刀而帶入者，減二等。即闌入御膳所者，流三千里。入禁苑者，徒一年。

60.闌入踰閾為限

諸闌入者，以踰閾為限。至閾未踰者，宮門杖八十，殿門以內遞加一等。其越殿垣者，絞；宮垣，流三千里；皇城，減宮垣一等；京城，又減一等。

61.宮殿門無籍冒名入

諸於宮殿門無籍及冒承人名而入者，以闌入論。守衛不知冒名情，宮門杖八十，殿門以內遞加一等。

62.宿衛冒名相代

諸宿衛者，以非應宿衛人冒名自代及代之者，入宮內，流三千里；殿內，絞。若以應宿衛人謂已下直者。自代及代之者，各以闌入論。主司不覺，減二等；知而聽行，與同罪。主司，謂應廳判遣及親監當之官。餘條主司準此。

63.因事入宮輒宿

諸因事得入宮殿而輒宿及容止者，各減闌入二等。即將領人入宮殿內，有所迎輸、造作，門司未受文牒而聽入及人數有剩者，各以闌入論；至死者加役流。將領主司知者，各減闌入罪一等。入者知，又減五等；不知者，不坐。

64.無箸籍入宮殿

諸應入宮殿，未著門籍而入；雖有長籍，但當下直而輒入者：各減闌入五等。即宿次未到而輒宿，及籍在東門而從

西門入者，又減二等。

65.宮殿作罷不出

諸在宮殿內作罷而不出者，宮內，徒一年；殿內，徒二年；御在所者，絞。闌仗應出而不出者，亦同。不覺及迷誤者，上請。將領主司知者，與同罪；不知者，各減一等。闌仗主司搜人不盡者，各準此。若於闌仗內誤遺兵仗者，杖一百。弓、箭相須，乃坐。

66.登高臨宮中

諸登高臨宮中者，徒一年；殿中，加二等。若於宮殿中行御道者，徒一年；有橫道及門仗外越過者，非。宮門外者，笞五十。誤者，各減二等。

67.宿衛人被奏劾不收仗

諸宿衛人被奏劾者，本司先收其仗，違者徒一年。謂在宮殿中直者。

68.應出宮殿輒留

諸應出宮殿，而門籍已除，輒留不出及被告劾，已有公文禁止，籍雖未除，不得輒入宮殿，犯者，各以闌入論。

69.闌入非御在所

諸犯闌入宮殿，非御在所者，各減一等；無宮人處，又減一等。入上閣內，有宮人者，不減。即雖非闌入，輒私共宮人言語，若親為通傳書信及衣物者，絞。

70.已配仗衛輒迴改

諸宿衛人已配仗衛，而官司輒迴改者，杖一百。若不依職掌次第，擅配割及別驅使者，罪亦如之。

71.奉敕夜開宮殿門

　　諸奉敕以合符夜開宮殿門，符雖合，不勘而開者，徒三年；
　　若勘符不合而爲開者，流二千里；其不承敕而擅開閉者，
　　絞；若錯符、錯下鍵及不由鑰而開者，杖一百；即應閉忘
　　誤不下鍵，應開毀管鍵而開者，徒一年。其皇城門，減宮
　　門一等。京城門，又減一等。即宮殿門閉訖，而進鑰違遲
　　者，殿門杖一百，經宿加一等，每經一宿，又加一等；宮
　　門以外，遞減一等。其開門出鑰遲，又各遞減進鑰一等。

72.夜禁宮殿出入

　　諸於宮殿門雖有籍，皆不得夜出入。若夜入者，以闌入論；
　　無籍入者，加二等；即持仗入殿門者，絞。夜出者，杖八
　　十。若得出入者剩將人出入，各以其罪罪之；被將者知情
　　各減一等，不知情不坐。

73.向宮殿射

　　諸向宮殿內射，謂箭力所及者。宮垣，徒二年；殿垣，加
　　一等。箭入者，各加一等；即箭入上閤內者，絞；御在所
　　者，斬。放彈及投瓦石者，各減一等。亦謂人力所及者。
　　殺傷人者，以故殺傷論。即宿衛人，於御在所誤拔刀子者，
　　絞；左右並立人不即執捉者，流三千里。

74.車駕行衝隊仗

　　諸車駕行，衝隊者，徒一年；衝三衛仗者，徒二年。謂入
　　仗、隊間者。誤者，各減二等。若畜產唐突，守衛不備，
　　入宮門者，杖一百；衝仗衛者，杖八十。

75.宿衛上番不到

　　諸宿衛人，應上番不到及因假而違者，一日笞四十，三日

加一等；過杖一百，五日加一等，罪止徒二年。

卷第八　衛禁　凡一十五條

76.宿衛兵仗遠身

諸宿衛者，兵仗不得遠身，違者杖六十；若輒離職掌，加一等；別處宿者，又加一等。主帥以上，各加二等。

77.闌入行宮營門

諸行宮，外營門、次營門與宮門同，內營牙帳門與殿門同，御幕門與上閣同。至御所，依上條。

78.宮內外行夜不覺犯法

諸宮內外行夜，若有犯法，行夜主司不覺，減守衛者罪二等。

79.犯廟社禁苑罪名

諸本條無犯廟、社及禁苑罪名者，廟減宮一等，社減廟一等，禁苑與社同。即向廟、社、禁苑射及放彈、投瓦石殺傷人者，各以鬥殺傷論，至死者加役流。即箭至隊、仗若闌仗內者，絞。

80.宮門等冒名守衛

諸於宮城門外，若皇城門守衛，以非應守衛人冒名自代及代之者，各徒一年；以應守衛人代者，各杖一百。京城門，各減一等。其在諸處守當者，各又減二等。餘犯應坐者，各減宿衛罪三等。

81.越州鎮戍等城垣

諸越州、鎮、戍城及武庫垣，徒一年；縣城，杖九十；皆謂有門禁者。越官府廨垣及坊市垣籬者，杖七十。侵壞者，

亦如之。從溝瀆內出入者，與越罪同。越而未過，減一等。餘
條未過，準此。即州、鎮、關、戍城及武庫等門，應閉忘
誤不下鍵，若應開毀管鍵而開者，各杖八十；錯下鍵及不
由鑰而開者，杖六十。餘門，各減二等。若擅開閉者，各
加越罪二等；即城主無故開閉者，與越罪同；未得開閉者，
各減已開閉一等。餘條未得開閉準此。

82.私度及越度關

　　諸私度關者，徒一年。越度者，加一等；不由門為越。已
至越所而未度者，減五等。謂已到官司應禁約之處。餘條未
度準此。即被枉徒罪以上，抑屈不申及使人覆訖，不與理
者，聽於近關州、縣具狀申訴，所在官司即準狀申尚書省，
仍遞送至京。若無徒以上罪而妄陳者，即以其罪罪之。官
司抑而不送者，減所訴之罪二等。

83.不應度關而給過所

　　諸不應度關而給過所，取而度者，亦同。若冒名請過所而度
者，各徒一年。即以過所與人及受而度者，亦準此。若家
人相冒，杖八十。主司及關司知情，各與同罪；不知情者，
不坐。即將馬越度、冒度及私度者，各減人二等；餘畜，
又減二等。家畜相冒者，不坐。

84.關津無故留難

　　諸關、津度人，無故留難者，一日主司笞四十，一日加一
等，罪止杖一百。

85.私度有他罪

　　諸私度有他罪重者，主司知情，以重者論；不知情者，依
常律。

86.人兵度關妄隨度

諸領人兵度關，而別人妄隨度者，將領主司以關司論，關司不覺減將領者罪一等；知情者，各依故縱法。有過所者，關司自依常律；將領主司知情減關司故縱罪一等，不知情者不坐。

87.齎禁物私度關

諸齎禁物私度關者，坐贓論；贓輕者，從私造、私有法。若私家之物，禁約不合度關而私度者，減三等。

88.越度緣邊關塞

諸越度緣邊關塞者，徒二年。共化外人私相交易，若取與者，一尺徒二年半，三疋加一等，十五疋加役流；私與禁兵器者，絞；共為婚姻者，流二千里。未入、未成者，各減三等。即因使私有交易者，準盜論。

89.緣邊城戍不覺姦人出入

諸緣邊城戍，有外姦內入，謂非眾成師旅者。內姦外出，而候望者不覺，徒一年半；主司，徒一年。謂內外姦人出入之路，關於候望者。其有姦人入出，力所不敵者，傳告比近城戍。若不速告及告而稽留，不即共捕，致失姦寇者，罪亦如之。

90.烽候不警

諸烽候不警，令寇賊犯邊；及應舉烽燧而不舉，應放多烽而放少烽者：各徒三年；若放烽已訖，而前烽不舉，不即往告者，罪亦如之。以故陷敗戶口、軍人、城戍者，絞。即不應舉烽燧而舉，若應放少烽而放多烽，及遶烽二里內輒放煙火者，各徒一年。

卷第九　職制　凡二十三條

91.置官過限及不應置而置

諸官有員數，而署置過限及不應置而置，謂非奏授者。一人杖一百，三人加一等，十人徒二年；後人知而聽者，減前人署置一等；規求者爲從坐，被徵須者勿論。即軍務要速，量事權置者，不用此律。

92.貢舉非其人

諸貢舉非其人及應貢舉而不貢舉者，一人徒一年，二人加一等，罪止徒三年。非其人，謂德行乖僻，不如舉狀者。若試不及第，減二等。率五分得三分及第者，不坐。若考校、課試而不以實及選官乖於舉狀，以故不稱職者，減一等。負殿應附而不附，及不應附而附，致考有陞降者，罪亦同。失者，各減三等。餘條失者準此。承言不覺，又減一等；知而聽行，與同罪。

93.刺史縣令等私出界

諸刺史、縣令、折衝、果毅，私自出界者，杖一百。經宿乃坐。

94.在官應直不直

諸在官應直不直，應宿不宿，各笞二十；通晝夜者，笞三十。若點不到者，一點笞十。一日之點，限取二點為坐。

95.官人無故不上

諸官人無故不上及當番不到，雖無官品，但分番上下，亦同。下條準此。若因暇而違者，一日笞二十，三日加一等；過杖一百，十日加一等，罪止徒一年半。邊要之官，加一等。

96. 之官限滿不赴

諸之官限滿不赴者，一日笞十，十日加一等，罪止徒一
年。即代到不還，減二等。

97. 官人從駕稽違

諸官人從駕稽違及從而先還者，笞四十，三日加一等；
過杖一百，十日加一等，罪止徒二年。侍臣，加一等。

98. 大祀不預申期及不如法

諸大祀不預申期及不頒所司者，杖六十；以故廢事者，
徒二年。牲牢、玉帛之屬不如法，杖七十；闕數者，杖
一百；全闕者，徒一年。全闕，謂一坐。即入散齋，不宿
正寢者，一宿笞五十；致齋，不宿本司者，一宿杖九十；
一宿各加一等。中、小祀遞減二等。凡言祀者，祭、享同。
餘條中、小祀準此。

99. 大祀在散齋吊喪問疾

諸大祀在散齋而吊喪、問疾、判署刑殺文書及決罰者，
笞五十；奏聞者，杖六十。致齋者，各加一等。

100. 祭祀朝會等失錯違儀

諸祭祀及有事於園陵，若朝會、侍衛，行事失錯及違失
儀式者，笞四十。謂言辭諠囂，坐立怠慢乖眾者，乃坐。應
集而主司不告，及告而不至者，各笞五十。

101. 廟享有喪遣充執事

諸廟享，知有緦麻以上喪，遣充執事者，笞五十；陪從
者，笞三十。主司不知，勿論。有喪不自言者，罪亦如
之。其祭天地社稷則不禁。

102.合和御藥有誤

　　諸合和御藥，誤不如本方及封題誤者，醫絞。料理簡擇不精者，徒一年。未進御者，各減一等。監當官司，各減醫一等。餘條未進御及監當官司，並準此。

103.造御膳有誤

　　諸造御膳，誤犯食禁者，主食絞。若穢惡之物在食飲中，徒二年；簡擇不精及進御不時，減二等。不品嘗者，杖一百。

104.御幸舟船有誤

　　諸御幸舟船，誤不牢固者，工匠絞。工匠各以所由為首。若不整飾及闕少者，徒二年。

105.乘輿服御物持護修整不如法

　　諸乘輿服御物，持護修整不如法者，杖八十；若進御乖失者，杖一百。其車馬之屬不調習，駕馭之具不完牢，徒二年；未進御，減三等。應供奉之物闕乏者，徒一年；其雜供有闕，笞五十。

106.主司私借服御物

　　諸主司私借乘輿服御物，若借人及借之者，徒三年。非服而御之物，徒一年。在司服用者，各減一等。非服而御，謂帷帳几杖之屬。

107.監當主食有犯

　　諸監當官司及主食之人，誤將雜藥至御膳所者，絞。所，謂監當之人應到之處。

108.百官外膳犯食禁

　　諸外膳，謂供百官。犯食禁者，供膳杖七十。若穢惡之物

在食飲中及簡擇不淨者，笞五十。誤者，各減二等。

109.漏泄大事

諸漏泄大事應密者，絞。大事，謂潛謀討襲及收捕謀叛之類。非大事應密者，徒一年半；漏泄於蕃國使者，加一等。仍以初傳者爲首，傳至者爲從。即轉傳大事者，杖八十；非大事，勿論。

110.私有玄象器物

諸玄象器物，天文，圖書，讖書，兵書，七曜曆，太一、雷公式，私家不得有，違者徒二年。私習天文者亦同。其緯、候及論語讖，不在禁限。

111.稽緩制書官文書

諸稽緩制書者，一日笞五十，謄制、敕、符、移之類皆是。一日加一等，十日徒一年。其官文書稽程者，一日笞十，三日加一等，罪止杖八十。

112.被制書施行有違

諸被制書，有所施行而違者，徒二年。失錯者，杖一百。失錯，謂失其旨。

113.受制忘誤

諸受制忘誤及寫制書誤者，事若未失，笞五十；已失，杖七十。轉受者，減一等。

卷第十　職制　凡一十九條

114.制書官文書誤輒改定

諸制書有誤，不即奏聞，輒改定者，杖八十；官文書誤，不請官司而改定者，笞四十。知誤，不奏請而行者，亦

如之。輒飾文者，各加二等。

115.上書奏事犯諱

諸上書若奏事，誤犯宗廟諱者，杖八十；口誤及餘文書誤犯者，笞五十。即爲名字觸犯者，徒三年。若嫌名及二名偏犯者，不坐。嫌名，謂若禹與雨、丘與區。二名，謂言徵不言在，言在不言徵之類。

116.上書奏事誤

諸上書若奏事而誤，杖六十；口誤，減二等。口誤不失事者，勿論。上尚書省而誤，笞四十。餘文書誤，笞三十。誤，謂脫剩文字及錯失者。即誤有害者，各加三等。有害，謂當言勿原而言原之，當言千足而言十足之類。若誤可行，非上書、奏事者，勿論。可行，謂案省可知，不容有異議，當言甲申而言甲由之類。

117.事應奏不奏

諸事應奏而不奏，不應奏而奏者，杖八十。應言上而不言上，雖奏上，不待報而行，亦同。不應言上而言上及不由所管而越言上，應行下而不行下及不應行下而行下者，各杖六十。

118.事直代判署

諸公文有本案，事直而代官司署者，杖八十；代判者，徒一年。亡失案而代者，各加一等。

119.受制出使輒干他事

諸受制出使，不返制命，輒干他事者，徒一年半；以故有所廢闕者，徒三年。餘使妄干他事者，杖九十；以故有所廢闕者，徒一年。越司侵職者，杖七十。

120.匿父母及夫等喪

　　諸聞父母若夫之喪，匿不舉哀者，流二千里；喪制未終，釋服從吉，若忘哀作樂，自作、遣人等。徒三年；雜戲，徒一年；即遇樂而聽及參預吉席者，各杖一百。聞期親尊長喪，匿不舉哀者，徒一年；喪制未終，釋服從吉，杖一百。大功以下尊長，各遞減二等。卑幼，各減一等。

121.府號官稱犯父祖名

　　諸府號、官稱犯父祖名，而冒榮居之；祖父母、父母老疾無侍，委親之官；即妄增年狀，以求入侍及冒哀求仕者：徒一年。謂父母喪，禫制未除及在心喪內者。若祖父母、父母及夫犯死罪，被囚禁，而作樂者，徒一年半。

122.指斥乘輿及對捍制使

　　諸指斥乘輿，情理切害者，斬；言議政事乖失而涉乘輿者，上請。非切害者，徒二年。對捍制使，而無人臣之禮者，絞。因私事鬥競者，非。

123.驛使稽程

　　諸驛使稽程者，一日杖八十，二日加一等，罪止徒二年。若軍務要速，加三等；有所廢闕者，違一日，加役流；以故陷敗戶口、軍人、城戍者，絞。

124.驛使以書寄人

　　諸驛使無故，以書寄人行之及受寄者，徒一年。若致稽程，以行者為首，驛使為從；即為軍事警急而稽留者，以驛使為首，行者為從。有所廢闕者，從前條。其非專使之書，而便寄者，勿論。

125. 文書應遣驛不遣

諸文書應遣驛而不遣驛，及不應遣驛而遣驛者，杖一百。若依式應須遣使詣闕而不遣者，罪亦如之。

126. 驛使不依題署

諸驛使受書，不依題署，誤詣他所者，隨所稽留以行書稽程論減二等。若由題署者誤，坐其題署者。

127. 增乘驛馬

諸增乘驛馬者，一疋徒一年，一疋加一等。應乘驛驢而乘馬者減一等。主司知情與同罪，不知情者勿論。餘條驛司準此。

128. 乘驛馬枉道

諸乘驛馬輒枉道者，一里杖一百，五里加一等，罪止徒二年。越至他所者，各加一等。謂越過所詣之處。經驛不換馬者，杖八十。無馬者，不坐。

129. 乘驛馬齎私物

諸乘驛馬齎私物，謂非隨身衣、仗者。一斤杖六十，十斤加一等，罪止徒一年。驛驢減二等。餘條驛驢準此。

130. 長官及使人有犯

諸在外長官及使人於使處有犯者，所部屬官等不得即推，皆須申上聽裁。若犯當死罪，留身待報。違者，各減所犯罪四等。

131. 用符節事訖稽留不輸

諸用符節，事訖應輸納而稽留者，一日笞五十，二日加一等，十日徒一年。

132.公事應行稽留

諸公事應行而稽留，及事有期會而違者，一日笞三十，三日加一等，過杖一百，十日加一等，罪止徒一年半。即公事有限，主司符下乖期者，罪亦如之。若誤不依題署及題署誤，以致稽程者，各減二等。

卷第十一　職制　凡一十七條

133.奉使部送雇寄人

諸奉使有所部送，而雇人寄人者，杖一百；闕事者，徒一年。受寄雇者，減一等。即綱、典自相放代者，笞五十；取財者，坐贓論；闕事者，依寄雇闕事法。仍以綱為首，典為從。

134.長吏輒立碑

諸在官長吏，實無政迹，輒立碑者，徒一年。若遣人妄稱己善，申請於上者，杖一百；有贓重者，坐贓論。受遣者，各減一等。雖有政迹，而自遣者，亦同。

135.有所請求

諸有所請求者，笞五十；謂從主司求曲法之事。即為人請者，與自請同。主司許者，與同罪。主司不許及請求者，皆不坐。已施行，各杖一百。所枉罪重者，主司以出入人罪論；他人及親屬為請求者，減主司罪三等；自請求者，加本罪一等。即監臨勢要，勢要者，雖官卑亦同。為人囑請者，杖一百；所枉重者，罪與主司同，至死者減一等。

136.受人財為請求

諸受人財而為請求者，坐贓論加二等；監臨勢要，準枉

法論。與財者，坐贓論減三等。若官人以所受之財，分
求餘官，元受者併贓論，餘各依已分法。

137.有事以財行求

諸有事以財行求，得枉法者，坐贓論；不枉法者，減二
等。即同事共與者，首則併贓論，從者各依已分法。

138.監主受財枉法

諸監臨主司受財而枉法者，一尺杖一百，一疋加一等，
十五疋絞；不枉法者，一尺杖九十，二疋加一等，三十
疋加役流。無祿者，各減一等：枉法者二十疋絞，不枉
法者四十疋加役流。

139.事後受財

諸有事先不許財，事過之後而受財者，事若枉，準枉法
論；事不枉者，以受所監臨財物論。

140.受所監臨財物

諸監臨之官，受所監臨財物者，一尺笞四十，一疋加一
等；八疋徒一年，八疋加一等；五十疋流二千里。與者，
減五等，罪止杖一百。乞取者，加一等；強乞取者，準
枉法論。

141.因使受送遺

諸官人因使，於使所受送遺及乞取者，與監臨同；經過
處取者，減一等。糾彈之官不減。即強乞取者，各與監臨
罪同。

142.貸所監臨財物

諸貸所監臨財物者，坐贓論；授訖未上，亦同。餘條取受
及相犯，準此。若百日不還，以受所監臨財物論。強者，

各加二等。餘條強者準此。若賣買有剩利者，計利，以乞
取監臨財物論。強市者，笞五十；有剩利者，計利，準
枉法論。即斷契有數，違負不還，過五十日者，以受所
監臨財物論。即借衣服、器翫之屬，經三十日不還者，
坐贓論，罪止徒一年。

143.役使所監臨

諸監臨之官，私役使所監臨，及借奴婢、牛馬駝騾驢、
車船、碾磑、邸店之類，各計庸、賃，以受所監臨財物
論。即役使非供己者，非供己，謂流外官及雜任應供官事者。
計庸坐贓論，罪止杖一百。其應供己驅使而收庸直者，
罪亦如之。供己求輸庸直者，不坐。若有吉凶，借使所監
臨者，不得過二十人，人不得過五日。其於親屬，雖過
限及受饋、乞貸，皆勿論。親屬，謂緦麻以上及大功以上
婚姻之家。餘條親屬準此。營公廨借使者，計庸、賃，坐
贓論減二等。即因市易剩利及懸欠者，亦如之。

144.監臨受供饋

諸監臨之官，受豬羊供饋，謂非生者。坐贓論。強者，依
強取監臨財物法。

145.率斂所監臨財物

諸率斂所監臨財物饋遺人者，雖不入己，以受所監臨財
物論。

146.監臨之官家人乞借

諸監臨之官家人，於所部有受乞、借貸、役使、賣買有
剩利之屬，各減官人罪二等；官人知情與同罪，不知情
者各減家人罪五等。其在官非監臨及家人有犯者，各減

監臨及監臨家人一等。

147.去官受舊官屬士庶饋與

諸去官而受舊官屬、士庶饋與，若乞取、借貸之屬，各
減在官時三等。謂家口未離本任所者。

148.挾勢乞索

諸因官挾勢及豪強之人乞索者，坐贓論減一等；將送者，
為從坐。親故相與者，勿論。

149.律令式不便輒奏改行

諸稱律、令、式，不便於事者，皆須申尚書省議定奏聞。
若不申議，輒奏改行者，徒二年。即詣闕上表者，不坐。

卷第十二　戶婚　凡一十四條

150.脫漏戶口增減年狀

諸脫戶者，家長徒三年；無課役者，減二等；女戶，又
減三等。謂一戶俱不附貫。若不由家長，罪其所由。即見在
役任者，雖脫戶及計口多者，各從漏口法。脫口及增減年狀，
謂疾、老、中、小之類。以免課役者，一口徒一年，二口
加一等，罪止徒三年。其增減非免課役及漏無課役口者，
四口為一口，罪止徒一年半；即不滿四口，杖六十。部
曲、奴婢亦同。

151.里正不覺脫漏增減

諸里正不覺脫漏增減者，一口笞四十，三口加一等；過
杖一百，十口加一等，罪止徒三年。不覺脫戶者，聽從漏
口法。州縣脫戶亦準此。若知情者，各同家長法。

152.州縣不覺脫漏增減

諸州縣不覺脫漏增減者，縣內十口笞三十，三十口加一等；過杖一百，五十口加一等。州隨所管縣多少，通計為罪。通計，謂管二縣者，二十口笞三十之類。計加亦準此。若脫漏增減併在一縣者，得以諸縣通之。若止管一縣者，減縣罪一等。餘條通計準此。各罪止徒三年。知情者，各同里正法。不覺脫漏增減，無文簿者，官長為首；有文簿者，主典為首。佐職以下，節級連坐。

153.里正官司妄脫漏增減

諸里正及官司，妄脫漏增減以出入課役，一口徒一年，二口加一等。贓重，入己者以枉法論，至死者加役流；入官者坐贓論。

154.私入道

諸私入道及度之者，杖一百；若由家長，家長當罪。已除貫者，徒一年。本貫主司及觀寺三綱知情者，與同罪。若犯法合出觀寺，經斷不還俗者，從私度法。即監臨之官，私輒度人者，一人杖一百，二人加一等。

155.子孫別籍異財

諸祖父母、父母在，而子孫別籍、異財者，徒三年。別籍、異財不相須，下條準此。若祖父母、父母令別籍及以子孫妄繼人後者，徒二年；子孫不坐。

156.居父母喪生子

諸居父母喪，生子及兄弟別籍、異財者，徒一年。

157.養子捨去

諸養子，所養父母無子而捨去者，徒二年。若自生子及

本生無子,欲還者,聽之。即養異姓男者,徒一年;與者,笞五十。其遺棄小兒年三歲以下,雖異姓,聽收養,即從其姓。

158.立嫡違法

諸立嫡違法者,徒一年。即嫡妻年五十以上無子者,得立嫡以長,不以長者亦如之。

159.養雜戶等爲子孫

諸養雜戶男爲子孫者,徒一年半;養女,杖一百。官戶,各加一等。與者,亦如之。若養部曲及奴爲子孫者,杖一百。各還正之。無主及主自養者,聽從良。

160.放部曲奴婢還壓

諸放部曲爲良,已給放書,而壓爲賤者,徒二年;若壓爲部曲及放奴婢爲良,而壓爲賤者,各減一等;即壓爲部曲及放爲部曲,而壓爲賤者,又各減一等。各還正之。

161.相冒合戶

諸相冒合戶者,徒二年;無課役者,減二等。謂以疏爲親及有所規避者。主司知情,與同罪。即於法應別立戶而不聽別,應合戶而不聽合者,主司杖一百。

162.同居卑幼私輒用財

諸同居卑幼,私輒用財者,十疋笞十,十疋加一等,罪止杖一百。即同居應分,不均平者,計所侵,坐贓論減三等。

163.賣口分田

諸賣口分田者,一畝笞十,二十畝加一等,罪止杖一百;地還本主,財沒不追。即應合賣者,不用此律。

卷第十三　戶婚　凡一十八條

164.占田過限

諸占田過限者，一畝笞十，十畝加一等；過杖六十，二十畝加一等，罪止徒一年。若於寬閑之處者，不坐。

165.盜耕種公私田

諸盜耕種公私田者，一畝以下笞三十，五畝加一等；過杖一百，十畝加一等，罪止徒一年半。荒田，減一等。強者，各加一等。苗子歸官、主。下條苗子準此。

166.妄認盜賣公私田

諸妄認公私田，若盜貿賣者，一畝以下笞五十，五畝加一等；過杖一百，十畝加一等，罪止徒二年。

167.在官侵奪私田

諸在官侵奪私田者，一畝以下杖六十，三畝加一等；過杖一百，五畝加一等，罪止徒二年半。園圃，加一等。

168.盜耕人墓田

諸盜耕人墓田，杖一百；傷墳者，徒一年。即盜葬他人田者，笞五十；墓田，加一等。仍令移葬。若不識盜葬者，告里正移埋，不告而移，笞三十。即無處移埋者，聽於地主口分內埋之。

169.不言及妄言部內旱澇霜蟲

諸部內有旱澇霜雹蟲蝗為害之處，主司應言而不言及妄言者，杖七十。覆檢不以實者，與同罪。若致枉有所徵免，贓重者，坐贓論。

170.部內田疇荒蕪

諸部內田疇荒蕪者，以十分論，一分笞三十，一分加一

等，罪止徒一年。州縣各以長官為首，佐職為從。戶主犯者，亦計所荒蕪五分論，一分笞三十，一分加一等。

171.里正授田課農桑違法

諸里正，依令：「授人田，課農桑。」若應受而不授，應還而不收，應課而不課，如此事類違法者，失一事，笞四十；一事，謂失一事於一人。若於一人失數事及一事失之於數人，皆累為坐。三事，加一等。縣失十事，笞三十；二十事，加一等。州隨所管縣多少，通計為罪。州、縣各以長官為首，佐職為從。各罪止徒一年，故者各加二等。

172.應復除不給

諸應受復除而不給，不應受而給者，徒二年。其小徭役者，笞五十

173.差科賦役違法

諸差科賦役違法及不均平，杖六十。若非法而擅賦斂，及以法賦斂而擅加益，贓重入官者，計所擅坐贓論；入私者，以枉法論，至死者加役流。

174.輸課稅物違期

諸部內輸課稅之物，違期不充者，以十分論，一分笞四十，一分加一等。州、縣皆以長官為首，佐職以下節級連坐。戶主不充者，笞四十。

175.許嫁女輒悔

諸許嫁女，已報婚書及有私約，約，謂先知夫身老、幼、疾、殘、養、庶之類。而輒悔者，杖六十。男家自悔者，不坐，不追娉財。雖無許婚之書，但受娉財，亦是。娉財無多少之限，酒食非。若更許他人者，杖一百；已成者，徒

一年半。後娶者知情，減一等。女追歸前夫，前夫不娶，
還娉財，後夫婚如法。

176.為婚妄冒

諸為婚而女家妄冒者，徒一年。男家妄冒，加一等。未
成者，依本約；已成者，離之。

177.有妻更娶

諸有妻更娶妻者，徒一年；女家，減一等。若欺妄而娶
者，徒一年半；女家不坐。各離之。

178.以妻為妾

諸以妻為妾，以婢為妻者，徒二年。以妾及客女為妻，
以婢為妾者，徒一年半。各還正之。若婢有子及經放為
良者，聽為妾。

179.居父母夫喪嫁娶

諸居父母及夫喪而嫁娶者，徒三年；妾減三等。各離之。
知而共為婚姻者，各減五等；不知者，不坐。若居期喪
而嫁娶者杖一百，卑幼減二等；妾不坐。

180.父母被囚禁嫁娶

諸祖父母、父母被囚禁而嫁娶者，死罪，徒一年半；流
罪，減一等；徒罪，杖一百。祖父母、父母命者，勿論。

181.居父母喪主婚

諸居父母喪，與應嫁娶人主婚者，杖一百。

卷第十四　戶婚　凡一十四條

182.同姓為婚

諸同姓為婚者，各徒二年。緦麻以上，以姦論。若外姻

有服屬而尊卑共爲婚姻，及娶同母異父姊妹，若妻前夫
之女者，謂妻所生者。餘條稱前夫之女者，準此。亦各以姦
論。其父母之姑、舅、兩姨姊妹及姨、若堂姨，母之姑、
堂姑，己之堂姨及再從姨、堂外甥女，女婿姊妹，並不
得爲婚姻，違者各杖一百。並離之。

183.嘗爲袒免妻而嫁娶

諸嘗爲袒免親之妻，而嫁娶者，各杖一百；緦麻及舅甥
妻，徒一年；小功以上，以姦論。妾，各減二等。並離之。

184.夫喪守志而強嫁

諸夫喪服除而欲守志，非女之祖父母、父母而強嫁之者，
徒一年；期親嫁者，減二等。各離之。女追歸前家，娶
者不坐。

185.娶逃亡婦女

諸娶逃亡婦女爲妻妾，知情者與同罪，至死者減一等。
離之。即無夫，會恩免罪者，不離。

186.監臨娶所監臨女

諸監臨之官，娶所監臨女爲妾者，杖一百；若爲親屬娶
者，亦如之。其在官非監臨者，減一等。女家不坐。即
枉法娶人妻妾及女者，以姦論加二等；爲親屬娶者，亦同。
行求者，各減二等。各離之。

187.和娶人妻

諸和娶人妻及嫁之者，各徒二年；妾，減二等。各離之。
即夫自嫁者，亦同。仍兩離之。

188.卑幼自娶妻

諸卑幼在外，尊長後爲定婚，而卑幼自娶妻，已成者，

婚如法；未成者，從尊長。違者，杖一百。

189.妻無七出而出之

諸妻無七出及義絕之狀，而出之者，徒一年半；雖犯七
出，有三不去，而出之者，杖一百。追還合。若犯惡疾
及姦者，不用此律。

190.義絕離之

諸犯義絕者離之，違者，徒一年。若夫妻不相安諧而和
離者，不坐。即妻妾擅去者，徒二年；因而改嫁者，加
二等。

191.奴娶良人為妻

諸與奴娶良人女為妻者，徒一年半；女家，減一等。離
之。其奴自娶者，亦如之。主知情者，杖一百；因而上
籍為婢者，流三千里。即妄以奴婢為良人，而與良人為
夫妻者，徒二年。奴婢自妄者，亦同。各還正之。

192.雜戶官戶與良人為婚

諸雜戶不得與良人為婚，違者，杖一百。官戶娶良人女者，
亦如之。良人娶官戶女者，加二等。即奴婢私嫁女與良
人為妻妾者，準盜論；知情娶者，與同罪。各還正之。

193.違律為婚恐喝娶

諸違律為婚，雖有媒娉，而恐喝娶者，加本罪一等；強
娶者，又加一等。被強者，止依未成法。即應為婚，雖
已納娉，期要未至而強娶，及期要至而女家故違者，各
杖一百。

194.違律為婚離正

諸違律為婚，當條稱「離之」、「正之」者，雖會赦，

猶離之、正之。定而未成，亦是。娉財不追；女家妄冒
者，追還。

195.嫁娶違律

諸嫁娶違律，祖父母、父母主婚者，獨坐主婚。**本條稱以
姦論者，各從本法，至死者減一等。**若期親尊長主婚者，主
婚為首，男女為從。餘親主婚者，事由主婚，主婚為首，
男女為從；事由男女，男女為首，主婚為從。其男女被
逼，若男年十八以下及在室之女，亦主婚獨坐。未成者，
各減已成五等。媒人，各減首罪二等。

卷第十五　廄庫　凡二十八條

196.牧畜產死失及課不充

諸牧畜產，準所除外，死、失及課不充者一，牧長及牧
子笞三十，三加一等；過杖一百，十加一等，罪止徒三
年。羊減三等。**餘條羊準此。**新任不滿一年，而有死、失
者，總計一年之內月別應除多少，準折為罪；若課不充，
遊牝之時當其檢校者，準數為罪，不當者不坐。**遊牝之後，
而致損落者，坐後人。**繫飼死者，各加一等；失者，又加
二等。牧尉及監各隨所管牧多少，通計為罪，仍以長官
為首，佐職為從。**餘官有管牧者，亦準此。**

197.驗畜產不實

諸驗畜產不以實者，一笞四十，三加一等，罪止杖一百。
若以故價有增減，贓重者，計所增減坐贓論；入己者，
以盜論。

198.受官羸病畜產養療不如法

諸受官羸病畜產，養療不如法，笞三十；以故致死者，一笞四十，三加一等，罪止杖一百。

199.乘官畜車私馱載

諸應乘官馬、牛、駝、騾、驢，私馱物不得過十斤，違者，一斤笞十，十斤加一等，罪止杖八十；其乘車者，不得過三十斤，違者，五斤笞十，二十斤加一等，罪止徒一年。即從軍征討者，各加二等。若數人共馱載者，各從其限為坐。監當主司知而聽者，併計所知，同私馱載法。

200.大祀犧牲養飼不如法

諸供大祀犧牲，養飼不如法，致有瘦損者，一杖六十，一加一等，罪止杖一百；以故致死者，加一等。

201.乘官畜脊破領穿

諸乘駕官畜產，而脊破領穿，瘡三寸，笞二十；五寸以上，笞五十。謂圍繞為寸者。若放飼瘦者，計十分為坐，一分笞二十，一分加一等；即不滿十者，一笞三十，一加一等。各罪止杖一百。

202.官馬不調習

諸官馬乘用不調習者，一疋笞二十，五疋加一等，罪止杖一百。

203.故殺官私馬牛

諸故殺官私馬牛者，徒一年半。贓重及殺餘畜產，若傷者，計減價，準盜論，各償所減價；價不減者，笞三十。見血跛跌即為傷。若傷重五日內致死者，從殺罪。其誤殺傷

者，不坐，但償其減價。主自殺馬牛者，徒一年。

204.官私畜毀食官私物

諸官私畜產，毀食官私之物，登時殺傷者，各減故殺傷三等，償所減價；畜主備所毀。臨時專制亦為主。餘條準此。其畜產欲觝齧人而殺傷者，不坐、不償。亦謂登時殺傷者。即絕時，皆為故殺傷。

205.殺緦麻親馬牛

諸殺緦麻以上親馬牛者，與主自殺同；殺餘畜者，坐贓論，罪止杖一百。各償其減價。

206.犬傷殺畜產

諸犬自殺傷他人畜產者，犬主償其減價；餘畜自相殺傷者，償減價之半。即故放令殺傷他人畜產者，各以故殺傷論。

207.畜產觝蹋齧人

諸畜產及噬犬有觝蹋齧人，而標幟羈絆不如法，若狂犬不殺者，笞四十；以故殺傷人者，以過失論。若故放令殺傷人者，減鬥殺傷一等。即被雇療畜產被債者，同過失法。及無故觸之，而被殺傷者，畜主不坐。

208.監主借官奴畜產

諸監臨主守，以官奴婢及畜產私自借，若借人及借之者，笞五十；計庸重者，以受所監臨財物論。驛驢，加一等。即借驛馬及借之者，杖一百，五日徒一年；計庸重者，從上法。即驛長私借人馬驢者，各減一等，罪止杖一百。

209 官私畜損食物

諸放官私畜產，損食官私物者，笞三十；贓重者，坐贓

論。失者，減二等。各償所損。若官畜損食官物者，坐
而不償。

210.庫藏主司不搜檢

諸有人從庫藏出，防衛主司應搜檢而不搜檢，笞二十；
以故致盜不覺者，減盜者罪二等。若夜持時不覺盜，減
三等。主守不覺盜者，五疋笞二十，十疋加一等；過杖
一百，二十疋加一等，罪止徒二年。若守掌不如法，以
故致盜者，各加一等。故縱者，各與同罪；即故縱贓滿
五十疋加役流，一百疋絞。若被強盜者，各勿論。

211.假借官物不還

諸假請官物，事訖過十日不還者笞三十，十日加一等，
罪止杖一百；私服用者，加一等。若亡失所假者，自言
所司，備償如法；不自言者，以亡失論。

212.監主貸官物

諸監臨主守，以官物私自貸，若貸人及貸之者，無文記，
以盜論；有文記，準盜論；文記，謂取抄署之類。立判案，
減二等。即充公廨及用公廨物，若出付市易而私用者，
各減一等坐之。雖貸亦同。餘條公廨準此。即主守私貸，無
文記者，依盜法。所貸之人不能備償者，徵判署之官。下
條私借亦準此。

213.監主以官物借人

諸監臨主守之官，以官物私自借，若借人及借之者，笞
五十；過十日，坐贓論減二等。

214.損敗倉庫積聚物

諸倉庫及積聚財物，安置不如法，若暴涼不以時，致有

損敗者，計所損敗坐贓論。州、縣以長官爲首，監、署等亦準此。

215.財物應入官私

諸財物應入官私而不入，不應入官私而入者，坐贓論。

216.放散官物

諸放散官物者，坐贓論。謂出用官物，有所市作及供祠祀、宴會，剩多之類。物在，還官；已散用者，勿徵。謂營造剩多，為物在。祀畢食訖，為散用。

217.應輸課稅迴避詐匿

諸應輸課稅及入官之物，而迴避詐匿不輸，或巧僞濕惡者，計所闕，準盜論。主司知情，與同罪；不知情，減四等。

218.監臨官僦運租稅

諸監臨主守之官，皆不得於所部僦運租稅、課物，違者，計所利坐贓論。其在官非監臨，減一等。主司知情，各減一等。

219.輸給給受留難

諸有所輸及出給，而受給之官無故留難，不受不給者，一日笞五十，三日加一等，罪止徒一年。門司留難者，亦準此。若請輸後至，主司不依次第，先給先受者，笞四十。

220.官物有印封擅開

諸官物有印封，不請所由官司，而主典擅開者，杖六十。

221.輸課物齎財市糴充

諸應輸課物，而輒齎財貨，詣所輸處市糴充者，杖一百。

將領主司知情，與同罪。

222.出納官物有違

諸出納官物，給受有違者，計所欠剩，坐贓論。違，謂重
受輕出，及當出陳而出新，應受上物而受下物之類。其物未
應出給而出給者，罪亦如之。官物還充官用而違者，笞
四十。其主司知有欠剩不言者，坐贓論減二等

223.官物之例

諸官物當應入私，已出庫藏，而未付給；若私物當供官
用，已送在官及應供官人之物；雖不供官用，而守掌在
官者：皆爲官物之例。

卷第十六　擅興　凡二十四條

224.擅發兵

諸擅發兵，十人以上徒一年，百人徒一年半，百人加一
等，千人絞；謂無警急，又不先言上而輒發兵者。雖即言上，
而不待報，猶為擅發。文書施行即坐。給與者，隨所給人數，
減擅發一等。亦謂不先言上、不待報者。告令發遣，即坐。
其寇賊卒來，欲有攻襲，即城屯反叛，若賊有內應，急
須兵者，得便調發。雖非所屬，比部官司亦得調發給與，
並即言上。各謂急須兵，不容得先言上者。若不即調發及
不即給與者，準所須人數，並與擅發罪同；其不即言上
者，亦準所發人數，減罪一等。若有逃亡盜賊，權差人
夫，足以追捕者，不用此律。

225.調發供給軍事違法

諸應調發雜物，供給軍事者，皆先言上待報，謂給軍用，

當從私出皆是。違者，徒一年；給與者，減一等。若事有
警急，得便調發給與，並即言上。若不調發及不給與者，
亦徒一年；不即言上者，各減一等。

226.應給發兵符不給

諸應給發兵符而不給，應下發兵符而不下，若下符違式，
謂違令、式，不得承用者。及不以符合從事，或符不合不
速以聞，各徒二年；其違限不即還符者，徒一年。餘符，
各減二等。凡言餘符者，契亦同。即契應發兵者，同發兵符
法。

227.揀點衛士征人不平

諸揀點衛士，征人亦同。取捨不平者，一人杖七十，三人
加一等，罪止徒三年。不平，謂捨富取貧，捨強取弱，捨多
丁而取少丁之類。若軍名先定而差遣不平，減二等；即應
差主帥而差衛士者，加一等。其有欠剩者，各加一等。

228.征人冒名相代

諸征人冒名相代者，徒二年；同居親屬代者，減二等。
若部內有冒名相代者，里正笞五十，一人加一等；縣內
一人，典笞三十，二人加一等；州隨所管縣多少，通計
爲罪。各罪止徒二年。佐職以上，節級爲坐。主司知情，
與冒名者同罪。其在軍冒名者，隊正同里正；凡言隊正，
隊副同。旅帥、校尉，減隊正一等；果毅、折衝，隨所管
校尉多少，通計爲罪。其主典以上，並同州縣之法。

229.校閱違期

諸大集校閱而違期不到者，杖一百，三日加一等；主帥
犯者，加二等。即差發從行而違期者，各減一等。

230.乏軍興

　諸乏軍興者斬，故、失等。謂臨軍征討，有所調發，而稽廢者。不憂軍事者，杖一百。謂臨軍征討，闕乏細小之物。

231.征人稽留

　諸征人稽留者，一日杖一百，二日加一等，二十日絞。即臨軍征討而稽期者，流三千里；三日，斬。若用捨從權，不拘此律。或應期赴難，違期即斬；或捨罪求功，雖怠不戮：如此之類，各隨臨時處斷，故不拘常律。

232.征討告賊消息

　諸密有征討，而告賊消息者，斬；妻、子流二千里。其非征討，而作間諜；若化外人來為間諜；或傳書信與化內人，并受及知情容止者：並絞。

233.主將守城棄去

　諸主將守城，為賊所攻，不固守而棄去及守備不設，為賊所掩覆者，斬。若連接寇賊，被遣斥候，不覺賊來者，徒三年；以故致有覆敗者，亦斬。

234.主將臨陣先退

　諸主將以下，臨陣先退；若寇賊對陣，捨仗投軍及棄賊來降，而輒殺者：斬。即違犯軍令，軍還以後，在律有條者，依律斷；無條者，勿論。

235.鎮所私放征防人還

　諸在軍所及在鎮戍，私放征、防人還者，各以征、鎮人逃亡罪論；即私放輒離軍、鎮者，各減二等。若放人多者，一人準一日；放日多者，一日準一人。謂放三人各五日，放五人各三日，累成十五日之類。並經宿乃坐。臨軍征

討而放者，斬。被放者，各減一等。

236.征人巧詐避役

諸臨軍征討，而巧詐以避征役，巧詐百端，謂若誣告人、故犯輕罪之類。若有校試，以能為不能，以故有所稽乏者，以「乏軍興」論；未廢事者，減一等。主司不加窮覈而承詐者，減罪二等；知情者與同罪，至死者加役流

237.鎮戍有犯

諸鎮、戍有犯，本條無罪名者，各減征人二等。

238.非公文出給戎仗

諸戎仗，非公文出給而輒出給者，主司徒二年。雖有符牒合給，未判而出給者，杖一百。儀仗，各減三等。

239.遣番代違限

諸鎮、戍應遣番代，而違限不遣者，一日杖一百，三日加一等，罪止徒二年；即代到而不放者，減一等。若鎮、戍官司役使防人不以理，致令逃走者，一人杖六十，五人加一等，罪止徒一年半。

240.興造不言上待報

諸有所興造，應言上而不言上，應待報而不待報，各計庸，坐贓論減一等。即料請財物及人功多少違實者，笞五十；若事已損費，各併計所違贓庸重者，坐贓論減一等。本料不實，料者坐；請者不實，請者坐。

241.非法興造

諸非法興造及雜徭役，十庸以上，坐贓論。謂為公事役使而非法令所聽者。

242.工作不如法

諸工作有不如法者，笞四十；不任用及應更作者，併計所不任贓、庸，坐贓論減一等。其供奉作者，加二等。工匠各以所由為罪。監當官司，各減三等。

243.私有禁兵器

諸私有禁兵器者，徒一年半；謂非弓、箭、刀、楯、短矛者。弩一張，加二等；甲一領及弩三張，流二千里；甲三領及弩五張，絞。私造者，各加一等；甲，謂皮、鐵等。具裝與甲同。即得闌遺，過三十日不送官者，同私有法。造未成者，減二等。即私有甲、弩，非全成者，杖一百；餘非全成者，勿論。

244.功力採取不任用

諸役功力，有所採取而不任用者，計所欠庸，坐贓論減一等。若有所造作及有所毀壞，備慮不謹，而誤殺人者，徒一年半；工匠、主司各以所由為罪。

245.丁夫差遣不平

諸應差丁夫，而差遣不平及欠剩者，一人笞四十，五人加一等，罪止徒一年。即丁夫在役，日滿不放者，一日笞四十，一日加一等，罪止杖一百。各坐其所由。

246.丁夫雜匠稽留

諸被差充丁夫、雜匠，而稽留不赴者，一日笞三十，三日加一等，罪止杖一百；將領主司加一等。防人稽留者，各加三等。即由將領者，將領者獨坐。餘條將領稽留者，準此。

247.私使丁夫雜匠

諸丁夫、雜匠在役，而監當官司私使及主司於職掌之所，私使兵防者，各計庸準盜論；即私使兵防出城、鎮者，加一等。

卷第十七　賊盜　凡一十三條

248.謀反大逆

諸謀反及大逆者，皆斬；父子年十六以上皆絞，十五以下及母女、妻妾、子妻妾亦同。祖孫、兄弟、姊妹若部曲、資財、田宅並沒官，男夫年八十及篤疾、婦人年六十及廢疾者並免；餘條婦人應緣坐者，準此。伯叔父、兄弟之子皆流三千里，不限籍之同異。即雖謀反，詞理不能動眾，威力不足率人者，亦皆斬；謂結謀真實，而不能為害者。若自述休徵，假託靈異，妄稱兵馬，虛說反由，傳惑眾人而無真狀可驗者，自從祅法。父子、母女、妻妾並流三千里，資財不在沒限。其謀大逆者，絞。

249.緣坐非同居

諸緣坐非同居者，資財、田宅不在沒限。雖同居，非緣坐及緣坐人子孫應免流者，各準分法留還。老、疾得免者，各準一子分法。若女許嫁已定，歸其夫。出養、入道及娉妻未成者，不追坐。出養者，從所養坐。道士及婦人，若部曲、奴婢，犯反逆者，止坐其身。

250.口陳欲反之言

諸口陳欲反之言，心無真實之計，而無狀可尋者，流二千里。

251.謀　叛

諸謀叛者，絞。已上道者皆斬，謂協同謀計乃坐，被驅率者非。餘條被驅率者，準此。妻、子流二千里；若率部眾百人以上，父母、妻、子流三千里；所率雖不滿百人，以故為害者，以百人以上論。害，謂有所攻擊虜掠者。即亡命山澤，不從追喚者，以謀叛論，其抗拒將吏者，以已上道論。

252.謀殺制使府主等官

諸謀殺制使，若本屬府主、刺史、縣令及吏卒謀殺本部五品以上官長者，流二千里；工、樂及公廨戶、奴婢與吏卒同。餘條準此。已傷者，絞；已殺者，皆斬。

253.謀殺期親尊長

諸謀殺期親尊長、外祖父母、夫、夫之祖父母、父母者，皆斬。犯姦而姦人殺其夫，所姦妻妾雖不知情，與同罪。謀殺緦麻以上尊長者，流二千里；已傷者，絞；已殺者，皆斬。即尊長謀殺卑幼者，各依故殺罪減二等；已傷者，減一等；已殺者，依故殺法。

254.部曲奴婢謀殺主

諸部曲、奴婢謀殺主者，皆斬。謀殺主之期親及外祖父母者，絞；已傷者，皆斬。

255.謀殺故夫祖父母

諸妻妾謀殺故夫之祖父母、父母者，流二千里；已傷者，絞；已殺者，皆斬。部曲、奴婢謀殺舊主者，罪亦同。故夫，謂夫亡改嫁。舊主，謂主放為良者。餘條故夫、舊主，準此。

256.謀殺人

謀諸殺人者，徒三年；已傷者，絞；已殺者，斬。從而加功者，絞；不加功者，流三千里。造意者，雖不行仍為首；雇人殺者，亦同。即從者不行，減行者一等。餘條不行，準此。

257.劫　囚

諸劫囚者，流三千里；傷人及劫死囚者，絞；殺人者，皆斬。但劫即坐，不須得囚。若竊囚而亡者，與囚同罪；他人、親屬等。竊而未得，減二等；以故殺傷人者，從劫囚法。

258.有所規避執人質

諸有所規避，而執持人為質者，皆斬。部司及隣伍知見，避質不格者，徒二年。質期以上親及外祖父母者，聽身避不格。

259.殺一家三人支解人

諸殺一家非死罪三人，同籍及期親為一家。即殺雖先後，事應同斷；或應合同斷，而發有先後者：皆是。奴婢、部曲非。及支解人者，謂殺人而支解者。皆斬；妻、子流二千里。

260.親屬為人殺私和

諸祖父母、父母及夫為人所殺，私和者，流二千里；期親，徒二年半；大功以下，遞減一等。受財重者，各準盜論。雖不私和，知殺期以上親，經三十日不告者，各減二等。

卷第十八　賊盜　凡九條

261.以物置人耳鼻孔竅中

諸以物置人耳、鼻及孔竅中，有所妨者，杖八十。其故

屏去人服用、飲食之物，以故殺傷人者，各以鬥殺傷論。
若恐迫人，使畏懼致死傷者，各隨其狀，以故、鬥、戲
殺傷論。

262.造畜蠱毒

諸造畜蠱毒謂造合成蠱，堪以害人者。及教令者，絞；造
畜者同居家口雖不知情，若里正坊正、村正亦同。知而不
糾者，皆流三千里。造畜者雖會赦，并同居家口及教令
人，亦流三千里。八十以上、十歲以下及篤疾，無家口同流
者，放免。即以蠱毒毒同居者，被毒之人父母、妻妾、子
孫不知造蠱情者，不坐。

263.以毒藥藥人

諸以毒藥藥人及賣者，絞；謂堪以殺人者。雖毒藥，可以
療病，買者將毒人，賣者不知情，不坐。即賣買而未用者，
流二千里。脯肉有毒，曾經病人，有餘者速焚之，違者
杖九十；若故與人食并出賣，令人病者，徒一年，以故
致死者絞；即人自食致死者，從過失殺人法。盜而食者，
不坐。

264.憎惡造厭魅

諸有所憎惡，而造厭魅及造符書呪詛，欲以殺人者，各
以謀殺論減二等；於期親尊長及外祖父母、夫、夫之祖父母、
父母，各不減。以故致死者，各依本殺法。欲以疾苦人者，
又減二等。子孫於祖父母、父母，部曲、奴婢於主者，各不
減。即於祖父母、父母及主，直求愛媚而厭呪者，流二
千里。若涉乘輿者，皆斬。

265.殺人移鄉

諸殺人應死會赦免者，移鄉千里外。其工、樂、雜戶及官戶、奴，并太常音聲人，雖移鄉，各從本色。部曲及奴，出賣及轉配事千里外人。若羣黨共殺，止移下手者及頭首之人。若死家無期以上親，或先相去千里外，即習天文業已成，若婦人有犯及殺他人部曲、奴婢，並不在移限，部曲、奴婢自相殺者，亦同。違者徒二年。

266.殘害死屍

諸殘害死屍，謂焚燒、支解之類。及棄屍水中者，各減鬥殺罪一等；緦麻以上尊長不減。棄而不失及髡髮若傷者，各又減一等。即子孫於祖父母、父母，部曲、奴婢於主者，各不減。皆謂意在於惡者。

267.穿地得死人

諸穿地得死人不更埋，及於冢墓燻狐狸而燒棺槨者，徒二年；燒屍者，徒三年。緦麻以上尊長，各遞加一等；卑幼，各依凡人遞減一等。若子孫於祖父母、父母，部曲、奴婢於主冢墓燻狐狸者，徒二年；燒棺槨者，流三千里；燒屍者，絞。

268.造祅書祅言

諸造祅書及祅言者，絞。造，謂自造休咎及鬼神之言，妄說吉凶，涉於不順者。傳用以惑眾者，亦如之；傳，謂傳言。用，謂用書。其不滿眾者，流三千里。言理無害者，杖一百。即私有祅書，雖不行用，徒二年；言理無害者，杖六十。

269.夜無故入人家

諸夜無故入人家者，笞四十。主人登時殺者，勿論；若知非侵犯而殺傷者，減鬥殺傷二等。其已就拘執而殺傷者，各以鬥殺傷論，至死者加役流。

卷第十九　賊盜　凡一十七條

270.盜大祀神御物

諸盜大祀神御之物者，流二千五百里。謂供神御者，惟帳几杖亦同。其擬供神御，謂營造未成者。及供而廢闕，若饗薦之具已饌呈者，徒二年；饗薦，謂玉幣、牲牢之屬。饌呈，謂已入祀所，經祀官省視者。未饌呈者，徒一年半。已闋者，杖一百。已闋，謂接神禮畢。若盜釜、甑、刀、匕之屬，並從常盜之法。

271.盜御寶及乘輿服御物

諸盜御寶者，絞；乘輿服御物者，流二千五百里；謂供奉乘輿之物。服通衾、茵之屬，真、副等。皆須監當之官，部分擬進，乃為御物。其擬供服御及供而廢闕，若食將御者，徒二年；將御，謂已呈監當之官。擬供食御及非服而御者，徒一年半。

272.盜官文書印

諸盜官文書印者，徒二年。餘印，杖一百。謂貪利之而非行用者。餘印，謂印物及畜產者。

273.盜制書及官文書

諸盜制書者，徒二年。官文書，杖一百；重害文書，加一等；紙券，又加一等。亦謂貪利之，無所施用者。重害，

謂徒罪以上獄案及婚姻、良賤、勳賞、黜陟、授官、除免之類。
即盜應除文案者，依凡盜法。

274. 盜符節門鑰

諸盜宮殿門符、發兵符、傳符者，流二千里；使節及皇
城、京城門符，徒三年；餘符，徒一年。門鑰，各減三
等。盜州、鎮及倉廚、廄庫、關門等鑰，杖一百。縣、
戍等諸門鑰，杖六十。

275. 盜禁兵器

諸盜禁兵器者，徒二年；甲、弩者，流二千里。若盜罪
輕，同私有法。盜餘兵器及旌旗、幡幟者，杖九十。若
盜守衛宮殿兵器者，各加一等。即在軍及宿衛相盜，還
充官用者，各減二等。

276. 盜毀天尊佛像

諸盜毀天尊像、佛像者，徒三年。即道士、女官盜毀天
尊像，僧、尼盜毀佛像者，加役流。真人、菩薩，各減
一等。盜而供養者，杖一百。盜、毀不相須。

277. 發冢

諸發冢者，加役流；發徹即坐。招魂而葬，亦是。已開棺
槨者，絞；發而未徹者，徒三年。其冢先穿及未殯，而
盜屍柩者，徒二年半；盜衣服者，減一等；器物、甎、
版者，以凡盜論。

278. 盜園陵內草木

諸盜園陵內草木者，徒二年半。若盜他人墓塋內樹者，
杖一百。

279.盜官私馬牛而殺

諸盜官私馬牛而殺者，徒二年半。

280.盜不計贓立罪名

諸盜不計贓而立罪名，及言減罪而輕於凡盜者，計贓重，以凡盜論加一等。

281.強　盜

諸強盜，謂以威若力而取其財，先強後盜、先盜後強等。若與人藥酒及食，使狂亂取財，亦是。即得闌遺之物，毆擊財主而不還；及竊盜發覺，棄財逃走，財主追捕，因相拒捍：如此之類，事有因緣者，非強盜。不得財徒二年；一尺徒三年，二疋加一等；十疋及傷人者，絞；殺人者，斬。殺傷奴婢亦同。雖非財主，但因盜殺傷，皆是。其持仗者，雖不得財，流三千里；五疋，絞；傷人者，斬。

282.竊　盜

諸竊盜，不得財笞五十；一尺杖六十，一疋加一等；五疋徒一年，五疋加一等，五十疋加役流。

283.監臨主守自盜

諸監臨主守自盜及盜所監臨財物者，若親王財物而監守自盜，亦同。加凡盜二等，三十疋絞。本條已有加者，亦累加之。

284.故燒人舍屋而盜

諸故燒人舍屋及積聚之物而盜者，計所燒減價，併贓以強盜論。

285.恐喝取人財物

諸恐喝取人財物者，口恐喝亦是。準盜論加一等；雖不足

畏忌，財主懼而自與，亦同。展轉傳言而受財者，皆為從坐。若為人所侵損，恐喝以求備償，事有因緣之類者，非。若財未入者，杖六十。即緦麻以上自相恐喝者，犯尊長，以凡人論；強盜亦準此。犯卑幼，各依本法。

286.本以他故毆人因而奪物

　　諸本以他故毆擊人，因而奪其財物者，計贓以強盜論，至死者加役流；因而竊取者，以竊盜論加一等。若有殺傷者，各從故、鬥法。

卷第二十　賊盜　凡一十五條

287.盜緦麻小功親財物

　　諸盜緦麻、小功親財物者，減凡人一等；大功，減二等；期親，減三等。殺傷者，各依本殺傷論。此謂因盜而誤殺者。若有所規求而故殺期以下卑幼者，絞。餘條準此。

288.卑幼將人盜己家財

　　諸同居卑幼，將人盜己家財物者，以私輒用財物論加二等；他人，減常盜罪一等。若有殺傷者，各依本法。他人殺傷，縱卑幼不知情，仍從本殺傷法坐之。

289.因盜過失殺傷人

　　諸因盜而過失殺傷人者，以鬥殺傷論，至死者加役流。得財、不得財等。財主尋逐，遇他死者，非。其共盜，臨時有殺傷者，以強盜論；同行人不知殺傷情者，止依竊盜法。

290.以私財奴婢貿易官物

　　諸以私財物、奴婢、畜產之類，餘條不別言奴婢者，與畜產、財物同。貿易官物者，計其等準盜論，官物賤，亦如之。計

所利以盜論。其貿易奴婢，計贓重於和誘者，同和誘法。

291.山野物已加功力輒取

諸山野之物，已加功力刈伐積聚，而輒取者，各以盜論。

292.略人略賣人

諸略人、略賣人不和為略。十歲以下，雖和，亦同略法。為奴婢者，絞；為部曲者，流三千里；為妻妾子孫者，徒三年。因而殺傷人者，同強盜法。和誘者，各減一等。若和同相賣為奴婢者，皆流二千里；賣未售者，減一等。下條準此。即略、和誘及和同相賣他人部曲者，各減良人一等。

293.略和誘奴婢

諸略奴婢者，以強盜論；和誘者，以竊盜論。各罪止流三千里。雖監臨主守，亦同。即奴婢別齎財物者，自從強、竊法，不得累而科之。若得逃亡奴婢，不送官而賣者，以和誘論；藏隱者，減一等坐之。即私從奴婢買子孫及乞取者，準盜論；乞賣者，與同罪。雖以為良，亦同。

294.略賣期親以下卑幼

諸略賣期親以下卑幼為奴婢者，並同鬥毆殺法；無服之卑幼亦同。即和賣者，各減一等。其賣餘親者，各從凡人和略法。

295.知略和誘和同相賣而買

諸知略、和誘、和同相賣及略、和誘部曲奴婢而買之者，各減賣者罪一等。知祖父母、父母賣子孫及賣子孫之妾，若己妾而買者，各加賣者罪一等。展轉知情而買，各與初買者同。雖買時不知，買後知而不言者，亦以知情論。

296.知略和誘強竊盜受分

諸知略、和誘及強盜、竊盜而受分者，各計所受贓，準竊盜論減一等。知盜贓而故買者，坐贓論減一等；知而爲藏者，又減一等。

297.共盜並贓論

諸共盜者，併贓論。造意及從，行而不受分，即受分而不行，各依本首從法。若造意者不行，又不受分，即以行人專進止者爲首，造意者爲從，至死者減一等。從者不行，又不受分，笞四十；強盜，杖八十。若本不同謀，相遇共盜，以臨時專進止者爲首，餘爲從坐。共強盜者，罪無首從。主遣部曲、奴婢盜者，雖不取物，仍爲首；若行盜之後，知情受財，強盜、竊盜，並爲竊盜從。

298.共謀強竊盜

諸共謀強盜，臨時不行，而行者竊盜，共謀者受分，造意者爲竊盜首，餘並爲竊盜從；若不受分，造意者爲竊盜從，餘並笞五十。若共謀竊盜，臨時不行，而行者強盜，其不行者造意受分，知情、不知情，並爲竊盜首；造意者不受分及從者受分，俱爲竊盜從。

299.盜經斷後三犯

諸盜經斷後，仍更行盜，前後三犯徒者，流二千里；三犯流者，絞。三盜止數赦後爲坐。其於親屬相盜者，不用此律。

300.公取竊取皆爲盜

諸盜，公取、竊取皆爲盜。器物之屬須移徙，闌圈繫閉之屬須絕離常處，放逸飛走之屬須專制，乃成盜。若畜產伴類隨

之，不併計。即將入己及盜其母而子隨者，皆併計之。

301.部內人爲盜及容止盜

諸部內有一人爲盜及容止盜者，里正笞五十，坊正、村正亦同。三人加一等；縣內，一人笞三十，四人加一等；部界內有盜發及殺人者，一處以一人論，殺人者仍同強盜之法。州隨所管縣多少，通計爲罪。各罪止徒二年。強盜者，各加一等。皆以長官爲首，佐職爲從。即盜及盜發、殺人後，三十日捕獲，他人、自捕等。主司各勿論；限外能捕獲，追減三等。若軍役所有犯，隊正以上、折衝以下，各準部內征人冒名之法，同州、縣爲罪。

卷第二十一　鬥訟　凡一十五條

302.鬥毆以手足他物傷

諸鬥毆人者，笞四十；謂以手足擊人者。傷及以他物毆人者，杖六十；見血爲傷。非手足者，其餘皆爲他物，即兵不用刃亦是。傷及拔髮方寸以上，杖八十。若血從耳目出及內損吐血者，各加二等。

303.鬥毆折齒毀耳鼻

諸鬥毆人，折齒，毀缺耳鼻，眇一目及折手足指，眇，謂虧損其明而猶見物。若破骨及湯火傷人者，徒一年；折二齒、二指以上及髡髮者，徒一年半。

304.兵刃斫射人

諸鬥以兵刃斫射人，不著者，杖一百。兵刃，謂弓、箭、刀、稍、矛、槊之屬。即毆罪重者，從毆法。若刃傷，刃謂金鐵，無大小之限，堪以殺人者。及折人肋，眇其兩目，墮

人胎，徒二年。墮胎者，謂辜內子死，乃坐。若辜外死
者，從本毆傷論。

305.毆人折跌支體瞎目

諸鬥毆折跌人支體及瞎其一目者，徒三年；折支者，折骨；
跌體者，骨差跌，失其常處。辜內平復者，各減二等。餘
條折跌平復，準此。即損二事以上，及因舊患令至篤疾，
若斷舌及毀敗人陰陽者，流三千里。

306.鬥毆殺人

諸鬥毆殺人者，絞。以刃及故殺人者，斬。雖因鬥，而
用兵刃殺者，與故殺同。為人以兵刃逼己，因用兵刃拒而
傷殺者，依鬥法。餘條用兵刃，準此。不因鬥，故毆傷人者，
加鬥毆傷罪一等。雖因鬥，但絕時而殺傷者，從故殺傷
法。

307.保　辜

諸保辜者，手足毆傷人限十日，以他物毆傷人者二十日，
以刃及湯火傷人者三十日，折跌支體及破骨者五十日。
毆、傷不相須。餘條毆傷及殺傷，各準此。限內死者，各依
殺人論；其在限外及雖在限內，以他故死者，各依本毆
傷法。他故，謂別增餘患而死者。

308.同謀不同謀毆傷人

諸同謀共毆傷人者，各以下手重者為重罪，元謀減一等，
從者又減一等；若元下手重者，餘各減二等；至死者，
隨所因為重罪。其不同謀者，各依所毆傷殺論；其事不
可分者，以後下手為重罪。若亂毆傷，不知先後輕重者，
以謀首及初鬥者為重罪，餘各減二等。

309.威力制縛人

諸以威力制縛人者，各以鬥毆論；因而毆傷者，各加鬥
毆傷二等。即威力使人毆擊，而致死傷者，雖不下手，
猶以威力爲重罪，下手者減一等。

310.兩相毆傷論如律

諸鬥兩相毆傷者，各隨輕重，兩論如律；後下手理直者，
減二等。至死者，不減。

311.於宮內忿爭

諸於宮內忿爭者，笞五十；聲徹御所及相毆者，徒一年；
以刃相向者，徒二年。殿內，遞加一等。傷重者，各加
鬥傷二等。計加重於本罪即須加。餘條稱加者，準此。

312.毆制使府主刺史縣令

諸毆制使、本屬府主、刺史、縣令及吏卒毆本部五品以
上官長，徒三年；傷者，流二千里；折傷者，絞。折傷，
謂折齒以上。若毆六品以下官長，各減三等；減罪輕者，
加凡鬥一等；死者，斬。詈者，各減毆罪三等。須親自聞
之，乃成詈。即毆佐職者，徒一年；傷重者，加凡鬥傷一
等；死者，斬。

313.佐職統屬毆官長

諸佐職及所統屬官，毆傷官長者，各減吏卒毆傷官長二
等；減罪輕者，加凡鬥一等；死者，斬。

314.毆府主刺史縣令祖父母

諸毆本屬府主、刺史、縣令之祖父母、父母及妻、子者，
徒一年；傷重者，加凡鬥傷一等。

315.毆皇家袒免以上親

諸皇家袒免親而毆之者，徒一年；傷者，徒二年；傷重者，加凡鬥二等。緦麻以上，各遞加一等。死者，斬。

316.流外官以下毆議貴等

諸流外官以下，毆議貴者，徒二年；傷者，徒三年；折傷者，流二千里。毆傷五品以上，減二等；若減罪輕及毆傷九品以上，各加凡鬥傷二等。

卷第二十二　鬥訟　凡一十六條

317.九品以上毆議貴

諸流內九品以上毆議貴者，徒一年。傷重及毆傷五品以上，若五品以上毆傷議貴，各加凡鬥傷二等。

318.監臨官司毆統屬

諸監臨官司，於所統屬官及所部之人有高官而毆之，及官品同自相毆者，並同凡鬥法。

319.拒毆州縣以上使

諸拒州縣以上使者，杖六十；毆者，加二等；傷重者，加鬥傷一等。謂有所徵攝，權時拒捍不從者。即被禁掌，而拒捍及毆者，各加一等。

320 部曲奴婢良人相毆

諸部曲毆傷良人者，官戶與部曲同。加凡人一等。加者，加入於死。奴婢，又加一等。若奴婢毆良人折跌支體及瞎其一目者，絞；死者，各斬。其良人毆傷殺他人部曲者，減凡人一等；奴婢，又減一等。若故殺部曲者，絞；奴婢，流三千里。即部曲、奴婢相毆傷殺者，各依部曲與

良人相毆傷殺法。餘條良人、部曲、奴婢私相犯，本條無正文者，並準此。相侵財物者，不用此律。

321.主殺有罪奴婢

諸奴婢有罪，其主不請官司而殺者，杖一百。無罪而殺者，徒一年。期親及外祖父母殺者，與主同。下條部曲準此。

322.主毆部曲死

諸主毆部曲至死者，徒一年。故殺者，加一等。其有愆犯，決罰致死及過失殺者，各勿論。

323.部曲奴婢過失殺傷主

諸部曲、奴婢過失殺主者，絞；傷及詈者，流。即毆主之期親及外祖父母者，絞；已傷者，皆斬；詈者，徒二年；過失殺者減毆罪二等，傷者又減一等。毆主之緦麻親，徒一年；傷重者，各加凡人一等。小功、大功，遞加一等。加者，加入於死。死者，皆斬。

324.毆緦麻小功親部曲奴婢

諸毆緦麻、小功親部曲奴婢，折傷以上，各減殺傷凡人部曲奴婢二等；大功，又減一等。過失殺者，各勿論。

325.毆傷妻妾

諸毆傷妻者，減凡人二等；死者，以凡人論。毆妾折傷以上，減妻二等。若妻毆傷殺妾，與夫毆傷殺妻同。皆須妻、妾告，乃坐。即至死者，聽餘人告。殺妻，仍為「不睦」。過失殺者，各勿論。

326.妻毆詈夫

諸妻毆夫，徒一年；若毆傷重者，加凡鬥傷三等；須夫告，乃坐。死者，斬。媵及妾犯者，各加一等。加者，加

入於死。過失殺傷者，各減二等。即媵及妾詈夫者，杖八十。若妾犯妻者，與夫同。媵犯妻者，減妾一等。妾犯媵者，加凡人一等。殺者，各斬。餘條媵無文者，與妾同。

327.毆緦麻兄姊等

諸毆緦麻兄姊，杖一百。小功、大功，各遞加一等。尊屬者，又各加一等。傷重者，各遞加凡鬥傷一等；死者，斬。即毆從父兄姊，準凡鬥應流三千里者，絞。若尊長毆卑幼折傷者，緦麻減凡人一等，小功、大功遞減一等；死者，絞。即毆殺從父弟妹及從父兄弟之子孫者，流三千里；若以刃及故殺者，絞。

328.毆兄姊等

諸毆兄姊者，徒二年半；傷者，徒三年；折傷者，流三千里；刃傷及折支，若瞎其一目者，絞；死者，皆斬；詈者，杖一百。伯叔父母、姑、外祖父母，各加一等。即過失殺傷者，各減本殺傷罪二等。若毆殺弟妹及兄弟之子孫、曾、玄孫者，各依本服論。外孫者，徒三年；以刃及故殺者，流二千里。過失殺者，各勿論。

329.毆詈祖父母父母

諸詈祖父母、父母者，絞；毆者，斬；過失殺者，流三千里；傷者，徒三年。若子孫違犯教令，而祖父母、父母毆殺者，徒一年半；以刃殺者，徒二年；故殺者，各加一等。即嫡、繼、慈、養殺者，又加一等。過失殺者，各勿論。

330.妻妾毆詈夫父母

諸妻妾詈夫之祖父母、父母者，徒三年；須舅姑告，乃坐。

毆者，絞；傷者，皆斬；過失殺者徒三年，傷者徒二年半。即毆子孫之婦，令廢疾者，杖一百；篤疾者，加一等；死者，徒三年；故殺者，流二千里。妾，各減二等。過失殺者，各勿論。

331. 妻妾毆詈故夫父母

諸妻妾毆、詈故夫之祖父母、父母者，各減毆、詈舅姑二等；折傷者，加役流；死者，斬；過失殺傷者，依凡論。其舊舅姑，毆子孫舊妻妾，折傷以上，各減凡人三等；死者，絞；過失殺者，勿論。

332. 毆兄妻夫弟妹

諸毆兄之妻及毆夫之弟妹，各加凡人一等。若妾犯者，又加一等。即妾毆夫之妾子，減凡人二等；毆妻之子，以凡人論。若妻之子毆傷父妾，加凡人一等。妾子毆傷父妾，又加二等。至死者，各依凡人法。

卷第二十三　鬥訟　凡一十三條

333. 毆妻前夫子

諸毆傷妻前夫之子者，減凡人一等；同居者，又減一等。死者，絞。毆傷繼父者，謂曾經同居，今異者。與緦麻尊同；同居者，加一等。餘條繼父準此。即毆傷見受業師，加凡人二等。死者，各斬。謂伏膺儒業，而非私學者。

334. 毆詈夫期親尊長

諸妻毆詈夫之期親以下、緦麻以上尊長，各減夫犯一等。減罪輕者，加凡鬥傷一等。妾犯者，不減。死者，各斬。毆傷卑屬，與夫毆同；死者，絞。即毆殺夫之兄弟子，

流三千里；故殺者，絞。妾犯者，各從凡鬥法。若尊長
毆傷卑幼之婦，減凡人一等；妾，又減一等；死者，絞。

335.祖父母爲人毆擊子孫即毆擊之

諸祖父母、父母爲人所毆擊，子孫即毆擊之，非折傷者，
勿論；折傷者，減凡鬥折傷三等；至死者，依常律。謂
子孫元非隨從者。

336.鬥毆誤殺傷傍人

諸鬥毆而誤殺傷傍人者，以鬥殺傷論；至死者，減一等。
若以故僵仆而致死傷者，以戲殺傷論。即誤殺傷助己者，
各減二等。

337.部曲奴婢詈毆舊主

諸部曲、奴婢詈舊主者，徒二年；毆者，流二千里；傷
者，絞；殺者，皆斬；過失殺傷者，依凡論。即毆舊部
曲、奴婢，折傷以上，部曲減凡人二等，奴婢又減二等；
過失殺者，各勿論。

338.戲殺傷人

諸戲殺傷人者，減鬥殺傷二等；謂以力共戲，至死和同者。
雖和，以刃，若乘高、履危、入水中，以故相殺傷者，
唯減一等。即無官應贖而犯者，依過失法收贖。餘條非故
犯，無官應贖者，並準此。其不和同及於期親尊長、外祖
父母、夫、夫之祖父母雖和，並不得爲戲，各從鬥殺傷
法。

339.過失殺傷人

諸過失殺傷人者，各依其狀，以贖論。謂耳目所不及，思
慮所不到；共舉重物，力所不制；若乘高履危足跌及因擊禽獸，

以致殺傷之屬，皆是。

340.知謀反逆叛不告

諸知謀反及大逆者，密告隨近官司，不告者，絞。知謀大逆、謀叛不告者，流二千里。知指斥乘輿及妖言不告者，各減本罪五等。官司承告，不即掩捕，經半日者，各與不告罪同；若事須經略，而違時限者，不坐。

341.誣告謀反大逆

諸誣告謀反及大逆者，斬；從者，絞。若事容不審，原情非誣者，上請。若告謀大逆、謀叛不審者，亦如之。

342.誣告反坐

諸誣告人者，各反坐。即糾彈之官，挾私彈事不實者，亦如之。反坐致罪，準前人入罪法。至死，而前人未決者，聽減一等。其本應加杖及贖者，止依杖、贖法。即誣官人及有蔭者，依常律。若告二罪以上，重事實及數事等，但一事實，除其罪；重事虛，反其所剩。即罪至所止者，所誣雖多，不反坐。其告二人以上，雖實者多，猶以虛者反坐。謂告二人以上，但一人不實，罪雖輕，猶反其坐。若上表告人，已經聞奏，事有不實，反坐罪輕者，從上書詐不實論。

343.告小事虛

諸告小事虛，而獄官因其告，檢得重事及事等者，若類其事，則除其罪；離其事，則依本誣論。

344.誣告人流罪以下引虛

諸誣告人流罪以下，前人未加拷掠，而告人引虛者，減一等；若前人已拷者，不減。即拷證人，亦是。誣告期親

尊長、外祖父母、夫、夫之祖父母，及奴婢、部曲誣告主之期
親、外祖父母者，雖引虛，各不減。

345.告祖父母父母

諸告祖父母、父母者，絞。謂非緣坐之罪及謀叛以上而故
告者。下條準此。即嫡、繼、慈母殺其父，及所養者殺其
本生，並聽告

卷第二十四　鬥訟　凡一十六條

346.告期親以下緦麻以上尊長

諸告期親尊長、外祖父母、夫、夫之祖父母，雖得實，
徒二年；其告事重者，減所告罪一等；所犯雖不合論，告
之者猶坐。即誣告重者，加所誣罪三等。告大功尊長，各
減一等；小功、緦麻，減二等；誣告重者，各加所誣罪
一等。即非相容隱，被告者論如律。若告謀反、逆、叛
者，各不坐。其相侵犯，自理訴者，聽。下條準此。

347.告緦麻以上卑幼

諸告緦麻、小功卑幼，雖得實，杖八十；大功以上，遞
減一等。誣告重者，期親，減所誣罪二等；大功，減一
等；小功以下，以凡人論。即誣告子孫、外孫、子孫之
婦妾及已之妾者，各勿論。

348.子孫違犯教令

諸子孫違犯教令及供養有闕者，徒二年。謂可從而違，堪
供而闕者。須祖父母、父母告，乃坐。

349.部曲奴婢告主

諸部曲、奴婢告主，非謀反、逆、叛者，皆絞；被告者同

首法。告主之期親及外祖父母者，流；大功以下親，徒一年。誣告重者，緦麻，加凡人一等；小功、大功，遞加一等。即奴婢訴良，妄稱主壓者，徒三年；部曲，減一等。

350.誣告府主刺史縣令

諸誣告本屬府主、刺史、縣令者，加所誣罪二等。

351.投匿名書告人罪

諸投匿名書告人罪者，流二千里。**謂絕匿姓名及假人姓名，以避己作者。棄置、懸之俱是。**得書者，皆即焚之，若將送官司者，徒一年。官司受而爲理者，加二等。被告者，不坐。輒上聞者，徒三年。

352.囚不得告舉他事

諸被囚禁，不得告舉他事。其爲獄官酷己者，聽之。即年八十以上，十歲以下及篤疾者，聽告謀反、逆、叛、子孫不孝及同居之內爲人侵犯者，餘並不得告。官司受而爲理者，各減所理罪三等。

353.犯罪皆經所在官司首

諸犯罪欲自陳首者，皆經所在官司申牒，軍府之官不得輒受。其謀叛以上及盜者，聽受，即送隨近官司。若受經一日不送及越覽餘事者，各減本罪三等。其謀叛以上，有須掩捕者，仍依前條承告之法。

354.以赦前事相告言

諸以赦前事相告言者，以其罪罪之。官司受而爲理者，以故入人罪論。至死者，各加役流。若事須追究者，不用此律。**追究，謂婚姻、良賤、赦限外藏匿，應改正徵收及追見贓之類。**

355.告人罪須明注年月

諸告人罪，皆須明注年月，指陳實事，不得稱疑。違者，笞五十。官司受而爲理者，減所告罪一等。即被殺、被盜及水火損敗者，亦不得稱疑，雖虛，皆不反坐。其軍府之官，不得輒受告事辭牒，若告謀叛以上及盜者，依上條。

356.爲人作辭牒加狀

諸爲人作辭牒，加增其狀，不如所告者，笞五十；若加增罪重，減誣告一等。即受雇誣告人罪者，與自誣告同，贓重者坐贓論加二等，雇者從教令法。若告得實，坐贓論；雇者不坐。

357.教令人告事虛

諸教令人告，事虛應反坐，得實應賞，皆以告者爲首，教令爲從。即教令人告緦麻以上親，及部曲、奴婢告主者，各減告者罪一等；被教者，論如律。若教人告子孫者，各減所告罪一等。雖誣亦同。

358.邀車駕撾鼓訴事不實

諸邀車駕及撾登聞鼓，若上表，以身事自理訴，而不實者，杖八十；即故增減情狀，有所隱避詐妄者，從上書詐不實論。自毀傷者，杖一百。雖得實，而自毀傷者，笞五十。即親屬相爲訴者，與自訴同。

359.越　訴

諸越訴及受者，各笞四十。若應合爲受，推抑而不受者笞五十，三條加一等，十條杖九十；即邀車駕及撾登聞鼓，若上表訴，而主司不即受者，加罪一等。其邀車駕

訴，而入部伍內，杖六十。部伍，謂入導駕儀仗中者。

360.強盜殺人不告主司

諸強盜及殺人賊發，被害之家及同伍即告其主司。若家人、同伍單弱，比伍爲告。當告而不告，一日杖六十。主司不即言上，一日杖八十，三日杖一百。官司不即檢校、捕逐及有所推避者，一日徒一年。竊盜，各減二等。

361.監臨知犯法不舉劾

諸監臨主司知所部有犯法，不舉劾者，減罪人罪三等。糾彈之官，減二等。即同伍保內，在家有犯，知而不糾者，死罪，徒一年；流罪，杖一百；徒罪，杖七十。其家唯有婦女及男年十五以下者，皆勿論。

卷第二十五　詐僞　凡二十七條

362.僞造御寶

諸僞造皇帝八寶者，斬。太皇太后、皇太后、皇后、皇太子寶者，絞。皇太子妃寶，流三千里。僞造不錄所用，但造即坐。

363.僞寫官文書印

諸僞寫官文書印者，流二千里。餘印，徒一年。寫，謂倣效而作，亦不錄所用。即僞寫前代官文書印，有所規求，封用者，徒二年。因之得成官者，從詐假法。

364.僞寫符節

諸僞寫宮殿門符、發兵符、發兵、謂銅魚合符應發兵者，雖通餘用，亦同。餘條稱發兵者，皆準此。傳符者，絞；使節及皇城、京城門符者，流二千里。餘符，徒二年。餘

符，謂禁苑門及交巡魚符之類。

365.偽寶印符節假人及出賣

諸以偽寶、印、符、節及得亡寶、印、符、節假人，若出賣，及所假若買者封用，各以偽造、寫論。即以偽印印文書施行，若假與人，及受假者施行，亦與偽寫同；未施行，及偽寫印、符、節未成者，各減三等。

366.盜寶印符節封用

諸盜寶、印、符、節封用；謂意在詐偽，不關由所主。即所主者盜封用及以假人，若出賣；所假及買者封用：各以偽造、寫論。主司不覺人盜封用者，各減封用罪五等；印，又減二等。即事直及避稽而盜用印者，各杖一百；事雖不直，本法應用印而封用者，加一等。主司不覺，笞五十；故縱者，各與同罪。

367.詐為制書及增減

諸詐為制書及增減者，絞；口詐傳及口增減，亦是。未施行者，減一等。施行，謂中書覆奏及已入所司者。雖不關由所司，而詐傳增減，前人已承受者，亦為施行。餘條施行準此。其收捕謀叛以上，不容先聞而矯制，有功者，奏裁；無功者，流二千里。

368.對制上書不以實

諸對制及奏事、上書，詐不以實者，徒二年；非密而妄言有密者，加一等。對制，謂親見被問。奏事，謂面陳，若附奏亦是。上書，謂書奏特達。詐，謂知而隱欺及有所求避之類。若別制下問、案、推，無罪名謂之問，未有告言謂之案，已有告言謂之推。報上不以實者，徒一年；其事關由所司，

承以奏聞而不實者，罪亦如之。未奏者，各減一等。

369.詐爲官文書及增減

諸詐爲官文書及增減者，杖一百；準所規避，徒罪以上，各加本罪二等；未施行，各減一等。即主司自有所避，違式造立及增減文案，杖罪以下，杖一百；徒罪以上，各加所避罪一等；造立即坐。若增減以避稽者，杖八十。

370.詐假官假與人官

諸詐假官，假與人官及受假者，流二千里。謂偽奏擬及詐爲省司判補、或得他人告身施用之類。其於法不應爲官，謂有罪譴，未合仕之類。而詐求得官者，徒二年。若詐增減功過年限而預選舉，因之以得官者，徒一年；流外官，各減一等；求而未得者，又各減二等。下條準此。

371.非正嫡詐承襲

諸非正嫡，不應襲爵，而詐承襲者，徒二年；非子孫而詐承襲者，從詐假官法。若無官蔭，詐承他蔭而得官者，徒三年。非流內及求贖，杖罪以下，各杖一百；徒罪以上，各加一等。

372.詐稱官捕人

諸詐爲官及稱官所遣而捕人者，流二千里。爲人所犯害，犯其身及家人、親屬、財物等。而詐稱官捕及詐追攝人者，徒一年。未執縛者，各減三等。其應捕攝，無官及官卑詐稱高官者，杖八十。即詐稱官及冒官人姓字，權有所求爲者，罪亦如之。

373.詐欺官私財物

諸詐欺官私以取財物者，準盜論。詐欺百端，皆是。若監

主詐取者，自從盜法；未得者，減二等。下條準此。知情而取者，坐贓論；知而買者，減一等；知而爲藏者，減二等。

374.詐爲官私文書及增減

諸詐爲官私文書及增減，文書，謂券抄及簿帳之類。欺妄以求財賞及避沒入、備償者，準盜論；贓輕者，從詐爲官文書法。若私文書，止從所欺妄爲坐。

375.妄認良人爲奴婢部曲

諸妄認良人爲奴婢、部曲、妻妾、子孫者，以畧人論減一等。妄認部曲者，又減一等。妄認奴婢及財物者，準盜論減一等。

376.詐除去死免官戶奴婢

諸詐除、去、死、免官戶奴婢及私相博易者，徒二年；即博易贓重者，從貿易官物法。其匿脫者，徒一年；產子不言爲匿，典吏不附爲脫。主司不覺匿脫者，依里正不覺脫漏法。

377.詐爲瑞應

諸詐爲瑞應者，徒二年。若災祥之類，而史官不以實對者，加二等。

378.詐教誘人犯法

諸詐教誘人使犯法，犯者不知而犯之。及和令人犯法，謂共知所犯有罪。即捕若告，或令人捕、告，欲求購賞；及有憎嫌，欲令入罪：皆與犯法者同坐。

379.詐乘驛馬

諸詐乘驛馬，加役流；驛關等知情與同罪，不知情減二等，關，謂應檢問之處。有符券者不坐。謂盜得真符券及偽

作，不可覺知者。其未應乘驛馬而輒乘者，徒一年。輒乘，謂有當乘之理，未得符券者。

380.詐自復除

諸詐自復除，若詐死及詐去工、樂、雜戶名者，徒二年。即所詐得復役使者，徒一年。其見供作使，而詐自脫及脫之者，杖六十。計所詐庸重者，各坐贓論。

381.詐疾病及故傷殘

諸詐疾病，有所避者，杖一百。若故自傷殘者，徒一年半。有避、無避等。雖不足為疾殘，而臨時避事者，皆是。其受雇倩，為人傷殘者，與同罪；以故致死者，減鬥殺罪一等。

382.醫違方詐療病

諸醫違方詐療病，而取財物者，以盜論。

383.父母死詐言餘喪

諸父母死應解官，詐言餘喪不解者，徒二年半。若詐稱祖父母、父母及夫死以求假及有所避者，徒三年；伯叔父母、姑、兄姊，徒一年；餘親，減一等。若先死，詐稱始死及患者，各減三等。

384.詐病死傷檢驗不實

諸有詐病及死傷，受使檢驗不實者，各依所欺，減一等。若實病死及傷，不以實驗者，以故入人罪論。

385.詐陷人至死傷

諸詐陷人至死及傷者，以鬥殺傷論。謂知津河深淖，橋船杇敗，誑人令渡之類。

386.保任不如所任

　　諸保任不如所任，減所任罪二等；即保贓重於竊盜，從竊盜減。若虛假人名爲保者，笞五十。

387.證不言情及譯人詐僞

　　諸證不言情，及譯人詐僞，致罪有出入者，證人減二等，譯人與同罪。謂夷人有罪，譯傳其對者。

388.詐冒官司

　　諸詐冒官司以有所求爲，而主司承詐，知而聽行與同罪，至死者減一等；不知者，不坐。謂此篇於條內無主司罪名者。

卷第二十六　雜律　凡三十四條

389.坐贓致罪

　　諸坐贓致罪者，一尺笞二十，一疋加一等；十疋徒一年，十疋加一等，罪止徒三年。謂非監臨主司，而因事受財者。與者，減五等。

390.忌日作樂

　　諸國忌廢務日作樂者，杖一百；私忌，減二等。

391.私鑄錢

　　諸私鑄錢者，流三千里；作具已備，未鑄者，徒二年；作具未備者，杖一百。若磨錯成錢，令薄小，取銅以求利者，徒一年。

392.無故於城內街巷走車馬

　　諸於城內街巷及人眾中，無故走車馬者，笞五十；以故殺傷人者，減鬥殺傷一等。殺傷畜產者，償所減價。餘條稱減鬥殺傷一等者，有殺傷畜產，並準此。若有公私要速而

走者，不坐；以故殺傷人者，以過失論。其因驚駭，不可禁止，而殺傷人者，減過失二等。

393.向城官私宅射

諸向城及官私宅，若道徑射者，杖六十；放彈及投瓦石者，笞四十；因而殺傷人者，各減鬥殺傷一等。若故令入城及宅中，殺傷人者，各以鬥殺傷論；至死者，加役流。

394.施機槍作坑井穽

諸施機槍、作坑穽者，杖一百；以故殺傷人者，減鬥殺傷一等；若有標識者，又減一等。其深山、迥澤及有猛獸犯暴之處，而施作者，聽。仍立標識。不立者，笞四十；以故殺傷人者，減鬥殺傷罪三等。

395.醫合藥不如方

諸醫爲人合藥及題疏、針刺，誤不如本方，殺人者，徒二年半。其故不如本方，殺傷人者，以故殺傷論；雖不傷人，杖六十。即賣藥不如本方，殺傷人者，亦如之。

396.丁防官奴婢病不救療

諸丁匠在役及防人在防，若官戶、奴婢疾病，主司不爲請給醫藥救療者，笞四十；以故致死者，徒一年。

397.受寄物輒費用

諸受寄財物，而輒費用者，坐贓論減一等。詐言死失者，以詐欺取財物論減一等。

398.負債違契不償

諸負債違契不償，一疋以上，違二十日笞二十，二十日加一等，罪止杖六十；三十疋，加二等；百疋，又加三等。各令備償。

399.負債強牽財物

　　諸負債不告官司，而強牽財物，過本契者，坐贓論。

400.以良人爲奴婢質債

　　諸妄以良人爲奴婢，用質債者，各減自相賣罪三等；知情而取者，又減一等。仍計庸以當債直。

401.錯認良人爲奴婢部曲

　　諸錯認良人爲奴婢者，徒二年；爲部曲者，減一等。錯認部曲爲奴者，杖一百。錯認奴婢及財物者，計贓一疋笞十，五疋加一等，罪止杖一百。未得者，各減二等。

402.博戲財財物

　　諸博戲賭財物者，各杖一百；舉博為例，餘戲皆是。贓重者，各依己分，準盜論。輸者，亦依己分為從坐。其停止主人，及出九，若和合者，各如之。賭飲食者，不坐。

403.舍宅車服器物違令

　　諸營造舍宅、車服、器物及墳塋、石獸之屬，於令有違者，杖一百。雖會赦，皆令改去之；墳則不改。其物可賣者，聽賣。若經赦後百日，不改去及不賣者，論如律。

404.侵巷街阡陌

　　諸侵巷街、阡陌者，杖七十。若種植墾食者，笞五十。各令復故。雖種植，無所妨廢者，不坐。其穿垣出穢污者，杖六十；出水者，勿論。主司不禁，與同罪。

405.占山野陂湖利

　　諸占固山野陂湖之利者，杖六十。

406.犯　夜

　　諸犯夜者，笞二十；有故者，不坐。閉門皷後、開門皷前

行者，皆為犯夜。故，謂公事急速及吉、凶、疾病之類。其直宿坊街，若應聽行而不聽及不應聽行而聽者，笞三十；即所直時，有賊盜經過而不覺者，笞五十。

407.從征從行身死不送還鄉

諸從征及從行、公使於所在身死，依令應送還本鄉，違而不送者，杖一百。若傷病而醫食有闕者，杖六十；因而致死者，徒一年。即卒官，家無手力不能勝致者，仰部送還鄉，違而不送者，亦杖一百。

408.應給傳送剩取

諸應給傳送，而限外剩取者，笞四十；計庸重者，坐贓論，罪止徒二年。若不應給而取者，加罪二等；強取者，各加一等。主司給與者，各與同罪。

409.不應入驛而入

諸不應入驛而入者，笞四十。輒受供給者，杖一百；計贓重者，準盜論。雖應入驛，不合受供給而受者，罪亦如之。

410.凡　姦

諸姦者，徒一年半；有夫者，徒二年。部曲、雜戶、官戶姦良人者，各加一等。即姦官私婢者，杖九十；奴姦婢，亦同。姦他人部曲妻，雜戶、官戶婦女者，杖一百。強者，各加一等。折傷者，各加鬥折傷罪一等。

411.姦緦麻以上親及妻

諸姦緦麻以上親及緦麻以上親之妻，若妻前夫之女及同母異父姊妹者，徒三年；強者，流二千里；折傷者，絞。妾，減一等。餘條姦妾，準此。

412.姦從祖母姑等

諸姦從祖祖母姑、從祖伯叔母姑、從父姊妹、從母及兄弟妻、兄弟子妻者，流二千里；強者，絞。

413.姦父祖妾等

諸姦父祖妾、謂曾經有父祖子者。伯叔母、姑、姊妹、子孫之婦、兄弟之女者，絞。即姦父祖所幸婢，減二等。

414.奴姦良人

諸奴姦良人者，徒二年半；強者，流；折傷者，絞。其部曲及奴，姦主及主之期親，若期親之妻者絞，婦女減一等；強者，斬。即姦主之緦麻以上親及緦麻以上親之妻者，流；強者，絞。

415.和姦無婦人罪名

諸和姦，本條無婦女罪名者，與男子同。強者，婦女不坐。其媒合姦通，減姦者罪一等。罪名不同者，從重減。

416.監主於監守內姦

諸監臨主守，於所監守內姦者，謂犯良人。加姦罪一等。即居父母及夫喪，若道士、女官姦者，各又加一等。婦女以凡姦論。

417.校斛斗秤度不平

諸校斛斗秤度不平，杖七十。監校者不覺，減一等；知情，與同罪。

418.器用絹布行濫短狹而賣

諸造器用之物及絹布之屬，有行濫、短狹而賣者，各杖六十；不牢謂之行，不真謂之濫。即造橫刀及箭鏃用柔鐵者，亦為濫。得利贓重者，計利，準盜論。販賣者，亦如之。

市及州、縣官司知情，各與同罪；不覺者，減二等。

419.市司評物價不平

諸市司評物價不平者，計所貴賤，坐贓論；入己者，以盜論。其爲罪人評贓不實，致罪有出入者，以出入人罪論。

420.私作斛斗秤度

諸私作斛斗秤度不平，而在市執用者，笞五十；因有增減者，計所增減，準盜論。即用斛斗秤度出入官物而不平，令有增減者，坐贓論；入己者，以盜論。其在市用斛斗秤度雖平，而不經官司印者，笞四十。

421.賣買不和較固

諸賣買不和，而較固取者；較，謂專略其利。固，謂障固其市。及更出開閉，共限一價；謂賣物以賤為貴，買物以貴為賤。若參市，謂人有所賣買，在傍高下其價，以相惑亂。而規自入者：杖八十。已得贓重者，計利，準盜論。

422.買奴婢牛馬不立券

諸買奴婢、馬牛駝騾驢，已過價，不立市券，過三日笞三十；賣者，減一等。立券之後，有舊病者三日內聽悔，無病欺者市如法，違者笞四十。即賣買已訖，而市司不時過券者，一日笞三十，一日加一等，罪止杖一百

卷第二十七　雜律　凡二十八條

423.在市人眾中驚動擾亂

諸在市及人眾中，故相驚動，令擾亂者，杖八十；以故殺傷人者，減故殺傷一等；因失財物者，坐贓論。其誤驚殺傷人者，從過失法。

424.失時不修堤防

諸不修隄防及修而失時者，主司杖七十；毀害人家、漂失財物者，坐贓論減五等；以故殺傷人者，減鬥殺傷罪三等。謂水流漂害於人。即人自涉而死者，非。即水雨過常，非人力所防者，勿論。其津濟之處，應造橋、航及應置船、筏，而不造置及擅移橋濟者，杖七十；停廢行人者，杖一百。

425.盜決堤防

諸盜決隄防者，杖一百；謂盜水以供私用。若為官檢校，雖供官用，亦是。若毀害人家及漂失財物，贓重者，坐贓論；以故殺傷人者，減鬥殺傷罪一等。若通水入人家，致毀害者，亦如之。其故決隄防者，徒三年；漂失贓重者，準盜論；以故殺傷人者，以故殺傷論。

426.乘官船違限私載

諸應乘官船者，聽載衣糧二百斤。違限私載，若受寄及寄之者，五十斤及一人，各笞五十；一百斤及二人，各杖一百；但載即坐。若家人隨從者，勿論。每一百斤及二人，各加一等，罪止徒二年。從軍征討者，各加二等。監當主司知而聽之，與同罪。空船者，不用此律。

427.行船茹船不如法

諸船人行船、茹船、寫漏、安標宿止不如法，若船栿應迴避而不迴避者，笞五十；以故損失官私財物者，坐贓論減五等；殺傷人者，減鬥殺傷三等；其於湍磧尤難之處，致有損害者，又減二等。監當主司，各減一等。卒遇風浪者，勿論。

428.山陵兆域內失火

諸於山陵兆域內失火者，徒二年；延燒林木者，流二千里；殺傷人者，減鬥殺傷一等。其在外失火而延燒者，各減一等。餘條在外失火準此。

429.庫藏倉燃火

諸庫藏及倉內，皆不得燃火。違者，徒一年。

430.非時燒田野

諸失火及非時燒田野者，笞五十；非時，謂二月一日以後、十月三十日以前。若鄉土異宜者，依鄉法。延燒人舍宅及財物者，杖八十；贓重者，坐贓論減三等；殺傷人者，減鬥殺傷二等。其行道燃火不滅，而致延燒者，各減一等

431.官廨倉庫失火

諸於官府廨院及倉庫內失火者，徒二年；在宮內，加二等。廟、社內亦同。損害贓重者，坐贓論；殺傷人者，減鬥殺傷一等。延燒廟及宮闕者，絞；社，減一等。

432.燒官府私家舍宅

諸故燒官府廨舍及私家舍宅，若財物者，徒三年；贓滿五疋，流二千里；十疋，絞。殺傷人者，以故殺傷論。

433.見火起不告救

諸見火起，應告不告，應救不救，減失火罪二等。謂從本失罪減。其守衛宮殿、倉庫及掌囚者，皆不得離所守救火，違者杖一百。

434.水火損敗徵償

諸水火有所損敗，故犯者，徵償；誤失者，不償。

435.棄毀亡失神御之物

諸棄毀大祀神御之物，若御寶、乘輿服御物及非服而御者，各以盜論；亡失誤毀者，準盜論減二等。

436.毀大祀丘壇

諸大祀丘壇將行事，有守衛而毀者，流二千里；非行事日，徒一年。壝門，各減二等。

437.棄毀亡失符節印

諸棄毀等、節、印及門鑰者，各準盜論；亡失及誤毀者，各減二等。

438.棄毀亡失制書官文書

諸棄毀制書及官文書者，準盜論；亡失及誤毀者，各減二等。毀，須失文字。若欲重事者，從詐增減法。其誤毀失符、移、解牒者，杖六十。謂未入所司而有本案者。

439.私發制書官文書印封

諸私發官文書印封視書者，杖六十；制書，杖八十；若密書，各依漏泄坐減二等。即誤發，視者各減二等；不視者不坐。

440.主守官物亡失簿書

諸主守官物，而亡失簿書，致數有乖錯者，計所錯數，以主守不覺盜論。其主典替代者，文案皆立正案，分付後人，違者，杖一百。並去官不免。

441.食官私田園瓜果

諸於官私田園，輒食瓜果之類，坐贓論；棄毀者，亦如之；即持去者，準盜論。主司給與者，加一等。彊持去者，以盜論。主司即言者，不坐。非應食官酒食而食者，亦準此。

442.棄毀器物稼穡

諸棄毀官私器物及毀伐樹木、稼穡者，準盜論。即亡失及誤毀官物者，各減三等。

443.毀人碑碣石獸

諸毀人碑碣及石獸者，徒一年；即毀人廟主者，加一等。其有用功修造之物，而故損毀者，計庸，坐贓論。各令修立。誤損毀者，但令修立，不坐。

444.停留請受軍器

諸請受軍器，事訖停留不輸者，十日杖六十，十日加一等，百日徒一年；過百日不送者，減私有罪二等。其棄毀者，準盜論。若亡失及誤毀傷者，以十分論；亡失一分，毀傷二分，杖六十；亡失二分，毀傷四分，杖八十；亡失三分，毀傷六分，杖一百；即不滿十分者，一當一分論。其經戰陣而損失者，不坐。儀杖，各減二等。

445.棄毀亡失官私器物

諸棄毀、亡失及誤毀官私器物者，各備償。謂非在倉庫而別持守者。若被強盜，各不坐、不償。即雖在倉庫，故棄毀者，徵償如法。其非有償者，坐而不備。謂符、印、門鑰、官文書之類。

446.亡失符印求訪

諸亡失器物、符、印之類，應坐者，皆聽三十日求訪，不得，然後決罪。若限內能自訪得及他人得者，免其罪；限後得者，追減三等。官文書、制書，程限內求訪得者，亦如之。即雖故棄擲，限內訪得，聽減一等。

447.得宿藏物隱而不送

　　諸於他人地內得宿藏物，隱而不送者，計合還主之分，坐贓論減三等。若得古器形制異，而不送官者，罪亦如之。

448.得闌遺物不送官

　　諸得闌遺物，滿五日不送官者，各以亡失罪論；贓重者，私物，坐贓論減二等。

449.違　令

　　諸違令者，笞五十；謂令有禁制而律無罪名者。別式，減一等。

450.不應得為

　　諸不應得為而為之者，笞四十；謂律、令無條，理不可為者。事理重者，杖八十。

卷第二十八　捕亡　凡一十八條

451.將吏捕罪人逗留不行

　　諸罪人逃亡，將吏已受使追捕，而不行及逗留；謂故方便之者。雖行，與亡者相遇，人仗足敵，不鬥而退者：各減罪人一等；鬥而退者，減二等。即人仗不敵，不鬥而退者，減三等；鬥而退者，不坐。即非將吏，臨時差遣者，各減將吏一等。三十日內能自捕得罪人，獲半以上；雖不得半，但所獲者最重：皆除其罪。雖一人捕得，餘人亦同。若罪人已死及自首各盡者，亦從免法；不盡者，止以不盡人為坐。限外，若配贖以後，能自捕得者，各追減三等；即為人捕得及罪人已死，若自首，各追減二等。已經奏決者，不在追減之例。餘條追減準此。

452.罪人持仗拒捕

諸捕罪人而罪人持仗拒捍，其捕者格殺之及走逐而殺，走者，持仗、空手等。若迫窘而自殺者，皆勿論；即空手拒捍殺者，徒二年。已就拘執及不拒捍而殺，或折傷之，各以鬥殺傷論；用刃者，從故殺傷法；罪人本犯應死而殺者，加役流。即拒毆捕者，加本罪一等；傷者，加鬥傷二等；殺者，斬。

453.被毆擊奸盜捕法

諸被人毆擊折傷以上，若盜及強姦，雖傍人皆得捕繫，以送官司。捕格法，準上條。即姦同籍內，雖和，聽從捕格法。若餘犯，不言請而輒捕繫者，笞三十；殺傷人者，以故殺傷論；本犯應死而殺者，加役流。

454.道路行人不助捕罪人

諸追捕罪人而力不能制，告道路行人，其行人力能助之而不助者，杖八十；勢不得助者，勿論。勢不得助者，謂隔險難及馳驛之類。

455.捕罪人漏露其事

諸捕罪人，有漏露其事，令得逃亡者，減罪人罪一等。罪人有數罪，但以所收捕罪為坐。未斷之間，能自捕得，除其罪；相容隱者為捕得，亦同。餘條相容隱為捕得，準此。即他人捕得，若罪人已死及自首，又各減一等。

456.隣里被強盜不救助

諸隣里被強盜及殺人，告而不救助者，杖一百；聞而不救助者，減一等；力勢不能赴救者，速告隨近官司，若不告者，亦以不救助論。其官司不即救助者，徒一年。

竊盜者，各減二等。

457.從軍征討亡

諸征名已定及從軍征討而亡者，一日徒一年，一日加一
等，十五日絞；臨對寇賊而亡者，斬。主司故縱，與同
罪。下條準此。軍還而先歸者，各減五等；其逃亡者，同
在家逃亡法。

458.防人向防及在防亡

諸防人向防及在防未滿而亡者，鎮人亦同。一日杖八十，
三日加一等。

459.流徒囚役限內亡

諸流徒囚，役限內而亡者，犯流、徒應配及移鄉人，未到
配所而亡者，亦同。一日笞四十，三日加一等；過杖一百，
五日加一等。主守不覺失囚，減囚罪三等；即不滿半年
徒者，一人笞三十，三人加一等，罪止杖一百。監當官
司，又減三等。故縱者，各與同罪。

460.宿衛人亡

諸宿衛人在直而亡者，一日杖一百，二日加一等。即從
駕行而亡者，加一等。

461.丁夫雜匠亡

諸丁夫、雜匠在役及工、樂、雜戶亡者，太常音聲人亦同。
一日笞三十，十日加一等，罪止徒三年。主司不覺亡者，
一人笞二十，五人加一等，罪止杖一百；故縱者，各與
同罪。即人有課役，全戶亡者，亦如之；若有軍名而亡
者，加一等。其人無課役及非全戶亡者，減二等；即女
戶亡者，又減三等。其里正及監臨主司故縱戶口亡者，

各與同罪；不知情者，不坐。

462.浮浪他所

諸非亡而浮浪他所者，十日笞十，二十日加一等，罪止杖一百；即有官事在他所，事了留住不還者，亦如之。若營求資財及學宦者，各勿論。闕賦役者，各依亡法。

463.官戶奴婢亡

諸官戶、官奴婢亡者，一日杖六十，三日加一等。部曲、私奴婢亦同。主司不覺亡者，一口笞三十，五口加一等，罪止杖一面。故縱官戶亡者，與同罪；奴婢，準盜論。即誘導官私奴婢亡者，準盜論，仍令備償。

464.在官無故亡

諸在官無故亡者，一日笞五十，三日加一等；過杖一百，五日加一等。邊要之官，加一等。

465.被囚禁拒捍走

諸被囚禁，拒捍官司而走者，流二千里；傷人者，加役流；殺人者斬，從者絞。若私竊逃亡，以徒亡論。事發未囚而亡者，亦同。

466.主守不覺失囚

諸主守不覺失囚者，減囚二罪二等；若囚拒捍而走者，又減二等。皆聽一百日追捕。限內能自捕得及他人捕得，若囚已死及自首，除其罪；即限外捕得，及囚已死若自首者，各又追減一等。監當之官，各減主守三等。故縱者，不給捕限，即以其罪罪之；未斷決間，能自捕得及他人捕得，若囚已死及自首，各減一等。謂此篇內，監臨主司應坐，當條不立捕訪限及不覺故縱者，並準此法。

467.容止他界逃亡浮浪

諸部內容止他界逃亡浮浪者，一人里正笞四十，謂經十五日以上者。坊正、村正同里正之罪。若將家口逃亡浮浪者，一戶同一人為罪。四人加一等；縣內，五人笞四十，十人加一等；州隨所管縣，通計為罪。皆以長官為首，佐職為從。各罪止徒二年。其官戶、部曲、奴婢，亦同。若在軍役有犯者，隊正以上、折衝以下，各準部內有盜賊之法。

468.知情藏匿罪人

諸知情藏匿罪人，若過致資給，謂事發被追及亡叛之類。令得隱避者，各減罪人罪一等。藏匿無日限，過致資給亦同。若卑幼藏匿，匿狀已成，尊長知而聽之，獨坐卑幼。部曲、奴婢首匿，主後知者，與同罪。即尊長匿罪人，尊長死後，卑幼仍匿者，減五等；尊長死後，雖經匿，但已遣去而事發，及匿得相容隱者之侶，並不坐。小功已下，亦同減例。若赦前藏匿罪人，而罪人不合赦免，赦後匿如故；不知人有罪，容寄之後，知而匿者：皆坐如律。其展轉相使而匿罪人，知情者皆坐，不知者勿論。罪人有數罪者，止坐所知。

卷第二十九　斷獄　凡一十四條

469.囚應禁不禁

諸囚應禁而不禁，應枷、鏁、杻而不枷、鏁、杻而脫去者，杖罪笞三十，徒罪以上遞加一等；迴易所著者，各減一等。即囚自脫去及迴易所著者，罪亦如之。若不應禁而禁及不應枷、鏁、杻而枷、鏁、杻者，杖六十。

470.與囚金刃解脫

諸以金刃及他物,可以自殺及解脫,而與囚者,杖一百;若囚以故逃亡及自傷、傷人者,徒一年;自殺、殺人者,徒二年;若囚本犯流罪以上,因得逃亡,雖無傷殺,亦準此。即囚因逃亡,未斷之間,能自捕得及他人捕得,若囚自首及已死,各減一等。即子孫以可解說之物與祖父母、父母,部曲、奴婢與主者,罪亦同。

471.死罪囚辭窮竟雇倩人殺

諸死罪囚辭窮竟,而囚之親故為囚所遣,雇倩人殺之及殺之者,各依本殺罪減二等。囚若不遣雇倩,及辭未窮竟而殺,各以鬥殺罪命,至死者加役流。辭雖窮竟,而子孫於祖父母、父母,部曲、奴婢於主者,皆以故殺罪論。

472.主守導令囚翻異

諸主之寸受囚財物,導令翻異;及與通傳言語,有所增減者:以枉法論,十五疋加役流,三十疋絞;贓輕及不受財者,減故出入人罪一等。無所增減者,笞五十;受財者,以受所監臨財物論。其非主守而犯者,各減主守一等。

473.囚應給衣食醫藥而不給

諸囚應請給依食醫藥而不請給,及應聽家人入視而不聽,應說去枷、鏁、杻而不脫去者,杖六十;以故致死者,徒一年。即減竊囚食,笞五十;以故致死者,絞。

474.議請減老小疾不合拷訊

諸應議、請、減,若年七十以上,十五以下及廢疾者,並不合拷訊,皆據眾證定罪,違者以故失論。若證不足,

告者不反坐。其於律得相容隱，即年八十以上，十歲以
下及篤疾，皆不得令其爲證，違者減罪人罪三等。

475.囚妄引人爲徒侶

諸囚在禁，妄引人爲徒侶者，以誣告論。即本犯雖死，
仍準流、徒加杖及贖法。

476.訊囚察辭理

諸應訊囚者，必先以情，審察辭理，反覆參驗；猶未能
決，事須訊問者，立案同判，然後拷訊。違者，杖六十。
若贓狀露驗，理不可疑，雖不承引，即據狀斷之。若事
已經赦，雖須追究，並不合拷。謂會赦移鄉及除、免之類。

477.拷囚不得過三度

諸拷訊不得過三度，數總不得過二百，杖罪以下不得過
所犯之數。拷滿不承，取保放之。若拷過三度及杖外以
他法拷掠者，杖一百；杖數過者，反坐所剩；以故致死
者，徒二年。即有瘡病，不待差而拷者，亦杖一百；若
決杖笞者，笞五十；以故致死者，徒一年半。若依法拷
決，而邂逅致死者，勿論；仍令長官等勘驗，違者杖六
十。拷決之失，立案、不立案等。

478.拷囚限滿不首

諸拷囚限滿而不首者，反拷告人。其被殺、被盜家人及
親屬告者，不反拷。被水火損敗者，亦同。拷滿不首，取
保並放。違者，以故失論。

479.鞫獄官停囚待對牒至不遣

諸鞫獄官，停囚待對問者，雖職不相管，皆聽直牒追攝。
雖下司，亦聽。牒至不即遣者，笞五十；三日以上，杖一百。

480.依告狀鞫獄

諸鞫獄者，皆須依所告狀鞫之。若於本狀之外，別求他罪者，以故入人罪論。

481.囚徒伴移送併論

諸鞫獄官，囚徒伴在他所者，聽移送先繫處併論之。謂輕從重。若輕重等，少從多。多少等，後從先。若禁處相去百里外者，各從事發處斷之。違者，杖一百。若違法移囚，即令當處受而推之，申所管屬推劾。若囚至不受及受而不申者，亦與移囚罪同。

482.決罰不如法

諸決罰不如法者，笞三十；以故致死者，徒一年。即杖麤細長短不依法者，罪亦如之。

卷第三十　斷獄　凡二十條

483.監臨自以杖捶人

諸監臨之官因公事，自以杖捶人致死及恐迫人致死者，各從過失殺人法；若以大杖及手足毆擊，折傷以上，減鬥殺傷罪二等。雖是監臨主司，於法不合行罰及前人不合捶拷，而捶拷者，以鬥殺傷論，至死者加役流。即用刃者，各從鬥殺傷法。

484.斷罪不具引律令格式

諸斷罪皆須具引律、令、格、式正文，違者笞三十。若數事共條，止引所犯罪者，聽。

485.應言上待報而輒自決斷

諸斷罪應言上而不言上，應待報而不待報，輒自決斷者，

各減故失三等。

486.輒引制敕斷罪

諸制敕斷罪，臨時處分，不爲永格者，不得引爲後比。
若輒引，致罪有出入者，以故失論。

487.官司出入人罪

諸官司入人罪者，謂故增減情狀足以動事者，若聞知有恩赦
而故論決，及示導令失實辭之類。若入全罪，以全罪論；雖
入罪，但本應收贖及加杖者，止從收贖、加杖之法。從輕人
重，以所剩論；刑名易者：從笞入杖、從走入流亦以所
剩論，從徒入流者，三流同比徒一年爲剩；即從近流而入遠
流者，同比徒半年爲剩；若入加役流者，各計加役年爲剩。
從笞杖入徒流、從徒流入死罪亦以全罪論。其出罪者，
各如之。即斷罪失於入者，各減三等；失於出者，各減
五等。若未決放及放而還獲，若囚自死，各聽減一等。
即別使推事，通狀失情者，各又減二等；所司已承誤斷
訖，即從失出入法。雖有出入，於決罰不異者，勿論。

488.赦前斷罪不當

諸赦前斷罪不當者，若處輕爲重，宜改從輕；處重爲輕，
即依輕法。其常赦所不免者，依常律。常赦所不免者，謂
雖會赦，猶處死及流，若除名、免所居官及移鄉者。即赦書
定罪名，合從輕者，又不得引律比附入重，違者各以故、
失論。

489.聞知恩赦故犯不得赦原

諸聞知有恩赦而故犯，及犯惡逆，若部曲、奴婢毆及謀
殺若強姦主者，皆不得以赦原。即殺小功尊屬、從父兄

姊及謀反大逆者，身雖會赦，猶流二千里。

490.獄結竟取服辯

諸獄結竟，徒以上，各呼囚及其家屬，具告罪名，仍取
囚服辯。若不服者，聽其自理，更爲審詳。違者，笞五
十；死罪，杖一百。

491.緣坐沒官不如法

諸緣僅應沒官而放之，及非應沒官而沒之者，各以流罪
故、失論。

492.徒流送配稽留

諸徒、流應送配所，而稽留不送者，一日笞三十，三日
加一等；過杖一百，十日加一等，罪止徒二年。不得過罪
人之罪。

493.輸備贖沒入物違限

諸應輸備、贖、沒、入之物，及欠負應徵，違限不送者，
一日笞十，五日加一等，罪止杖一百。若除、免、官當，
應追告身，違限不送者，亦如之。

494.婦人懷孕犯死罪

諸婦人犯死罪，懷孕，當決者，聽產後一百日乃行刑。
若未產而決者，徒二年；產訖，限未滿而決者，徒一年。
失者，各減二等。其過限不決者，依奏報不決法。

495.拷決孕婦

諸婦人懷孕，犯罪應拷及決杖笞，若未產而拷、決者，
杖一百；傷重者，依前人不合捶拷法；產後未滿百日而
拷決者，減一等。失者，各減二等。

496.立春後秋分前不決死刑

　　諸立春以後、秋分以前決死刑者,徒一年。其所犯雖不
　　待時,若於斷屠月及禁殺日而決者,格杖六十。待時而
　　違者,加二等。

497.死囚覆奏報決

　　諸死罪囚,不待覆奏報下而決者,流二千里。即奏報應
　　決者,聽三日乃行刑,若限未滿而行刑者,徒一年;即
　　過限,違一日杖一百,二日加一等。

498.斷罪應決配而收贖

　　諸斷罪應決配之聽收贖,應收贖而決配之,若應官當而
　　不以官當及不應官當而以官當者,各依本罪,減故、失
　　一等。死罪不減。即品官任流外及雜任,於本司及監臨犯
　　杖罪以下,依決罰例。

499.斷罪應斬而絞

　　諸斷罪應絞而斬,應斬而絞,徒一年;自盡亦如之。失
　　者,減二等。即絞訖,別加害者,杖一百。

500.領徒囚應役不役

　　諸領徒應役不役,及徒囚病愈不計日令陪役者,過三日
　　笞三十,三日加一等;過杖一百,十日加一等,罪止徒
　　二年。不得過罪人之罪。

501.縱死囚後捕得稽留不報

　　諸縱死罪囚,令其逃亡,後還捕得及囚已身死,若自首,
　　應減死罪者,其獲囚及死首之處,即須遣使速報應減之
　　所,有驛處發驛報之。若稽留使不得減者,以入人罪故、
　　失論減一等。

502.疑　罪

　　諸疑罪，各係所犯，以贖論。疑，謂虛實之證等，是非之
　　理均；或事涉疑似，傍無證見；或傍有聞證，事非疑似之類。
　　即疑獄，法官執見不同者，得為異議，議不得過三。

附錄二：《貞觀政要》典故註釋[1]

《貞觀政要》卷第一

君道第一

　1.太宗論爲君當存百姓節嗜欲

　2.魏徵論明君暗君

　3.太宗君臣論創業守成孰難

　4.魏徵諫太宗以隋爲鑒勿失其道疏暨諫太宗十思疏

　5.太宗魏徵共論守天下難易

政體第二

　1.太宗因不得良弓而悟爲政務知百姓利害.政教得失

　2.太宗論中書門下本相防過誤臣當堅守直道勿上下雷同

　3.王珪對太宗治國當志尙清淨以百姓爲心並用經術之士

　4.太宗論詔敕如有不穩便中書門下必須執論

　5.太宗論隋文帝獨斷之害並令諸司必須執奏

　6.太宗論治國如養病須君臣同心日愼一日

　7.太宗君臣共論治國當畏民兢愼居安思危

　8.太宗論大臣事無大小有乖律令者皆須執言

1　楊琪，《《貞觀政要》治道研究》，頁 331-344。

《貞觀政要》卷第二

任賢第三

求諫第四

《貞觀政要》卷第三

君臣鑒戒第六

論擇官第七

《貞觀政要》卷第四
論太子諸王定分第九

論尊師傅第十

1.太子少歸李綱大見崇重
2.敬師傅置三師位詔
3.太宗論人之善惡誠由近習並爲太子諸王精選師傅
4.王珪爲魏王師太宗重之
5.太宗論禮敬三師並詔令撰太子接三師儀注
6.劉洎上書諫太宗令太子還住東宮接見師傅

教戒太子諸王第十一
1.太宗責太子左庶子于志寧等極言切諫輔導太子
2.太宗論遇物必誨諭太子
3.魏徵《自古諸侯王善惡錄序》
4.太宗訓誡諸王受諫諍自克勵勿縱欲肆情
5.太宗論諸王生自深宮識不及遠當選良佐以爲輔弼
6.太宗訓誡吳王恪不可驕縱放棄禮法

規諫太子第十二
1.李百藥撰《贊道賦》諷諫太子承乾太宗覽爲稱善
2.太宗嘉獎于志寧孔穎達諫諍太子
3.張玄素兩上書諫太子承乾以游畋廢學
4.張玄素諫太子承乾戒驕奢居安思危反履遭屠害
5.于志寧兩上書諫太子承乾奢侈過度

《貞觀政要》卷第五
論仁義第十三
1.太宗君臣論隨時用賢以仁義誠信爲治

論謙讓第十九
　1.太宗君臣論帝王當守常謙常懼之道
　2.太宗問孔穎達《論語》「以能問於不能以用問於寡」條
　3.李孝恪李道宗謙恭事略

論仁惻第二十
　1.太宗論宮人幽閉深宮情實可憫並前後出三千餘宮人
　2.關中大旱太宗深深自責並遣杜淹巡檢
　3.襄州都督長公謹卒太宗出次發哀哭不避辰日
　4.太宗征高麗遼東愛恤將士事略

慎所好第二十一
　1.太宗以歷代帝王事論帝王須慎其所好
　2.太宗論神仙事本是虛妄
　3.太宗論君天下者惟須正身修德不可信邪道
　4.太宗論帝王杖德履義不可用圖讖並命焚注解圖讖

慎言語第二十二
　1.太宗君臣論君與必書帝王須謹慎言語
　2.太宗君臣論言語爲君子樞機帝尤須戒慎
　3.劉洎諫太宗與公卿言必詰難往復

論杜讒佞第二十三
　1.太宗論侍臣絕讒構論
　2.太宗任杜如晦等不猜並以陳師合妄加誹謗流於岭外

5.太宗賜違法取驛家麩者陳萬福麩數石並令自負出以耻之
6.太宗駁萬紀諫稅鬻銀坑以爲利益並敕放令還第
7.中書令岑文本拒產業事略
8.戶部尚書戴冑卒其居宅弊陋祭享無所太宗命爲造廟
9.尚書右仆射溫彥博薨家貧無正寢太宗命爲造堂
10.魏徵疾篤家無正堂太宗命爲營構並賜素褥布被
11.太宗戒蒲州刺史趙元楷不可盛飾廨宇修營樓雉以求媚
12.太宗論人臣不可貪財冒利

《貞觀政要》卷七
崇儒學第二十七
1.太宗置弘文館精選文儒爲學士三品以上勛賢子孫爲學生
2.太宗力孔子廟於國學置生員博士學生復興儒學事略
3.太宗褒崇皇侃等名儒詔暨左丘明等廿一人配享孔廟詔
4.太宗君臣論爲政之要惟在得人用人須以德行學識爲本
5.太宗詔顏師古考訂五經並詔孔穎達等作五經正義
6.太宗論人雖稟定性然須博學以成其道

論文史第二十八
1.太宗責監修國史房玄齡有上書可裨於政理者皆須備載
2.太宗以人主惟在德行拒編文集
3.太宗慰勞房玄齡等撰成周齊梁陳隋五代之史
4.諸遂良以不聞帝王躬自觀史拒太宗觀當代國史之請
5.太宗責玄齡撰錄當朝實錄觀之並論宜改削浮詞直書其事

2.太宗君臣論法務寬簡宜選公直良善斷案且訊於三公九卿

3.太宗論奴告主謀逆皆不須受盡令斬決

4.太宗怒斬張蘊古旋悔詔凡死刑皆五覆奏並附蘊古大寶箴

5.太宗詔京師決死囚須二日五覆奏諸州三覆且可矜者奏聞

6.太宗不以故舊赦高甑生

7.魏徵上恤刑慎罰以靜養民疏

8.太宗論諸州有犯十惡者刺史不須從坐

9.太宗論主獄之司務在寬平禁止以殺人釣聲價

論赦令第三十二

1.太宗論赦宥無益於治故有天下以來絕不放赦

2.太宗以段綸所進巧工先造傀儡戲具削綸階級並禁斷此戲

3.太宗論國家法令惟須簡約不可一罪作數種條格

4.太宗論不可輕出詔令

5.長孫皇后病篤拒皇太子奏赦囚徒並度人入道

6.太宗薄葬詔

7.太宗矜宥周隋二代名臣及忠節子孫詔

論貢獻第三十三

1.太宗論都督刺史不得逾境外求貢賦以邀射聲名

2.太宗憫林邑國所獻鸚鵡令放還林藪

3.疏勒朱俱波甘棠遣使貢方物太宗感懷

4.褚遂良諫不合受高麗莫离支所獻

5.太宗卻還高麗王高藏及莫离支蓋蘇文所獻二美女

禁末作附

1.魏徵諫勿從溫彥博置突厥降部於內地太宗不從後又悔之
2.李大亮杜楚客諫納降拜將安置突厥無益中國太宗不從
3.魏徵褚遂良諫勿置高昌國爲州縣太宗不從後又悔之

《貞觀政要》卷第十

論行幸第三十七

1.太宗論廣宮室好行幸無益治國
2.太宗君臣論煬帝無道臣亦不相匡弼遂使身死國滅
3.太宗論隋煬帝行幸無期不納諫諍當以之爲鑒

論畋獵第三十八

1.虞世南上疏諫太宗息獵車納諫
2.谷那律以瓦爲油衣不漏諷太宗勿數田獵
3.魏徵諫太宗幸同州沙苑親格猛獸
4.劉仁軌諫太宗罷櫟陽游獵事略

論災祥第三十九

1.太宗論君以至公理天下順百姓心諸州祥瑞不須申奏
2.虞世南對山崩大蛇大水諸災變不足怪然修德可以銷變
3.天見慧星太宗責己以自矜之過群臣以爲修德則災變自銷
4.洛陽水患太宗責己並令言得失岑文本諫居安思危有始有卒

論慎終第四十

1.太宗君臣論居安思危理不忘亂常得如此始是可貴
2.太宗以漢高帝事論人君爲善多不能堅守並以此自戒懼

附錄三：唐代所編制重要法典[1]

制定年代	法典名稱	主要修撰人
618 年（武德元年十一月）	武德新格	裴寂、劉文靜等
624 年（武德七年三月）	武德律	裴寂等
	武德令	
	武德式	
637 年（貞觀十一年正月）	貞觀律	房玄齡等
	貞觀令	
	貞觀格	
	貞觀式	
651 年（永徽二年十月）	永徽律	長孫無忌等
	永徽令	
	永徽式	
653 年（永徽四年十月）	永徽律疏議	
685 年（垂拱元年三月）	垂拱式	裴居道等
	垂拱格	
	垂拱留司格散頒格	
705 年（神龍元年正月）	神龍散頒格及式	唐休璟等
712 年（太極元生二月）	太極格	岑曦等
715 年（開元三年正月）	開元格	盧懷慎等
719 年（開元七年三月）	開元後格	宋璟等
	開元令	
737 年（開元廿五年）	開元新格	李林甫等
738 年（開元廿六年）	唐六典	張九齡、李林甫等
	格式律令事類	李林甫等
785 年（貞元元年）	貞元定格後敕	尚書省進
807 年（元和二年七月）	元和格敕	許孟容等
818 年（元和十三年八月）	元和格後敕	鄭慶餘等
830 年（太和四年七月）	太和格後敕	刑部進
839 年（開成四年）	開成詳定格	狄兼謨等
851 年（大中五年四月）	大中刑法總類	劉琢等
853 年（大中七年五月）	大中刑律統類	張戣等

1　楊廷福，《唐律研究》，頁 16。

附錄四：唐代大事年代表[1]

西元	中國紀元	大　　　事
617 年	隋大業十三年	五月，李淵起兵於太原。 七月，進軍關中。 十一月，攻佔長安，立代王侑爲帝。
618 年	唐武德元年	三月，江者兵變，推宇文化及爲首，殺煬帝，立秦王浩爲帝，引眾西返關中。 五月，李淵廢隋恭帝侑，稱帝，國號唐，是爲唐高祖。 隋朝亡。東都群臣立越王侗，改元皇泰，史稱皇泰主。 九月，李密爲王世充所敗，降唐。宇文化及殺楊浩，稱帝於魏縣，國號許。 十一月，竇建德定都樂壽，國號夏。
619 年	二年	二月，初定租庸調法。 四月，王世充廢皇泰主，稱帝，國號鄭。
621 年	四年	七月，竇建德被殺於長安，部將劉黑闥復起事於河北，武德六年被俘。
623 年	六年	三月，唐詔分天下戶爲上、中、下等。 八月，杜伏威餘部在輔公祏率領下起義，國號宋，都丹陽。
624 年	七年	四月，唐頒行《武德律》及均田、租庸調法。
626 年	九年	六月，李世民伏兵玄武門，殺太子建成及齊王元吉。 八月，李世民即位，是爲唐太宗。 東突厥深入，逼長安，唐太宗親臨渭水，與頡利可汗結便橋之盟，突厥退兵。

1　王小甫，《隋唐五代史》，頁 421-431。

627 年	貞觀元年	分全國為十道。
628 年	二年	詔各地置義倉。 薛延陀首領夷男受唐封為真珠毗伽可汗，建汗庭於漠北。
629 年	三年	松贊干布即位吐蕃贊普。
630 年	四年	李靖俘頡利可汗，東突厥亡。 日本遣唐使抵唐。
635 年	九年	各鄉置鄉長。詔天下戶分為九等。 李靖大破吐谷渾，其主慕容伏允及子先後為左右所殺，唐立伏允孫諾曷缽為可汗。 景教僧侶阿羅本將景教傳入唐。 東突厥阿史那社爾附唐。
636 年	十年	府兵軍府改名折衝府，以折都尉為長，果毅都尉為副。
637 年	十一年	頒貞觀律令格式
638 年	十二年	高士廉等撰《氏族志》成，又稱貞觀《氏族志》。
640 年	十四年	八月，侯君集克高昌，唐以其地置西州。 九月，置安西都護府於交河城，置庭於可汗浮圖城。
641 年	十五年	文成公主入吐蕃，與松贊干布和親。
642 年	十六年	魏王李泰等撰《括地志》成。
645 年	十九年	玄奘取經還，抵長安。 太宗征遼東，無功而還。 鐵勒九姓大首領率眾降唐。
646 年	二十年	《大唐西域記》成書。
647 年	二十一年	於鐵勒諸部置羈縻州府。
648 年	二十二年	黠戛斯內附，唐置堅昆都督府。 唐赴天竺使者王玄策俘摩揭陀國王阿羅那順而歸。 契丹內附，唐置松漠都督府。 奚內附，唐置饒樂都督府。 阿史那社爾平龜茲，唐始置安西四鎮。
649 年	二十三年	五月，太宗去世。 六月，太子治即位，是為唐高宗。 是歲，蒙舍詔首領細奴邏建大蒙國，自稱奇嘉王，遣使入貢於唐。

651 年	永徽二年	瑤池都督阿史那賀魯叛唐，統西突厥十姓之地。大食第三任哈里發奧斯曼遣使來唐，唐與大食的官方聯繫始於此。唐頒《永徽律》。
653 年	四年	長孫無忌等撰修《律疏》成。睦州女子陳碩真起義，自稱文佳皇帝，不久，失敗。
655 年	六年	廢王皇后，立武則天皇后。
656 年	顯慶元年	《五代史志》（即《隋書》諸志）修成。
657 年	二年	蘇定方擒阿史那賀魯，西突厥亡。唐以其地分置崑陵、濛池二都護府，並隸安西都護。
659 年	四年	詔改《貞觀氏族制》為《姓氏錄》。頒《新修本草》，此為世界上第一部官修藥典。
660 年	五年	蘇定方破百濟，擒其王。
661 年	龍朔元年	以薩珊朝波斯王子卑路斯為波斯都督府都督。
663 年	三年	吐谷渾為吐蕃所破，其可汗諾曷鉢率眾內附，居於涼州。
668 年	總章元年	高句麗內亂，唐遣李勣等攻滅之，俘其王高藏，以其地置安東都護府。
670 年	咸亨元年	吐蕃陷龜茲撥換城，唐廢安西四鎮。
671 年	二年	義淨自廣州浮海赴天竺學佛學。
679 年	調露元年	裴行儉平西突厥阿史那匐延都支，重建安西四鎮，以碎葉代焉者。
682 年	永淳元年	後突厥阿史那骨篤祿崛起，回紇受其壓迫，西徙甘、涼二州之間。
683 年	弘道元年	高宗去世，太子顯即位，是為中宗，武則天執政。
684 年	嗣聖元年	二月，中宗被廢，弟李旦立，是為睿宗，武則天執政。
	光宅元年	九月，徐敬業於揚州起兵反武則天，三個月後兵敗被殺。
686 年	垂拱二年	唐軍為吐蕃所敗，安西四鎮再度失守。
687 年	三年	唐大將黑齒常之敗後突厥骨咄祿於黃花堆。
690 年	天授元年	武則天廢睿宗，稱帝，改國號為周。
692 年	長壽元年	武則天遣王孝傑等大破吐蕃，奪回西安四鎮。
694 年	延載元年	摩尼教由波斯人佛多誕傳入唐。

696 年	萬歲通天元年	契丹李盡忠與孫萬榮等叛唐，陷營州，攻略河北諸州。 唐詔山東近邊諸州置武騎團兵，以禦契丹。
698 年	聖曆元年	置武騎團兵於河南、河北，以抗突厥。 靺鞨首領大祚榮建震國於東牟山、奧婁河。
699 年	二年	突騎施首烏質勒遣子朝唐。
702 年	長安二年	始置武舉。 分巡西都護府天山以北之地爲北庭都護府，治庭州，轄西突厥十姓部落。
703 年	三年	遣使括戶。
705 年	神龍元年	正月，張柬之、崔玄暐等人發動政變，殺張易之、張昌宗，逼武則天退位，復立中宗李顯。 二月，復國號唐。
707 年	三年	七月，太子李重俊發動政變，失敗被殺。
709 年	景龍三年	金城公主和親於吐蕃贊普赤德祖贊。
710 年	四年	六月，中宗去世，韋后臨朝，立子重茂爲帝。 睿宗子隆基與太平公主發動政變，殺韋后及安樂公主，逼重茂遜位，擁立睿宗。 劉知幾撰成《史通》。
712 年	先天元年	八月，李隆基即位，是爲唐玄宗。
713 年	二年	以河北諸州刺史統領團結兵。 以靺鞨大祚榮所部爲忽汗州，大祚榮爲都督，封渤海郡王，其地始專稱渤海。
721 年	開元九年	令監察御史宇文融主持括戶。
722 年	十年	吐蕃奪小勃律九城，小勃律首領沒謹忙聯合唐軍大破吐蕃，唐封其爲小勃律王。
723 年	十一年	納張說建議，募兵宿衛，號長從宿衛。改政事堂名爲「中書門下」，下設五房。
724 年	十二年	僧一行製成銅黃道游儀
725 年	十三年	長從宿衛改稱彍騎。 僧一行與梁令瓚製成銅鑄水運渾儀。南宮說等人以僧一之術實測子午線 1°之長。
733 年	二十一年	改全國十道爲十五道，各置採訪使。
734 年	二十二年	以裴耀卿爲江淮河南轉運使，於運江沿線置倉，分段轉運江淮粟米。 唐蕃會盟於赤嶺，各樹界碑。

737 年	二十五年	募諸色征行人及客戶爲長征健兒。 定令一千五百四十六條，共二十七篇、三十卷， 　是爲《開元二十五令》。
738 年	二十六年	封南詔皮邏閣爲雲南王，賜姓名爲蒙歸義。 《唐六典》成書。
742 年	天寶元年	全國兵數爲五十七萬四千名，邊兵佔四十九萬。
744 年	三載	葛邏祿、回紇兩部敗拔悉密部頡跌伊施可汗。 回紇部骨力裴羅自稱骨篤祿毗伽闕可汗。
745 年	四載	後突厥爲回紇所滅。 玄宗敕改波斯（景教）寺爲大秦寺。
746 年	五載	敕天下度僧尼，並令祠部給牒。 封回紇骨力裴羅爲奉義王、懷仁可汗。
747 年	六載	八月，安西四鎮節度副使高仙芝破小勃律。
749 年	八載	詔停折衝府上下魚書，府兵制廢。 隴右節度使哥舒翰攻拔吐蕃石堡城。
750 年	九載	安祿山身兼范陽、平盧、河東三節度使。 安西節度使高仙芝襲破石國。 南詔背唐，附吐蕃。
753 年	十二載	十二月，鑑真抵日本。
754 年	十三載	唐相楊國忠徵兵全國，令劍南節度留後李宓進 　攻南詔，大敗於大和城。 是歲，全國戶九百零六萬九千一百五十四，爲 　唐朝之盛。
755 年	十四載	十一月，安史之亂爆發。唐詔令軍事要衝置防 　禦使。 十二月，叛軍陷洛陽。唐監軍邊令誠奉詔殺封 　常清、高仙芝於軍中。 吐蕃贊普棄松德贊即位。
756 年	十五載	正月，安祿山稱帝於洛陽，國號燕。 六月，叛軍陷潼關。玄宗奔蜀，至馬嵬驛，軍 　士嘩變，殺楊國忠，玄宗被迫縊殺楊貴妃。 太子李亨走靈武。叛軍陷長安。 七月，李亨即位於靈武，是爲肅宗。
757 年	至德二載	正月，安祿山爲其子安慶緒所殺。 九月，唐軍與回紇軍克長安。 十月，唐軍克洛陽，安慶緒逃往鄴郡。 置左右神武軍，至此北衙始有六軍。

758年	乾元元年	唐以魚朝恩為觀軍容使，總監郭子儀等九節度使大軍數置度支、鹽鐵、都團練使；廢探訪使，更置觀察使。
759年	二年	三月，史思明增援安慶緒，取九節度使兵於鄴城。旋殺慶緒，還范陽。 四月，自稱大燕皇帝。 九月，攻佔洛陽。
761年	上元二年	三月，史思明為其子史朝義所殺。
762年	寶應元年	四月，玄宗、肅宗相繼去世，張皇后謀立越王係。宦官李輔國、程元振幽張皇后，殺越王係，擁立太子李豫，是為唐代宗。 八月，浙東袁晁起義。
763年	二年	正月，史朝義自縊，餘黨降唐，安史之亂結束。 十月，吐蕃攻佔長安十餘日，代宗奔陝州。 十二月，代宗返長安，神策軍扈從，入為禁軍。
764年	廣德二年	始稅青苗地頭錢。吐蕃取涼州。
766年	大曆元	吐蕃取甘州、肅州，唐河西節度使徙治涼。 南詔王閣羅鳳立「南詔德化碑」於其都大和城。
776年	十一年	吐蕃取瓜州。
779年	十四年	五月，代宗去世，太子李适即位，是為唐德宗。
780年	建中元年	正月，廢租庸調制，行兩稅法，時全國主戶一百八十萬；客戶一百三十萬。
781年	二年	正月，成德李惟岳、淄清李正己、魏博田悅三鎮叛唐。 二月，山南東道梁崇義亦叛。 六月，唐以淮西節度使李希烈討梁崇義。
782年	三年	四月，盧龍節度使朱滔叛。 十一月，河北三鎮相約稱王，又邀淄青李納稱齊王。 十二月，李希烈自稱建興王，聯合四鎮叛。
783年	四年	正月，唐蕃會盟於清水，第三次議界。 十月，長安發生涇卒之變，擁前盧龍節度使朱泚為秦帝，德宗出奔奉天。 始徵茶稅。
786年	貞元二年	四月，李希烈為部將所殺，「二帝四王之亂」平。
788年	四年	詔定戶等，規定三年一定，以為常式。 回紇改稱回鶻。

790 年	六年	吐蕃攻佔北庭。
791 年	七年	吐蕃攻佔西州。
793 年	九年	異牟尋同意歸唐。
795 年	十一年	異牟尋封南詔王。
796 年	十二年	六月，置左右神策軍護中尉，以宦官為之。
801 年	十七年	賈耽繪《海內華夷圖》，撰《古今郡國縣道四夷述》成。 杜佑撰《通典》成。 驃國王子舒難陀率樂隊及舞蹈家抵長安。
804 年	二十年	日本學問僧空海抵長安留學。
805 年	二十一年	正月，德宗去世，子李誦繼立，是為順宗。 八月，宦官俱文珍、節度使韋皋等逼順宗讓位給太子純，改元永貞，是為憲宗，史稱「永貞內禪」。 二王八司馬被貶，革新失敗。
807 年	元和二年	李吉甫撰《元和國計簿》成，總計全國方鎮四十八，州府二百九十五，縣一千四百五十三，每歲國家財賦倚辦止於東南八道四十九州，一百四十四萬戶，比天寶稅戶四分減三。
808 年	三年	牛僧孺、李宗閔等應直言極諫科，指陳時政，宰相李吉甫惡之，貶主考官，抑牛僧孺等人，啟牛李黨爭之端。 沙陀朱邪盡忠背吐蕃附唐，中途被執殺，子執宜率餘眾至靈州，唐置其於鹽州，以執宜為陰山都督府兵馬使。
812 年	七年	魏博節度使田季安卒，軍中擁立田興，田興歸命於朝。
813 年	八年	李吉甫撰《元和郡縣圖志》成。
814 年	九年	淮西節度使吳少陽卒，子元濟自領軍務後，後唐發諸道兵討之。
815 年	十年	裴度為相，繼續討代淮西。
817 年	十二年	十月，唐鄧隨節度使李愬雪夜襲蔡州，擒吳元濟，淮西平。
818 年	十三年	發五道兵討淄青李師道。
819 年	十四年	平定淄青，成德、盧龍兩鎮節度使自請入朝，藩鎮割據局面暫時平定。

820 年	十五年	正月，憲宗爲宦官　陳弘志等所殺，子李恆即位，是爲穆宗。
821 年	長慶元年	盧龍、成德二鎮復叛。
822 年	二年	魏博鎮叛，河北三鎮又恢復獨立狀態。
823 年	三年	唐蕃會盟碑立。
824 年	四年	正月，穆宗去世，子李湛立，是爲敬宗。
826 年	寶曆二年	十月，敬宗爲宦官劉克明等所殺，弟李昂立，是爲文宗。
829 年	大和三年	南詔攻佔成都，掠男女工匠數萬而去。
835 年	九年	十一月，文宗與李訓、鄭注等謀殺宦官，失敗，宦官大殺朝臣，史稱甘露之變。
837 年	開成二年	新羅在唐留學生達二百餘人。
838 年	三年	日僧圓仁來唐求法。
840 年	五年	正月，文宗去世，弟李炎立，是爲唐武宗。 回鶻爲黠戛斯所滅。回鶻族人被迫遷徙（其西遷葛邏祿者與鄰近部落建合剌汗國；西南遷西州、龜茲者稱西州或高昌回鶻。西遷甘州者稱甘州回鶻；亦有南遷附唐及遷入吐蕃者）。
844 年	會昌四年	平定澤潞劉稹之叛，史稱會昌伐叛。
845 年	五年	武宗下令廢佛，同時罷薩寶府、禁毀祆教、景教、摩尼教祠寺，僧徒並令還俗，史稱會昌廢佛。
846 年	六年	三月，武宗去世。皇叔李忱立，是爲宣宗。 李德裕罷相，從此牛黨當權，牛李黨爭結束。
848 年	大中二年	張議潮率沙州人民起事，逐吐蕃守將，自懾州事，遣使上表唐朝廷。
851 年	五年	八月，張議朝遣兄議潭入朝，獻沙、瓜等十一州圖籍。 宣宗以議潮爲河西節度使。
859 年	十三年	八月，宣宗去世，子李漼即位，是爲懿宗。 十二月，浙東民裘甫起事，佔領象山。
860 年	咸通元年	裘甫攻佔剡縣，自稱天下都知兵馬使，改元羅平，鑄印曰天平。 八月，起事失敗，裘甫被殺。
868 年	九年	七月，徐泗戍卒龐勛起事於桂州，捲旗北歸。 十月，龐勛攻佔徐州。 王階刻印《金剛經》，此爲現存所標年代最早的雕版印刷品。

869 年	十年	九月，龐勛被襲斃，叛亂平息。
873 年	十四年	七月，懿宗去世，子李儇立，是爲僖宗。
874 年	乾符元年	王仙芝與尚讓等起義於長垣，仙芝自稱「天補 平均大將軍兼海內諸豪都統」。
875 年	二年	五月，黃巢起事於冤句，以應仙芝。
876 年	三年	王仙芝、黃巢分兵作戰。
878 年	五年	二月，王仙芝戰死於黃梅，尚讓引餘眾與黃巢 匯合，推黃巢爲黃王，號「衝天大將軍」。 是歲，義軍受阻，遂揮師南下，由浙趨閩。
879 年	六年	九月，黃巢攻佔廣州。 冬，義軍大舉北伐。
880 年	廣明元年	十一月，義軍克東都。 十二月，僖宗與宦官田令孜等奔蜀，義軍入長 安，黃巢稱帝，國號大齊。 沙陀李克用兵逼晉陽，後爲唐軍所敗，與其父 李國昌逃入韃靼。
881 年	中和元年	唐赦令李國昌、李克用罪，用以鎮壓義軍。僖 宗至成都，田令孜總領禁軍，遂專制朝政。
883 年	三年	四月，黃巢放棄長安東撤。 李克用任河東節度使，自此據太原。朱溫任宣 武節度使，自此據汴州。
884 年	四年	六月，黃巢犧牲於狼虎谷，起事失敗。 秦宗權稱帝於蔡州，遣軍四出攻略。
885 年	光啓元年	僖宗返京。 冬，李克用、王重榮逼長安，僖宗奔鳳翔。
887 年	三年	李茂貞據鳳翔。
888 年	文德元年	三月，僖宗去世，弟李曄立，是爲昭宗。
891 年	大順二年	王建攻佔成都，據有西川。
892 年	景福元年	唐以楊行密爲淮南節度使。
893 年	二年	唐以錢鏐爲鎮海軍節度使。 王潮攻佔閩五州之地。
896 年	乾寧三年	唐以馬殷爲湖南節度使。 李茂貞攻長安，昭宗奔華州，依韓建。
898 年	光化元年	昭宗還長安。
900 年	三年	十一月，神策中尉劉季述、王仲先等廢昭宗， 立其子李裕。

901 年	天復元年	正月，昭宗復位，殺劉季述等。 二月，封朱溫爲梁王。 冬，宰相崔胤召朱溫入關，謀誅宦官，宦官劫昭宗走鳳翔，依李茂貞。朱溫兵圍鳳翔。
902 年	二年	唐封錢鏐爲越王，封楊行密爲吳王。 南詔權臣鄭買嗣殺其王舜化真，建大長和國，蒙氏所建的南詔亡。
903 年	三年	李茂貞勢蹙，被迫送昭宗出鳳翔。朱溫擁昭宗還京，廢神策軍中尉，以朝臣爲樞密使。唐封王建爲蜀王。
904 年	四年	正月，朱溫逼遷昭宗於洛陽。 八月，朱溫遣人殺昭宗，立其子李祝，是爲哀帝。
905 年	天祐二年	唐以劉隱爲清海軍節度使。 朱溫貶逐朝臣，旋殺被貶朝官三十餘人於白馬驛，投屍於河，史稱「白馬之禍」。 楊行密卒，子楊渥立，軍政大權旁落大將徐溫、張顥之手。
907 年	後梁開平元年	四月，朱溫逼哀帝禪讓，自即帝位，改名朱晃，是爲後梁太祖，改國號爲梁，史稱後梁，都開封。唐朝亡。

附錄五：魏徵〈諫太宗十思疏〉

　　臣聞求木之長者，必固其根本；欲流之遠者，必浚其泉源；思國之安者，必積其德義。源不深而望流之遠，根不固而求木之長，德不厚而思國之治，雖在下愚，知其不可，而況於明哲乎？人君當神器之重，居域中之大，將崇極天之峻，永保無疆之休，不念居安思危，戒奢以儉，德不處其厚，情不勝其欲，斯亦伐根以求木茂，塞源而欲流長者也。

　　凡百元首，承天景命，莫不殷憂而道著，功成而德衰，有善始者實繁，能克終者蓋寡。豈其取之易而守之難乎？昔取之而有餘，今守之而不足，何也？夫在殷憂，必竭誠以待下；既得志，則縱情以傲物。竭誠則胡越之一體，傲物則骨肉為行路。雖董之以嚴刑，震之以威怒，終苟免而不懷仁，貌恭而不心服。怨不在大，可畏惟人，載舟覆舟，所宜深慎，奔車朽索，其可忽乎！

　　君人者，誠能見可欲，則思知足以自戒；將有所作，則思知止以安人；念高危，則思謙沖而自牧；懼滿溢，則思江海而下百川；樂盤游，則思三驅以為度；憂懈怠，則思慎始而敬終；慮壅蔽，則思虛心以納下；想讒邪，則思正身以黜惡；恩所加，則思無因喜以謬賞；罰所及，則思無因怒而濫刑。總此十思，弘茲九德。簡能而任之，擇善而從之，則智

者盡其謀，勇者竭其力，仁者播其惠，信者效其忠。文武爭馳，君臣無事，可以盡豫遊之樂，可以養松喬之壽，鳴琴垂拱，不言而化。何必勞神苦思，代下司職，役聰明之耳目，虧無爲之大道哉？

附錄六：魏徵〈十漸不克終疏〉

　　陛下貞觀之初，無欲無為，清靜之化，遠被遐荒。考之於今，其風漸墜，聽言則遠超於上聖，論事則未踰於中主。何以言之？漢文、晉武俱非上哲，漢文辭千里之馬，晉武焚雉頭之裘。今則求駿馬於萬里，市珍奇於域外，取怪於道路，見輕於戎狄，此其漸不克終，一也。

　　昔子貢問理人於孔子，孔子曰：「懍乎若朽索之馭六馬。」子貢曰：「何其畏哉？」子曰：「不以道導之，則吾讎也，若何其無畏？」故《書》曰：「民惟邦本，本固邦寧。」為人上者奈何不敬？陛下貞觀之初，視人如傷，恤其勤勞，愛民猶子，每存簡約，無所營為。頃年已來，意在奢縱，忽忘卑儉，輕用人力，乃曰：「百姓無事則驕逸，勞役則易使。」自古以來，未有百姓逸樂而致傾敗者也，何有逆畏其驕逸，而故欲勞役哉？恐非興邦之至言，豈安人之長算？此其漸不克終，二也。

　　陛下貞觀之初，損己以利物，至於今日，縱欲以勞人，卑儉之迹歲改，驕侈之情日異。雖憂人之言不絕於口，而樂身之事實切於心。或時欲有所營，慮人致諫，乃云：「若不為此，不便我身。」人臣之情，何可復爭？此真意在杜諫者之口，豈曰擇善而行者乎？此其漸不克終，三也。

　　立身成敗，在於所染，蘭芷鮑魚，與之俱化，慎乎所習，不可不思。陛下貞觀之初，砥礪名節，不私於物，唯善是與，親愛君子，疏斥小人。今則不然，輕褻小人，禮重君子。重君子也，敬而遠之；輕小人也，狎而近之。近之則不見其非，遠之則莫知其是。莫見其是，則不間而自疏；不見其非，則有時而自昵。昵近小人，非致理之道；疏遠君子，豈興邦之義？此其漸不克終，四也。

　　《書》曰：「不作無益害有益，功乃成；不貴異物賤用物，人乃足。犬馬非其土性不畜，珍禽奇獸弗育於國。」陛下貞觀之初，動遵堯、舜，捐金抵璧，反樸還淳。頃年以來，好尚奇異，難得之貨，無遠不臻；珍玩之作，無時能止。上好奢靡而望下敦樸，未之有也。末作滋興，而求豐實，其不可得亦已明矣。此其漸不克終，五也。

　　貞觀之初，求賢如渴，善人所舉，信而任之，取其所長，恆恐不及。近歲已來，由心好惡，或眾善舉而用之，或一人毀而棄之，或積年任而用之，或一朝疑而遠之。夫行有素履，事有成跡，所毀之人，未必可信於所舉；積年之行，不應頓失於一朝。君子之懷，蹈仁義而弘大德；小人之性，好讒佞以身為謀。陛下不審察其根源，而輕為之臧否，是守道者日疏，干求者日進，所以人思苟免，莫能盡力。此其漸不克終，六也。

　　陛下初登大位，高居深視，事惟清靜，心無嗜慾，內除畢弋之物，外絕畋獵之源。數載之後，不能固志，雖無十旬之逸，或過三驅之禮，遂使盤遊之娛，見譏於百姓，鷹犬之貢，遠及於四夷。或時教習之處，道路遙遠，侵晨而出，入夜方還，以馳騁為歡，莫慮不虞之變，事之不測，其可救乎？

此其漸不克終，七也。

孔子曰：「君使臣以禮，臣事君以忠。」然則君之待臣，義不可薄。陛下初踐大位，敬以接下，君恩下流，臣情上達，咸思竭力，心無所隱。頃年已來，多所忽略，或外官充使，奏事入朝，思睹闕庭，將陳所見，欲言則顏色不接，欲請又恩禮不加，間因所短，詰其細過，雖有聰辯之略，莫能申其忠款，而望上下同心，君臣交泰，不亦難乎？此其漸不克終，八也。

傲不可長，欲不可縱，樂不可極，志不可滿。四者，前王所以致福，通賢以爲深誡。陛下貞觀之初，孜孜不怠，屈己從人，恆若不足。頃年已來，微有矜放，恃功業之大，意蔑前王，負聖智之明，心輕當代，此傲之長也。欲有所爲，皆取遂意，縱或抑情從諫，終是不能忘懷，此欲之縱也。志在嬉遊，情無厭倦，雖未全妨政事，不復專心治道，此樂將極也。率土乂安，四夷款服，仍遠勞士馬，問罪遐裔，此志將滿也，疏遠者畏威而莫敢諫，積而不已。將虧聖德。此其漸不克終，九也。

昔陶唐、成湯之時非無災患，而稱其聖德者，以其有始有終，無爲無欲，遇災則極其憂勤，時安則不驕不逸也。貞觀之初，頻年霜旱，畿內戶口並就關外，攜老扶幼，來往數年，曾無一戶逃亡，一人怨苦。此誠由識陛下矜育之懷，所以至死無攜貳。頃年已來，疲於徭役，關中之人，勞弊尤甚。雜匠之徒，，下日悉留和雇；正兵之輩，上番多別驅使。和市之物不絕於鄉閭，遞送之夫相繼於道路。既有所弊，易爲驚擾，脫因水旱，穀麥不收，恐百姓之心，不能如前日之寧帖。此其漸不克終，十也。

作 者 簡 介

籍貫
台灣新竹人

學歷
1、美國林肯大學博士班研究。
2、中國文化大學法學碩士。
3、台大法律系司法組畢業。

現職
1、律師。
2、臺北市兩岸商務法學會理事長。
3、中華民國商務仲裁協會仲裁人。
4、中華民國經濟部專利代理人。
5、臺北市議會最高顧問。
6、行政院客家委員會諮詢委員。
7、國防部官兵權益保障委員會委員。
8、中華全國律協海商海事專業委員會特邀委員。
9、中國海事仲裁委員會仲裁員。
10、武漢仲裁委員會仲裁員。
11、惠州仲裁委員會仲裁員。
12、南寧仲裁委員會仲裁員。

主要經歷
一、律師
　1、中華民國律師公會全國聯合會副理事長。

2、基隆律師公會理事長。
3、經濟部中小企業榮譽諮詢律師。
4、台北地方法院民間公證人。
5、考試院 95、96 年司法官特考命題及閱卷委員。
6、司法官訓練所實習律師之指導律師。
7、司法院律師懲戒覆審委員會委員。
8、司法院民間公證人任免委員會委員。

二、教育
（一）台灣
1、國立海洋大學博士生畢業論文口試委員。
2、淡江大學兼任教授。
3、國立台北教育大學兼任教授。
4、台北市立教育大學兼任教授。
5、開南大學兼任教授。
6、景文科技大學兼任教授。
7、台北海洋技術學院兼任教授。
（二）大陸
1、中國政法大學客座教授。
2、武漢大學法學院法律講座。
3、廈門大學法學院法律講座。
4、廣西大學法學院法律講座。
5、蘇州大學法學院法律講座。
6、惠州學院政法系法律講座。
7、1991 年第一屆「全國涉台律師業務培訓班」法律講
　座。

三、公職
1、臺北市第五、六屆市議員。
2、行政院客家委員會諮詢委員。

3、中國產物保險公司副科長。
4、中央信託局法務專員。

四、仲裁

1、中國海事仲裁委員會特邀委員暨仲裁員。
2、武漢仲裁委員會仲裁員。
3、惠州仲裁委員會仲裁員。
4、南寧仲裁委員會仲裁員。

五、得獎紀錄

1、民國 81 年獲頒中國文化大學傑出校友。
2、民國 85 年獲頒國立台北教育大學傑出校友。
3、行政院新聞局 2002 年律師名人獎。
4、中國律師 2011 年海商法國際研討會論文評選三等獎。
5、中國律師 2010 年海商法國際研討會論文評選二等獎。

六、優良事蹟

（一）榮譽部分

1、香港中文大學教育學報第十三卷第二期（1985）
「由牧童到律師－一個農村子弟的教育與發展歷程
（個案主角邱錦添）」。
2、1993 年浙江省司法廳東方法苑登載「訪海峽法律交
流的友好使者」－臺灣邱錦添大律師。
3、經濟部中小企業榮譽諮詢律師。

（二）公益部分

1、義務代理臺北市政府訴訟索回中山堂，獲市長頒發
獎牌乙面。
2、義務代理基隆律師公會打贏行政訴訟。

3、成立眼角膜服務中心，向斯里蘭卡國際眼庫爭取眼角膜，推行愛心運動、再造光明。

4、義務代理臺北市環保局清潔隊人員追償車禍賠償事件。

5、為車禍之北一女學生陳美孚居中調解、追償，並成立基金會。

6、為台北木柵樟山寺鋪設登山步道爭取預算。

7、為新竹縣新埔鎮照門地區除三害（納骨塔、火葬場、廢棄物處理場）。

8、成立兩岸商務法學會，出版《兩岸商法評論》。

9、為桃園龍潭友達、華映公司污水排入霄裡溪爭取改排案。

10、為新竹縣新埔鎮巨埔里吳濁流紀念館爭取預算修建。

七、專業特長

海商法、保險法、海事索賠、國際貿易法、兩岸法律、民商法、仲裁法

八、推動兩岸法律交流部分

1、1991 年 3 月 29 日率臺灣律師數十人前往福州參加台閩律師經驗交流會，首開兩岸律師之交流新頁。

2、1991 年 10 月率臺灣律師團參加上海市律師協會舉辦之「華東律師經驗交流會」。

3、1991 年 12 月受聘至福州市擔任「全國律師涉台業務培訓班」法律講座。（司法部委託福建省司法廳辦理）

4、1993 年 8 月率臺灣律師團至黃山市參加安徽省律師協會舉辦之「華東律師經驗交流會」。

5、1997 年 4 月 5 日受聘赴大陸蘇州大學擔任法學講座。

6、2000 年 9 月受聘赴大陸廣西大學擔任法學講座。

7、2000 年 11 月 18 日組律師團參加北京中華全國律師協會舉辦之第二屆「中國律師 2000 年大會」。

8、2001 年 8 月 25 日組律師團參加大連市律師協會舉辦之「中國律師 2001 年海商研討會」，並發表論文。

9、參加 2002 年 7 月 27 日～28 日中國海事仲裁委員會舉辦之「中國海事仲裁委員會第二期海事仲裁實務研習班」結業。

10、2002 年 8 月 18 日組律師團參加天津市律師協會舉辦之「中國律師 2002 年海商研討會」。

11、2002 年 9 月率臺灣基隆律師公會律師數十人前往東北與黑龍江律師協會、吉林省律師協會及遼寧律師協會作律師實務交流。

12、2003 年 9 月 20 日邀請上海市浦東新區人民調解協會赴臺灣考察訪問。

13、2003 年 12 月 5 日組律師團參加廣州市中華全國律師協會舉辦之「第三屆中國律師論壇暨 2003 年專業委員會年會」，並發表論文。

14、參加大陸青島市行政法經濟法訪問團在臺北交流研討會。

15、參加滬台貿易法律交流會 2004 年 8 月 10 日於上海舉行。

16、2004 年 9 月 11 日～18 日率基隆律師公會律師及眷屬 33 人赴山東省濟南律師協會及青島律師協會實務交流。

17、參加中國律師 2004 年海商法研討會（青島）並發表論文。

18、參加中國律師 2005 年海商法研討會（上海）並發表論文。

19、2005 年中國海事仲裁委員會聘為仲裁員。

20、2006 年 1 月中國政法大學聘為客座教授。

21、2005 年率團參加中國政法大學海商法論壇並發表論文。

22、2005 年 12 月 19 日接待山東省司法廳程廳長等一行十人來台參訪。

23、2006 年參加中國人民大學海商法、保險法研究會。

24、2006 年 5 月參加深圳之大中華地區仲裁機構研討會。

25、2006 年 7 月受聘爲廣東省惠州仲裁委員會仲裁員。

26、2006 年 9 月率團參加山西太原全國律師論壇並發表論文。

27、2007 年 10 月 22、23 日參加中國政法大學主辦之兩岸三地海商法論壇並發表論文。

28、2007 年 11 月 2 日、3 日參加寧波全國海事海商法論壇並發表論文。

29、2008 年 5 月 1 日受聘爲武漢仲裁委員會仲裁員。

30、2008 年 1 月 16 日參加廣西大學法學院兩岸法學論壇並發表論文。

31、2008 年 10 月 26 日本會（兩岸商務法學會）邀大陸福州市人民法院林智民副院長等十二人訪台，參訪台北地院等單位。

32、參加 2008 年 11 月 8 日~9 日大陸全國律師海商法專題研討會（武漢）同時發表論文並至武大、中南財經政法大學從事法學講座。

33、2008 年 11 月 8 日成爲中華全國律協海商海事專業委員會「特邀委員」。

34、2009 年 2 月 12 日代表本會邀請大陸昆明仲裁委員會等十三人訪台參訪中華民國仲裁委員會及台北地方法院等單位。

35、2009 年 5 月 12 日代表本會邀請大陸海南省法學會李言靜廳長等十人訪台，參訪高雄地方法院等單位。

36、2009 年 6 月 15 日受聘爲廣西壯族自治區南寧仲裁委員會仲裁員。

37、2009 年 10 月 10 日-14 日率團 12 人至武大從事兩岸

　商務法學研討會。

38、2009 年 10 月 17 日-18 日至廣西北海市參加中華全國律師協會舉辦之國際海事海商研討會並發表論文。

39、參加 2009 年 10 月 30 日在廈門舉辦之「海峽律師實務研討會」並擔任主持人。

40、參加 2010 年 6 月 10 日在惠州市舉辦之華南區域仲裁工作會議。

41、參加 2010 年 10 月 9-10 日在廣州舉辦之中華全國律師協會「海事海商國際研討會」，並獲論文獎第二名。

42、參加 2010 年 11 月 1 日國台辦舉辦之涉台仲裁工作座談會。

43、參加 2010 年 11 月 15 日在台北召開之第十屆海峽兩岸經貿仲裁研討會，擔任與談人。

44、2010 年 12 月 20 日及 22 日，邀請黑龍江法學會兩批三十人前來台灣，參訪與本會在律師公會舉辦法學交流。

45、本會與深圳大學於 2011 年 6 月 30 日共同成立「台灣法律研究所」，本會邱理事長與吳光陸、蔡讚燁、林順益共同前往參加揭牌儀式，7 月 1 日赴惠州仲裁委員會、台商企協拜訪，及至惠州學院與師生交流座談。

46、2011 年 9 月 30 日參加中華全國律協海商法國際研討會，投稿論文獲第三等獎。

47、2012 年 4 月 7 日參加兩岸四地海商法研討交流會（北京中國政法大學海商法研究中心主辦），並發表論文。

48、2012 年 4 月 11 日在惠州仲裁委員會專題講座，題目「衡平仲裁」，參加人數百餘人，盛況空前。

49、2012 年 11 月 24、25 日參加在上海主辦之中國全國律協海商法國際研討會。

50、2013 年 4 月 14 日，率領六人團至武漢大學法學院

　　舉辦法學講座。
51、2013 年 11 月 13 日－17 日至惠州，拜訪仲裁委，及
　　至惠州學院政法系及偉凡律師事務所舉辦講座，獲
　　得熱烈迴響。

出　版　著　作

1、金融消費者保護法與案例解析
2、醫療觀光
3、仲裁制度在華人社會實踐之比較
4、鹿特丹規則與海牙規則、威斯比規則及漢堡規則之比較
5、最新兩岸保險法之比較─兼述 2009 年大陸保險法合同規
　　定之評析
6、海商法新論
7、兩岸觀光旅遊政策與法規
8、兩岸保險法之比較
9、海峽兩岸海運政策與法規
10、海上貨物索賠之理論與實務
11、兩岸海商法載貨證券之比較
12、散裝貨物海上運送人責任之研究
13、海上貨物運送失火免責之研究
14、海商法
15、台北都會區捷運車站土地聯合開發之研究
16、工程受益費之研究
17、問政四年
18、汽車保險之研究

邱錦添教授、律師之出版著作

	書　　名	出版社	出版日期
1	金融消費者保護法與案例解析	自行出版（元照總經銷）	2012 年 11 月
2	醫療觀光	揚智出版社	2012 年 7 月
3	仲裁制度在華人社會實踐之比較	自行出版（元照總經銷）	2011 年 4 月
4	鹿特丹規則與海牙規則、威斯比規則及漢堡規則之比較	自行出版（元照總經銷）	2011 年 4 月
5	最新兩岸保險法之比較—兼述 2009 年大陸保險法合同規定之評析	文史哲出版社	2010 年 4 月
6	海商法新論	元照出版社	2008 年 6 月
7	兩岸觀光旅遊政策與法規	國立編譯館	2008 年 4 月
8	兩岸保險法之比較	文史哲出版社	2007 年 6 月
9	海峽兩岸海運政策與法規	國立編譯館	2007 年 5 月
10	海上貨物索賠之理論與實務	國立編譯館	2005 年 1 月
11	兩岸海商法載貨證券之比較	國立編譯館	2002 年 11 月
12	散裝貨物海上運送人責任之研究	文史哲出版社	1999 年 10 月再版
13	海上貨物運送失火免責之研究	文史哲出版社	1999 年 5 月再版
14	海商法	五南圖書出版公司	1998 年 4 月再版
15	台北都會區捷運車站土地聯合開發之研究	文史哲出版社	1994 年 11 月
16	工程受益費之研究	文史哲出版社	1992 年 8 月
17	問政四年	自行出版	1990 年 3 月
18	汽車保險之研究	自行出版	1970 年 6 月

發　表　論　文

1、論國際航空運送人之損害賠償責任。

2、海盜贖金應否列入共同海損之探討。

3、香港新仲裁條例之特色及其對兩岸仲裁之影響。

4、兩岸法院對仲裁判斷之認可與執行。

5、兩岸撤銷仲裁判斷（裁決）之比較。

6、衡平仲裁。

7、人生哲學。

8、兩岸證券仲裁制度之比較與實例分析。

9、大陸船舶油污損害賠償司法解釋之分析。

10、兩岸有關婚姻法規定之比較 —— 兼述大陸婚姻法最新司法解釋。

11、兩岸仲裁法關於仲裁協議之規定與司法判決之比較。

12、兩岸海商法船舶碰撞之規定與司法判決之比較。

13、海洋石油開發裝置是否屬於船舶？ —— 從美國墨西哥灣溢油事件談起。

14、ECFA 生效後，仲裁對兩岸經貿之作用。

15、兩岸保險法告知義務之規定與司法判決之比較。

16、2009 聯合國鹿特丹規則之立法及其對兩岸海商法與大陸航業之影響。

17、兩岸保險法告知義務規定之比較。

18、兩岸海事訴訟「保全程序」之比較。

19、2009 大陸保險法之主要修訂內容及其與台灣保險法之比較。

20、兩岸保險法告知義務之規定與司法判決之比較。

21、建造中船舶所有權之有關法律問題。

22、阿瑪斯號油輪污染案件之檢討與司法判決之評析。

23、擔任大陸海事仲裁員之幾點心得。

24、國際貨物運輸法發展之新趨勢。

25、大陸物權法對其海商法之影響。

26、聯合國海上貨物運輸公約草案之介紹及其對兩岸海商法
之衝擊。

27、大陸保險市場開放對臺灣保險業之挑戰。

28、醫療行為不適用消費者保護法之規定 —— 依最高法院
2005 年臺上字第 1156 號民事裁定。

29、兩岸法院對民事裁判、仲裁判斷之認可與執行。

30、大陸國際海運條例之分析。

31、建議取消遺產稅實現社會公平。

32、金融控股公司法律關係之分析。

33、金融控股公司網路金融之風險管理。

34、論載貨證券之效力兼述兩岸海商法規定及司法判決之比
較分析。

35、論阿瑪斯號輪污染海域之管轄權兼評屏東地方法院 92
年重訴字第 4 號駁回之裁定。

36、詐欺保險案例之分析。

37、兩岸提單記載准據法、管轄及仲裁條款之分析比較。

38、多式聯運經營人之責任制度兼述兩岸多式聯運規定之比
較。

39、台商在大陸包二奶所衍生之法律問題。

40、兩岸海運無單放貨判決之分析與比較。

41、不起訴處分確定後再行起訴之要件 —— 從興票案談起。

42、臺灣高鐵與 BOT 漸行漸遠 ── 從政府直接投資與間接投
　　資談起。
43、大陸海商法承運人留置權之分析兼述兩岸海上承運人留
　　置權之比較。
44、成立「新竹縣新埔鎮城鄉新風貌促進協會」之緣由 ── 擁
　　抱鄉土、回饋鄉親。
45、兩岸間接通航「二段提單」法律問題之評析。
46、我為全國律師公會打贏一場勝仗 ── 依臺北高等行政法
　　院 91 年訴字第 4109 號判決。
47、兩岸保險人代位求償權之比較。
48、參加中國律師 2011 年海商研討會議有感。
49、兩岸載貨證券免責函之分析。
50、大陸訴前申請輪船公司無單放貨之特殊判決。
51、兩岸法院無單放貨判決之比較與評析。
52、兩岸海上保險規定之比較。
53、電子提單。
54、大陸新婚姻法之特色 ── 兼論"包二奶"之法律問題。
55、兩岸有關婚姻法規定之比較。
56、兩岸有關船舶污染海域之規定及其法律責任—從希臘籍
　　貨輪「阿瑪斯號」油污染事件談起。
57、參加"中國律師 2000 年大會"有感。
58、台商赴大陸投資前應準備什麼。
59、兩岸海商法複合運送（又稱多式聯營運送）規定之比較。
60、大陸海商法的幾個特色。
61、兩岸海商法有關船舶碰撞規定之比較。

邱錦添教授、律師之發表論文

	文章名稱	刊物名稱	發表日期
1	論國際航空運送人之損害賠償責任	中律會訊	2014 年 3 月
2	海盜贖金應否列入共同海損之探討	兩岸商法評論 第 3 卷第 1 期	2012 年 12 月
3	香港新仲裁條例之特色及其對兩岸仲裁之影響	第三屆海峽兩岸律師（彰化）論壇	2012 年 12 月
4	兩岸法院對仲裁判斷之認可與執行	軍法專刊 第 58 卷第 6 期	2012 年 12 月
5	兩岸撤銷仲裁判斷（裁決）之比較	中律會訊 第 15 卷第 1 期	2012 年 11 月
6	衡平仲裁	廣東惠州仲裁委員會	2012 年 4 月
7	人生哲學	全國律師	2012 年 3 月
8	兩岸證券仲裁制度之比較與實例分析	軍法專刊 第 58 卷第 1 期	2012 年 2 月
9	大陸船舶油污損害賠償司法解釋之分析	全國律師	2012 年 2 月
10	兩岸有關婚姻法規定之比較 —— 兼述大陸婚姻法最新司法解釋	中律會訊 第 14 卷第 2 期	2011 年 11 月
11	兩岸仲裁法關於仲裁協議之規定與司法判決之比較	軍法專刊 第 57 卷第 5 期	2011 年 10 月
12	兩岸海商法船舶碰撞之規定與司法判決之比較	中華全國律協海商法論文集（2011）	2011 年 9 月
		軍法專刊 第 57 卷第 6 期	2011 年 12 月
13	海洋石油開發裝置是否屬於船舶？ —— 從美國墨西哥灣溢油事件談起	中律會訊 第 13 卷	2011 年 6 月
14	ECFA 生效後，仲裁對兩岸經貿之作用	兩岸商法評論 第 2 卷第 1 期	2011 年 4 月
15	兩岸保險法告知義務之規定與司法判決之比較	中華全國律協海商法論文集（2010）	2010 年 10 月

16	2009 聯合國鹿特丹規則之立法及其對兩岸海商法與大陸航業之影響	兩岸商法評論第 1 卷第 2 期	2010 年 6 月
17	兩岸保險法告知義務規定之比較	武漢海事仲裁第 6 集 ——武漢仲裁委員會	2010 年 1 月
18	兩岸海事訴訟「保全程序」之比較	中國律師 2009 年海商法國際研討會	2009 年 10 月
19	2009 大陸保險法之主要修訂內容及其與台灣保險法之比較	中律會訊第 11 卷 5 期	2009 年 5 月
20	兩岸保險法告知義務之規定與司法判決之比較	景文科技大學 —— 景文學報 19 卷 1 期	2009 年 2 月
21	建造中船舶所有權之有關法律問題	2008 年中國海商法年刊及中國海商法論壇	2008 年 11 月
22	阿瑪斯號油輪污染案件之檢討與司法判決之評析	全國律師	2008 年 9 月
23	擔任大陸海事仲裁員之幾點心得	仲裁報專刊	2008 年 5 月
24	國際貨物運輸法發展之新趨勢	中律會訊	2008 年 5 月
25	大陸物權法對其海商法之影響	法令月刊第 59 卷第 5 期	2008 年 4 月
26	聯合國海上貨物運輸公約草案之介紹及其對兩岸商法之衝擊	法務部法學叢刊第 53 卷第 1 期（209 期）	2008 年 1 月
27	大陸保險市場開放對臺灣保險業之挑戰	保險大道第 48 期	2006 年 9 月
28	醫療行為不適用消費者保護法之規定 —— 依最高法院 2005 年臺上字第 1156 號民事裁定	全國律師94 年 11 月號	2005 年 12 月
29	兩岸法院對民事裁判、仲裁判斷之認可與執行	法令月刊第 56 卷第 11 期	2005 年 11 月
30	大陸國際海運條例之分析	司法院中國大陸法制之研究第 14 期	2005 年 11 月
31	建議取消遺產稅實現社會公平	稅務旬刊第 120054 期	2005 年 9 月
32	金融控股公司法律關係之分析	全國律師94 年 9 月號	2005 年 9 月
33	金融控股公司網路金融之風險管理	法令月刊第 56 卷第 8 期	2005 年 8 月

34	論載貨證券之效力兼述兩岸海商法規定及司法判決之比較分析	法務部法學叢刊第 50 卷第 1 期（12008 期）	2005 年 1 月
35	論阿瑪斯號輪污染海域之管轄權兼評屏東地方法院九十二年重訴字第四號駁回之裁定	法令月刊第 56 卷第 1 期	2005 年 1 月
36	詐欺保險案例之分析	法令月刊第 55 卷第 12 期	2004 年 12 月
37	兩岸提單記載准據法、管轄及仲裁條款之分析比較	全國律師 93 年 9 月號	2004 年 9 月
38	多式聯運經營人之責任制度兼述兩岸多式聯運規定之比較	法令月刊第 55 卷第 4 期	2004 年 4 月
39	台商在大陸包二奶所衍生之法律問題	臺北市立師範學院社教學報	2003 年 12 月
40	兩岸海運無單放貨判決之分析與比較	第一屆十校聯盟航運研討會	2003 年 10 月
		政大法學評論	2004 年 8 月
41	不起訴處分確定後再行起訴之要件－從興票案談起	臺灣客家論壇第 4 期	2003 年 9 月
42	臺灣高鐵與 BOT 漸行漸遠—從政府直接投資與間接投資談起	全國律師 92 年 9 月號	2003 年 9 月
43	大陸海商法承運人留置權之分析兼述兩岸海上承運人留置權之比較	法令月刊第 54 卷第 8 期	2003 年 8 月
44	成立「新竹縣新埔鎮城鄉新風貌促進協會」之緣由—擁抱鄉土、回饋鄉親	臺北市新竹縣同鄉會會刊	2003 年 7 月
45	兩岸間接通航「二段提單」法律問題之評析	兩岸經貿月刊第 138 期	2003 年 6 月
46	我為全國律師公會打贏一場勝仗—依臺北高等行政法院九十一年訴字第四一○九號判決	全國律師 92 年 2 月號	2003 年 2 月
47	兩岸保險人代位求償權之比較	再保險資訊第 201 期	2003 年 2 月
48	參加中國律師二○○一年海商研討會議有感	全國律師 91 年 4 月號	2002 年 4 月
49	兩岸載貨證券免責函之分析	航貿週刊第 2002.05 期	2002 年 2 月

50	大陸訴前申請輪船公司無單放貨之特殊判決	航貿週刊 第 2002.04 期	2002 年 1 月
51	兩岸法院無單放貨判決之比較與評析	全國律師 90 年 11 月號	2001 年 11 月
52	兩岸海上保險規定之比較	航貿週刊 第 2001.30 期	2001 年 7 月
53	電子提單	航貿週刊 第 2001.29 期	2001 年 7 月
54	大陸新婚姻法之特色 —— 兼論"包二奶"之法律問題	全國律師 90 年 7 月號	2001 年 7 月
55	兩岸有關婚姻法規定之比較	全國律師 90 年 7 月號	2001 年 7 月
56	兩岸有關船舶污染海域之規定及其法律責任—從希臘籍貨輪「阿瑪斯號」油污染事件談起	法令月刊 第 52 卷第 5 期	2001 年 5 月
57	參加"中國律師 2000 年大會"有感	全國律師 90 年 5 月號	2001 年 5 月
58	台商赴大陸投資前應準備什麼	創業與發展 創刊號	2001 年 4 月
59	兩岸海商法複合運送（又稱多式聯營運送）規定之比較	全國律師 90 年 1 月號	2001 年 1 月
60	大陸海商法的幾個特色	法令月刊 第 51 卷第 1 期	2000 年 1 月
61	兩岸海商法有關船舶碰撞規定之比較	法令月刊 第 50 卷第 11 期	1999 年 11 月